TOUTES FENÊTRES OUVERTES

Les ouvrages du même auteur sont cités en page 415

Georgette Elgey

Toutes fenêtres ouvertes

récit

Fayard

Couverture : Hokus Pokus Créations

ISBN : 978-2-213-67233-5

Dépôt légal : mars 2017

En souvenir de ma mère et de ma grand-mère,
à qui je dois tout.

À Fabien de Castilla,
mon arrière-petit-neveu,
qui m'a donné ma famille paternelle.

CHAPITRE PREMIER

Les mains sur les yeux

Arrivée à la quarantaine, je n'avais jamais évoqué ni mon enfance ni ma vie sous l'Occupation. Or, le 3 novembre 1972, je me surprends à en confier des bribes à mon ami, l'écrivain Frédéric Grendel. Celui-ci m'interrompt : «Vous devriez consigner vos souvenirs de cette époque. » Et il ne me quitte pas avant que je lui aie promis d'entreprendre ce travail.

Le soir même, je me mets à l'œuvre. À mon propre étonnement, j'écris à toute vitesse. Et cela pratiquement sans interruption, sinon durant quelques heures, chaque nuit, jusqu'au 14 novembre. Il me semble connaître un phénomène étrange que je note : *« La mémoire de l'enfant, enfouie à jamais, explose, incoercible. Faire œuvre historique – ou le tenter – n'est pas en ce moment ma préoccupation. »*

Ce qui m'importe alors, c'est de dépeindre mon enfance et mon adolescence. J'évoque donc une petite fille archichoyée dans un milieu privilégié de la grande bourgeoisie. À Paris, au cœur du 16e arrondissement, avenue de Tokio[1], dans le très vaste appartement de ma

1. Telle est, à l'époque, l'orthographe en vigueur de la capitale du Japon, avec un *i* et non un *y* comme aujourd'hui.

grand-mère, où les objets d'art sont nombreux, je vis entourée d'adultes soucieux que je ne ressente pas l'absence du père. Car je n'ai pas connu mon père ; je sais qu'il est historien, qu'il s'appelle Georges Lacour-Gayet et qu'il ne m'a pas reconnue. Mais je ne comprends pas très bien ce que cela signifie. Je suis catholique, j'ai été baptisée à ma naissance, mais je n'ignore pas que certains de mes aïeux sont israélites. Cela ne me semble poser aucun problème. Une institutrice vient tous les matins me faire travailler, car je n'irai pas à l'école avant octobre 1940. À onze ans, je découvre enfin l'univers des enfants de mon âge. Et, en dépit du monde extérieur, c'est une joie. Pourtant, tout s'effondre le 13 avril 1942, lorsque deux inspecteurs de police viennent à la maison : ma mère a été dénoncée comme juive. Dès lors, chocs, arrestations et drames se succèdent. Des dévouements prodigieux se manifestent à notre égard. À plusieurs reprises, contre toute logique, la catastrophe irrémédiable est évitée d'extrême justesse. Ainsi, en juillet 1942, munies de laissez-passer que ma mère s'est procurés, mais dont nous ignorons l'origine, nous tentons de franchir la ligne de démarcation dans une petite ville du Béarn, Orthez. Nous sommes arrêtées après que les Allemands ont visé les laissez-passer. Quinze jours plus tard, dans des conditions invraisemblables qu'aujourd'hui – trois quarts de siècle se sont écoulés – j'essaie d'élucider[1], nous pouvons gagner la zone libre.

*

La Fenêtre ouverte, le titre de ce récit, s'est imposé à moi. À partir d'octobre 1943, je ne ferme plus jamais

1. Cf. *infra,* chapitre II, « Le mystère Hannemann », p. 196-212.

la fenêtre de la chambre que j'occupe au quatrième étage d'une pension de famille à Lyon. Cette fenêtre ouverte me rassure : elle doit me permettre d'échapper aux Allemands si jamais ceux-ci enfoncent ma porte…

J'ai gardé un souvenir très précis du bonheur – non, le terme n'est pas excessif – et du sentiment de paix que je dois à *La Fenêtre ouverte*[1]. J'avais l'impression que ce livre m'acquittait de ma dette envers tous ceux qui m'avaient sauvée. J'éprouve pour lui un attachement que ne m'inspire aucun autre de mes écrits. Sans doute est-ce lié à la conviction étrange que ce récit m'a été donné.

Pendant toute la rédaction du livre – ces onze jours bénis où me fut révélée la joie de l'écriture –, je n'avais jamais eu l'idée de vérifier mes souvenirs. Mais, à peine terminé, je me plongeai dans la malle Vuitton où j'avais découvert le laissez-passer qui nous avait permis de gagner la zone libre. J'y trouvai également de très nombreuses lettres et documents datant de l'Occupation. J'eus donc connaissance de faits que j'ignorais ; je constatai que mes souvenirs, s'ils étaient pour l'essentiel véridiques, n'en avaient pas moins subi parfois des déformations, même si celles-ci n'en dénaturaient pas le sens. En une occasion cependant, qui est à l'origine du titre de ce chapitre, ils nient purement et simplement la réalité.

Au fil de ces trouvailles, il me parut évident que, tôt ou tard, il me faudrait reprendre *La Fenêtre ouverte,* pour rectifier mes erreurs et, surtout, l'enrichir de mes nouvelles connaissances. Ce serait un autre livre. Je décidai de l'intituler *Toutes fenêtres ouvertes*. Il était

1. On trouvera en annexe de ce livre la reproduction du récit *La Fenêtre ouverte*, tel qu'il a été publié en 1973.

exclu que je puisse l'écrire avant d'en avoir fini avec la IVe République. Ce qui ne m'empêchait pas, périodiquement, d'approfondir mes recherches sur les événements et les personnes évoqués dans mon premier récit.

En janvier 2012, dès la parution du sixième et ultime – enfin! – tome de mon *Histoire de la IVe République, De Gaulle à Matignon*, je décide de m'attaquer sans plus tarder à *Toutes fenêtres ouvertes*. Et, de nouveau, je connais l'angoisse de ne pas savoir – ou pouvoir – terminer ce livre…

Très vite, il me paraît indispensable de reprendre le récit là où se terminait *La Fenêtre ouverte*, c'est-à-dire en octobre 1944. J'avais jadis reconstitué, avec une facilité qui m'étonne encore, mon parcours sous l'Occupation; ce n'est pas le cas pour les cinq années qui vont de 1946 à 1951. Une seule réminiscence s'impose à moi : elle se situe durant l'été 1947. Je passais les vacances dans la maison qu'un de mes oncles possédait près de Briançon, à Saint-Chaffrey. Avec mon cousin Daniel, de deux ans mon aîné, nous avions pris le téléphérique de Chantemerle, alors le plus long d'Europe, et étions montés à près de 2 500 mètres, au sommet de Serre-Chevalier. En fin d'après-midi, je ne voulus pas emprunter le même mode de locomotion. Je pensais qu'il serait amusant de faire le trajet à pied. Mon cousin refusa de me suivre. Me voilà donc partie seule à l'aventure. J'eus tôt fait de comprendre qu'une promenade en haute montagne n'est pas exempte de risques. Je suis terrifiée. À juste titre. Je viens de glisser dans une crevasse que je n'ai pas vue, son orifice étant masqué par des branchages. Une pensée me traverse alors l'esprit : il n'est pas possible que de si nombreuses personnes se soient donné tant de mal pour moi et que je meure ainsi bêtement. Je ne sais comment j'ai pu me raccrocher à un tronc d'arbre et éviter la chute fatale. Dans l'aventure, je perds un petit canif auquel je tenais : c'était le premier objet que j'avais acheté moi-même. Je devais avoir alors huit ans ; ma grand-mère, que j'accompagnais dans un grand magasin parisien aujourd'hui disparu, Les Trois Quartiers, m'avait donné l'argent nécessaire à cette acquisition.

Lorsque, après plusieurs heures d'une descente périlleuse, je parvins enfin chez mon oncle et ma tante, morts d'inquiétude, j'éprouvai un curieux sentiment d'invulnérabilité : il ne pourrait rien m'arriver tant que je n'aurais pas fait quelque chose de ma vie.

J'ai sans doute occulté ces années de l'après-guerre parce qu'elles furent une longue errance. Je n'étais pas désespérée, j'étais perdue. Un jour de 2010, à ma propre stupeur, je m'entendis répondre à un ami très cher qui s'inquiétait des dérives de son fils de dix-sept ans : « Vous savez, lorsque j'avais son âge, je passais mes matinées à traîner dans les rues de Paris et les après-midi à regarder des films dans l'une des cinq ou six salles de cinéma que comptaient alors les Champs-Élysées… » L'abasourdissement se peignit sur le visage de mon interlocuteur, qui voyait en moi une respectable octogénaire portant la marque de la reconnaissance sociale que symbolise une rosette de commandeur de la Légion d'honneur.

L'image que je peux donner aujourd'hui m'étonne. Longtemps j'ai été convaincue – je ne suis pas sûre de ne pas l'être encore plus ou moins – que je vivrais une vieillesse lamentable dans la solitude et la pauvreté, sinon la misère. Cette peur est d'ailleurs très ancienne chez moi. Je me revois, sous l'Occupation, lisant le soir *Les Beaux Quartiers* de Louis Aragon : il me semblait que la peinture de ce personnage reclus, sans argent, vivant avec sa très vieille mère dans une chambre de bonne, préfigurait mon propre sort…

En vérité, lorsque j'errais sans but dans les rues de Paris, je ne pouvais pas imaginer un instant ce que serait mon destin ; je ne me posais même pas la question. Je suis incapable de me rappeler mes pensées. Je crois bien que j'étais en état de choc.

Deux blessures récentes, loin d'être cicatrisées, étaient toujours à vif, comme au premier jour.

Quatorze ans après que ma mère a intenté contre mon père un procès en recherche de paternité, cinq ans après que la Cour de cassation a annulé les jugements qui l'avaient déboutée en première instance et en appel, l'affaire revient devant la cour d'appel d'Amiens. L'audience avait été initialement fixée au 8 mai; la capitulation du IIIe Reich ayant eu lieu ce même jour, celle-ci est reportée au 25 juillet. Ma mère n'est pas inquiète : elle n'imagine pas que la Cour de cassation puisse être désavouée. Ce fut pourtant le cas. Je me vois dans le petit salon, avec ma mère et ma grand-mère. Elles viennent de recevoir le jugement qui annule tous leurs espoirs. Ma grand-mère est effondrée; elle s'indigne que son témoignage ait pu être utilisé contre sa fille – en effet, pour refuser à ma mère le droit de prouver la notoriété de sa liaison avec mon père, la Cour fonde sa décision sur la surprise de ma grand-mère en apprenant que sa fille est enceinte[1]. Ma mère, fidèle

1. Le récit, pour le moins surprenant, de cette procédure occupe, à partir de la page 120, la fin de ce chapitre. La réaction de ma grand-mère à l'annonce de la grossesse de sa fille est relatée par le révérend père Moisant, à qui mon père a confié sa paternité et demandé d'en prévenir Marthe Léon. En fait, sa surprise n'a rien

à elle-même, ne baisse pas les bras : « Nous allons retourner en cassation et nous gagnerons... » Je suis exaspérée; je comprends que je n'ai plus le droit de porter le nom de mon père, celui sous lequel mes amis me connaissent, celui sous lequel j'ai fait ma première communion, celui sous lequel je viens de me présenter à la première partie du baccalauréat. Et, brutalement, je coupe la parole à ma mère : « Je ne veux plus jamais entendre parler de ce procès. Tu ne le gagneras jamais[1] ! » Je me précipite dans ma chambre, où j'éclate en sanglots...

Six ans plus tard, je subis un nouveau traumatisme, au moins aussi grave, sinon plus. En 1951, un papier bleu du fisc m'informe qu'aux yeux de la loi je n'ai aucun lien de parenté avec ma grand-mère, dont je suis si proche. Comme j'étais la seule de ses petits-enfants qui n'aurait jamais rien de son père, ma grand-mère m'avait légué une somme importante, prélevée sur sa quotité disponible. Mes oncles et tantes, ma mère évidemment, avaient approuvé cette décision, sans la moindre discussion. Les impôts fixés sur ce legs avaient été payés. Or, en 1951, je reçois donc cette lettre du fisc, exigeant le versement immédiat de la somme qui me restait. Telle était la loi. À l'époque, un enfant illégitime, même reconnu par sa mère, n'appartenait pas pour autant à

à voir avec la notoriété de la liaison de mes parents. Jamais Marthe Léon n'avait pu imaginer qu'une de ses filles puisse avoir une relation extra-conjugale.

1. J'avais raison : trente-cinq ans plus tard, après sa mort, j'ai découvert la lettre de l'avocat à la Cour de cassation lui annonçant le rejet du pourvoi déposé contre le jugement de la cour d'appel d'Amiens. J'étais tellement exaspérée que j'ai déchiré cette lettre : je suis donc incapable de savoir la date de cette décision de la Cour de cassation, et j'avoue que je n'ai pas jugé nécessaire de la rechercher.

la famille de celle-ci, et n'avait pas le droit d'hériter de ses grands-parents[1]...

La prospérité de mon enfance avait disparu avec la mort, en 1946, de ma grand-mère, mais nous vivions toujours dans le somptueux appartement de l'avenue de New-York[2]. Le contraste entre l'apparence que donnait ma famille et la réalité m'était odieux. Ma mère me cachait soigneusement ses soucis. Lorsque je constatais, comme c'était de plus en plus souvent le cas, l'absence d'un meuble de valeur, elle m'affirmait qu'elle l'avait donné à réparer. Je n'étais pas dupe, je savais très bien qu'elle l'avait vendu. Mais je n'insistais pas. Je n'avais pas vraiment envie de connaître la vérité...

La plupart de mes amis entamaient un parcours universitaire ; celui-ci m'était interdit, par ma faute. Il m'est souvent arrivé de raconter que si je n'ai pas fait d'études universitaires, la responsabilité en incombe à l'examinateur d'histoire qui, à l'oral de la première partie du baccalauréat, atténua les félicitations dont il m'accablait – le hasard avait voulu qu'il m'interroge sur

---

1. La loi du 25 mars 1896 (en vigueur jusqu'à son abrogation en 1972) définit les droits des enfants naturels. « Elle décide, dans les articles 756 et 757, que les enfants naturels n'ont de droit sur les biens de leurs père ou mère décédés que lorsqu'ils ont été légalement reconnus et qu'ils n'ont aucun droit sur les biens des parents de leurs père et mère. La parenté naturelle, résultat de la reconnaissance, est une parenté qui n'unit l'enfant reconnu qu'au père ou à la mère, de qui la reconnaissance émane, sans créer de liens entre l'enfant reconnu et les parents de ses père et mère. » (A. Vigié, doyen de la faculté de droit de Montpellier, dans *La Revue critique de législation et de jurisprudence*, 1896.)

2. Peu après la Libération, l'avenue de Tokio de mon enfance fut ainsi renommée. Il est normal que les États-Unis aient, au lendemain de la guerre, pris le pas sur le Japon...

un sujet pour lequel je m'étais passionnée – par cette constatation : « C'est normal, avec le nom que vous portez.» L'idée que, tout au long des études d'histoire que je voulais entreprendre, mes mérites seraient attribués à mon ascendance paternelle, m'insupportait au point que j'y renonçai définitivement. Si l'anecdote est véridique, elle n'a pas eu les conséquences qu'il m'a plu de lui donner. Elle n'a même pas joué dans ma décision. Ma mère et son avocat avaient toujours voulu que je porte le nom de mon père. Désormais, compte tenu du jugement de la cour d'appel d'Amiens, il me faudrait, si je voulais passer des examens, le faire sous le patronyme de ma mère, le mien. Or je ne le voulais pas. Il m'était intolérable que mes amis sachent qu'en fait l'identité sous laquelle ils me connaissaient n'était pas la mienne. Plus profondément, je crois que je n'admettais pas – était-ce de l'orgueil ? – d'être victime d'une injustice. Ce que j'étais. Donc, pour ne pas avoir à me présenter devant des examinateurs sous le seul nom que la loi me reconnaissait, je décidai de ne pas faire d'études. Afin de bien m'en assurer, je fis en sorte de ne pas être reçue au baccalauréat de philosophie, alors que, l'année précédente, j'avais, pour la première partie de l'examen, frôlé la mention « Très bien ». Ainsi donc, je ne suis pas bachelière.

Après un parcours professionnel pour le moins inhabituel, me voici, en 1955, journaliste à *L'Express*. Je suis chargée d'interviewer le général Noguès, cet ancien résident général de France au Maroc, subitement propulsé au premier rang de l'actualité : Edgar Faure, alors président du Conseil des ministres, avait fait appel à lui pour tenter de dénouer la crise marocaine. Son prestige était resté grand dans ce pays. Dans le bureau de Françoise Giroud, nous évoquons le destin manqué de

Noguès : après avoir, en juin 1940, durant quelques jours, envisagé de refuser l'armistice et de poursuivre la lutte, il avait fait acte d'allégeance au maréchal Pétain. Condamné par contumace en 1947 à vingt ans de travaux forcés, il avait, quelques années plus tard, quitté son exil portugais pour se présenter devant la Haute Cour de justice, laquelle l'avait pratiquement acquitté. Il avait même été relevé de la condamnation à l'indignité nationale liée à ses fonctions, sa volonté de résister à l'occupant ayant été prouvée. De Noguès, on passe au cas du général Weygand, lui aussi farouchement anti-allemand et qui lui aussi avait accepté l'armistice. Françoise Giroud n'hésite pas : « Weygand aurait dû avoir le rôle de de Gaulle. Nul n'était plus qualifié que lui pour refuser la capitulation et continuer le combat. » Avec assurance, elle explique : « S'il ne l'a pas fait, c'est en raison des conditions de sa naissance[1]. » Ahurie, j'interviens :

1. Né à Bruxelles en janvier 1867, de « père et mère inconnus », Maxime, emmené rapidement en France, est élevé par un important négociant israélite de Marseille, David Cohen, dont on ne sait comment il devint le tuteur de l'enfant, lequel porte alors le patronyme de sa compagne, Denimal. C'est par décision ministérielle et au titre des élèves étrangers que Maxime de Nimal – et non Denimal – intègre l'École de Saint-Cyr. Mais, pour servir dans l'armée française, il lui faut acquérir la nationalité française, sa naturalisation ayant été refusée. Une fois atteinte sa majorité légale, il est adopté – adoption de pure complaisance – par un comptable d'origine alsacienne, François-Joseph Weygand, qui est au service de David Cohen. Ce qui permet à Maxime Weygand d'être nommé en décembre 1888 sous-lieutenant et d'accéder par la suite aux plus hautes charges militaires. En 1920, le général de division Weygand coordonne avec succès l'action des troupes polonaises contre l'invasion des bolcheviques. À son retour à Paris, le gouvernement lui réserve un accueil enthousiaste et lui décerne la plaque de grand officier de la Légion d'honneur. La presse s'empare de

« Madame[1], il me semble que lorsque l'on est commandant en chef de l'armée française, que l'on a eu l'honneur d'être aux côtés du maréchal Foch le 11 novembre 1918, on a surmonté le problème de sa naissance… – On voit bien que, dans votre milieu, on n'imagine pas ce que c'est que d'être un enfant illégitime ! » me répond-elle plutôt sèchement. J'acquiesce poliment, partagée entre l'envie de rire et la certitude que je viens d'entendre, dans la bouche de Françoise Giroud, une ineptie qui mériterait de figurer dans un livre des records.

Plus d'un demi-siècle a passé. Et, aujourd'hui, je me demande si, finalement, l'analyse qui m'avait paru aberrante n'était pas sensée. Se remet-on jamais de sa naissance ?

---

la nouvelle gloire de l'armée française, raconte sa vie, s'interroge sur ses origines. Et, le 4 septembre, l'hebdomadaire *Aux écoutes* « révèle » qu'il est « le fils d'un célèbre monarque ». La rumeur est lancée qui, au fil des années, ne cesse de s'enrichir. Dès lors, beaucoup d'articles et plusieurs livres prétendent élucider l'ascendance de Maxime Weygand. Différentes hypothèses sont répandues, souvent sous forme d'affirmations catégoriques. Selon les unes, Weygand est le fils de Léopold II de Belgique et de l'épouse d'un diplomate autrichien. Pour d'autres, il est né des amours de l'impératrice Charlotte, veuve de Maximilien d'Autriche, empereur du Mexique, et d'un colonel belge, à moins que ce ne soit d'un Mexicain… Certains affirment que son père est tout bonnement son tuteur, David Cohen, et sa mère, Thérèse Denimal… En dépit de multiples enquêtes, nul n'a jamais été capable de démontrer la véracité d'une de ces versions. « *Je ne sais rien de ma naissance* », devait dire Weygand. Cette assertion me semble une conclusion parfaite aux nombreux travaux sur le sujet.

1. Alors que l'usage veut à *L'Express* que tous s'appellent par leur prénom, je m'obstine à ne pas suivre cette règle lorsque je m'adresse à Françoise Giroud. Pour quel motif ? Je n'en sais rien.

*

Dans *La Fenêtre ouverte*, j'ai décrit une enfance choyée, entourée de « grandes personnes » qui s'évertuent à faire oublier l'absence du père. C'est exact. En revanche, je me dépeins comme inconsciente de l'anormalité de ma situation familiale. Ce n'est pas tout à fait conforme à la vérité, si j'en crois mes écrits de l'époque que j'avais totalement oubliés. Toujours dans la fameuse malle, j'ai retrouvé un petit calepin où j'avais voulu noter, un jour de juin 1944, mes souvenirs les plus anciens. *« Plus tard, cela m'amusera beaucoup »*... Je ne suis pas certaine que leur lecture, vingt-huit années après, m'ait distraite. Elle m'a plutôt affligée. Je mentionnais deux remarques de ma grand-mère qui m'avaient semblé bien mystérieuses lorsque je les avais entendues : « Ton père a déshonoré son nom, mais c'est ton père, tu dois donc porter son nom... » Et : « Je suis sûre que, de tous ses enfants, tu seras la seule dont ton père pourrait être fier... » Je racontais que, pour moi, la mort de mon père avait signifié l'achat de robes neuves : à l'époque, les enfants prenaient le deuil en blanc. Durant des mois, je suis donc tout de blanc vêtue. Je racontais aussi qu'il m'était arrivé de courir derrière mon père en criant « Papa ! » et que celui-ci se sauvait, sous l'œil ironique du chauffeur. J'avais totalement oublié ces faits, au point qu'à leur découverte, en 1972, je m'interrogeai sur leur véracité : si ç'avait été vrai, je m'en souviendrais...

Mais, peu après, je reçois à mon domicile un homme fort estimable et atypique. Ce Compagnon de la Libération, qui a fait partie du Conseil national de la Résistance, n'appartient pas à notre époque.

Issu de la haute bourgeoisie, ardemment patriote, son engagement dans la vie clandestine n'entraîne cependant pas, chez lui, la fin des préjugés. Il n'hésite pas à recevoir des camarades de combat chez une amie d'enfance dont le mari est prisonnier de guerre. Il l'a prévenue des risques qu'il lui faisait courir. Elle les a acceptés sans hésiter. Il trouve cela normal. Mais, lorsqu'il apprend que la concierge de l'immeuble s'étonne qu'en l'absence de son époux cette jeune femme reçoive de nombreuses visites masculines, il s'indigne. Il lui annonce qu'il n'organisera plus aucune réunion chez elle : il ne veut pas compromettre sa réputation… Sous prétexte qu'il recherche un éditeur pour ses Mémoires – ils ne furent jamais publiés –, il me demande un rendez-vous et me précise qu'il aimerait venir chez moi. À peine est-il assis qu'il m'interroge : « M'autorisez-vous à vous poser une question incongrue ? – Je vous en prie. – Finalement, votre père vous a-t-il reconnue ? » Je sursaute : « Non. »

Et il me raconte : « Vous ne savez pas à quel point votre naissance a pesé sur mon destin. Cela fait des années que je veux vous le dire. J'avais vingt-cinq ans à l'époque. À ma sortie de Sciences Po, j'avais intégré un service financier. Mon travail ne m'enthousiasmait guère. Il m'ennuyait, même. J'avais donc décidé d'entreprendre des études d'histoire. J'ai toujours eu la passion de l'histoire. J'avais dévoré certains livres de votre père. J'ai été fou de joie lorsqu'une de mes tantes m'offrit de déjeuner avec lui. Je savais qu'il était veuf, que ses enfants occupaient des situations importantes et qu'il vivait avec l'un d'eux. Je savais aussi que votre mère lui avait intenté un procès en recherche de paternité. C'était le sujet du jour. On en riait. Et je dois vous avouer que ce scandale ajoutait pour moi à l'aura de votre père. Il était l'invité d'honneur, j'occupais le bout de table. Ce fut un repas inoubliable, inimaginable. Mes enfants diraient que c'était dingue. Ça l'était. Ma tante et mon oncle ne savaient que faire. De toute évidence, votre père était la proie d'une dépression. Il n'y avait pas moyen de parler de quoi que ce soit d'autre que du sujet qui l'obsédait. Votre père revenait toujours à son drame personnel : votre naissance. Il répétait : "Mon fils me dit que si je reconnais l'enfant, il me chassera et ne me verra plus jamais." Et votre père se désespérait : "Cet enfant..." Plus personne n'osait lever les yeux de son assiette. Alors, ma tante, ne sachant plus à quel saint se vouer, a eu ce mot : "Maître, votre œuvre, c'est votre enfant." Ce fut la catastrophe finale, votre père éclata en sanglots. J'entends encore le bruit des chaises : sans même s'être concertés du regard, tous les invités s'étaient levés d'un même mouvement et avaient fui, abandonnant votre père, ma tante et mon oncle. Je suis parti effondré. Je me demandais : comment est-il possible de vieillir ainsi, de perdre tout sens des responsabilités, d'oublier toute dignité ? J'étais jeune et sans doute ma vocation d'historien n'était pas très forte, puisque j'ai lié la déchéance de votre père à son métier. J'ai donc définitivement renoncé aux études d'histoire que j'avais décidé d'entreprendre... »

J'écoute, impassible, ce récit, mais, à peine mon visiteur est-il parti qu'à mon tour j'éclate en sanglots. Je suis bouleversée. Jamais je n'avais pensé – manque d'imagination ou instinct de conservation ? – que ma naissance ait pu représenter une catastrophe pour ce père que je n'ai pas connu. Je mets mes mains sur mes yeux. Alors j'ai un flash...

Après quelques jours d'hésitation, je décide de relater à ma mère le récit étonnant qui m'a été fait. Je lui interdis tout commentaire : je ne le supporterais pas.

Des années plus tard, après sa mort, je découvre une lettre qu'elle m'a écrite et ne m'a jamais remise. *« Tu ne peux pas savoir la joie que tu m'as donnée en me rapportant le témoignage que tu avais eu du désespoir de ton père. Ainsi, tu as eu la preuve qu'il avait eu des remords. Il était devenu faible parce qu'il était âgé et malade. Ah, si ses enfants l'avaient laissé faire son devoir, il aurait connu, grâce à toi, quelques années de bonheur. Je n'aurais pas vécu, mon amour, avec le remords atroce de t'avoir donné le jour en dehors des lois de notre société. Tu aurais eu une famille normale. J'ai longtemps pensé que les enfants de ton père étaient criminels. Ils se sont conduits comme des criminels, mais ce sont de pauvres êtres, qui ne savent pas ce qu'ils font, des malheureux. Il faut prier pour eux. »*

Ma vie durant, j'ai été convaincue que ma mère était une sainte, mais une sainte envahissante, exaspérante de gentillesse[1].

Sainte… assurément. Le qualificatif me paraît juste. Jamais je ne l'ai vue montrer la moindre envie à l'égard de ses amies d'enfance menant la vie brillante qui aurait dû être la sienne. Bien au contraire, elle se réjouissait de leur bonheur. Alors qu'elle souffre le martyre – elle mettra vingt ans à mourir d'une affreuse et rare maladie de la moelle épinière –, jamais je ne l'ai entendue se plaindre. *« J'ai été bouleversée,* m'écrit mon amie, Léone Nora, *de*

1. Dans une première version de ce texte, je l'avais même qualifiée d'« emmerdeuse ». Un ami, dont le jugement m'est précieux, fut choqué de voir ainsi traitée une femme dont le courage et la dignité l'ont à jamais marqué. J'ai donc rayé ce terme.

voir son rayonnement et sa dignité dominant le mal atroce qui était le sien.» Un jour, ma mère se débat dans des convulsions effroyablement douloureuses. Le médecin est là. Un même sentiment d'impuissance nous étreint. « Elle n'a vraiment pas de chance. » Je ne sais de qui vient cette remarque, mais je me rappelle avec certitude que, à peine la crise apaisée, ma mère proteste : « Mais si, j'ai beaucoup de chance d'être soignée et entourée comme je le suis. »

Son attitude sous l'Occupation témoigne de son courage et de son énergie invincibles. Curieusement, je crois que, dans une certaine mesure, ce fut pour elle une période de réconciliation avec elle-même. Elle savait qu'elle sauvait sa famille et se réhabilitait ainsi à ses propres yeux, car elle ne cessait de se reprocher de l'avoir déshonorée en mettant au monde un enfant illégitime.

Lors de l'écriture de *La Fenêtre ouverte*, j'ai été – et suis toujours – profondément émue par les propos qu'elle me murmure sur le quai de la gare d'Orthez, passant outre à l'interdiction des Allemands de nous parler : « N'oublie jamais ce que ton grand-père m'a appris : l'essentiel, dans la vie, c'est de faire le moins de mal possible aux autres[1]. » Je suis en effet certaine

1. En écrivant ces lignes (cf. *infra*, *La Fenêtre ouverte*, p. 335), je savais qu'elles étaient incomplètes. J'étais sûre que ma mère m'avait livré deux règles de vie, mais j'étais incapable de me rappeler la seconde. Je n'avais pas voulu que ma mère prît connaissance de *La Fenêtre ouverte* avant sa parution. À sa lecture, elle a d'abord ce cri du cœur aberrant, compte tenu de son action – il témoigne de sa profonde culpabilité à mon égard : « Que je t'ai mal protégée ! » Puis elle s'étonne : « Pourquoi as-tu supprimé ma deuxième recommandation ? Ton grand-père me disait aussi que l'essentiel était de toujours faire son devoir. » Pourquoi avais-je oublié cette exhortation ? Peut-être parce que le mot « devoir » me semblait receler une trop forte connotation scolaire ?

Madeleine, 1942

Georgette, 1942

que, si je me trouvais en danger de mort avec un enfant adoré, je n'aurais pas l'idée de lui livrer une sorte de testament moral; je me contenterais – c'est, je pense, ce que ferait la majorité – de tenter de le rassurer par quelque billevesée : « Ne t'inquiète pas, mon chéri, tout va s'arranger… » Non, ma mère, elle, va tout de suite à l'essentiel, qui est d'ordre moral.

Je crois vraiment que ce fut une sainte, je suis moins sûre qu'elle ait été exaspérante. Quoi qu'il en soit, elle a laissé le souvenir d'une femme toujours aimable, toujours préoccupée des autres, ne pensant qu'à rendre service. De l'avis de tous ceux qui l'ont connue, il est impossible de trouver en elle une once d'égoïsme. *« Bien qu'elle soit de vingt ans plus jeune que moi, elle fut, par son courage et sa bonté, mon exemple »*, m'écrit, à sa mort, une vieille amie. Je voudrais citer deux autres témoignages reçus à la même époque : *« Sa vie, l'élégance et le courage avec lesquels furent assumées des épreuves répétées et si douloureuses laissent à jamais une empreinte profonde chez ceux qui l'ont connue »* – et encore : *« Elle avait l'exceptionnelle caractéristique de minimiser ce qu'elle faisait pour les autres et de maximaliser ce que l'on faisait pour elle. Et cela, toujours et encore, après bien des vicissitudes qui ne lui avaient pas été épargnées… »* Voici quelques années, un de mes contemporains tient à me rappeler qu'elle *« restera toujours pour* [lui] *la fée Clochette qui a embelli* [son] *enfance »*. Et, plus récemment encore, alors qu'il m'adresse les discours prononcés en 2012 lors de son élévation à la dignité de grand officier de la Légion d'honneur, le fils de ma marraine, qui m'a vue le jour de ma naissance[1], les accompagne

1. Il avait alors treize ans. Toute sa vie, lorsqu'il m'écrit, il fait très souvent précéder sa signature de cette mention : *« ton grand frère »*.

d'une lettre où il évoque « *l'admiration sans bornes que, très tôt, j'ai eue pour ta famille et spécialement pour ta maman, "Madame" Léon. Son courage, sa lutte "sociale", bien rare alors, m'ont révélé au début des années 30 un versant de sa personnalité qui m'a servi de modèle* ».

Alors, pourquoi et de quel droit ai-je qualifié cette femme admirable d'« exaspérante » ? Sans doute parce qu'elle a reporté sur moi sa folle passion pour mon père. Et que cet amour était étouffant, au point qu'il m'est arrivé de me demander s'il n'expliquait pas, en partie, la fuite de mon père…

Une des plus grandes souffrances de ma mère fut indéniablement de peser sur ma vie et d'être matériellement à ma charge. Elle ne l'aurait pas été si la maladie ne l'avait pas rendue incapable du moindre travail. Je suis sûre que, si cela n'avait pas été le cas, elle aurait fait n'importe quoi pour subvenir elle-même à ses besoins, et qu'elle y serait arrivée. Cela lui était physiquement impossible. Il était évident, à mes yeux, que je devais assumer sa charge. Je ne suis pas certaine que cela m'ait tellement étonnée. Ma grand-mère l'avait sans doute prévu ; en tout cas, elle m'avait confié ce devoir. En 1943, dans la lettre qu'elle m'adressa à l'occasion de mon quatorzième anniversaire, voici, en effet, ce qu'elle m'écrivait : « *Je suis tranquille maintenant, car je sais que tu sauras toujours garder ton rang* [ce qui, dans son esprit, signifie que je serai toujours fidèle aux vertus qui m'ont été inculquées] *et que, lorsque je ne serai plus là, tu sauras entourer dans ses vieux jours ta mère comme elle le mérite.* »

Que ces temps semblent lointains, où, en pleine guerre, sachant sa vie et celle de sa famille en danger, une aïeule se préoccupait d'indiquer à une adolescente ce que seraient, dans vingt ou trente ans, ses obligations familiales !

En raison de problèmes matériels que ma grand-mère n'avait pas imaginés, ce ne fut pas facile[1]. En 1955, j'appris par sa banque que ma mère n'avait plus un sou. Je me souviens de la gentillesse et de la tristesse du banquier qui m'en avertit[2]. Dès que j'ai commencé à toucher un salaire – ce fut heureusement en cette même année –, celui-ci servit à régler le loyer de l'appartement, où nous vivions ma mère, sa sœur aînée, Tante Hélène, et moi-même. Ma sœur, qui était médecin, décida de payer le salaire d'une employée de maison, dont, à juste titre, la présence lui semblait indispensable. Mais elle ne pouvait faire plus : elle avait deux enfants.

Si ma mère ne me parlait jamais de mes propres difficultés qu'elle devinait, elle ne cessait de s'inquiéter pour moi, de me demander si elle pouvait m'aider en quoi que ce soit et de me prédire une réussite en toutes choses. Cette sollicitude constante et cette confiance aveugle, qui me paraissait absurde, m'insupportaient. Je me reproche aujourd'hui de l'avoir parfois rabrouée brutalement, de n'avoir pas compris que ses défauts, qui n'en étaient pas, n'avaient guère d'importance au regard de ses qualités exceptionnelles. Je me console en pensant que ma mère ne m'en a pas voulu de mes mouvements d'humeur à son encontre, car, une fois

1. Ce fut surtout extrêmement difficile après ma rupture avec le journalisme, en 1961.

2. Durant des années, Madeleine Léon avait achevé de se ruiner en payant dans les meilleures cliniques psychiatriques les hospitalisations de sa sœur, de nouveau en proie à la manie de la persécution, comme lors de cette nuit cauchemardesque à Lyon (cf. *La Fenêtre ouverte*, p. 384). « Tu n'as pas de chance, me dit ma sœur, d'avoir une mère atteinte d'une syringomyélie et une tante folle. »

pour toutes, elle avait décidé que tout ce que je faisais était bien. Cet irréalisme m'agaçait, certes, au-delà de toute mesure. Et c'est pour cela que j'ai tendance à voir en elle non seulement une sainte, mais une sainte exaspérante...

Tout récemment, au travers des lettres qu'elle écrivait avant ma naissance[1], j'ai découvert une troisième face de son personnage, qui m'a heurtée : une femme en proie à une passion et à un désespoir tels qu'ils la conduisent à oublier ce qui est sa règle de vie : faire le moins de mal possible aux autres. Elle inflige ainsi à ses enfants des traumatismes qui n'ont rien de bénin[2].

En prenant récemment connaissance de tous ces faits, je ne peux m'empêcher de penser que si ma mère et ma grand-mère ne m'avaient pas élevée dans la conviction que je devais porter le nom de mon père, si j'avais tout bonnement fait mon entrée dans la vie sous celui de ma mère, le seul auquel j'avais droit, j'aurais sans doute moins ressenti les conditions de ma naissance, l'attitude de mon père, l'hostilité de ses enfants à

1. Ma mère et aussi ma grand-mère se confiaient, dans de longues épîtres quasi quotidiennes, à un révérend père jésuite, qui les avait gardées dans la pensée qu'elles pourraient être utiles à la justice. Peu avant de mourir, en 1943, il charge un de ses collègues de remettre ces courriers à leurs expéditrices lorsqu'elles pourront revenir à Paris. Je n'avais jamais eu l'idée de lire cette correspondance. Lorsque je l'ai fait, une fois entreprise la rédaction de ce livre, ce fut un choc justifié par la violence des sentiments, le désespoir manifesté. Mais ce me fut aussi une joie, tant ma grand-mère s'y révèle admirable. Dans leur quasi-totalité, ses propos que je rapporte dans ce livre sont extraits de cette correspondance.

2. Elle informe sa fille, âgée de cinq ans, qu'elle a décidé de mourir, sans se préoccuper des conséquences d'une telle révélation. Elle me demande de me précipiter vers mon père sans se soucier des effets qu'un rejet brutal pourrait avoir.

mon endroit. Mais je sais aussi avec certitude que sans l'amour aveugle de ma mère, la confiance illimitée de ma grand-mère, leur affirmation si souvent répétée que j'étais et serais toujours – même après leur mort ! – leur joie et leur fierté, jamais je n'aurais fait le parcours qui a été le mien. Tout ce que je suis, je le dois au privilège d'avoir été élevée par ces deux femmes à la valeur morale exemplaire, animées d'un mépris souverain du qu'en-dira-t-on.

Pour donner idée d'un état d'esprit qui nous paraît incompréhensible aujourd'hui, je crois nécessaire de citer maintenant un document. Son auteur, le professeur Adolphe Pinard, une des fiertés de la IIIe République, intervient à maintes reprises dans ce récit. Il est intimement lié – depuis plus d'un demi-siècle – avec ma famille maternelle. Il a mis au monde les cinq enfants de ma grand-mère. Très vite, une profonde sympathie est née entre lui et son époux, Gustave Léon. En dehors de toute question médicale, ils prennent l'habitude de s'écrire régulièrement. Et, dès qu'elle devient veuve, en 1916, le professeur Pinard prévient ma grand-mère qu'il sera toujours là pour elle et ses enfants. C'est d'ailleurs à son bras que ma mère entre à la mairie du 7e arrondissement le jour de son mariage avec Alfred Bouton.

La vie d'Adolphe Pinard est une parfaite illustration des vertus républicaines. Né en 1844, à Méry-sur-Seine, petit village de l'Aube, fils d'un modeste paysan, il sait très tôt travailler avec la charrue et la faux ; il se passionne pour la botanique. Son maître d'école, conscient d'être en présence d'un enfant exceptionnellement doué, décide son départ pour Paris. C'est seulement dans la capitale que ses dons pourront se développer. Il lui trouve une place d'apprenti chez un pharmacien dans le 9e arrondissement. Très vite, Adolphe Pinard découvre sa vocation : il sera médecin. Durant des années, il mène de front travail et études, réussissant même, sur son modeste salaire, à soutenir financièrement ses parents. En 1874, à trente ans, il est désormais le docteur Pinard ; il gravit avec brio tous les échelons de la carrière médicale. Accoucheur des hôpitaux de Paris, professeur de clinique et de gynécologie à la Faculté de médecine, il est, en 1892, à quarante-huit ans, élu à l'Académie de médecine. Sa renommée dépasse nos frontières : le 12 août 1904, à Moscou, c'est lui qui met au monde le tsarévitch Alexis. Fou de bonheur de la naissance de ce fils tant désiré, le tsar veut combler Adolphe Pinard de cadeaux que celui ci refuse. Il ne lui manque rien, mais, à Paris, il manque une maternité. Et c'est ainsi que le « tsar de toutes les Russies » décide de financer la construction de la maternité Baudelocque, que Pinard dirige jusqu'à l'heure de sa retraite en 1914, à soixante-dix ans.

Adolphe Pinard est aussi le fondateur d'une discipline jugée alors révolutionnaire : la puériculture[1]. Rien de ce qui concerne l'enfant, de sa gestation à son adolescence, ne le laisse indifférent.

Ce vieux républicain, comme il aime à se qualifier, accepte à la demande de ses amis radicaux-socialistes (il est très lié avec Édouard Herriot) de se présenter aux élections législatives en 1919. Il se situe nettement à gauche de l'échiquier politique. Dans cette Chambre

1. Elle est mentionnée pour la première fois à l'Académie de médecine le 26 novembre 1895. « *Jusque-là,* écrit, en 1931, Adolphe Pinard, *il était inconvenant de la citer dans les congrès des sociétés – dites savantes –,* [son nom] *ne pouvait provoquer que l'hilarité dans l'assistance.* »

bleu horizon, il est le seul élu de sa liste. Militant de la laïcité, ne cachant pas son athéisme, Adolphe Pinard bénéficie de l'amitié et de la sympathie du cardinal-archevêque de Paris, Mgr Dubois. L'un et l'autre se veulent les défenseurs de la famille. Pour tout ce qui concerne l'enfant, le professeur Pinard fait autorité. Or, en 1931, il constate avec indignation et tristesse le sort que notre société réserve à certains : « *Aujourd'hui, tout enfant né hors mariage est, congénitalement, légalement, diminué, taré socialement*[1]. »

*

Il me faut maintenant tenter de reconstituer les relations de ma mère et de mon père. Entre eux, ce fut, sans nul doute, une histoire d'amour et, assurément, un drame.

Leur idylle commence très exactement au matin du jeudi 25 février 1926, boulevard Saint-Germain, en un endroit dénommé place Chappe[2]. Tous deux attendent l'autobus. Il lui sourit. Madeleine croit qu'il la reconnaît : ils ont récemment été présentés l'un à l'autre au cours d'une réception chez le directeur de l'École des mines. Elle s'approche donc : « Vous êtes bien M. Lacour-Gayet ? » Et la conversation s'engage.

Madeleine Léon a vingt-quatre ans. Grande, très mince, le visage ovale illuminé par des yeux d'un bleu-vert assez rare, les cheveux châtain foncé, vêtue avec

1. Les passages soulignés le sont dans le document original.

2. Elle se situe à l'intersection du boulevard Raspail et du boulevard Saint-Germain, car au milieu du carrefour se dresse une gigantesque statue en bronze de l'inventeur du télégraphe. Elle a été fondue par les Allemands sous l'Occupation et nul n'a jamais eu l'idée d'en édifier la copie… Ainsi a disparu la place Chappe !

raffinement (ce jour-là, elle porte un manteau droit gris, agrémenté aux hanches, aux poignets et au col de broderies marron, sur sa tête une coiffe de même couleur ; l'ensemble vient d'un grand couturier), tout en elle respire la prospérité et la douceur de vivre. Que les apparences sont trompeuses ! Désespérée par l'échec de son mariage, elle « sait » que tout bonheur lui est désormais interdit. Sa mère lui a inculqué, à elle et à ses trois sœurs, la conviction que toute femme qui, au cours de sa vie, connaît – au sens biblique – deux hommes est une traînée, une « fille ». Ce ne peut être le cas de Madeleine, si fière de son nom et de ses aïeux. Elle se sent déjà coupable d'avoir quitté son mari, alors qu'il n'y avait jamais eu de divorce dans sa famille. Mais n'est-ce pas le professeur Pinard, à qui elle révélait sa vie conjugale, qui lui a dit : « Madeleine, prenez votre fille et retournez chez votre mère. Vous ne pouvez pas rester avec cet homme ! »

Elle fut une enfant heureuse entre des parents qu'elle adorait et à qui sa naissance – trois ans après la mort tragique, à dix ans, de leur seul fils – a redonné le goût de la vie. Son éducation fut confiée à une institutrice ; en 1916, lorsque, après le décès du père, la famille revient à Paris, sa mère l'inscrit au Cours Désir, une des institutions privées les plus cotées de Saint-Germain-des-Prés. Elle est toute fière des médailles que lui valent un troisième et un premier prix d'histoire. Car elle aime l'histoire. D'ailleurs, durant deux années, elle suit avec passion à la Sorbonne les cours qu'y donne l'historien Georges Lacour-Gayet dans le cadre de l'« enseignement pour les jeunes filles », où se pressent entre cent et cent cinquante auditrices. Dès lors, elle voue une admiration sans bornes à ce conférencier toujours excellent, parfois éblouissant. « *C'était de loin le plus brillant d'entre nous* », se souvient le cardinal Baudrillart[1], son camarade à l'École normale.

Pas un instant, Madeleine n'envisage de passer le moindre examen. Elle coud, brode à merveille, dessine des bouquets, et ses œuvres ne sont pas dénuées de talent. Bref, la parfaite jeune fille.

Lors d'un bal hebdomadaire du GPX (Groupe parisien des élèves et anciens élèves de Polytechnique), un polytechnicien ne la quitte guère de la soirée. Quelques jours plus tard, il demande à être reçu par sa mère. Il souhaite qu'elle l'autorise à revoir sa fille, mais est-il digne d'elle ? Fils d'un très modeste agriculteur, il n'appartient pas à son milieu. Tant de franchise et d'humilité va droit au cœur de Marthe Léon. Pour elle, ce qui compte, ce n'est pas la fortune, mais le mérite personnel. Deux mois plus tard, les jeunes gens sont fiancés et le mariage bientôt célébré. Mariage purement civil, puisque, depuis des années, Marthe a rompu avec sa famille et le judaïsme, sans pour autant penser à rallier un autre culte. Sa seule religion consiste à faire son devoir, et elle est tout heureuse de remettre l'avenir de sa plus jeune fille entre les mains d'un polytechnicien méritant. Mais, le lendemain du mariage, dès le réveil de son épouse, le marié lui assène cette confidence : « Vous pensez bien que si vous n'aviez pas eu votre dot, jamais je ne

1. Agrégé d'histoire, docteur en théologie, ordonné prêtre en 1893, Alfred Baudrillart est sans doute un des religieux les plus influents dans l'entre-deux-guerres. Il est alors cardinal, fondateur des Amitiés catholiques, membre de l'Académie française et commensal attitré de nombre de responsables politiques. Mais, sous l'Occupation, son anticommunisme viscéral le conduit à se faire l'adepte de la Collaboration. Il meurt en 1942.

vous aurais épousée. Dès que j'ai vu votre collier [un ras-de-cou de perles fines, bijou classique des jeunes filles de la riche bourgeoisie], j'ai décidé de me renseigner sur votre fortune. J'ai vite su que c'était bon ! » Épouser une jeune fille pour sa dot n'a en ce temps rien d'extraordinaire, mais s'en vanter auprès de l'intéressée en de tels termes et à un tel moment dénote, me semble-t-il, un certain sadisme.

Madeleine écrit que son mariage fut un chemin de croix. En anglais – la langue qu'elle affectionne particulièrement –, elle ne cesse de se répéter, de griffonner cet appel à la mort : *« Death the healer, death the keeper, come to me*[1] *! »* Sans doute par goût de la provocation, ou par conviction sincère, son mari lui vante les charmes de l'amour à trois ou à quatre, lui présente des amants éventuels. Horrifiée, Madeleine se refuse à son époux. Il use de la violence. Une petite fille naît. Durant toute sa grossesse, elle n'a qu'une idée : que l'enfant ne ressemble pas à son père. Mais, lorsque celui-ci lui affirme qu'il sera heureux plus tard d'initier sa fille aux joies de l'amour, Madeleine, après s'être confiée au professeur Pinard, retourne chez sa mère[2].

Dans le vaste domicile (environ 300 mètres carrés) où Marthe Léon s'est installée après la mort de son époux, deux pièces sont mises à la disposition de Madeleine : l'une est la chambre de son bébé, l'autre – la sienne – avoisine la porte d'entrée de l'appartement. Elle l'a

1. « Ô mort qui guérit, ô mort qui protège, viens à moi ! » La première partie de cette invocation vient d'Eschyle, l'origine de la seconde reste mystérieuse, est-elle une invention de ma mère ?

2. Le divorce fut prononcé en 1927 à ses torts, puisqu'elle a quitté le domicile conjugal, mais elle a la garde de sa fille. C'est ce qui compte pour elle. Quant au mari, il réussit à conserver une partie de sa dot…

aménagée en petit salon : un lit de repos Louis XVI, deux grands fauteuils club en cuir marron, de petites tables (sur l'une d'elles repose son téléphone : elle a sa propre ligne, ce qui est très rare à l'époque) et une bibliothèque tournante anglaise en acajou ; au mur, deux bouquets de fleurs d'une aquarelliste connue, Blanche Odin, dont elle a toujours admiré le talent. La pièce qui jouxte la sienne est le domaine, ou plutôt le dortoir, de sa mère. Car Marthe n'y vient que pour dormir : tous les matins, à 11 heures, Marthe s'installe dans le petit salon qui lui sert de bureau, et ne regagne sa chambre que vers minuit.

Boulevard Saint-Germain, les journées de Madeleine sont parfaitement réglées. À 7 h 30, la femme de chambre lui apporte son petit déjeuner. Le matin, elle s'occupe de sa fille, la conduit souvent au Luxembourg. Une nurse vient l'après-midi. Il arrive à Madeleine d'accompagner sa mère dans les visites qui sont de règle – Marthe elle-même reçoit les trois premiers lundis du mois. Très souvent, avec « Tante Cécile » – ainsi appelle-t-elle la belle-sœur du professeur Pinard –, Madeleine visite dans la banlieue des logements misérables, tente d'apporter aide et réconfort à des familles déshéritées, dispense parfois des cours à leurs enfants.

Bref, une vie de dévouement, plutôt morne. Elle est ravie, ce 25 février 1926, que la monotonie de ses jours soit rompue par cette rencontre inattendue avec l'historien qu'elle admire tant. En fin de matinée, elle revient tout excitée chez elle. Dans l'autobus, M. Lacour-Gayet l'a invitée à assister à la conférence qu'il va prononcer dans un cours privé, l'Institut de la Madeleine, puis il l'a accompagnée dans ses différentes courses. Elle a appelé un taxi et l'a déposé à la Bibliothèque nationale. « Vous me conduisez chez ma danseuse », lui a-t-il dit.

Arrivée à ce point du récit, je me dois de faire état d'un changement radical dans sa rédaction.

Jusqu'ici, pour l'essentiel, ma mémoire avait été ma source, la seule pour *La Fenêtre ouverte*, la principale pour ce chapitre. Or, elle ne peut plus m'être d'aucun secours, puisque je dois retracer des événements antérieurs à ma naissance et dont il m'a été fort peu parlé. Il me faut donc plonger dans les documents entassés dans la malle Vuitton, consulter différents fonds d'archives, parfois totalement inattendus, lire les agendas de ma mère, déchiffrer ses très nombreuses pages manuscrites et les non moins nombreuses lettres de mon père. Ce fut une quête dont je n'avais pas soupçonné la richesse. Ainsi, aucun des propos ou des faits que je relate dans ce chapitre n'est le fruit d'une imagination romanesque dont je suis d'ailleurs dépourvue. Tous reposent sur des témoignages et des écrits contemporains des événements qui sont la trame de ce récit.

Parcourir les papiers soigneusement gardés par ma mère – sans doute dans l'espoir qu'un jour je les lirais – fut une expérience parfois douloureuse. Je découvrais une réalité que je n'avais jamais soupçonnée. Ma mère m'avait, je l'avoue, souvent exaspérée, je l'ai déjà dit, ce qui ne m'empêchait pas de ressentir toujours à son égard admiration et respect. Or, au travers du dépouillement des documents enfouis dans la malle Vuitton, ces sentiments pouvaient parfois disparaître, ce qui m'était odieux, au point de renoncer, durant plusieurs mois, à terminer ce livre. Mais, ô divine surprise, la découverte des archives du Vatican concernant ma naissance m'a réconciliée avec elle, tant – à l'image de ma grand-mère – elle y fait preuve d'un courage, d'une dignité et d'une force de caractère hors du commun.

Il me faut donc relater les relations de ma mère et de mon père. Au préalable, il me plaît de mentionner une spécificité que je dois à celui-ci. Georges Lacour-Gayet est né le 31 mai 1856. Je suis sans doute une des très rares personnes vivant au XXIe siècle dont le père a vu le jour sous le Second Empire, et presque sûrement la seule dont un arrière-grand-père naquit durant le règne de Louis XV[1] !

*

Ce 25 février 1926, le jour de sa rencontre avec Madeleine Léon, Georges Lacour-Gayet approche les soixante-dix ans. Il est grand (1,75 mètre[2]) et mince : ses cheveux blancs mettent en valeur sa silhouette encore jeune, bien qu'il soit légèrement voûté et qu'il ait l'habitude de se promener avec une canne au pommeau d'or. La rosette de la Légion d'honneur à la boutonnière, il a tout du notable, jusqu'à son patronyme avec ce trait d'union qui signifie l'appartenance à la grande bourgeoisie. Mais nous ne saurons jamais si c'est pour ce motif qu'il a voulu ajouter au nom de son père celui de sa mère, ou par fidélité au souvenir de celle-ci[3]. En tout cas, qu'il soit fier de ses titres est évident ; sa carte

---

1. À la naissance de Georges Lacour-Gayet, son père, Jules Lacour, va avoir quarante-neuf ans. Lui-même est né d'un père, Georges, qui a vu le jour en 1759 !

2. À l'époque, la taille moyenne des Français est de 1,67 mètre (Marie-Claude Chamla, *L'Accroissement de la stature en France de 1880 à 1960*, Bulletin Société Anthropologie, Paris, 1964, t. 6, série XI, p. 201-220).

3. Georges Lacour a quarante-neuf ans lorsque, par décret (*Journal officiel* du 9 juillet 1895), il est autorisé à substituer à son patronyme celui de Lacour-Gayet. En fait, il porte déjà ce nom

de visite les stipule : « membre de l'Institut, professeur à l'École polytechnique ».

Dès son premier tête-à-tête avec ma mère, le respectable septuagénaire révèle une âme et un comportement d'adolescent à son premier amour.

À peine l'a-t-il quittée qu'il lui écrit : *« Ne vous semble-t-il pas, ma chère auditrice, que ce jeudi de février fut un grand jour, un jour rare, un jour exceptionnel ?... Du moins, c'est l'impression qu'il me donne. Vous rencontrer, ne vous connaissant pas, vous enlever dans un mariage de première classe*[1]*, parler de Jacqueline*[2]*, associer son nom à l'histoire des Girondins, pêcher avec vous une truite*[3]*, être enlevé à mon tour, être déposé à la BN* [la Bibliothèque nationale] *; il y a de quoi, n'est-il pas vrai, sidérer (est-ce que cela se dit ?) les esprits les plus stoïquement ou jansénistement* [sic] *indifférents ? J'en faisais mes confidences à Talleyrand ; et lui qui s'y connaît en incidents de tout genre a trouvé que celui qui était échu à son futur historien sortait un peu du commun... et ce jour d'aujourd'hui, je le marque d'un caillou blanc, très blanc... »* À cette lettre qu'il dépose le soir même chez la concierge de Madeleine, mon père joint un de ses livres, *Saint-Germain-des-Prés et la Coupole,* qu'il lui a dédicacé : *« À Madame M. Bouton-Léon, pour ses promenades sur la rive gauche, en hommage d'affectueuse sympathie. 25 février 1926 ».*

Et c'est la première d'une longue série de missives, quasi quotidiennes, souvent précédées d'un coup de

---

depuis plusieurs années, ayant ainsi signé sa thèse de doctorat en 1888.

1. Nous ne savons pas ce que signifie cette allusion.
2. C'est le prénom de la fille aînée de Madeleine Léon.
3. Il l'accompagne chez le poissonnier où elle a décidé d'acheter le déjeuner de Jacqueline.

téléphone matinal et accompagnées d'une de ses innombrables publications[1]. Il l'invite à ses conférences, aux séances de l'Institut, il l'emmène dans ses visites aux différents cimetières parisiens, à la recherche de la tombe de la mère de Talleyrand, ce qui lui permet de l'interroger : *« À ce propos, connaissez-vous le mot de Michelet sur les Croisés ? Ils cherchèrent Jérusalem et ils trouvèrent autre chose. On cherche une tombe et parfois on trouve autre chose…* » Il s'émerveille des réponses qu'il reçoit : *« Oui, je vous ai lue et relue* do kontza[2]. »

Hélas, nous ne connaissons pas les réponses de la jeune femme. Il est vraisemblable qu'elle lui avoue son admiration, sa reconnaissance. En tout cas, Georges apprécie fort le style de Madeleine, il la félicite de son talent, de son art de conteuse. Il lui arrive même de faire lecture de sa prose. Le 24 mars 1926, à la Sorbonne, dans le cadre de l'enseignement pour jeunes filles, lors

---

1. Ainsi, courant mars, il dépose chez sa concierge six plaquettes. Si leur dédicace est invariable : «En affectueux hommage », elles abordent les sujets les plus variés : l'abbaye de Saint-Germain-des-Prés, le palais de la Légion d'honneur, la carrière ministérielle sous le Directoire, et aussi *Françoise Mignot. La Dauphinoise aux trois maris* [j'ai ainsi appris l'existence de cette « héroïne » à la vie mouvementée : par son premier mariage, qui représentait une alliance inespérée, cette lingère grenobloise devint, à seize ans, en 1640, Mme Pierre des Portes d'Ambérieux. Veuve et héritière de son mari, elle épousa le maréchal de L'Hospital, qui mourut sept ans plus tard. Sa troisième et dernière union fit d'elle l'épouse d'un ancien roi de Pologne, Casimir V, qui devait finir sa vie comme abbé de Saint-Germain-des-Prés. Elle-même termina la sienne, en 1711, dans un couvent de carmélites…].

2. Il lui a expliqué la signification de cette expression russe qu'il affectionne : « jusqu'au bout ». Il aime à raconter que lors d'une conférence à Moscou, en 1916, il fut follement acclamé pour l'avoir utilisée.

de son cours sur Robespierre, Georges Lacour-Gayet cite une lettre de Pauline de Beaumont à son amant, Chateaubriand. Il vante sa délicatesse. Madeleine, naturellement, est présente. L'inquiétude la gagne : dès qu'elle retrouve Georges, elle le prévient. Elle lui jure qu'elle n'a pas copié Pauline de Beaumont, et pourtant le courrier qu'elle lui a envoyé la veille est analogue au texte qu'il vient de lire. Elle ne comprend pas. Il sourit devant tant de naïveté : *« Mais c'est votre lettre que j'ai lue. Pauline de Beaumont n'aurait pas su mieux s'exprimer! »* Décidément, le respectable septuagénaire, qui a le goût de la plaisanterie, se montre expert dans l'art de la séduction.

Madeleine promène tous les matins sa fille au jardin du Luxembourg. Georges l'y rejoint chaque jour, au pied de la statue de José Maria de Heredia. Il lui envoie d'ailleurs, copiée de sa main, une poésie de ce dernier, « Antoine et Cléopâtre », à laquelle il joint la « Prière » de Sully Prudhomme : « Si vous saviez que je vous aime… » Tel un collégien, il réunit les cartes postales représentant les endroits où ils se sont retrouvés, les lieux qu'il lui a fait visiter, les dates des jours où ils s'y sont rendus, et les offre à la jeune femme.

Certes bouleversée de retenir l'attention d'un historien qu'elle admire, Madeleine s'inquiète : ne serait-il pas en train de devenir amoureux ? Elle lui fait part de son angoisse : il n'est pas libre, elle non plus, son divorce n'est pas encore prononcé, et puis, de toute façon, elle a été mariée et il n'est pas question pour elle d'une toquade ou d'une aventure. Il sourit, proteste : « Regardez mes cheveux blancs, depuis dix ans je ne suis qu'un vieillard. » Voilà qui rassure Madeleine. Sa mère s'alarme : ces promenades répétées dans Paris avec Georges Lacour-Gayet ne peuvent-elles pas fournir une arme à son mari ? Consultés, l'avocat et l'avoué de la jeune femme balaient ces craintes : l'âge de l'académicien leur retire tout fondement. Madeleine, avec l'approbation de sa mère, heureuse de voir sa fille ne plus s'intéresser seulement à son bébé ou aux bonnes œuvres, accepte les invitations de Georges. Il la convie à toutes ses conférences – et elles sont nombreuses. Il décide de lui apprendre l'italien, une langue qu'il affectionne : « Je suis sûre que vous serez une très bonne élève… » Désormais, dans toutes les lettres qu'il lui adresse, il fait précéder son nom de « *di lei devotissimo* », « votre tout dévoué », et il l'appelle « *gentilissima amica, carissima signora Magdalena…* ». Il lui est arrivé aussi de la nommer *« cher Corsage de taffetas rose »*. C'est une allusion à la robe qu'elle portait lorsqu'elle lui a été présentée un an auparavant. Madeleine est profondément émue qu'il en ait conservé le souvenir.

Un jour, au sortir du Luxembourg, elle appelle un taxi pour le conduire à la Bibliothèque nationale avant de rentrer chez elle avec sa fille. L'enfant, trente mois, est sur les genoux de sa mère. Georges se penche vers elle et l'embrasse. Elle est bouleversée. Le lendemain, à son arrivée au Luxembourg, il pose ses lèvres sur les siennes. Quelques jours plus tard, il lui demande d'aller le chercher à l'Institut, lui fait visiter la bibliothèque Mazarine, lui montre sa place habituelle et, dans un couloir, la couvre de baisers. Elle découvre leur douceur. Pourquoi se la refuser ? Elle explique : « Il n'était qu'un vieillard, m'avait-il-dit – il avait presque soixante-dix ans et moi vingt-quatre. J'avais été peu choyée par la vie ; son esprit me captivait, et je ne m'étonnais que d'une chose : qu'il se plût tant près de moi… »

Le 18 mars, il lui adresse deux courriers. Le premier a pour objet une missive qu'il vient de recevoir d'une de ses anciennes élèves « *devenue une femme de lettres connue. Elle termine sa lettre ainsi : "Mon cher Maître et ami, Que ce printemps de Paris vous soit favorable ; qu'il vous réserve de douces joies, même des surprises ; l'imprévu en toute saison a son charme." J'espère que cette citation va vous donner, Carissima Signora Magdalena, une haute idée de ma valeur pédagogique. J'ai été capable de donner à mes élèves un don merveilleux, le don de lire dans l'avenir. Car vraiment Gabrielle Réval*[1] *est un prophète* ». Quelques heures plus tard, mon père fait part à ma mère de sa déconvenue : « *José Maria de Heredia ne me fut pas favorable aujourd'hui vers 4 h 25. C'est en vain que, penché à l'avant de ma blanche caravelle, j'explorais les terres hérédiennes, dans l'espoir de voir apparaître à l'horizon une étoile très chère. Rien!* [...] *Demain, Heredia me sera plus clément. J'arriverai vers 3 h 15,* elmeno lo spero, *par l'allée qui longe le lycée Montaigne.*

« *Au revoir. Vous avez vu, Gentilissima et Carissima Signora Amica, la prophétie de la femme de lettres, mon élève. Je vous dis mille choses affectueuses, en vous baisant les mains.* »

Le 25 mars, il veut la voir dès le matin, il la prévient : « Nous avons un anniversaire à fêter. » Elle le regarde, étonnée : « Cela fait un mois, jour pour jour, que nous nous sommes rencontrés. » Et il lui donne une main de Fatma en or, qu'il sort de son portefeuille : « Je l'ai toujours sur moi depuis des années[2]. Mais je n'en ai

1. Bien oubliée aujourd'hui, Gabrielle Réval jouit alors d'une notoriété certaine. Elle a écrit de nombreux livres qui sont fort appréciés et a participé à la création, en 1904, du prix Femina.

2. Cette main de Fatma a marqué mon enfance ; le jour de ma naissance, ma mère l'avait mise à mon cou et elle n'admettait pas que je puisse la retirer. Je m'exaspérais d'être la seule de mes amies à arborer un fétiche, et non la traditionnelle médaille. En 2003, j'ai donné cette main de Fatma à une arrière-petite-fille de mon père.

plus besoin, maintenant que je vous connais. Promettez-moi qu'elle ne vous quittera jamais. » Madeleine est bouleversée d'émotion et de joie… Elle dessine sur son agenda la main de Fatma.

*

Depuis quarante-six ans, Georges Lacour-Gayet est un homme marié. Et il fut profondément heureux de se marier. « *Fiancé, fiancé, j'entendais ce mot sortir des haies, passer dans l'air*[1]. »

« *Vos maîtres vous ont en si haute estime, tout ce que je sais de vous témoigne d'une nature si droite et si élevée que c'est, je vous assure, avec la plus grande confiance que je remettrais entre vos mains le bonheur de ma fille* », lui écrit le 22 mars 1882 le philosophe Paul Janet, professeur à la Sorbonne, peu après que Georges a été présenté à sa fille Cécile, de quelques mois seulement sa cadette. Et l'éventuel beau-père, soucieux d'assurer l'avenir de sa fille – elle a déjà vingt-cinq ans ! –, se réjouit que le prétendant ait accepté de venir passer la

---

Je pense au bonheur de ma mère si elle avait su que ce porte-bonheur était revenu à une descendante légitime de mon père. Cette main de Fatma n'a pas perdu pour autant son mystère. Comment Georges Lacour-Gayet, ce catholique fervent, qui ne perd pas une occasion d'afficher sa foi, peut-il ne jamais se séparer d'une sorte de gri-gri d'origine islamique ? Comment cet enseignant sans fortune, qui n'est jamais allé dans les pays arabes, a-t-il pu acquérir ce bijou en or ? Autant de questions qui restent sans réponse. L'hypothèse la plus vraisemblable est que cette main de Fatma lui a été rapportée d'Afrique du Nord par son fils Jacques, qui, durant plusieurs années, a vécu en Tunisie.

1. Tels sont les termes dans lesquels il évoque son bonheur. (Lettre à Cécile Janet, 11 juin 1882.)

semaine de Pâques dans leur maison des environs de Paris, à Forges-les-Bains : « *Mais soyez assuré qu'il n'y aura pas plus d'engagement d'un côté que de l'autre. Vous serez reçu par nous en ami : il dépendra entièrement de vous de transformer ces liens en des liens plus intimes et plus durables.* » Un mois plus tard, Georges et Cécile se fiancent. Si l'on en croit leur correspondance (chaque jour, ils s'adressent de très longues lettres), ils sont assurément fort épris.

Comment Georges ne le serait-il pas ? Elle est jolie, pieuse, en admiration devant lui. Et puis, entrer dans la famille Janet, cette lignée de notables, d'éditeurs et d'universitaires connus, qui appartiennent à la bourgeoisie aisée, c'est aussi une promotion sociale. Son père, Jules Lacour, a été successivement commis-négociant, mercier et marchand mercier, négociant, commis et représentant de commerce, selon les différents actes d'état civil le concernant. Sa famille, originaire de la Drôme, compte depuis le XVIIIe siècle de nombreux notaires royaux (un de ses demi-frères y est toujours tabellion et conseiller général).

Les Janet ne savent que faire pour être agréables au fiancé de leur fille. Alors que l'apport de Georges se monte à 2 000 francs – c'est l'évaluation qui est faite de ses livres et vêtements – et que la dot de Cécile lui est trente fois supérieure[1], ils tiennent à ce que le contrat de mariage stipule la communauté de biens. Et, pour faciliter la vie de leur futur gendre, ils rendent possible l'installation à Limours, tout près de Forges-les-Bains, de son père, qui vit toujours à Marseille. Ainsi, Georges sera dispensé de ces trajets interminables en chemin de

1. Elle frôle les 60 000 francs, une somme légèrement supérieure aux 50 000 francs que l'armée exige de la fiancée d'un officier.

fer (plus de dix-sept heures !) qu'il doit effectuer s'il veut témoigner à Jules Lacour son respect filial.

Georges est comblé. Les lettres de sa fiancée, à qui il ne cache pas ses difficultés financières[1], mettent fin à ces moments de détresse où il se sent incapable de travailler. Et il pense que le mariage le délivrera à jamais de ces accès dépressifs qu'il a toujours connus et dont ses amis sont informés.

Il n'est guère possible d'imaginer une union célébrée sous des auspices plus heureux. Professeurs de faculté, président de la cour d'appel figurent parmi les témoins. L'historien Ernest Lavisse, tout-puissant à la Sorbonne, est celui de Georges.

Après une année passée à Rouen, une nomination prestigieuse au lycée Saint-Louis permet au jeune ménage de regagner Paris. Il s'installe bientôt rue Jacob dans l'appartement qui fut le sien durant près d'un demi-siècle. Au départ, Georges n'y dispose d'aucun cabinet de travail. Il a sa bibliothèque et son bureau dans le salon. Mais les deuxième et quatrième mardis de chaque mois – ce sont les jours où sa femme reçoit –, il en est chassé et se réfugie à la Bibliothèque nationale.

Toute sa vie, ce fut un bourreau de travail[2] ; ce fut aussi un touche-à-tout. Sa thèse de doctorat sur Antonin

1. Il lui fait part ainsi de ses efforts pour récupérer les 90 francs que lui doivent les parents d'un élève : cette somme doit lui permettre l'achat d'un habit digne de son mariage.

2. Sa bibliographie à la BnF comprend un nombre de titres rarement atteint, 235, mais y figurent des « tirés à part » ou des conférences qui ne sont que des extraits de certains de ses livres… Six mois avant sa mort, il donne le bon à tirer pour une bibliographie de 12 pages qu'il divise en trois parties. La première est intitulée « Ouvrages » : il y en a 163 ; ce sont parfois des brochures de quelques pages, des articles sur les sujets les plus divers : la culture

le Pieux fait autorité ; elle lui vaut, dès sa soutenance, un prix de l'Académie française. Il ne poursuit pas pour autant ses recherches sur l'histoire romaine. C'est un concours ouvert par l'Académie des sciences morales et politiques sur « l'histoire des idées politiques de Louis XIV » qui le conduit à écrire son deuxième livre, *L'Éducation politique de Louis XIV*. Il n'obtient pas le prix convoité, car son livre n'est pas achevé dans les délais. Faute de temps, il ne remet que les titres de sa dernière partie, où il veut traiter de la théorie du pouvoir royal chez les contemporains. Mais l'année même de la publication de son livre, en 1898, l'Académie française lui décerne le prix Guizot.

Sa vie durant, Georges Lacour-Gayet ne cesse d'accumuler les charges. Professeur au lycée Saint-Louis, il y est responsable de deux cours préparatoires (à Saint-Cyr, à l'Institut agronomique) et d'une classe de l'enseignement moderne. Quelques années plus tard, il enseigne aussi dans deux lycées de jeunes filles : le lycée Molière et, surtout, le lycée Fénelon dans le cadre de la préparation à l'École normale supérieure de Sèvres. En outre, chaque année, depuis 1885, au sein de l'association pour l'enseignement secondaire des jeunes filles, il donne vingt-quatre leçons par an à la Sorbonne.

Les problèmes financiers jouent dans cet acharnement au travail. Les agrégés (ils sont moins de deux mille, toutes disciplines confondues) ne cessent de crier

littéraire et la formation de l'homme de science, le caractère de l'impératrice Eugénie, la vie monastique à Saint-Germain-des-Prés… La deuxième comprend les « ouvrages académiques » : il y en a 73. La troisième énumère ses collaborations diverses à 32 publications, scientifiques ou autres. On y trouve pêle-mêle *Le Figaro, La Vie, La Revue maritime, La Revue du foyer, La Revue des jeunes, La Revue des Deux Mondes, La Pologne politique, économique et littéraire…*

misère : à cinquante ans, ils gagnent tout juste de quoi joindre les deux bouts[1], avec un traitement annuel qui, à Paris, varie, en 1887, entre 5 000 et 8 000 francs ; en province, il ne dépasse guère les 5 000 francs. Grâce aux heures supplémentaires obtenues dans différents lycées, Georges Lacour-Gayet gagne en moyenne 11 000 francs 97 centimes[2]. Ce montant, supérieur aux émoluments d'un président de tribunal, est loin d'être négligeable.

Mon père appartient donc à la petite ou modeste bourgeoisie, celle dont les revenus sont inférieurs à 12 000 francs. Il ne saurait se contenter d'une telle place dans la société. Il veut accéder à la classe supérieure[3]. Son fils, Jacques, qui réussit brillamment dans les affaires, lui vient en aide. Une maison est à louer à Forges-les-Bains, ce village qui depuis des générations est le fief de la

1. Tel est le sort que le très populaire romancier Paul Bourget attribue au héros de son roman *L'Étape*, Joseph Monneron, ce professeur agrégé, sans aucune fortune, fils de cultivateur, boursier, normalien, qui, la cinquantaine venue, tire le diable par la queue.

2. Je dois cette précision à son dossier au ministère de l'Instruction publique et des Beaux-Arts (Archives nationales, Dossier F/17/23378).

3. Selon la sociologue Marguerite Perrot (*Le Mode de vie des familles bourgeoises*, Paris, Armand Colin, 1961), la bourgeoisie compte trois catégories. Au sommet se trouve, qualifiée indifféremment de « haute » ou de « riche », celle dont les revenus sont supérieurs à 20 000 francs. Un des critères de l'appartenance à l'une de ces strates est le nombre de domestiques : dans la plus modeste, une seule bonne à tout faire est à votre service ; dans la moyenne, vous disposez pour le moins d'une femme de chambre et d'une cuisinière ; dans la haute, il est courant que cinq personnes soient à votre service. Dans tous les appartements bourgeois, on trouve alors un piano; mais, chez les « petits », c'est un piano droit, alors que, chez les « moyens » et les « riches », le piano à queue est l'ornement indispensable du grand salon.

famille Janet. Avec son traitement, un professeur ne peut s'offrir un second bail. Jacques loue alors cette demeure et la met à la disposition de son père. Désormais, Georges a l'un des attributs de la bourgeoisie moyenne ou aisée : une propriété à la campagne. Cela ne saurait lui suffire.

Dans les domaines les plus variés – amour, travail, argent –, Georges Lacour-Gayet se révèle insatiable. C'est sans doute le trait le plus significatif de son caractère. À peine a-t-il terminé un article qu'il lui faut en commencer un autre. À peine a-t-il augmenté ses revenus qu'il lui faut chercher une nouvelle source de gain. À peine a-t-il achevé une conquête qu'il lui faut en entreprendre une autre.

Il y a chez lui un désir de séduire presque compulsif. « Il ne pouvait pas voir une femme jeune et jolie sans lui faire une cour assidue. Et il savait faire. On ne comptait plus ses succès. Comment ta mère a-t-elle pu le prendre au sérieux ? » devait s'étonner devant moi ma marraine, après avoir lu *La Fenêtre ouverte*. À l'époque, la réflexion ne m'avait pas frappée. Mais, après avoir tenté de m'informer objectivement sur mes parents, je ne peux que reprendre à mon compte cette remarque. Oui, mon père ressemble à Don Juan, ce personnage profondément dépressif, narcissique au point de ne pouvoir aimer que sa propre personne, toujours insatisfait au point que sa course aux bonnes fortunes est condamnée à n'avoir qu'une seule issue : la mort.

Mais Georges Lacour-Gayet – et, en cela, il diffère de Don Juan – veille à se donner toutes les apparences d'un mari fidèle.

Le ménage se félicite d'avoir un fils, Jacques, né dans l'année qui suit leur mariage, en 1883, et, huit ans plus tard, une fille, Thérèse. Lorsque Robert voit le jour en

1896, son père déclare que c'est « l'enfant du miracle ». C'est apparemment un couple sans histoire. Jamais on n'entend la moindre dispute entre le mari et la femme. Est-il heureux ? Rien n'est moins sûr. Car, chaque année, à l'approche de l'été, Georges Lacour-Gayet est atteint d'une de ces crises de neurasthénie dont il a toujours souffert. Les symptômes sont toujours les mêmes : il enlève sa Légion d'honneur (n'en étant plus digne), remplace ses lunettes par des lorgnons (pourquoi ? nul ne le sait), se refuse à beurrer le pain de son petit déjeuner (dépense superflue), prédit à sa famille les « pires catastrophes financières », résultat de ses dépenses déplacées pour « les tout petits bourgeois que nous sommes[1] ». Il se décharge de ses angoisses sur son épouse, « sa principale victime », n'ose guère en parler à son fils aîné, Jacques. Dès l'adolescence de celui-ci, ses rapports avec son père sont étranges ; Georges éprouve pour lui de l'admiration – au point de commenter par écrit et toujours élogieusement ses bulletins scolaires – et a « vaguement peur » de lui, si l'on se fie au témoignage de Robert Lacour-Gayet.

À l'époque, il n'est pas de traitement pour la maladie mentale dont souffre Georges Lacour-Gayet. Même Pierre Janet, éminent psychiatre, une des gloires de sa belle-famille, avoue, en termes ironiques, son impuissance. Pour donner au malade l'impression qu'il est soigné, il lui est prescrit de passer un mois chaque année dans une clinique psychiatrique. Il en sort dans le même état, mais, avec la fin des vacances scolaires, la reprise de son enseignement, tous les symptômes de sa neurasthénie disparaissent avec une régularité d'horloge. Il

1. Nous devons cette description à Robert Lacour-Gayet, *Souvenirs d'enfance* (archives familiales).

redevient brillant, drôle, et les repas familiaux lui permettent un festival de bons mots.

À nouveau, il me faut avoir recours au témoignage de « faux-frère[1] » : « Mon père nous conte des anecdotes si enivrantes que nous nous soucions peu de savoir si elles étaient rigoureusement exactes. »

Il est un sujet de plaisanterie classique au cours des agapes de la rue Jacob : le « harem » du maître de maison. Qu'il apprécie les jeunes et jolies femmes est incontestable; il en connaît sans cesse de nouvelles. Et, à chaque repas, lorsqu'ils sont de grands adolescents, ses enfants lui posent la même question : « As-tu fait aujourd'hui de nouvelles recrues ? » Et, le cas échéant, il se plaît à en inventer.

Cécile Lacour-Gayet fait preuve d'une ironie souriante à l'évocation des conquêtes de son mari. De même, elle s'amuse de son empressement à se rendre tous les dimanches à l'École des mines : c'est le jour de la femme du directeur, Gabriel Chesneau[2]. Elle sait que son mari y tient la vedette. Mais elle refuse catégoriquement de l'y accompagner. Autant son époux aime les mondanités, autant elle les déteste.

Cette femme tout à la fois effacée, forte et autoritaire a décidé d'assurer seule, jusqu'à leur dixième année

1. À partir des années 1960, je trouve amusant et légitime de désigner ainsi Robert Lacour-Gayet, puisqu'il est mon frère et le nie.

2. Celle-ci est la sœur d'un ami d'enfance de Georges Lacour-Gayet, Jean Romieu, président de la section du Contentieux au Conseil d'État. *« C'était vraiment,* écrit Robert Lacour-Gayet, *le Contentieux fait homme. Je n'ai jamais compris l'attachement que lui portait mon père. J'imagine qu'il était dû au salon que tenait tous les dimanches sa sœur. Il y trouvait une occasion de faire montre de son exceptionnel talent. »*

– l'âge de l'entrée au lycée –, la formation scolaire de ses enfants. Est-elle au courant des aventures sentimentales de son époux[1] ? Nous n'en savons rien. Il est vraisemblable qu'elle ne puisse concevoir qu'il trahisse sa parole et commette un péché mortel – ce qu'est alors l'adultère. Elle est en effet confite en dévotion, au point, m'a affirmé l'une des petites-filles, de n'apprécier que les cadeaux ayant un rapport avec la religion. À l'exception du domaine réservé de Georges – son bureau[2], où tous les dimanches matin il reçoit ses admiratrices –, l'appartement de la rue Jacob est rempli d'objets de piété. Et la maîtresse de maison, qui admire le talent d'historien de son mari, est particulièrement heureuse et fière de ses nombreux engagements dans l'Église catholique et ses bonnes œuvres. Georges, en effet, est membre du conseil curial de l'église Saint-Germain-des-Prés, orateur des sociétés de Saint-Vincent-de-Paul. Il appartient à deux œuvres de protection, l'une de la jeune fille isolée, l'autre des mères abandonnées.

Tous les matins, à l'aube, hiver comme été, Georges et Cécile Lacour-Gayet assistent à la messe.

*

Dès sa deuxième rencontre avec ma mère, Georges Lacour-Gayet lui parle de son enfance et de sa foi.

Il lui dépeint un petit garçon courant nu-pieds dans les rues de Marseille et rêvant, avec son inséparable

---

1. Elles furent très nombreuses, si l'on en juge par la quantité de lettres d'amour qu'il a reçues sa vie durant et que ses descendants légitimes ont trouvées à sa mort, entassées dans un tiroir de son bureau.

2. Le mariage de sa fille Thérèse lui a permis de disposer de sa chambre et d'y installer son cabinet de travail et sa bibliothèque.

Fernand[1], connu sur les bancs de l'école privée, de leurs avenirs respectifs : l'un sera cardinal, l'autre historien. Mais, en dehors des jeux de barres ou de billes, leur grande passion est de mimer les services religieux, administrant la communion avec des pastilles de Vichy… La quarantaine venue, Georges se félicite encore de cette occupation : « *Aussi loin que je puisse remonter dans notre histoire commune, je nous trouve tous deux écrit-il alors, infectés de cléricalisme, c'est notre tare, notre marque de fabrique, un péché originel dont on ne se lave pas* […] *Le plus clérical ou cléricalisant des deux, c'était moi…* »

Madeleine n'a reçu aucune éducation religieuse. Lorsque Georges l'apprend, il est atterré. Alors, avec son éloquence habituelle, il commence à lui parler de Dieu tout-puissant, de Jésus-Christ et de sa leçon d'amour, des beautés de la religion catholique. Il l'emmène visiter des églises ; à Saint-Germain-des-Prés, il lui présente l'organiste ; il lui demande de l'accompagner à une messe pour les boy-scouts que célèbre le cardinal Dubois, archevêque de Paris.

Bien que leurs rencontres soient quotidiennes, il la prévient qu'elle ne le verra pas le Vendredi saint : c'est la pénitence qu'il a décidé de s'infliger. Il n'a pu en imaginer une autre qui lui soit aussi pénible. Mais, le jour de Pâques, il lui donne rendez-vous à 10 h 30 à l'église de la Madeleine. Le lendemain, il emmène sa jeune amie à Montmorency, dont il veut lui faire découvrir l'église. L'heure du goûter venue, sous prétexte que le salon de thé est bondé et qu'ils ne pourront pas parler tranquillement, il la persuade, sans grande difficulté, de

1. Il s'agit de Fernand Cabrol, qui, devenu abbé mitré de l'abbaye bénédictine de Farnoborough en Écosse, joua un rôle non négligeable lors de ma naissance.

le suivre dans une chambre qu'il a retenue. Là, il veut la déshabiller. Madeleine s'y oppose. Georges n'insiste pas ; il la couvre de baisers et de caresses. Il semble s'en contenter. Elle est heureuse. Elle avait gardé un souvenir cauchemardesque de ses rapports avec son mari. Avec cette étreinte incomplète, elle croit avoir découvert le bonheur physique. Le soir même, elle note : « *The day has been a dream.* » Le mardi de Pâques, ils se retrouvent au Luxembourg. Il lui remet une copie faite à son intention du Cantique des cantiques de Salomon : « *Que vous êtes belle et pleine de grâces, ô vous qui êtes ma très chère et les délices de mon cœur !* » Et il lui offre le même paroissial que le sien[1], accompagné de deux images pieuses, l'une de Jeanne d'Arc et l'autre de sainte Geneviève. Sur celle-ci, il a noté la date de leur première rencontre, « *25 février 1926* », et écrit quelques lignes en italien[2]. Il les lui traduit : « *Je me permets de demander à la courtoisie de la très aimable et gracieuse Dame de se souvenir quelques fois dans ses prières de son tout dévoué, Georges Lacour-Gayet.* »

---

1. Je l'ai toujours en ma possession. Il s'agit du *Paroissial des fidèles* par Mgr Emmanuel Marbeau, évêque de Meaux, publié en 1910, avec une lettre autographe de S.S. Pie X. Sa lecture témoigne d'un monde disparu. Elle nous apprend ce que doit être la vie d'un chrétien, les nombreuses prières et litanies qu'il doit réciter matin et soir, l'examen de conscience auquel il doit se livrer chaque soir, les pénitences qu'il doit accepter, les privations qu'il lui faut respecter : ne manger aucun aliment gras tous les vendredis, jeûner le vendredi saint… L'honnêteté me conduit à ajouter que je dois à ce missel ma prière préférée : « *Mon Dieu, Vous connaissez ma faiblesse. Je ne puis rien sans le secours de votre grâce. Ne me la refusez pas, ô mon Dieu, proportionnez-la à mes besoins…* »

2. « *Mi sia permesso di chiedere alla cortesia della S*ia *V*ia *gentilissima di ricordarsi talvolta, nelle sue preghiere, del di lei devotissimo. G. L-G. Giovanni 25 febbraio 1926. Martedi Pasquale 1926.* »

Ainsi, à moins de quinze jours d'intervalle, les deux premiers cadeaux de mon père à ma mère sont une main de Fatma et un missel… Voilà qui dénote la complexité du personnage, et, *a fortiori*, la difficulté d'en tracer un portrait qui évite la caricature ou l'hagiographie.

En raison des liens étranges qui m'unissent à lui, ce me fut particulièrement difficile. Je suis son enfant, il le sait ; or il a souhaité ma mort avant ma naissance, et lors de notre première rencontre il se cache les yeux, comme si ma vue lui était odieuse. Ce rejet aurait pu m'inspirer rancune et haine. Ce n'est pas le cas. Est-ce parce que ma mère a tout fait pour que je sois fière de lui ? Est-ce tout simplement parce que, confusément, je sens que ma détestation à son endroit s'étendrait inéluctablement à ma personne ? Je lui ressemble tant physiquement !

« Jamais je n'ai vu une telle ressemblance entre un vieil homme de mon âge et une très jeune fille », me dit, le 12 novembre 1945, lors de la réception de Winston Churchill à l'Académie des sciences morales et politiques, un académicien dont j'ignore le nom. Il s'est approché de moi, m'a interrogée : « Vous êtes bien la fille de Georges Lacour-Gayet ? – Oui. – C'est hallucinant… Lorsque mon regard a croisé le vôtre, j'ai eu le sentiment de me trouver en face de votre père[1]… »

En revanche, il me semble osé d'attribuer ma passion pour la recherche historique à l'hérédité paternelle : ma mère, bien avant de connaître mon père, était également férue d'histoire…

Néanmoins, j'ai appris, il y a quelques années, que je devais à Georges Lacour-Gayet un trait de mon

1. Sur ma présence à cette cérémonie, dont Winston Churchill avait voulu qu'elle fût intime, cf. *La Fenêtre ouverte*, p. 381.

caractère dont je me serais bien passée. Mon médecin ayant prescrit une analyse de mon sommeil, la neurologue qui en est chargée, une fois connus les résultats de l'examen, m'interroge : « Votre famille compte-t-elle des dépressifs ? » Je la regarde, étonnée : « Oui, mon père l'était. Mais pourquoi me demandez-vous cela ? – Parce que votre sommeil montre un symptôme très rare, que l'on voit seulement dans les cas de dépression génétique héréditaire… » Ainsi les dépressions, contre lesquelles j'ai lutté toute ma vie, feraient-elles partie de mon héritage paternel !

*

Chez Georges Lacour-Gayet, recherche spirituelle et séduction amoureuse font bon ménage. Quand son fils Jacques, avec qui il entretient des rapports très différents des habituelles relations paternelles et filiales, met à sa disposition sa voiture et son chauffeur, Georges en profite pour conduire Madeleine à Versailles, où il lui fait visiter le château et le parc, l'invite à déjeuner ; « ce fut une journée de rêve », écrit-elle.

L'idylle continue… Il lui faut une photo d'elle, et il veut qu'elle en ait une de lui. Ils se rendent donc dans un célèbre studio des Champs-Élysées. Madeleine pose. Vient le tour de Georges. Il s'y refuse. Une photo de lui dans ce décor, cela n'a pas de sens. Il faut que Madeleine puisse le voir à sa table de travail. Un photographe est donc prié d'aller rue Jacob – est-il utile de préciser que la jeune femme prend à sa charge ce déplacement ? Lorsqu'il remet la photo à Madeleine, Georges la signe et, sous sa signature, écrit toujours la même date : « 25 février 1926 ».

Un jour, incidemment, ma mère apprend à mon père qu'un appartement est devenu vacant dans l'immeuble où elle habite, au 224, boulevard Saint-Germain. Il communique immédiatement l'information à son fils Jacques, qui, en instance de divorce, cherche un nouveau logement. Bientôt Jacques, avec ses trois enfants et la gouvernante qui en a la charge, s'installe au cinquième étage ; ma mère, quant à elle, est au premier[1]. Mon père se réjouit de cette proximité – ses petits-enfants pourront jouer avec « *Mlle B.B.* » : ainsi appelle-t-il la fille de ma mère, à qui il apporte souvent des bonbons. « J'aime les enfants », dit-il alors.

L'agenda de Madeleine, pour cette année 1926, est parsemé de papiers griffonnés par mon père. Le dimanche 23 mai, alors qu'elle lui rend visite rue Jacob, il lui dessine le plan de Forges-les-Bains, en indiquant l'emplacement de « sa » maison, *Les Tilleuls*. Il lui dit qu'il la loue depuis des années (il se garde bien de lui préciser que son fils Jacques est le titulaire du bail !) ; il veut que ma mère la connaisse. L'après-midi même, en taxi, Madeleine fait donc un aller-retour à Forges-les-Bains, uniquement pour passer devant *Les Tilleuls*.

Les relations de mes parents semblent alors obéir à des règles strictes : il lui téléphone le matin, elle assiste à toutes ses conférences, il la rejoint au Luxembourg, où souvent, sans se préoccuper des passants, il pose ses lèvres sur les siennes. À sa demande, les jours de réunion de l'Académie des sciences morales et politiques, elle va le chercher à la porte D de l'Institut. Parfois, ils se

1. Il y a quelques années, je vois avec surprise qu'un colloque, organisé par l'historien Maurice Vaïsse, se tient au 224, boulevard Saint-Germain, dans l'appartement où je suis née. J'apprends que le premier et le cinquième étage de cet immeuble sont devenus des locaux de Sciences Po. Je m'étonne alors que Sciences Po n'ait pas voulu s'installer au deuxième étage, où a vécu la famille de Jules Siegfried, le frère d'André Siegfried…

donnent rendez-vous dans la rue ou se retrouvent à Saint-Germain-des-Prés, le dimanche matin, pour assister ensemble à la messe[1].

Dans les mois qui suivent le 25 février, Madeleine informe sa mère de sa volonté : devenir catholique. Marthe Gustave-Léon – ainsi signe-t-elle toutes ses lettres depuis la mort de son époux – n'y voit aucun inconvénient, bien au contraire. Si Marthe a rompu avec le judaïsme et n'a pas éprouvé le besoin de rallier une autre religion, elle n'en croit pas moins à l'existence d'un Être suprême. Elle espère que sa nouvelle foi permettra à sa fille de reprendre goût à la vie. Elle attribue cette conversion à l'influence de Georges Lacour-Gayet, et au prosélytisme religieux l'empressement de l'académicien auprès de sa fille. Leurs rencontres si fréquentes, qui à l'origine l'avaient inquiétée ou agacée, ne lui posent plus aucun problème. Et elle invite à déjeuner l'historien. Les invitations, aussitôt acceptées et renouvelées à plusieurs reprises durant l'année, achèvent de la rassurer. Souvent, à son arrivée, Georges lui demande l'autorisation de téléphoner à son épouse. Il veut la prévenir de l'heure de son retour rue Jacob…

Une religieuse rencontrée à Saint-Germain-des-Prés conseille à Madeleine de confier à un jésuite, le révérend père Xavier Moisant, son éducation religieuse. Elle en parle à Georges. Il n'a jamais vu ce religieux, mais il connaît sa réputation et il approuve pleinement son choix.

Avec les vacances – chaque année, un mois durant, Marthe emmène sa famille à la montagne, puis au

1. Il s'agit du deuxième office auquel mon père participe ce jour-là, puisqu'il s'est déjà rendu à la messe avec son épouse, selon leur habitude quotidienne.

bord de la mer –, les échanges épistolaires resserrent encore les liens de ce couple étrange. Georges, qui fait une cure en Auvergne à Néris-les-Bains, cette station censée guérir les troubles d'origine nerveuse, envoie presque quotidiennement des lettres de plusieurs pages à Madeleine.

« *La vérité, telle qu'elle consent parfois à sortir de son puits, où a-t-on chance de la rencontrer? Dans les lettres sans apparat, griffonnées au courant de la plume...* » Ce jugement, que mon père devait formuler l'année de sa mort[1], est partiellement confirmé par ses innombrables missives.

Elles nous dépeignent différents traits de son caractère. Il semble très satisfait de lui-même, au point de citer à plusieurs reprises son dernier certificat médical : « *Cœur de jeune homme, teint de jeune fille. C'est à moi que s'adressent ces deux définitions.* » Il n'oublie jamais son travail : « *Je suis fidèle tous les jours à mon Prince* [il a entrepris depuis deux ans une biographie de Talleyrand, qui est aujourd'hui encore un livre de référence], *comme à Paris à ma Danseuse. De mes 2 500 pages, j'en ai abattu environ 1 250... Je n'hésite pas à dire que la constitution de ministères, le Labyrinthe, les Pyramides, le règlement des dettes de guerre et le Plan Dawes*[2] *ne sont que de misérables jeux d'enfants à côté de ce travail de Romain!* » Il se passionne pour la vie politique, bien que « *la politique* [le] *dégoûte une fois*

1. Dans un article publié par le magazine *L'Européen* le vendredi 15 février 1935.

2. La commission d'experts anglais et américains, présidée par l'un de ces derniers, Charles Dawes, entend régler le problème des réparations dues par l'Allemagne. Elle a décidé l'évacuation de la Ruhr par les troupes franco-belges.

de plus ». Il n'a pas de mots assez sévères pour fustiger le gouvernement Poincaré et *« cet odieux Herriot qui avait été vomi par la Chambre, revomi par l'opinion. Je croyais ce coco-là vidé pour une bonne fois. Voilà que R.P.* [Raymond Poincaré] *regonfle cette baudruche malfaisante. Grand bien lui fasse...* ». Une telle diatribe ne fait que reprendre les condamnations de l'Action française[1]. Mais, le plus souvent, son ton se veut badin. *« Oh, quel malheur que je n'aie pu décider ma danseuse de la rue de Richelieu* [il s'agit, on le sait, de la Bibliothèque nationale] *de me suivre dans mes villégiatures. Enfin, c'est une femme incomparable; je sais qu'après mes semaines d'absence, je la retrouverai toujours la même, fidèle, empressée, aimante, ne demandant qu'à me plaire. Avouez que je suis un mortel aimé des dieux pour avoir une amie pareille – et n'en soyez pas trop jalouse.* » Finalement, toutes ces lettres ont un seul objet : séduire Madeleine, la convaincre de son attachement. *« J'ai pensé à vous ce matin* », lui écrit-il un jour, et le surlendemain : *« Je ne cesse de penser à vous.* » Il guette le facteur. *« Oh joie : dans le paquet de journaux, une enveloppe à l'écriture connue. Je suis allé m'installer à l'ombre d'un cercle de tilleuls et, tranquillement, lentement, doucement, j'ai savouré une lettre exquise ; j'en remercie l'auteur, en lui*

1. Cette lettre est datée du 25 juillet. Le même jour, dans *L'Action française*, Charles Maurras écrit : *« M. Herriot est le péché mignon de M. Poincaré* [...]. *M. Herriot est un si médiocre intellectuel qu'il n'y a plus de difficulté à le traiter couramment d'imbécile...* » Quarante-huit heures auparavant, le polémiste a fustigé *« l'effroyable nullité de ce professeur déclassé chez qui il existe des parties d'imbécillité, des parties de pure et simple canaillerie...* ». Mon père a d'ailleurs souvent parlé à ma mère de Charles Maurras; il déplore que la surdité de celui-ci l'ait privé d'un véritable dialogue avec un homme qu'il admire.

demandant la permission de baiser des mains qui écrivent des choses charmantes, bien agréables à lire. » Et, le 27 août, il lui annonce « *une révolution pour le samedi 4 septembre, le jour des révolutions, une rue de Paris le rappelle expressément. Vous n'aurez pas ce jour-là de lettre de moi ; vous aurez, si toutefois vous y consentez, ma présence même…* »

*

Avant cette date, leur idylle a cessé d'être platonique. Le 1er septembre, Madeleine est seule à Paris. Sa mère et sa sœur sont absentes pour la journée. Sur le conseil de Georges, elle a confié sa fille à une « personne sûre ». Et il vient lui tenir compagnie… En fin d'après-midi, sur le bloc-notes de Madeleine, on lit ces quelques lignes de la main de Georges : « *À quoi peut bien rêver une jeune chère Do Kontza comme votre jeunesse ?* », et cette constatation de Madeleine : « *Journée heureuse, heureuse… Il est des moments si heureux qu'on les voudrait interminables ; hélas ils disparaissent, mais leur souvenir reste qui vous comble à jamais de bonheur…* »

L'acte de chair accompli en ce jour a donné à Madeleine une extase dont elle n'avait jamais rêvé ; elle avait gardé un souvenir de cauchemar de ses rapports sexuels avec son mari et elle s'imaginait qu'il en serait toujours ainsi. Depuis que mon père lui a fait découvrir le bonheur physique, la jeune femme pudique fait place à une amoureuse passionnée. Elle s'était offusquée lorsque, en mars, Georges Lacour-Gayet lui avait posé la question : « Si j'étais libre et si je vous demandais de m'épouser, que me répondriez-vous ? » Il n'était pas libre alors, et cette question lui avait paru déplacée. Désormais, plus rien, venant de son amant, ne la choque. Elle n'est pas gênée que, profitant de l'absence de sa femme, il l'emmène rue Jacob et que, dans l'appartement conjugal, il fasse d'elle sa maîtresse. « Cela s'est passé à deux reprises dans la première quinzaine d'octobre », écrit-elle. Un tel comportement ne dénoterait-il pas chez mon père un égal manque de considération pour son épouse et son amante ?

Nous ne possédons aucune lettre de Georges dans les quinze jours qui suivent leur première étreinte. Et, cependant, il en adresse quotidiennement à sa nouvelle maîtresse. Mais, le 16 septembre, il s'inquiète. Ses courriers lui paraissent vraiment trop explicites : il remercie Madeleine du bonheur qu'elle lui a donné, il y décrit avec précision leurs amours. Il demande alors à Madeleine de détruire ses dernières missives. Elle s'y refuse d'abord : elle lui promet que jamais elle ne les montrera à personne, elle ne comprend pas cette requête. Mais Georges insiste et elle cède. Elle ne saurait rien lui refuser. Une fois l'autodafé achevé, Georges s'empare du bloc-notes de Madeleine et, d'un trait, il noircit plusieurs pages. Il « relate » le jugement de la cour d'appel de Paris qui, toutes chambres réunies, a rejeté l'appel intenté par le procureur général et a maintenu le *« premier prix d'obéissance décerné à Mme M.M*[1]*. L. »*.

Pour formuler les attendus de ce jugement, mon père n'a certes pas recours au langage juridique :

« Considérant que ladite jeune femme – jeune, ô combien ! pas même vingt ans – a accompli, étant donné son âge, son sexe, son état d'âme, un acte très méritoire en se conformant à un désir, Ià elle exprime, désir qui allait

1. Il arrive à mon père, dans ses moments de tendresse, d'appeler ma mère Marie-Madeleine.

contre sa nature ardente, passionnée, digne de la Princesse des Sept-Îles[1]*, que le poète nous montre*

Couchée aux bras de son amant,
Toute à lui, éternellement;

« Considérant que la Cour a la promesse que cet acte d'obéissance, qui a été dûment accompli, le sera toujours de même sur la foi de la promesse qui a été faite. [...] *»*

Et les commentaires qui suivent sont tout aussi étonnants sous la plume d'un respectable septuagénaire :

« Après la Cour d'appel, la Faculté de médecine pourrait bien avoir aussi son mot à dire. Ah, ma chère petite folle, vous <u>êtes folle</u>[2]*, tout à fait folle.*

« Elle est folle, pholle [sic]*, pholle, trois fois pholle ; mais que sa pholie est charmante ! Seulement, elle ne se doute pas que sa pholie est contagieuse et que son correspondu* [sic][3] *(qui ferait mieux d'expédier en ce moment trois ou quatre lettres qui l'assomment) donne les signes de la même pholie...*

« Si vous n'avez pas deviné ce que cela veut dire, c'est à douter, Madame, de votre perspicacité. Seriez-vous une petite sotte ? Enfin, voici une très affectueuse pensée en vous baisant les mains. »

Cette lecture plonge Madeleine dans l'admiration et la joie, comme le moindre geste de mon père. Elle est submergée par la passion. Au départ, elle admire mon père, elle est fière et flattée qu'il s'intéresse à elle. À ces sentiments, qui n'ont rien d'étonnant, s'est jointe une véritable

1. Sans doute mon père fait-il allusion à l'héroïne des *Mille et Une Nuits* à laquelle adviennent de romanesques aventures. Dans plusieurs contes figure une princesse des Sept-Îles : ce n'est jamais la même...

2. Souligné dans le texte.

3. Nous respectons l'orthographe du texte original.

adoration, depuis qu'il lui a fait découvrir le bonheur physique. C'est ainsi qu'est née cette folle passion. Jamais le dicton : « L'amour rend aveugle », n'aura été aussi justifié.

« Il était mon Dieu », écrit-elle...

*

Être l'objet d'une telle vénération ne saurait déplaire à Georges Lacour-Gayet, ni même l'étonner. Il semble si content de lui, au point de frôler le narcissisme.

Qu'il soit satisfait de ses écrits, cela semble évident, si l'on en juge par le soin qu'il porte à les conserver. Ainsi une allocution prononcée lors de la réunion, le 28 novembre 1908, de ses plus vieux amis est-elle imprimée en douze exemplaires, intitulée *Le Dîner des cinq*, et reliée en parchemin blanc, le titre en noir décoré de quelques arabesques rouges...

À l'École polytechnique, son manque de modestie alimente l'ironie des élèves, comme en témoigne le refrain de la chanson qui lui est destinée lors d'un « château des ombres[1] » :

Vous pouvez bien tirer l'échelle
Rien de mieux n'a été fait
Que Monsieur Lacour-Gayet...

1. On appelle ainsi le spectacle que, chaque année, les polytechniciens organisent. Dans un grand amphithéâtre plongé dans l'obscurité, en présence de leurs professeurs, ils se livrent à un jeu d'ombres chinoises, projetant sur un rideau la caricature de leurs maîtres, en même temps qu'ils les dépeignent par des chansons. Cette coutume a disparu, comme bien d'autres, avec la guerre de 1939.

Un contentement de soi affiché sans la moindre réserve, une assurance qui prête à la caricature, ne sont-ils pas nécessaires pour dissimuler une grande fragilité ?

Les trente-cinq premières années de la vie de Georges Lacour-Gayet semblent une parfaite illustration d'un catéchisme, tout à la fois religieux et laïque : c'est le modèle de l'ascension sociale par le travail d'un enfant issu d'un milieu très modeste[1].

Il a été un écolier modèle. À cinquante ans, il se félicite encore que « sa binette de lauréat » figure toujours dans le parloir du lycée de Marseille. Étudiant, pour subvenir à ses besoins, il multiplie avec un succès constant les leçons particulières. Un été durant, il fait office de précepteur auprès de deux adolescents, dont il est à peine l'aîné. Lorsqu'il les quitte, il est devenu leur meilleur ami, et leur mère voit en lui son troisième fils. C'est d'ailleurs elle qui, quelques années plus tard, devait l'introduire dans la famille Janet.

Reçu à vingt ans à l'École normale supérieure, trois ans plus tard, en 1879, Georges Lacour est reçu second à l'agrégation d'histoire et de géographie. Puis il passe deux années à l'École française de Rome, où il commence à travailler à sa thèse de doctorat sur Antonin le Pieux. Il ressent durement son manque d'argent. Un demi-siècle plus tard, il s'en vante auprès de ma mère : « Je devais économiser jusqu'aux feuilles de papier… Je veillais à ne jamais laisser le moindre espace inutilisé, à

1. Son père, nous le savons, a eu une carrière quelconque et sa mère vient d'une famille dont nous ignorons si elle appartient ou non à la bourgeoisie. Son père, certes, est expert géomètre. Mais Antoinette Gayet, avant son mariage, exerce le métier de « demoiselle de confiance ». Elle est donc gouvernante, servante attitrée. Or, à l'époque, il est impensable qu'une jeune fille de la bourgeoisie ait la moindre activité professionnelle. Alors ?

ne respecter aucune marge : je commençais tout en haut de la page pour finir tout en bas… »

Georges Lacour-Gayet est un excellent professeur. Dans ses différents postes d'enseignant, il subjugue ses élèves. En 1883, après avoir enseigné successivement à Toulouse et à Rouen, il est nommé au lycée Saint-Louis à Paris, affectation prestigieuse, généralement réservée aux fins de carrière.

Mais la lune de miel avec ses maîtres ne dure pas. Pour quels motifs ? Nous ne le saurons jamais avec certitude.

Candidat en octobre 1893 à un poste de répétiteur à l'École polytechnique, Georges Lacour-Gayet ne peut en effet se prévaloir, comme il l'aurait voulu, de leurs témoignages. À l'en croire, ils lui ont, à maintes reprises, manifesté leur estime… *« Mais M. Lavisse est absent et je doute qu'il ait reçu ma lettre. M. Levasseur est à Chicago. Vous permettrez donc à un candidat qui n'a pas de parrains de vous rappeler ses titres principaux…* » Ainsi présentée, sa candidature ne risque pas d'être retenue…

Cet échec est vite oublié. En 1896, la chaire d'histoire du monde moderne est vacante à l'université de Paris. Georges Lacour-Gayet y est élu par les professeurs à la Sorbonne. Mais – fait très rare – le ministre de l'Instruction publique, Émile Combes, refuse de ratifier ce choix. Depuis les débuts de la IIIe République en 1875, la vie politique et universitaire est dominée par le combat acharné que se livrent les tenants de la laïcité, dont le « petit père Combes » est le chef de file, et les partisans du retour à la monarchie et à la primauté de l'Église dans les institutions sociales. Le ministre juge donc sage de profiter de la vacance d'un poste à la Sorbonne pour y nommer un combattant de la laïcité, le protestant Ernest Denis, professeur à l'université de Bordeaux, et non un catholique militant, tel Georges Lacour-Gayet, qui ne perd pas une occasion d'afficher sa foi et qui, s'il n'a signé aucune pétition contre Dreyfus, ne cache jamais sa certitude de la culpabilité de l'« officier juif ».

Fin avril 1896, Alfred Rambaud succède au « petit père Combes ». Du temps de l'Ordre moral, le nouveau ministre de l'Instruction publique, des Cultes et des Beaux-Arts a été victime d'une injustice analogue à celle que vient de subir mon père. Son attachement à la République l'a privé d'une promotion qui lui revenait de droit. Est-ce ce souvenir qui, dès son arrivée au ministère, lui fait attribuer à Georges Lacour-Gayet un poste de « chargé de cours » à la Sorbonne ?

Une telle nomination, valable deux ans, est généralement renouvelée, jusqu'à ce que son titulaire accède à une chaire. Mais les aléas de la vie politique font qu'au ministère de l'Instruction publique le radical Léon Bourgeois, pilier de la franc-maçonnerie, succède au républicain modéré qu'est Alfred Rambaud. Et il ne reconduit pas Georges Lacour-Gayet dans ses nouvelles fonctions.

Mon père comprend qu'il ne sera jamais professeur à la Sorbonne. Il en nourrit une profonde amertume, qu'il n'a jamais surmontée. Ainsi, en 1905, il conseille à son fils aîné, Jacques, entré major à la rue d'Ulm et reçu brillamment à l'agrégation d'histoire-géographie, comme lui-même l'avait été vingt-quatre ans auparavant, de fuir l'enseignement et de quitter immédiatement l'Université : *« Ils t'enverront moisir dans un coin perdu. À la Sorbonne, on n'aime pas les Lacour-Gayet. »*

Sur le moment, le choc est tel que durant près d'une année scolaire, du 1er décembre 1898 au 30 septembre 1899, pour la première fois de sa vie, Georges Lacour-Gayet ne peut plus enseigner : il est « en congé d'inactivité avec traitement », autrement dit en arrêt maladie. Depuis toujours, il a connu de pénibles « passages à vide », mais jamais il n'a interrompu ses cours. Là, il doit être hospitalisé pendant plusieurs mois. Et, lorsqu'il peut reprendre son activité, il est obligé de consulter régulièrement des psychiatres ; il déplore le prix de leur consultation : 40 francs.

On le prévient qu'il souffre de « crises de psychasthénie ». On le juge maniaco-dépressif. Comme il est d'usage chez ces malades, l'exaltation succède à l'abattement.

Puisque la Sorbonne lui est fermée, Georges Lacour-Gayet décide de se passionner pour l'histoire maritime. Cette matière, à laquelle les universitaires ne s'intéressent guère, a le mérite de se trouver indirectement au premier plan de l'actualité.

L'avenir de la marine militaire est, en effet, l'objet d'une querelle qui envahit les journaux, entre partisans et adversaires de sa reconstruction, ces derniers clamant haut et fort que l'exemple de 1870 a prouvé que la France n'avait que faire de bateaux de guerre.

Dès lors, Georges Lacour-Gayet se voue avec un zèle passionné à la défense de notre marine. Aux Archives nationales, au ministère de la Marine, rien de ce qui concerne notre flotte ne lui échappe. Il consulte les dossiers personnels des officiers, les journaux de bord, les états du matériel, les instructions ministérielles, les rapports adressés aux ministres. Il vit les souffrances et les joies des marins. Cette nouvelle passion lui vaut d'être nommé en 1899 professeur à l'École supérieure de la marine. Avec la publication en 1902 de *La Marine militaire de la France sous le règne de Louis XV*, un volume de 600 pages, puis en 1905 d'un deuxième tome, encore plus épais (719 pages) : *La Marine militaire de la France sous le règne de Louis XVI*, Georges Lacour-Gayet devient le spécialiste incontesté du sujet. En 1911, il publie *La Marine militaire sous les règnes de Louis XIII et de Louis XIV. Tome I, Richelieu et Mazarin.* Il ne cache pas son admiration pour Richelieu, jugeant parfaitement justifié le titre qui lui est attribué en 1627 de grand maître et surintendant général de la Navigation en France. En revanche, il regrette que Mazarin n'ait pas poursuivi cette œuvre.

Comme toujours, lorsqu'il n'est pas en proie à la dépression, Georges Lacour-Gayet fait preuve d'une activité débordante, multipliant ainsi conférences, articles dans différentes revues, avec toujours le même thème : la grandeur de la France est liée à sa marine militaire. Il répand dans le public le mot de l'Allemand Friedrich List : « Une nation sans marine, c'est un oiseau sans ailes. » Dès la création en 1905 de la Ligue maritime[1], mon père en devient rapidement un des piliers. Lorsque celle-ci donne naissance à un Institut maritime, il en est tout naturellement le conférencier attitré.

Satisfaction lui est donnée dans un tout autre domaine : en 1903, le voilà chevalier de la Légion d'honneur[2]. Muni du ruban rouge, il poursuit, impa-

1. Je ne résiste pas au plaisir de citer son programme : « Elle poursuit la tâche patriotique d'entretenir et de développer dans l'opinion publique un mouvement d'active sollicitude et de sympathie efficace en faveur des grands intérêts maritimes de la France, trop souvent négligés ou mal compris. »

2. Le dossier sur ses « services et travaux » qu'il a déposé à la Grande Chancellerie de la Légion d'honneur est l'objet d'un rapport favorable du ministère de l'Instruction publique, des Beaux-Arts et des Cultes. Cette bienveillance est-elle liée au fait que Joseph Chaumié, alors titulaire de ce portefeuille, a, lui aussi, été victime dans sa carrière universitaire d'une injustice ? Du temps de l'« Ordre moral », les « opinions révolutionnaires » qui lui sont

vide, son ascension sociale et professionnelle : en 1908, il est nommé répétiteur à l'École polytechnique pour le cours d'histoire et de littérature[1] ; en 1911, il est élu à l'Académie des sciences morales et politiques. L'habit vert, particulièrement prestigieux pour un simple professeur agrégé – ils sont très rares à l'Institut –, ne met pas fin à ses crises neurasthéniques. De nouveau, il doit demander au lycée Saint-Louis un « congé d'inactivité » en raison de ses problèmes de santé.

Curieusement, à partir de son élection aux Sciences morales et politiques, il semble se désintéresser de l'histoire maritime. Le tome II de *La Marine militaire de la France sous les règnes de Louis XIII et de Louis XIV*, dont la parution est annoncée en 1912, ne voit jamais le jour… Ce désintérêt, analogue à celui manifesté une vingtaine d'années auparavant pour l'histoire romaine, est-il la conséquence d'une nouvelle déception ? Durant des années, multipliant les démarches, accumulant les plaidoyers écrits, Georges Lacour-Gayet s'est battu pour que soit créée au Collège de France une chaire d'histoire de la marine. Après bien des atermoiements, une fin de non-recevoir définitive lui est signifiée.

Désormais, Georges Lacour-Gayet se passionne pour les pays de l'Europe de l'Est, tout particulièrement la Pologne. Est-ce lié à un événement de sa vie sentimentale ? Ce n'est pas impossible…

---

prêtées à tort par un rapport de police ont été à l'origine de son échec à l'agrégation de droit.

1. La commission d'instruction de l'École a donné, à l'unanimité, la première place à sa candidature, se plaisant à signaler les nombreux mérites de « cet historien doublé d'un littérateur : l'étendue, la solidité et la variété des connaissances historiques ; la délicate culture littéraire […], la verve et l'entrain […], une très grande habitude de la parole… »

L'histoire de la marine a servi sa carrière, lui a ouvert les portes de l'Institut. Durant la guerre, son nouveau centre d'intérêt lui vaut d'être désigné par le ministère des Affaires étrangères pour appartenir aux « missions de propagande » chargées de répandre dans le monde, entre autres en Russie et dans les pays scandinaves, la parole de la France. Dans l'après-guerre, son penchant pour l'« histoire du temps présent » facilite grandement sa nomination, en 1920, au poste prestigieux de professeur d'histoire et de littérature à l'École polytechnique, puisque le cours d'histoire doit porter essentiellement sur le XIXe et surtout le XXe siècle.

Cette réussite ne met pas fin à ses « accès de psychasthénie » : chaque été, il est en proie à une rechute qui l'oblige souvent à un séjour dans une maison de santé.

Officier de la Légion d'honneur en 1920, au titre du ministère de la Marine, Georges Lacour-Gayet, l'année suivante, demande sa mise à la retraite. Après quarante ans dans l'enseignement public, il touche le maximum de la pension, soit 7 692 francs. Et à celle-ci s'ajoute son nouveau traitement de professeur à l'École polytechnique[1] qui, à partir du 1er août 1926, est porté à 32 000 francs. Compte tenu de ses droits d'auteur[2], il dispose

1. Un article du Code fiscal datant de 1913 accorde, en effet, aux membres de l'Académie des sciences morales et politiques, comme à tous leurs collègues de l'Institut, le privilège de cumuler retraite et activité salariée.

2. Il donne toujours de nombreuses conférences dans des institutions privées et publie maints ouvrages, dont un *Guillaume II* ou une *Eugénie de Montijo* – des ouvrages brillants, rapidement écrits, et qui n'ajoutent guère à la connaissance historique. En revanche, son *Talleyrand*, en quatre volumes, le premier étant publié en juin 1928, est devenu à juste titre, et est toujours, l'indispensable livre de référence.

donc de plus de 40 000 francs par an. Il a atteint l'un de ses objectifs : le voilà enfin avec des revenus qui le classent dans la grande bourgeoisie.

C'est un homme libre...

*

Le mardi 17 octobre 1926, en fin de matinée, dans leur appartement de la rue Jacob, Cécile Lacour-Gayet, soixante-neuf ans, est prise d'un grave malaise. À 15 heures, Madeleine en est informée par la gouvernante des enfants de Jacques Lacour-Gayet. À 18 h 45, Georges Lacour-Gayet envoie le chauffeur de son fils porter une lettre à ma mère – hélas, nous ne saurons jamais son contenu : à la demande de son auteur, dans le mois qui suit, elle est détruite. À 20 heures, par l'intermédiaire du même émissaire, Georges Lacour-Gayet prévient Madeleine de la mort de son épouse, qui n'a pas repris connaissance.

« Une journée noire, sombre, sur laquelle est posée un drap mortuaire », écrit le lendemain Madeleine. Trois jours plus tard, le vendredi, à midi, à l'église Saint-Germain-des-Prés, elle assiste à l'enterrement de la femme de son amant ; elle note que la musique y est admirable. Puis elle se rend à Forges-les-Bains afin d'être présente à l'inhumation. Le samedi matin, à 8 heures, Georges lui téléphone. Il lui demande de ne pas venir le voir, comme chaque dimanche, le lendemain.

Mais, dès le début de novembre, les relations de mon père et de ma mère reprennent leur rythme habituel : il lui téléphone le matin, elle assiste à toutes ses conférences. Lorsqu'il doit s'absenter quelques jours pour représenter les Sciences morales et politiques au bicentenaire de l'académie de Marseille, il écrit dans son agenda l'adresse où elle peut le joindre dans la cité phocéenne. Elle lui brode des coussins et se félicite qu'il les trouve à son goût. Madeleine excelle dans la confection des truffes au chocolat ; il la prie de lui en apporter afin de les offrir à son fils, Robert, conseiller financier à l'ambassade de France à Washington, avant que celui-ci ne reparte aux États-Unis. Au fil des jours, ma mère, qui avait tant redouté que le veuvage de son amant ne mette fin à leur liaison, retrouve sa sérénité. Souvent, elle note dans son journal que ce fut un jour heureux, parfois même très heureux. Ainsi, le samedi 18 décembre, après avoir passé toute la journée avec mon père, elle écrit : *« Ce fut du bonheur du matin au soir, tant de bonheur que je me demande si je n'ai pas rêvé... »* Et le 25 décembre, elle se réjouit : *« Grâce à ses vœux de bonheur, c'est le plus heureux Noël de ma vie... »* Elle n'a pas vu mon père ce jour-là, mais il lui a longuement téléphoné, elle ne doit jamais, lui a-t-il dit, oublier ce qu'il lui a demandé peu après leur première rencontre : « Si j'étais libre et si je vous demandais de m'épouser, que répondriez-vous ? » Il est libre et Madeleine perçoit dans ces paroles, on la comprend, une demande en mariage. Elle trouve normal qu'il ne la formule pas plus expressément : cela fait si peu de temps que sa femme est morte. Elle écrit : *« Une rengaine me vient à l'esprit "à travers les nuages noirs", et c'est : "Si l'hiver arrive, le printemps n'est pas loin derrière." »*

Son veuvage place Georges Lacour-Gayet sous une tutelle plus contraignante qu'il n'en avait jamais connu. Ses enfants, le jugeant incapable de vivre seul, alors que sa vie durant sa femme l'avait déchargé de tout souci matériel, ont décidé qu'il devait s'installer chez son fils aîné, Jacques. Sa bibliothèque y est transférée. Comme lors de son mariage, mon père ne possède plus que ses livres et ses vêtements. Selon son habitude, il s'est plié à la volonté de ses enfants. Mais, le 17 janvier, jour de son emménagement boulevard Saint-Germain, il rend visite à Madeleine et, à la stupeur de la jeune femme, il pleure dans ses bras. Il aurait voulu rester rue Jacob. Ma mère est tout étonnée ; elle ne perçoit pas l'étrangeté de la situation : l'obligation pour mon père de s'incliner devant la volonté de ses enfants. Elle ne voit qu'une chose qui la réjouit : désormais, son amant et elle habitent sous le même toit.

Si l'on admet que la maturité est une sûreté de jugement qui s'acquiert d'ordinaire avec l'âge – c'est la définition du Littré –, alors il est évident que Madeleine en est dépourvue. À vingt-six ans, elle a la mentalité d'une petite fille qui attend le prince charmant, dont l'arrivée doit combler sa vie et lui donner un sens. Son admiration et son amour pour Georges sont tels que leur différence d'âge ne lui pose aucun problème. Elle lui doit des moments de bonheur dont elle n'avait jamais rêvé. Elle en conclut que lui seul peut lui apporter cette félicité qui la comble.

Les six premiers mois de l'idylle de mes parents étaient surprenants, plaisants et parfois même émouvants, tant la transformation du septuagénaire respectable en adolescent passionné, comme il est normal de l'être à son premier amour, défiait toutes les conventions. En revanche, les relations de mon père et de ma mère, dans le courant de l'année suivante, n'ont rien de joyeux, bien au contraire. Ils ne se montrent pas toujours sous des jours favorables. Ainsi, très souvent, mon père propose à ma mère de l'emmener au théâtre, ce qu'elle accepte. D'ailleurs, elle ne lui oppose jamais de refus. Et elle court acheter les billets, ce qu'il trouve normal. Il n'est pas question qu'il les lui rembourse, ce qui ne la gêne nullement. Elle est si heureuse de sortir avec lui, si heureuse qu'il lui ait demandé quelque chose… Il arrive que, dans ses lettres, il l'appelle *« chère esclave »*. Elle est vraiment devenue sa chose, et cela ne lui déplaît pas. Parfois, Georges la prie de le retrouver place Chappe, au lieu de leur première rencontre, et de le conduire à ses rendez-vous; elle appelle donc un taxi, dont elle règle la course. Cela lui semble normal…

Sa passion confine à l'obsession. Elle veille à la dissimuler à son entourage, ce qui ne lui pose aucun problème. Sa mère est incapable de penser qu'une de ses filles puisse avoir un amant. Rien en apparence n'a changé dans la vie de Madeleine, mais seules comptent pour elle ses relations avec mon père.

Son humeur varie à leur gré. Selon qu'il est venu la voir, qu'il lui a téléphoné, qu'il lui a tenu des propos tendres ou qu'il s'est montré distant, elle ne cesse de passer de la joie au désespoir ou à la résignation. Ainsi, au fil des pages, les notations opposées se succèdent sous sa plume : *« Une journée noire, triste »* ou *« Que de la lumière et du bonheur! »* Tantôt elle se désespère : *« Si seulement j'étais morte »*; tantôt elle se réjouit : *« Je suis si heureuse de vivre. Ce fut une journée magnifique. La roue tourne, de la joie à la tristesse, de la tristesse à la joie. Pourquoi ne peut-elle pas s'arrêter définitivement sur la joie? »* Elle assiste à toutes ses conférences; parfois ils s'y rendent ensemble – ce sont des jours de bonheur –, parfois elle est une auditrice comme les autres, mais il lui a souri : *« Un regard, c'est mieux que rien! »* Ses coups de téléphone matinaux et ses visites le soir se font rares. Il s'en explique : son fils, chez qui il habite, veut que le téléphone reste libre et ne comprendrait pas qu'il s'absente le soir… Le 10 juillet, il vient prendre le thé chez Madeleine. Il se montre distant. La jeune femme est désespérée : « *J'ai été conduite au paradis et maintenant les portes m'en sont fermées. Qu'ai-je fait pour mériter cela ? Je pourrais hurler de douleur, on me croirait folle… Je n'en peux plus, j'étouffe ! j'étouffe !* »

L'été 1927 laisse cependant à ma mère des souvenirs heureux. L'immeuble du boulevard Saint-Germain se vide de ses occupants : mon père part faire une cure à Cauterets et cette ville thermale est proche de Bagnères-de-Bigorre, lieu de villégiature de ma mère[1]. Leur correspondance reprend. Il a d'ailleurs noté sur l'agenda de Madeleine son adresse : « *Pension Sainte-Cécile. Cauterets. HP* [Hautes-Pyrénées] », afin qu'elle puisse lui écrire, ce qu'elle ne manque pas de faire. Et il lui envoie de longues lettres, plusieurs par semaine. Souvent, elles se terminent par des formules qui réjouissent leur destinataire, telle celle-ci : « *Santé, sagesse, bonheur, je vous souhaite cette trinité, en vous baisant les mains* » ; souvent aussi, elles contiennent des allusions à peine voilées, telle celle-ci : « *Un quart d'heure plus tard, Morphée m'avait dans ses bras. Ce Morphée est un type heureux.* »

Georges Lacour-Gayet accepte avec empressement l'invitation à déjeuner de ma grand-mère dans le grand hôtel de Cauterets. Il l'écrit à ma mère le mardi 19 juillet : « *Alors, chère Ambassadrice, vous êtes chargée de m'inviter à déjeuner. Et moi, qui allais vous écrire pour*

1. Chaque été, durant un mois, ma grand-mère emmène sa famille dans les Pyrénées. Ainsi qu'à Paris, la vie familiale se déroule selon des règles strictes. Chaque jour, Marthe et ses filles, en taxi ou en voiture à cheval, parcourent la région à la recherche des plus beaux paysages.

vous inviter à goûter, car, à la Raillière[1]*, le chocolat est savoureux. Eh bien, je me laisse faire une douce violence : lundi 25 (pourquoi tarder davantage ?), hôtel d'Angleterre, vers midi, midi et demi. Voici le programme : après le déjeuner, je vous fais faire – à vous – une jolie promenade dans la forêt et le long du Gave. Nous donnons rendez-vous aux trois dames* [ainsi désigne-t-il la mère de Madeleine, sa sœur et sa fille…] *qui se sont autovoituré* [sic] *à la Raillière. Je fais mon traitement (un quart d'heure) et on chocolate et berlingote* [sic] *ensemble. Je vous ferai aussi visiter ma cellule ; vous aurez les honneurs de mon fauteuil crapaud, le seul siège sur lequel je puis donner audience. L'hôtel d'Angleterre (il ne se fait pas mieux) est juste dans mon avenue triomphale, en face de ma modeste pension (dont je suis très satisfait). Alors, sauf avis contraire, je vous attends pour déjeuner lundi 25. D'ici là, brûlez plusieurs cierges pour assurer le beau temps. Et, avant tout, remerciez chaudement votre mère ; car je suis bien sûr que c'est elle, et elle seule, qui a eu cette idée.* »

Pour Madeleine, ce 25 juillet est un rêve, « *un rêve qui est devenu réalité, mais cette journée a pris fin, quand reviendra-t-elle, quand ?* » La semaine suivante, elle n'est pas loin du désespoir : « *S'il ne doit rien me rester du bonheur qui m'a été donné depuis le 26 février 1926* [la date de sa rencontre avec mon père], *alors je supplie Dieu de m'accorder la mort…* » Mais la voici, le 21 août, de nouveau submergée de bonheur : « *Je suis heureuse aujourd'hui, si heureuse, j'ai envie de rire et de pleurer tout à la fois, je suis si heureuse que j'en ai presque peur.* » Cette euphorie est née d'une lettre de mon père : il lui propose de venir la chercher à la gare de Lyon le

1. C'est dans ce lieu, surplombant le Gave, que se trouve un des trois établissements thermaux de Cauterets.

2 septembre, à 14 h 30. Ils reviendront ensemble boulevard Saint-Germain et, le soir, ils iront au théâtre. « *Vous me demandez de choisir, chère Esclave, quand je vous déléguais le soin du choix. Vous me soumettez une liste où vous m'indiquez certaines préférences. Il y en a une où je suis d'accord avec vous : c'est les Deux-Ânes. Il paraît que c'est un cabaret de Montmartre, où il y a de l'esprit du cru, qui vous concerne un peu :* Déboutonnons-nous[1]... *Comme je n'ai pas beaucoup plus fréquenté Montmartre que votre jeune innocence, nous aurons le plaisir de la découverte...* »

Les deux missives suivantes de son amant comblent de joie Madeleine. D'abord, il la prévient qu'il a décidé d'arriver à Paris le jeudi, et non le vendredi. « *Il me vient une idée. Je pourrai disposer de la soirée de jeudi, car je serai seul au 224, seul avec les domestiques... Que vous semblerait une soirée d'entraînement préparatoire à celle du 2 ? On joue à Mogador une opérette anglaise, je crois,* Rose-Marie, *qui certainement ne doit pas fatiguer les méninges. Que diriez-vous d'y aller ?* » Ensuite : « *Le temps si beau me donne l'idée de vous proposer une promenade sur mes terres* [le château de Chantilly et son parc appartiennent à l'Institut de France, dont tout académicien est membre]... *Voici le programme que je vous soumets : Le vendredi 2 matin, vers 10-11 heures, départ à la gare du Nord. Déjeuner champêtre dans un coin de la forêt. Promenade et visite de mon domaine. Retour à la fin de l'après-midi... Puis l'orgie romaine continue par le dîner au 224* [chez la mère de Madeleine, qu'il a chaleureusement remerciée de son invitation] *et la suite boulevard de Clichy.* »

1. Trait d'esprit (?) facile, « Bouton » étant le patronyme de l'ancien mari de Madeleine.

Georges feint de redouter que Madeleine ne rejette ses offres. Évidemment, il n'en est rien : « *J'ai été heureux de voir, dans votre lettre de ce matin, correspondante admirable, que vous n'aviez point protesté et que vous aviez tout de suite accepté. Touchante docilité.* »

Durant près de trois jours, mon père et ma mère ne se quittent pas. À leur retour du théâtre (c'est elle, cela va de soi, qui avait retenu et payé leurs places), il lui demande de lui offrir une tasse de tilleul… Et, à nouveau, elle est dans ses bras. Elle est heureuse et note que « *ce furent des journées de rêve* ». Elle en vit une autre, le 10 septembre, lorsqu'ils vont voir la revue du Lido…

Mais les vacances sont finies. Et les coups de téléphone de mon père se font rares, ses visites s'espacent. Au fil des pages de son agenda, ma mère note sa tristesse, sa solitude : « *Encore un jour désespérant* ». Il arrive que mon père lui fasse une rapide visite ; ainsi, le jour de la réception du roi Fouad aux Sciences morales et politiques, il sonne chez elle… pour que ma sœur (elle n'a pas cinq ans) puisse admirer son habit vert.

Ma mère ne cesse de s'interroger : qu'a-t-elle fait pour que Georges s'éloigne ainsi ? Sans doute, elle n'avait jamais compris comment un homme pour qui elle avait une telle admiration pouvait s'intéresser à elle. Maintenant, elle ne s'explique pas plus sa nouvelle attitude.

En fait – et cela, elle ne le soupçonne pas un instant –, mon père, ce Don Juan incurable, a entrepris une nouvelle conquête.

Les hasards de la vie m'en ont informée un demi-siècle plus tard. Un jour, un éphémère collaborateur des éditions Fayard, de peu mon aîné, me dit tout de go : « Vous ne pouvez imaginer combien votre naissance a comblé de bonheur mes grands-parents. » Je le regarde étonnée. Il m'explique : « Une de mes tantes, veuve à la cinquantaine d'un riche aristocrate italien, était depuis près d'une année l'objet d'une cour assidue de votre père. Il lui parlait d'unir leurs solitudes. Ses parents, pour qui une union avec ce septuagénaire était une mésalliance, ont fait promettre à ma tante d'attendre au moins une année avant de s'engager avec Georges Lacour-Gayet. Ce délai n'était pas achevé que l'on apprenait votre naissance… D'où la joie de mes grands-parents. Leur fille n'a plus jamais voulu entendre parler de votre père. »

*

Le mois de janvier 1928 est pour ma mère « un cauchemar sans fin » – ce sont ses termes.

Georges ne lui téléphone que rarement, il n'est venu la voir qu'à deux reprises – et ce furent des visites très courtes. Le 2 février, elle se décide alors à lui écrire : qu'a-t-elle fait pour qu'il ait une telle attitude ? Elle ne comprend pas pourquoi il la prive de son affection. Son indifférence actuelle, après tant d'empressement passé, est blessante pour elle. À peine sa lettre jetée à la poste (pas question de la donner au concierge de leur immeuble : Georges, elle le sait, redoute sa curiosité), Madeleine prend son agenda et écrit : « Je suis une oie. » Mais, le lendemain, elle y note : « Je n'étais pas une oie. » Car, à la lecture de son courrier, Georges lui a téléphoné. Deux heures plus tard, il est dans sa chambre. À peine entré, sans même attendre d'avoir retiré son manteau, il la couvre de baisers : « Vous voyez comme je ne vous aime pas ! Dites encore que vous m'êtes indifférente… »

Leur idylle repart comme aux premiers jours. À nouveau, le septuagénaire se transforme en un adolescent passionné, comme il est normal de l'être à son premier amour. Il lui téléphone plusieurs fois par jour, il va la retrouver au jardin du Luxembourg devant la statue de José Maria de Heredia. Il multiplie ses visites dans sa chambre. Sur ses conseils, elle a persuadé sa mère de mettre une moquette dans l'entrée – ainsi, lorsqu'il vient la voir, ses pas ne risquent pas d'être entendus. Le plus souvent, il lui a téléphoné avant afin qu'elle lui ouvre la porte : « Je ne veux pas que votre femme de chambre se lasse de me voir ! » Leurs étreintes sont fréquentes : « Si j'avais vingt ans de moins, je vous épouserais immédiatement. À mon âge, ce serait ridicule. Et je vous aime tant. J'ai trop envie de vous. Si vous vous refusez, vous allez me rendre malade. » Et Madeleine ne saurait résister à un tel argument. Que ne ferait-elle pas pour lui ?

Certains soirs, il se réjouit : son fils s'est absenté, il peut rester chez Madeleine bien après minuit. Lorsqu'il la quitte, il porte ses souliers à la main et remonte en chaussettes les quatre étages qui les séparent : il ne veut pas qu'on l'entende… Mais, le lendemain à l'aube, il téléphone à Madeleine : il a oublié chez elle ses manchettes. Peut-elle les lui apporter place Chappe ? Toutes ses demandes continuent à enchanter Madeleine…

Si Georges était un jeune homme et Madeleine une vieille femme, son comportement évoquerait celui d'un gigolo. Vu leurs âges respectifs, une telle qualification ne saurait être attribuée à mon père… Il n'en reste pas moins que ce vieil homme utilise l'amour fou que lui porte une jeune femme pour s'épargner certaines dépenses et avoir, sans le payer et quand il le désire, un taxi à sa disposition.

Le samedi 25 février, Madeleine est tout heureuse : pour fêter l'anniversaire de leur rencontre, Georges lui réserve sa soirée. À sa demande, elle s'empresse d'aller chercher des places pour le théâtre des Variétés.

Le mardi suivant, mon père téléphone à plusieurs reprises à son amante. Le premier appel, le matin, pour vérifier que sa mère et elle seront bien présentes à l'ambassade d'Italie pour assister à sa conférence sur « M. de Talleyrand et Mme de Staël ». Le deuxième en fin d'après-midi : peut-il venir prendre une tasse de thé chez elle ? Naturellement, elle accepte. Et, en pleine nuit… dans son lit, Madeleine relit, pour la énième fois, la *Forsyte Saga*, ce roman anglais qu'elle affectionne particulièrement. Un fracas à sa fenêtre interrompt sa lecture. En se cachant derrière le rideau, elle court voir ce qui se passe : Georges, planté sous le réverbère, lui fait signe. Et, à nouveau, tout souriant, il jette des graviers sur sa fenêtre. Madeleine comprend : elle lui ouvre la porte. Le lendemain, elle ramasse soigneusement sur la corniche de son balcon les cailloux lancés par mon père et les met dans une enveloppe de carte de visite, qui, au fil des jours, s'alourdit. Parmi les papiers soigneusement conservés par ma mère, j'ai découvert, il y a peu, ce pli portant une mention manuscrite : *« En souvenir de mars 1928 »*. Ainsi, ma mère gardait précieusement les graviers jetés par mon père… Je ne sais alors si un tel geste d'amour m'a inspiré émotion ou exaspération… Sans doute, un mélange des deux. Je ne résiste pas au plaisir d'apporter une précision que je dois à l'agenda de ma mère : ces graviers n'ont pas tous la même provenance. Il est arrivé à mon père de les ramasser aux Champs-Élysées, dans la crainte de ne pas en trouver sous les fenêtres du 224, boulevard Saint-Germain…

Ces mois de février et mars restent dans la mémoire de ma mère comme une succession de jours heureux. Le lendemain de sa première lancée nocturne de graviers sur les vitres de son amante, mon père l'associe à ses travaux. Madeleine, il le sait, est parfaitement bilingue ; l'anglais, d'ailleurs, est sa langue favorite. Il la prie donc de lui traduire différents passages d'une biographie de Talleyrand, publiée en Angleterre en 1850, à partir du journal de son dernier secrétaire. Bientôt, cette collaboration ne se limite plus à quelques traductions : il demande à ma mère de lui résumer quelques passages d'ouvrages français, il précise le nombre de lignes qu'il souhaite.

Marthe Léon se félicite que mon père confie à sa fille un travail intellectuel. Elle l'en remercie chaleureusement… Elle trouve normal que, en guise de remerciements, il l'invite au théâtre ; elle ne se doute pas que les billets sont achetés par Madeleine…

UNE NAISSANCE DE NOTORIÉTÉ PUBLIQUE

Le 26 mai, Georges se réjouit : l'absence de son fils lui permet de rentrer à n'importe quelle heure de la nuit. Il informe Madeleine de la bonne nouvelle. Ni l'un ni l'autre ne semblent concevoir l'absurdité de la situation : comment un respectable septuagénaire, en pleine possession de ses moyens intellectuels, parfaitement capable de s'assumer financièrement, peut-il accepter une telle dépendance ? Généralement, l'obligation de regagner son domicile avant une heure donnée est réservée aux adolescents...

Quoi qu'il en soit, après être allés voir une revue au théâtre des Bouffes-Parisiens, Georges et Madeleine gagnent la chambre de la jeune femme. À l'aube, ses souliers à la main, l'académicien réintègre l'appartement de son fils.

Trois semaines plus tard, le souvenir de cette nuit inquiète Georges, au point, devait-il confier au révérend père Moisant, qu'il est allé voir son confesseur. On se demande ce qu'il peut bien lui avouer...

Quelques jours plus tard, la panique gagne Georges. « Ne sommes-nous pas, dit-il à Madeleine, à une période du mois où vous devriez vous reposer ? – En effet, répond-elle, mais ce n'est pas grave, j'ai un jour de retard... » Quarante-huit heures plus tard, ma mère, à son tour, s'inquiète et fait part à Georges de ses craintes. Il lui avoue les siennes : « Je ne vous en avais pas parlé, de peur de vous donner des idées... »

Madeleine envisage alors de se confier au révérend père Moisant. Mon père trouve l'idée excellente ; lui aussi décide de s'entretenir avec le jésuite. Le même jour, il fait à ma mère un cadeau qui la comble de fierté : il lui donne l'exemplaire n° 1 de son *Talleyrand*, *« En affectueux hommage »*.

Elle a vingt-six ans, il en a soixante et onze ans. Mais quel est leur âge mental ? C'est le jésuite qui leur donne le conseil de bon sens auquel ni l'un ni l'autre n'avait songé : « Avant toute chose, il faut consulter un médecin ; pour savoir si ce que vous pensez, l'un et l'autre, est exact. Vous ne devez faire aucune confidence à quiconque avant de connaître la réponse du médecin... »

Témoignage du père Moisant : *« M. Georges L.-G. se présenta au rendez-vous qu'il avait demandé en disant simplement : "Lacour-Gayet". Ce fut sa seule introduction. Mais le nom était prononcé sur un ton et d'un air qui signifiaient : Hélas, oui ; je suis celui dont vous a parlé Mme Madeleine Léon. Les remarques qui suivirent confirmèrent, s'il en était besoin, cette première évidence. Il ne me précisa pas pourquoi il avait voulu me voir. Mais, comme se parlant à lui-même dans une méditation douloureuse, il ajouta qu'il était membre de l'Académie des sciences morales et politiques, que son beau-père était Paul Janet, l'auteur du livre* La Famille[1] *que sa femme, récemment décédée, savait par cœur.*

---

1. Tout au long de dix *« leçons de philosophie morale »* que contient ce livre publié en 1856, Paul Janet définit la place de la famille dans la société : *« L'ordre dans la famille, c'est l'ordre dans la*

« Il jugeait et parlait avec lucidité. Toutefois il se désolait, mais n'envisageait aucune solution[1]. »

Ma mère prend rendez-vous avec un gynécologue, qu'elle ne connaît pas, mais elle sait que le professeur Pinard le tient en haute estime. Après l'avoir examinée, le docteur Lévy-Solal est formel : « Vous avez, lui dit-il, tous les symptômes qui peuvent se présenter au début d'une grossesse. »

---

société », et il expose, avec une grande précision, ce que doit être le rôle de chacun de ses membres : *« L'homme, chef de famille, par la supériorité de sa force et de sa raison. »* L'épouse exerce son autorité dans le domaine qui lui est réservé : le ménage, *« pour la femme, une belle et noble occupation »*, ce qui ne doit pas l'empêcher d'avoir *« un esprit orné »*...

1. Ce témoignage, sept pages dactylographiées à l'interligne 1, a été rédigé le 30 octobre 1939, le père Moisant s'excusant que « la crampe des écrivains » l'empêche d'établir une version manuscrite. Il tient à expliquer les motivations de cette nouvelle déposition : *« Les circonstances ne me permettent pas de prévoir,* écrit-il, *quand l'affaire Lacour-Gayet/Léon viendra devant la cour d'appel d'Amiens, à laquelle la Cour de cassation a renvoyé la cause. Je rédige cet exposé que je vais remettre à Mme Madeleine Léon afin que, soit elle-même, soit à son défaut la personne qui aurait la tutelle de sa fille Georgette, puisse en faire usage au procès. Dans la déposition que j'ai remise à Mme Madeleine Léon, le 14 février 1929, j'ai indiqué les démarches que j'avais faites au nom de M. Georges Lacour-Gayet et les principales circonstances s'y rapportant. Je m'en suis tenu aux grandes lignes parce qu'elles me paraissaient suffisantes pour conclure sans hésitation que Georges L.-G. était le père de l'enfant qu'attendait Mme Madeleine Léon, et qu'il avait reconnu sa paternité de la façon la plus claire. De cette déposition, il ressortait aussi que Mme Madeleine L. avait tout fait pour que Georges L.-G. prît ses responsabilités sans qu'il fût nécessaire de recourir aux tribunaux. Je ne puis que maintenir mon témoignage de février 1929. Mais, si je n'ai rien d'essentiel à y ajouter, je dois y apporter des précisions. »*

Ce diagnostic, dont il était assuré à l'avance, ne modifie pas l'état d'esprit de mon père. Il ne cesse de se lamenter, mais il reconnaît qu'il faut informer ma grand-mère de la situation. Et il prie le révérend père Moisant d'organiser cette rencontre.

*

Marthe Léon a soixante-trois ans. Tout en elle respire la respectabilité et l'aisance. Depuis la mort, en juillet 1916, de son « époux bien-aimé » – elle en parle toujours en ces termes –, elle n'a jamais cessé de porter son deuil. Et son papier à lettres est toujours encadré de larges bordures noires. Elle avait été une ravissante jeune fille ; il lui arrivait dans sa vieillesse d'évoquer, avec un mélange de fierté et de nostalgie, la taille de guêpe qui avait été la sienne.

Son père, Alexandre Léon, était un riche négociant. Il est mort en 1877, quand elle avait onze ans. Il a laissé à sa veuve, Marie-Cécile, plusieurs millions[1]. Marthe et son frère Xavier, de deux ans son cadet, ont été élevés par leur mère dans le culte de leur grand-père maternel, le médecin-inspecteur Michel Lévy, qui, issu d'une famille très pauvre, est parvenu aux plus hauts postes

1. Je redoutais que cette information entendue dans mon enfance ne soit pas véridique. La consultation au minutier des notaires de la succession d'Alexandre Léon, qui occupe à elle seule un carton, m'a rassurée. Le portefeuille financier de mon arrière-grand-père se montait à 2 760 192,05 francs. En outre, il possédait d'importants biens immobiliers : entre autres, en Seine-et-Marne, le château d'Ozouer-le-Voulgis et ses 253 hectares ; dans le même département, une grosse ferme ; à Paris, un immeuble rue Turbigo. (Archives nationales, MC/ET/XVIII/1671.)

Marthe, 1886

Gustave, 1886

et a obtenu les décorations les plus prestigieuses[1]. Ni l'un ni l'autre n'ont jamais oublié les principes qui leur ont été inculqués dans leur enfance : faire toujours son devoir, rester toujours fidèle à l'amour que l'on doit à la France, se montrer toujours charitable – le moins que l'on puisse faire, c'est de donner aux œuvres le dixième de ses ressources –, ne jamais refuser son aide à qui vous la demande.

Le respect de ces préceptes identifie Xavier et Marthe à ces bourgeois du XIXe siècle qui trouvaient grâce aux yeux de Jaurès, car ils étaient aussi – sinon plus – conscients de leurs devoirs que de leurs privilèges.

Comment, ainsi élevée, Marthe n'aurait-elle pas bonne conscience ? Elle sait ce qu'elle doit faire. Il semble que le doute ne l'effleure jamais, même dans les situations

1. Sur la biographie de ce personnage hors norme, cf. *infra*, p. 235, et aussi *La Fenêtre ouverte*, p. 306.

les plus douloureuses – la mort d'un enfant bien-aimé – ou les plus inattendues – l'annonce d'une grossesse hors mariage. Son assurance tient peut-être aussi à ce qu'elle a été, jusqu'à la mort de son mari, une femme comblée, profondément heureuse. Et puis, elle n'a jamais négligé le conseil que son beau-père lui a donné le jour de son mariage : « Vous devez toujours vous rappeler que c'est à la femme qu'un couple doit sa force. »

Gustave Léon, un cousin éloigné qu'elle épouse à vingt ans – il est de trois ans son aîné –, est un personnage hors du commun au point d'être, cinquante ans après sa mort, une figure quasi légendaire dans le bassin minier du Nord[1].

Au lycée de Vanves, il a été un élève exceptionnellement brillant ; avant guerre, dans l'appartement du quai de Tokio, plusieurs rayonnages de bibliothèque sont réservés aux innombrables livres – tous avec la même couverture verte et ses inscriptions en lettres d'or – qu'il avait reçus chaque année lors de la distribution des prix. Plusieurs fois lauréat au Concours général, obtenant entre autres un premier prix en physique-chimie et un deuxième en vers latins, Gustave est, à dix-huit ans, reçu major à l'École polytechnique. Il parle couramment l'anglais et l'allemand, a la passion des belles-lettres et une mémoire étonnante – il connaît par cœur maints passages de ses auteurs préférés :

1. Je me souviens de ma stupéfaction il y a un demi-siècle, lorsque – interrogeant un responsable des houillères du Nord et du Pas-de-Calais lors de mon interminable enquête sur la IVe République – j'appris, par hasard, que mon grand-père était toujours vivant dans le souvenir des mineurs. Parmi les innombrables messages reçus après sa mort, j'ai trouvé un télégramme du syndicat des chefs-porions du Pas-de-Calais : *« Nous ne nous consolerons jamais de la mort de notre bienfaiteur. »*

Homère, Virgile et Shakespeare, et la totalité de certaines pièces de Molière. S'il a le goût des discussions philosophiques, il est capable de contempler, en silence, durant de très longs moments, un paysage qu'il trouve d'une rare beauté. Il lui arrive aussi d'utiliser ses loisirs à cultiver les abeilles, tout en veillant à la plantation dans le voisinage de son rucher des plantes susceptibles de lui donner le miel le plus fin. Ce qui ne l'empêche pas de consacrer une grande partie de ses loisirs – en dehors de son bureau – à la mise au point d'un nouvel appareil destiné à mesurer le grisou[1].

Toute leur vie, Gustave et Marthe ont formé un couple d'amoureux. L'un et l'autre, arrivés au mariage dépourvus de toute expérience sexuelle, ont été comblés par leur vie intime. Ma mère m'a souvent raconté qu'il lui était arrivé, entrant dans une pièce sans y soupçonner la présence de ses parents, de les trouver tendrement enlacés.

Au cours des différentes affectations professionnelles de Gustave – il est ingénieur des Mines –, le couple ne passe pas inaperçu. À Albi, son premier poste, le jeune ingénieur n'hésite pas, lorsque les rues sont enneigées, à se rendre en sabots à une convocation du préfet. À chaque fin de mois, il va au couvent des Petites Sœurs des pauvres afin de remettre une importante obole. Marthe lui a dit le respect et l'admiration de Michel Lévy pour cet ordre. Gustave ne juge pas utile de se présenter. La supérieure s'inquiète : peut-elle accepter ces cadeaux d'un homme qu'elle n'a jamais vu à la messe et dont elle ignore tout ? Elle charge alors le jardinier du couvent de le suivre afin

---

1. En janvier 1902, il met au point le premier grisoumètre électrique. Après avoir subi, en 1920, quelques améliorations, le « grisoumètre Léon » reste encore en service durant près de trois quarts de siècle, jusqu'à la fermeture du bassin minier français.

de découvrir l'identité du mystérieux bienfaiteur. Elle est vite rassurée, puisqu'il s'agit de M. Gustave Léon, l'ingénieur des Mines : tout Albi connaît la fortune de Marthe et l'on sait que ce n'est pas de l'argent mal acquis… Le train de vie du couple n'est pas courant chez un ménage de fonctionnaires. Lorsque leurs trois filles sont en bas âge, ils ont à demeure trois nourrices… Et, à Valenciennes, dans les dernières années du XIXe siècle, Marthe est la deuxième personne, après le préfet, à disposer du téléphone. Tous les jours, elle a une longue conversation avec sa mère, qui demeure à Paris. De tels entretiens, à l'époque, sont pour le moins inhabituels !

En 1898, Gustave et Marthe vont subir le drame le plus cruel qui puisse atteindre des parents.

Georges, dix ans, leur fils unique, est un enfant brillant. Il a, lui aussi, la passion de la lecture et sa mémoire rivalise avec celle de son père. Il est la joie et la fierté de la famille ; ses trois sœurs sont en admiration devant lui… Gustave, qui a souffert d'être pensionnaire dès l'âge de sept ans, a décidé de se charger lui-même, avec l'aide d'un précepteur, de son éducation. Mais, quelques jours après avoir chuté dans l'escalier de leur maison, le comportement de Georges se modifie. Il se plaint de plus en plus souvent de maux de tête, il a des troubles de l'équilibre. Ses parents prennent alors rendez-vous à Paris avec l'un des plus grands neurologues de l'époque. Celui-ci, après avoir examiné Georges, conclut à la présence dans le cerveau d'une tumeur inopérable. Est-elle la conséquence ou la cause de la chute dans l'escalier ? Il est incapable de se prononcer. En revanche, il sait – et il le dit aux parents – qu'il n'existe pas de traitement pour la réduire. Sur son conseil, Gustave et Marthe demandent à un interne des hôpitaux de venir s'installer chez eux à Valenciennes afin que Georges reçoive les meilleurs soins possible. Au fil des jours, ses douleurs s'aggravent. Et le jeune médecin interroge Marthe : les jours de l'enfant, hélas, sont comptés. N'est-il pas inhumain de le laisser en proie à de tels maux de tête ? L'autorise-t-elle à augmenter les doses de morphine de façon que le petit malade cesse de souffrir ? La réponse de Marthe est claire : « Faites pour le mieux. Mais n'en parlez pas à mon mari. » Elle sait que, par amour, elle vient de prendre une décision dramatique : abréger la vie d'un être qu'elle adore. Elle veut épargner à son mari le déchirement qui est le sien. Deux jours plus tard, Georges s'éteint.

On imagine le désespoir de ses parents. Marthe ne supporte pas – et ne supportera jamais – l'évocation de son fils. Quand une personne bien intentionnée lui en parle, elle quitte la pièce sans un mot... Mais, en lui demandant le secret, elle confie à son frère le choix arrêté, seule, sans en parler à son mari, de mettre fin aux souffrances de l'enfant. Xavier Léon est profondément ému par le courage de sa sœur. Et, quelques années plus tard, il fait part à son beau-frère de l'admiration que lui inspire le comportement de Marthe dans un moment si dramatique. Ainsi, Gustave apprend que Marthe a cru bon de prendre seule une décision si grave. Il est bouleversé ; pour la première – et unique – fois de sa vie, il fait des reproches à son épouse. Comment a-t-elle pu agir de la sorte ? Comment a-t-elle pu ne pas le consulter alors qu'il s'agissait de la vie de leur fils ? Il est effondré, et Marthe désespérée par la douleur de son mari. Chez Gustave, la bonté est prédominante. Très vite, il ne pense plus qu'à consoler sa femme : « Tu n'as rien à te reprocher », lui affirme-t-il à maintes reprises. Mais Marthe ne pardonna jamais à son frère cette indiscrétion assurément involontaire : Xavier Léon, devait me confier une cousine[1] qui l'avait bien connu, n'avait qu'un seul défaut : il était effroyablement gaffeur… Marthe, elle, est d'une intransigeance totale. Du jour au lendemain, elle décide de rompre non seulement avec Xavier, mais avec toute sa famille, et aussi avec la religion israélite dans laquelle elle a été élevée, comme tous ses ancêtres.

Cette rupture, qu'elle rend officielle seulement après la mort de sa mère en 1907, ne correspond-elle pas tout simplement au fait que, dans leur milieu familial, Gustave et Marthe sont un peu comme des canards dans une couvée de poussins ? Le couple, on l'a vu, n'a que faire des conventions sociales. Or les membres de la famille de Marthe, de grands bourgeois, des savants, très estimables assurément, sont viscéralement conformistes. Il m'est arrivé de penser que, s'ils avaient été catholiques, ma grand-mère, afin de ne plus les voir, se serait convertie au judaïsme… En fait, Marthe, si elle

1. Après la parution de *La Fenêtre ouverte*, plusieurs lointains cousins et cousines, descendants directs des parents avec lesquels Marthe avait décidé de n'avoir plus aucun rapport, se sont manifestés auprès de moi. Des liens étroits d'amitié et de confiance se sont noués avec certains d'entre eux. Jusque-là, je croyais que la rupture de Marthe avec Xavier Léon était due à l'hostilité de celui-ci au mariage avec un ingénieur catholique de la fille aînée de mes grands-parents (Tante Hélène, qui eut un destin infiniment triste), désapprobation qui aurait condamné ce projet matrimonial. C'était le récit que m'avait fait ma mère. De qui le tenait-elle ? Je l'ignore ; elle avait six ans lors de la brouille de ma grand-mère avec sa famille. Or, ma cousine Fanchette Léon – son mari et elle avaient été intimes avec Xavier Léon – m'informa qu'une telle version était invraisemblable, Xavier Léon étant la tolérance même. En revanche, il avait souvent déploré avoir répété à son beau-frère, sans penser à mal, une confidence de sa sœur. Et Fanchette me relata la conversation que je cite entre le jeune médecin et ma grand-mère…

rompt avec la religion juive, ne rallie aucun autre culte. C'est là encore une marque forte d'originalité. En ce début du xxe siècle, il est en effet totalement inhabituel dans la bourgeoisie de n'être ni catholique, ni protestant, ni israélite. Dans son journal intime, elle écrit : « Mon époux bien-aimé et moi n'avons jamais voulu nous laisser englober par notre famille ou par la religion. »

Une fois encore, Gustave approuve sa femme : « Tu n'as rien à te reprocher. » Si une telle rupture peut l'apaiser, il l'accepte.

En 1916, depuis plus d'une année, le couple vit à Londres, Gustave représentant la France au sein du comité qui assure le ravitaillement en charbon de nos armées. Sa connaissance parfaite de la langue anglaise, son acharnement au travail lui ont permis de créer avec les responsables britanniques des liens privilégiés, qui lui survivront[1]. Le 24 juillet, quarante-huit heures après avoir été terrassé par une crise d'angine de poitrine, Gustave, qui n'avait jamais été malade, meurt. Ses derniers mots furent : « C'est dur de mourir. »

Son nom figure en tête de la liste des anciens élèves de l'École des mines « morts pour la France[2] ».

---

1. Ainsi Sir Daniel Stevenson, lord-maire de Glasgow, ne manquait-il jamais lors de ses séjours à Paris de venir voir ma grand-mère. Et, peu après la parution en Angleterre de *La Fenêtre ouverte* (*The Open Window,* traduit par J.A. Underwood, The Woburn Press) le 24 mars 1974, le viscount Runciman of Doxford, le fils du Lord Runciman que mes grands-parents avaient connu pendant la Première Guerre mondiale, m'écrit : « Je me souviens d'avoir rendu visite à votre grand-mère boulevard Saint-Germain. Ce devait être au début des années 1920. Elle m'a fait une très forte impression. C'était quelqu'un de tout à fait remarquable. »

2. En raison des services exceptionnels rendus à la France, le gouvernement lui a donné cette qualité.

À cinquante ans, Marthe se retrouve donc chef de famille. Elle a une très haute idée de ce rôle. Dans son esprit, le *pater familias* est totalement responsable de ses enfants, quel que soit leur âge. Elle s'est souvent reproché d'avoir approuvé – et même encouragé – le mariage si malheureux de Madeleine, sa fille chérie. Et son principal souhait est de la voir à nouveau heureuse.

*

Lorsque, le 22 juin 1928, elle reçoit à sa requête le révérend père Moisant, Marthe ne devine nullement le motif de sa visite. Elle est étonnée lorsqu'il lui demande si elle accepterait d'accorder un entretien à Georges Lacour-Gayet. Et lorsqu'elle apprend pourquoi l'académicien veut la voir, elle manifeste une « très vive surprise » ; elle devient livide. Pas un instant, elle n'avait soupçonné des relations intimes entre ce respectable septuagénaire et sa fille. En fait, il lui était impossible d'imaginer qu'une de ses filles puisse avoir un amant. Mais, rapidement, Marthe retrouve son calme. Son sang-froid impressionne son visiteur. Elle évite les récriminations, elle constate : « Puisque telle est la situation, il faut faire face… »

« Ta grand-mère a été admirable », devait souvent me confier ma mère. Comment ne pas approuver ce jugement ? Quand on pense au scandale qu'était alors dans la bourgeoisie une naissance illégitime, on ne peut que ressentir du respect pour ma grand-mère. Elle ne fait aucun reproche à sa fille ; en fait, elle se sent coupable de son propre aveuglement, et d'avoir ainsi encouragé son mariage désastreux avec Alfred Bouton. Elle n'envisage pas un seul instant le recours à l'avortement. Une telle décision n'a rien à voir avec la loi qui punit l'avortement comme un crime. C'est tout simplement que, pour Marthe Léon, toute vie humaine est sacrée et il n'y a pas d'acte plus déshonorant que de supprimer l'une d'elles.

Quelques heures plus tard, ce vendredi 22 juin, Georges Lacour-Gayet pénètre donc dans le petit salon de Marthe Léon. *« Il était bouleversé, pleurait et se jeta à mes genoux, implorant mon pardon, en me disant que Madeleine attendait un enfant dont il était le père, qu'il n'avait plus qu'à mourir. »* À nouveau, l'attitude de ma grand-mère est impressionnante. Loin de montrer la stupéfaction que lui cause une telle attitude chez un homme de dix ans son aîné, elle lui demande de se relever et de prendre place dans un fauteuil. Puis : *« "Il ne s'agit pas de mourir, cela ne réglerait rien. Il n'y a qu'une solution à la situation actuelle, et c'est à vous de prendre la décision qui s'impose." Il me répliqua qu'il s'engageait "à assumer toutes ses responsabilités, à faire tout son devoir, à épouser Madeleine"*[1]*. »*

« Madame Gustave Léon n'a pas reçu le baptême des chrétiens, et pourtant elle s'est conduite comme "une grande chrétienne". Je le lui ai dit, je n'ai pas trouvé d'autre expression pour la remercier de sa grandeur d'âme », confie le soir même mon père au révérend père Moisant.

Pour autant, Georges Lacour-Gayet, au cours des très nombreuses visites qu'il rend au jésuite, lui parle de son incapacité à prendre une décision. Il sait bien, dit-il, que le mariage est la seule solution, mais il redoute la réaction de ses enfants, et aussi l'opinion publique qui ne manquerait pas de railler une telle union, compte tenu des quarante-cinq années qui le séparent de Madeleine. Il ne cesse de se lamenter sur lui-même. Dans un bref instant de lucidité, Georges reconnaît que les choses sont encore plus pénibles et difficiles pour Madeleine… Et

1. Dès le départ de son visiteur, Marthe Léon note ses propos.

comme le jésuite, avec l'admirable bon sens dont il ne se départit jamais, lui fait observer que la situation ne se réglera pas d'elle-même, mon père, sur un ton quasi plaintif, déplore qu'il le mette en face de la réalité et lui parle « d'une manière objective ».

Madeleine se désole de voir Georges aussi tourmenté. Il lui parle des moments de psychasthénie qu'il a connus tout au long de sa vie. Il se demande si la sagesse ne voudrait pas qu'il se retire une ou deux semaines dans une de ces maisons de santé qu'il connaît. Et, comme ma mère proteste, il la rassure : « Ne vous inquiétez pas, Madeleine. À mon retour, j'en suis sûr, je serais capable de prendre la décision qui s'impose... » Il va d'ailleurs consulter son psychiatre. Il a demandé à Madeleine de l'y conduire et de l'y attendre. Dans le taxi qui les ramène boulevard Saint-Germain, tout de go, il lui présente une requête : « Madeleine, promettez-moi que vous ne me mépriserez jamais... » Ma mère est ahurie et le lui dit : « Vous savez bien que vous ne pourrez jamais rien faire de méprisable... » La conversation tourne court.

Ma mère ne s'inquiète toujours pas... Ce qui, au fond, est normal : l'amour fou ne s'accompagne-t-il pas d'une confiance folle ?

Elle ne veut en aucun cas faire pression sur son amant. Ma grand-mère décide d'adopter une même attitude. Ce qui ne l'empêche pas de s'étonner lorsque, entrant dans la chambre de sa fille et ignorant la présence de Georges Lacour-Gayet, elle entend celui-ci dire et répéter, un peu comme une ritournelle : « Mes enfants, mes enfants, que vont dire mes enfants ? » La réplique de Marthe fuse : « Je ne vous comprends pas. Vous êtes chef de famille, je le suis. Vos enfants, comme les miens, n'ont qu'à s'incliner devant nos décisions. » Son interlocuteur reste sans voix, mais, deux jours plus tard, en quittant ma grand-mère, chez qui il a dîné, il lui dit : « *Sursum corda*[1]. » Il sait qu'il lui faut élever son cœur, passer outre aux commentaires ironiques des uns et des autres, mais en est-il capable ?

Alors – et c'est sans nul doute une spécificité de l'époque –, l'intervention de l'Église dans cette affaire privée devient décisive. Elle se fait par l'intermédiaire de deux religieux qui, l'un et l'autre, occupent une place éminente dans leur ordre. Le jésuite, le révérend père Xavier Moisant, qui a veillé à l'instruction religieuse de ma mère et l'a baptisée, est l'auteur de plusieurs ouvrages qui ont fait date : entre autres, *La Psychologie de l'incroyant* et *Dieu, l'expérience métaphysique*. La chaire de théologie à la Faculté catholique de Paris lui est d'ailleurs bientôt confiée. Le bénédictin, dom Fernand Cabrol, l'ami d'enfance de mon père, a, depuis 1903, le droit de porter la mitre, autrement dit le couvre-chef réservé aux évêques. Il est en Angleterre le supérieur de l'abbaye de Farnborough[2]. Cet abbé mitré – c'est son titre – a entrepris une œuvre colossale : un dictionnaire exhaustif *« d'archéologie chrétienne et de liturgie*[3] *»*.

Mon père a beau lui témoigner son *« respect et* [sa] *reconnaissance »* – ce sont les termes de sa dédicace sur

1. Encore et toujours, chez mon père, le recours à la religion ! Cette expression latine, qui signifie « Élevons les cœurs ! », introduit dans chaque messe la prière eucharistique.

2. Sa construction, voulue par l'impératrice Eugénie, a été achevée en 1888. Elle abrite un mausolée dédié à Napoléon III ; les corps du couple impérial et de leur fils unique y reposent.

3. Aujourd'hui, « le Cabrol », avec ses trente tomes, est un classique incontournable pour qui s'intéresse à ces sujets. Lorsqu'il meurt en 1935, dom Cabrol a dirigé – et écrit en grande partie – les quatorze premiers volumes ; les seize derniers ont été établis sous la direction de l'historien Henri-Irénée Marrou.

le *Talleyrand* qu'il lui offre le 27 juin –, le père Moisant est conscient de ne pouvoir mettre fin à son irrésolution. Alors, le jésuite se demande si le recours à dom Fernand Cabrol ne serait pas utile. Après avoir d'abord rejeté cette suggestion – en dépit de leurs liens anciens, il n'a jamais parlé intimement à Fernand Cabrol, et puis « ce n'est pas un homme d'action » –, mon père s'y accroche et prie le jésuite d'informer le bénédictin de la situation…

Ayant obtenu l'accord de ma mère et de ma grand-mère à cette démarche, le père Moisant écrit à dom Cabrol. Il doit l'entretenir d'une affaire grave. Il est tout disposé à aller le voir dans son monastère anglais. Dès lors, mon père ne pense plus qu'à dom Cabrol. Il s'inquiète vivement de ce que sa réponse tarde. En fait, le bénédictin est à Paris. Et, dès la réception de la missive du père Moisant, il se rend rue de Grenelle, à la maison de Saint-François-Xavier, où réside le père Moisant. « Il se montre douloureusement ému de ce que je lui apprends, note celui-ci. Il est indigné contre son ami. Puis il conclut que je n'avais qu'à lui représenter, de sa part comme de la mienne, la nécessité du mariage.

« Cependant, je l'invitai à voir lui-même Georges Lacour-Gayet et à traiter directement la chose avec lui… »

De son entretien avec son ami d'enfance, dom Cabrol sort convaincu que le mariage s'impose. Georges lui a confié sa certitude d'être le père de l'enfant qu'attend Madeleine. Mais, « que voulez-vous, conclut l'abbé mitré, Georges est un velléitaire. Il l'a toujours été. Il faut que son fils Jacques décide. Si celui-ci juge le mariage inévitable, la famille suivra… »

Le père Moisant va de surprise en surprise. Il ne comprend pas que, malgré sa vieille amitié avec Georges Lacour-Gayet et l'autorité que lui donne sa situation, le bénédictin passe la main au fils. Il comprend encore moins qu'il lui demande d'exposer la situation et leur avis commun à Jacques Lacour-Gayet, que lui-même n'a jamais vu. Mais dom Cabrol fait valoir qu'il doit s'absenter de Paris pour aller prêcher une retraite au Mont-Saint-Michel et qu'il n'y a pas un jour à perdre. Il est urgent que Jacques Lacour-Gayet soit informé…

Le 5 juillet, le père Moisant adresse donc un pneumatique[1] à Jacques Lacour-Gayet : « *Pourriez-vous passer me voir, avant même de vous rendre au bureau ? J'ai une communication urgente à vous faire. Je vous demanderai de ne parler de cette lettre ni de la visite à M. votre père avant de m'avoir vu. Veuillez recevoir l'assurance de mon religieux dévouement.* »

Je me demande quelle serait aujourd'hui la réaction d'un homme d'affaires important, comme l'était Jacques Lacour-Gayet, à la réception d'un tel courrier venant d'un ecclésiastique qu'il ne connaît pas. Il prierait sans doute sa secrétaire de se renseigner. Mais il n'est pas invraisemblable qu'il hausserait les épaules et oublierait rapidement ce pli étrange.

Or, en 1928, il est exclu de traiter par le mépris la convocation d'un révérend père. Le 6 juillet, au matin, une des très rares Bugatti en circulation en France s'arrête donc rue de Grenelle, devant la maison de Saint-François-Xavier. À l'image sans doute de tous les propriétaires de ce luxueux véhicule, Jacques Lacour-Gayet ne manque pas d'assurance.

Son parcours professionnel lui inspire une légitime fierté. Il est le seul major de la rue d'Ulm à avoir démissionné de l'enseignement dans la semaine où il a été

1. Disparus depuis longtemps, les «pneus » offrent alors aux Parisiens une correspondance rapide. Roulée dans un tube pneumatique, la missive parvient en quelques heures à son destinataire.

reçu premier à l'agrégation d'histoire et géographie. Ce qui importe à ses yeux, c'est de s'épargner à jamais tout souci financier. Il fait ses premiers pas dans les affaires en Afrique du Nord, où il devient rapidement secrétaire général de la Compagnie des chemins de fer de Bône-Guelma, qui exploite, entre l'Est algérien et la Tunisie, près de 2 000 kilomètres de voies ferrées. Une péritonite, dont il a failli mourir à la veille de la Grande Guerre, lui vaut, alors qu'il est mobilisé comme sous-lieutenant d'infanterie, d'être versé dans le service d'intendance des armées. Il s'y lie d'amitié avec deux dirigeants des principaux grands magasins parisiens, la Samaritaine et le Printemps. Avec eux, il fonde, en 1919, le Groupement d'études des grands magasins, qui dispose de fonds importants. Il en est le secrétaire général. Il s'intègre d'autant plus vite au milieu de la Chambre de commerce internationale qu'il est convaincu que le développement commercial de notre pays exige une suppression progressive des barrières douanières en Europe. Dès 1926, il crée le Comité d'action économique et douanière, qui fut l'un des premiers à militer pour la construction européenne. En 1927 et 1928, Jacques Lacour-Gayet est, pour l'abolition des prohibitions douanières, expert du gouvernement français auprès de la Société des Nations.

De toute évidence, c'est une personnalité. Il est fier de sa place dans la société, très soucieux que rien ne puisse la ternir.

Son seul échec, c'est celui de son mariage. En 1914, il a épousé Andrée Carpentier, la fille d'un marinier de la Champagne, père de onze enfants. Partie à la conquête de Paris, très belle et dotée d'une forte personnalité, parfois fantasque, elle ne passe pas inaperçue. Son mari et elle partagent une égale passion pour leurs trois enfants. Mais leur entente ne dure guère.

Elle n'admet pas les infidélités de son conjoint. Elle entend les lui faire payer. Grâce à une secrétaire qu'elle a soudoyée, elle connaît les heures fixes de ses visites à sa maîtresse. Souvent, celles-ci sont interrompues par l'arrivée des pompiers, alertés par l'épouse légitime sur un début d'incendie dans l'immeuble. Un autre jour, en grand deuil, le visage caché par un voile, Andrée Lacour-Gayet s'arrange pour se trouver dans le même compartiment de train que son mari. Profitant d'un moment où elle est seule avec lui, elle se dévoile, sort de son sac un revolver et en menace Jacques. Affolé, il la supplie de ne pas tirer. Elle éclate de rire : « Je n'en ai jamais eu l'intention, je voulais simplement te prouver combien tu étais peureux et lâche. Je voulais que tu m'implores. C'est fait… » Jacques n'a nulle envie de divorcer, il le lui écrit : *« Je sais ce que tu as toujours fait pour moi et je considérerais comme un sacrilège une séparation entre nous, qui est impossible.* […] *Que veux-tu, je suis mal tombé dans ma malheureuse aventure, dont je ne me doutais pas qu'elle me mènerait aussi loin.* […] *Bien sûr que j'aimerais mieux que rien de tout cela ne soit arrivé. Je ne serais pas aujourd'hui avec deux femmes désespérées sur les bras…* » Sans hésiter, à la réception de ce courrier, Andrée Lacour-Gayet entame une procédure de divorce. Jacques n'a jamais compris comment elle avait osé communiquer à un avocat une lettre personnelle. Et, s'il avait su qu'elle en donnerait une copie à ma mère, on imagine ce qu'aurait été sa fureur…

Jacques Lacour-Gayet ne supporte guère la contradiction. En tout domaine, il veille à écarter ce qui lui déplaît, même lorsqu'il s'agit d'éléments atmosphériques. Il aime la chaleur et le soleil. L'été, il a l'habitude d'emmener ses enfants sur la plage de Beg Meil. Mais le climat de la Bretagne est souvent capricieux. Et, lorsque la pluie dure plus d'une journée, il plie bagages : enfants, gouvernante, femme de chambre, il les met dans un taxi qui les conduit, avec leurs innombrables malles, vers le bassin d'Arcachon ou sur les bords de la Méditerranée, dans un quelconque palace… Jacques Lacour-Gayet a le goût du luxe et ne s'en prive pas. Il trouve normal d'avoir à son service cinq personnes : valet et femme de chambre, cuisinière, chauffeur et gouvernante des enfants. Il adore voyager et effectue, dans les paquebots les plus somptueux, de très nombreuses croisières, le plus souvent avec ses enfants. Pour leur seizième anniversaire, il offre à chacun d'entre eux la croisière de son choix, seul avec lui. Il est heureux de pouvoir dépenser sans compter ; il collectionne les reliures les plus rares et satisfait sa passion pour l'art contemporain avec l'achat de panneaux de laque, œuvres de l'artiste Jean Dunand.

Dans le monde des affaires, sa rapidité à prendre une décision est connue de tous. Il a en horreur, on le sait, les conversations qui s'éternisent.

En ce sens, son entretien, ce 6 juillet 1928, avec le père Moisant ne peut que le satisfaire. Il est très bref. Informé du motif pour lequel le jésuite a désiré le voir, Jacques Lacour-Gayet proteste : les affaires de son père ne le regardent pas, puis il manifeste sa fureur : « Je ne supporterai pas le ridicule d'avoir un demi-frère ou une demi-sœur qui ait quarante-cinq ans de moins que moi ! » L'entrevue tourne court. Après avoir entendu le jésuite lui affirmer que le mariage était la seule solution possible, Jacques Lacour-Gayet se retire, sans le moindre commentaire, avec cette affirmation : « Je vais en parler à ma sœur… »

Tout l'après-midi, ma mère se morfond dans l'attente d'une visite ou d'un coup de téléphone de mon père. Vers 18 heures, la femme de chambre frappe à sa porte : « Madame, le valet de chambre du cinquième est à la cuisine. Il voudrait vous parler. Est-ce qu'il peut venir vous voir ? » Les premiers mots du serviteur de Jacques Lacour-Gayet sont pour l'avertir qu'il est venu en cachette. Si jamais sa démarche était connue, il serait renvoyé. Mais il veut la prévenir : « À l'heure du déjeuner, une scène violente a opposé ces Messieurs : Monsieur Jacques criait, Monsieur Georges pleurait[1]... Et finalement Monsieur Jacques est parti avec Monsieur Georges, après m'avoir dit de préparer la valise de son père pour un séjour de plusieurs semaines. Le chauffeur vient de venir chercher cette valise. Je ne sais pas où Monsieur Jacques a emmené Monsieur Georges... »

Georges Lacour-Gayet, 1931

1. Ainsi se manifeste l'étonnante inversion des rôles entre ces deux hommes : en principe, c'est le père qui exprime son mécontentement, et le fils qui se lamente...

Que ces temps semblent loin, où les domestiques jouent un tel rôle dans les comédies ou drames de leurs patrons ! À quels mobiles obéissent-ils ? Nous l'ignorons. En tout cas, ma mère, après avoir promis le secret, et remercié – avec un très généreux pourboire – son visiteur, se précipite rue de Grenelle. Elle veut voir le père Moisant. Il n'est pas là ; elle lui relate en quelques lignes, griffonnées dans la loge du concierge, le récit qui lui a été fait et : « *Je vous en supplie, venez me voir ce soir, j'aimerais être folle et ne pas penser… Je ne sais pas comment j'écris.* »

La confiance aveugle de ma mère ne disparaît pas pour autant. Elle « sait » que son amant est « séquestré » par ses enfants. Et le lendemain, après une nuit où elle n'a pas dormi un seul instant, elle se décide à téléphoner à Jacques Lacour-Gayet. Elle lui demande des nouvelles de son père. Sa réponse est cinglante : « Je considère que je n'ai pas à vous en donner. Les médecins jugent son état grave, au point de vue mental et physique. » Et la communication s'arrête. Sans un autre mot, son interlocuteur a raccroché…

La seconde visite que Jacques Lacour-Gayet rend ce même jour au révérend père Moisant est tout aussi brève. Il veut simplement le prévenir que son père est parti dans une maison de santé et qu'il n'a pas à en informer Mme Madeleine Léon. Jacques Lacour-Gayet voit dans ma naissance le grain de sable qui risque de nuire à son ascension sociale.

À l'instant où j'écris ces mots, une crainte m'envahit : que mon récit blesse les descendants de Georges et Jacques Lacour-Gayet. Les liens affectueux, voire familiaux, noués avec eux depuis une vingtaine d'années me sont précieux. Mais le respect de la vérité m'impose de relater certains faits, si choquants soient-ils, de rendre hommage à la dignité, au courage de ma mère et de ma grand-mère.

Il m'interdit aussi de passer sous silence la complexité de Jacques Lacour-Gayet. Certes, il est capable de procédés parfois inqualifiables envers ma mère, mais cela ne l'empêche pas d'être un grand patron, au point d'être identifié à Radio-Luxembourg, dont il est le principal fondateur et, jusqu'à sa mort, vice-président délégué, et de susciter chez certains de ses collaborateurs admiration et estime : « Il m'a donné l'exemple, constant, écrit l'un deux, du respect absolu de ce qui "doit être fait", du temps rigoureux dans lequel cela doit être fait et du sourire avec lequel cela doit être fait, pour qu'à la "satisfaction du devoir accompli" s'ajoute la "joie de vivre"[1]. »

Jacques Lacour Gayet est aussi un homme capable, dans une discrétion totale, d'une profonde sensibilité et d'une grande générosité. En témoignent deux documents trouvés après son décès, en 1953, et dont il n'avait jamais parlé.

Voici, en effet, ce qu'il écrit lorsque sa première petite-fille, Sophie, meurt à quelques mois : *« Ma chère petite Sophie, je me croyais un vieux cœur très endurci. Je n'ai jamais été si ému et si triste. Votre grand-père, qui aurait bien voulu pouvoir prendre votre place, pensera constamment à vous, jusqu'à son heure dernière. Écrit au retour du cimetière [...], 23 janvier 1946. »*

Et voici une lettre manuscrite de l'abbé Pierre à *« Jacques Lacour-Gayet (généreux et discret donateur) »*. Trois ans après avoir fondé la Communauté d'Emmaüs, l'abbé Pierre est parfois réduit à mendier pour en assurer la survie. Mais, en mars 1952, sa participation à un jeu radiophonique de Radio-Luxembourg, *Quitte ou double*, lui permet de gagner 512 000 francs et de nouer des liens

1. Louis Merlin, *C'était formidable*, Paris Julliard, 1956.

étroits avec son principal responsable. Le 24 décembre 1952, il lui écrit :

« *Bien cher ami,*

Que Noël vous apporte au fond de l'âme le merci des tout-petits et des très malheureux qu'avec toute la bonté de votre cœur vous avez aimés et aidés.

Nous voici plus de 150 à manger chaque jour à la Communauté et aussi à [un mot indéchiffrable] *plus de 60 familles arrachées à la détresse d'être sans toit.*

C'est tout cela qui prie cette nuit pour vous.

Demandez à Jésus pour nous la force et des volontaires.

Je vous embrasse fraternellement et vous redis à bientôt. »

En vérité, nul être humain n'échappe à la complexité. Pourquoi en serait-il autrement de Jacques Lacour Gayet ?

*

Le 6 juillet 1928 marque un tournant dans la vie de Madeleine Léon. À partir de ce jour, et pendant quatre années, elle vit dans le désespoir. Elle n'a plus aucune relation avec le seul homme qu'elle ait jamais aimé, et qu'elle a aimé à la folie.

Toutes ses démarches pour avoir de ses nouvelles se heurtent à un mur. Thérèse Buteau, la fille de son amant, lui a bien promis de lui en donner. Mais, lors d'un second rendez-vous, la conversation tourne court, après que son interlocutrice lui a jeté à la figure : « Qu'est-ce qui me prouve que l'enfant que vous attendez est bien de mon père ? » Et avec le docteur Henri Janet, un de ses neveux que Georges Lacour-Gayet lui a présenté, ma mère n'a pas plus de succès. Au lieu des informations sollicitées, le médecin juge utile de lui indiquer le nom de deux de ses collègues, « *parfaitement compétents pour le cas qui vous intéresse* », auxquels elle peut s'adresser de sa part : « *Vous pouvez avoir entière confiance en chacun d'eux* »...

Un moment, Madeleine a espéré que dom Cabrol l'aiderait à rompre ce silence intolérable. Le bénédictin s'est dit très touché par sa douleur; il lui rend visite et, à l'étonnement de ma grand-mère qui assiste à l'entretien, il reproche à celle-ci de n'avoir pas été plus ferme avec Georges Lacour-Gayet : « C'est un velléitaire ; il faut lui donner des ordres... » Mais, après un entretien avec Jacques Lacour-Gayet, l'abbé mitré change de langage. Sur un ton qu'il veut enjoué, il explique à ma mère que son seul tort, c'est sa jeunesse. Si seulement elle avait quarante ans, Jacques Lacour-Gayet ne ferait pas obstacle au mariage. « L'essentiel, pour l'heure, c'est de préserver la tranquillité de Georges et d'attendre sa guérison. Surtout, ne faites rien qui puisse le troubler... Si vous disparaissiez pendant six mois, il serait guéri... » Devant un tel retournement de dom Cabrol, le père Moisant décide de garder toutes ses lettres et de noter ses propos : l'ami de mon père ne lui a-t-il pas confié que des constatations médicales sur l'état de santé de Georges Lacour-Gayet pourraient permettre d'annuler ses aveux de paternité ? ne lui a-t-il pas exprimé sa crainte qu'ils ne soient l'un et l'autre appelés à témoigner ?

Sur le conseil de Gabriel Chesneau, le directeur de l'École des mines, chez qui mon père se rend tous les dimanches, ma mère s'adresse à un avocat, maître Chenu, qui se fait fort d'obtenir de son confrère, Max Buteau, le gendre de mon père, les nouvelles tant désirées. Il n'en est rien. À la requête qui lui est faite, Max Buteau répond d'abord en exigeant un certificat de grossesse.

Une fois celui-ci fourni, il exprime sa perplexité et celle de sa femme : « Nous ne comprenons pas l'attitude de Madeleine Léon. Elle dit aimer mon beau-père, mais elle devrait savoir qu'à son âge un mariage avec une si jeune femme abrégerait à coup sûr son existence. Alors ? »

Presque quotidiennement, Madeleine Léon écrit à Georges Lacour-Gayet des lettres qu'elle ne lui envoie pas – convaincue qu'elles ne lui parviendraient pas. Parmi toutes ces missives, celle du mardi 4 septembre mérite d'être citée : *« Est-ce que cela me donnera un peu de courage, Georges, mon chéri, de m'entretenir avec vous – un entretien que vous ne lirez peut-être jamais.* [...] *Georges, si vous avez ces lignes entre vos mains quelque part après février 1929, ne regrettez plus notre Bébé, car ce sera à cause de lui que j'aurais vécu quelques mois de plus : ne m'en voulez pas pour ma lâcheté. Songez, Cher, Bien-Aimé, mon Georges, à ce qu'a été ma vie depuis mon mariage jusqu'à mon retour à la maison – ensuite le détachement total de la vie dans la vie même – et puis cette découverte inouïe que de vivre pouvait être beau et bon, et ce bonheur immense que vous m'avez révélé en me le donnant, et, à présent, à vous qui m'avez donné le bonheur, les seuls moments radieux de ma vie, je n'ai su apporter que de la peine, de l'inquiétude, de la souffrance... Georges! Je vous le jure, je ne sais plus si c'est moi qui ai jamais pu être heureuse ou si j'ai rêvé... Était-ce vous et moi sur le banc, près du petit bassin où les amours de bronze sortaient de l'eau, non loin du bassin de Neptune* [au jardin du Luxembourg]... *Vous aviez pris mes lèvres. Les oiseaux s'étaient tus... Merci, Georges. »*

La lecture de l'agenda de ma mère pour le second semestre de 1928 est d'une monotonie affligeante.

À chaque page ou presque, on y retrouve la même invocation à la mort : *« Death the healer, death the keeper »*. Elle ne cesse d'affirmer sa volonté de mettre fin à ses jours, fixant parfois – à des dates variables ! – le jour de son suicide[1].

L'expérience nous l'a appris : clamer sa volonté de se tuer ne se traduit pas par un passage à l'acte. Si j'en crois les confidences de ma mère, elle doit aux exhortations du révérend père Moisant, et aussi à une promesse que lui demande le professeur Pinard, de ne pas avoir mis fin à ses jours.

Comment ne pas admirer la patience du jésuite ? Tous les jours, Madeleine lui envoie des mots désespérés ou vient lui faire part de sa détresse. Sans jamais se lasser, le religieux l'admoneste, s'indigne qu'elle pense au suicide ; en se donnant la mort, elle supprimerait aussi la vie d'un être innocent : l'enfant qu'elle porte. Il l'adjure de ne plus vivre dans le passé, de ne pas rester inactive. Son devoir est de vivre intensément le moment présent. Il ne cesse de lui citer la règle de l'Évangile qu'elle ne doit jamais oublier : « À chaque jour suffit sa peine ! »

Madeleine trouve aussi un précieux réconfort auprès d'un couple atypique : Charles et Marthe Richet. La famille Richet, tout comme les Léon, éprouve une sorte de vénération pour le professeur Pinard. C'est d'ailleurs lui qui a conseillé à Marthe Léon, à son retour à Paris en 1916, de prendre pour médecins Charles Richet fils et son beau-frère, le docteur Edmond Lesné, pédiatre réputé. Très vite, des relations amicales se sont nouées entre ma grand-mère et les Richet. Ils sont les premiers, avec évidemment le professeur Pinard, à savoir que ma mère attend un enfant de Georges Lacour-Gayet.

Charles Richet fils – il est ainsi désigné – porte un nom et un prénom que, depuis plusieurs générations,

---

1. En juillet, elle le prévoit pour le mois suivant, si elle n'a pas alors de nouvelles de mon père.

ont illustrés ses aïeux, tous médecins. Son père, Prix Nobel de médecine en 1913 pour avoir découvert l'anaphylaxie, pacifiste convaincu, est un génial touche-à-tout : pionnier de l'aviation, inventeur de la métapsychique[1], l'étude des phénomènes paranormaux, il veut faire de l'espéranto le langage universel. Marthe Richet appartient aussi à une famille connue. Son père, Gaston Trélat, dirige l'École centrale d'architecture, fondée par son propre père. Et parmi ses aïeux figure le célèbre aliéniste et homme politique Ulysse Trélat qui, en 1830, s'illustra sur les barricades lors des Trois Glorieuses et qui, en 1848, fut ministre sous la IIe République.

Bien qu'il occupe rue de l'Université une aile de l'hôtel particulier, fief des Richet[2], le couple n'a pas une vie matérielle facile. Charles Richet se consacre à ses recherches sur la maladie du sommeil et l'alimentation ; il ne fait guère de clientèle. Marthe, médecin elle aussi, n'exerce pas plus que son mari[3]. Il arrive que le charbonnier, ou tout autre commerçant, vienne frapper à leur porte pour réclamer une facture impayée. Leurs six enfants n'ont droit chacun qu'à une moitié d'orange ou de pomme… Il n'en règne pas moins, chez les Charles Richet fils, une atmosphère joyeuse. Leur comportement ne fut jamais

1. Et non un croyant de la métempsycose, cette doctrine selon laquelle la même âme peut habiter successivement plusieurs corps, comme je l'avais écrit dans *La Fenêtre ouverte*, p. 368.

2. Une autre aile abrite *La Revue des Deux Mondes*, longtemps dirigée par un parent des Richet.

3. C'est d'ailleurs au cours de ses études de médecine qu'elle a fait la connaissance de son époux. Il était pour le moins inhabituel, en ce début du XXe siècle, qu'une jeune fille de bonne famille suive un tel cursus. Lorsqu'elle a décidé, à dix-huit ans, de l'entreprendre, Marthe Trélat a dû obtenir le diplôme de bachelière, sa scolarité s'étant terminée avec l'obtention du brevet supérieur.

conventionnel[1]. Autant Charles est plutôt pessimiste et tant soit peu rigide, autant Marthe, qui est ravissante, respire la joie de vivre et la fantaisie. Le couple est profondément uni. Marthe est toujours de bonne humeur, rien ne semble l'effrayer ou l'inquiéter. Elle a l'habitude de venir à bout des difficultés. Pendant la guerre, elle l'a prouvé. Pour se rapprocher de son mari qui combat aux Dardanelles, elle s'est installée à Marseille, où elle poursuit ses études de médecine. Un jour d'examen, elle arrive alors que le jury s'est déjà retiré pour délibérer. Lorsqu'il apparaît, elle se présente, explique son retard : « Je devais allaiter mon bébé. » L'excuse est tellement inattendue, et la jeune mère si charmante, qu'elle obtient de passer sur l'heure son examen…

Charles et Marthe Richet sont bouleversés par le profond désespoir de Madeleine. Elle leur confie sa conviction que Georges est séquestré par ses enfants ; la lettre qu'elle lui a envoyée dans la maison de santé où il avait envisagé de se rendre lui est revenue avec cette mention : « Nous n'avons aucun patient à ce nom. » Alors, Charles Richet téléphone aux psychiatres qui ont souvent soigné Georges Lacour-Gayet. Il apprend que celui-ci est bien, depuis le 6 juillet au soir, dans la clinique où ma mère lui a écrit. Après avoir mis en évidence le rôle des prêtres, les « amours » de mon père et de ma mère nous révèlent un comportement médical inattendu. À la demande de son ami Richet, un éminent neurologue, le professeur

1. Ainsi, lors des violentes manifestations de février 1934, ne voyant pas rentrer Gabriel, son deuxième fils (celui qui m'a vue le jour de ma naissance), Charles Richet fait le tour des commissariats de police des 6e et 7e arrondissements. Dans l'un d'eux, il l'y retrouve à une heure du matin. Rassuré, il l'abandonne à son sort, lui rappelant toutefois ce qui lui paraît essentiel : « N'oublie pas que tu dois être au lycée à 8 heures ! »

Alajouanine, qui a souvent soigné Georges Lacour-Gayet, accepte de recevoir ma mère. Bien qu'il la trouve « un peu exaltée » – comment ne le serait-elle pas dans sa situation ? lui rétorque Marthe Richet –, il prend fait et cause pour elle : il lui affirme qu'elle peut entièrement compter sur lui. Début septembre, il est appelé au chevet de mon père. En employant des mots à double sens, afin que les autres médecins présents à la consultation ne puissent saisir leur signification, il évoque l'angoisse de ma mère. Le malade, lui, comprend le message. Il éclate en sanglots : « Je n'ai qu'à mourir… » Comme Charles Richet, le professeur Alajouanine juge inadmissible que la famille de Georges Lacour-Gayet s'obstine à laisser Madeleine Léon sans la moindre nouvelle. Avec force, tous deux font part de leur indignation au docteur Henri Janet. Et, le 7 septembre, celui-ci reçoit Madeleine, que sa mère accompagne. Sans s'embarrasser de la moindre précaution oratoire, il assène à Madeleine des propos qui ne peuvent que la désespérer : « Mon oncle va mal. La pensée de la situation dans laquelle vous êtes le torture, il ne fait que répéter qu'il ne veut pas vous épouser, qu'il ne vous aime pas, que le souvenir de sa femme ne le quitte pas. Il souhaite mourir. »

Extrait du journal de Madeleine : *« Après cette visite, je fus pendant quelques heures littéralement folle de douleur. Ce n'est pas que Georges ait dit qu'il ne m'aimait pas… Avant le 6 juillet, il me disait souvent qu'il n'aimait pas ses enfants… »* Pas un instant ma mère ne soupçonne que ces contradictions apparentes puissent correspondre à des vérités successives, et être l'expression d'un trait profond de Georges Lacour-Gayet : tout comme Don Juan, il est sans doute incapable d'aimer quiconque, sinon lui-même.

Très vite, Madeleine retrouve son calme, tout au moins en apparence. *« Oh, Georges,* écrit-elle dans une lettre destinée à mon père, *si seulement je vous aimais moins ! Et il faut que je me cache pour pleurer, car ma souffrance bouleverse Maman – et elle vous en voudrait, cher Bien-Aimé.* » En revanche, à en croire un courrier adressé à dom Cabrol, ma mère ne juge pas utile de dissimuler sa douleur devant sa fille aînée : « *Jacqueline me voit si triste qu'elle a ajouté d'elle-même, et elle a eu cinq ans le 26 août, à la prière qu'elle dit chaque soir, le "Notre Père qui êtes aux Cieux" : Mon Dieu, faites que Monsieur Lacour-Gayet vienne bientôt voir ma Maman.* »

Plus que jamais, Madeleine vit dans l'espoir de revoir son amant. Le docteur Henri Janet ne lui a-t-il pas dit qu'une conversation entre eux était indispensable ? Dom Cabrol ne lui écrit-il pas que cet entretien aura bientôt lieu ? Son amour pour mon père est si aveugle qu'elle est convaincue que, dès qu'ils se verront, elle le retrouvera tel qu'elle l'aime.

Le révérend père Moisant, le professeur Charles Richet fils[1] et ma grand-mère sont loin de partager cet optimisme béat. Pour eux, il est indispensable qu'un témoin assiste à l'entretien. Charles Richet « *veut l'accompagner pour remplir auprès d'elle l'office du père ou du frère qui ne sont plus là. Je me suis inclinée devant son désir,* écrit le 25 septembre ma grand-mère, *tout en étant désolée de ne pouvoir dans de telles circonstances user de mon droit et de mes devoirs de chef de famille. Je fais ce très grand sacrifice pour assurer à mon enfant le puissant appui des professeurs Richet* ».

1. Charles Richet a demandé à son père s'il accepterait d'intervenir auprès de Georges Lacour-Gayet – il le connaît depuis qu'ils ont participé ensemble, durant la Grande Guerre, à une mission d'information. Déjà informé de la situation par son ami le professeur Pinard, le Prix Nobel s'est dit prêt à faire tout ce qui est en son pouvoir pour que « Lacour-Gayet fasse son devoir ».

Ma mère ne veut rien entendre. Elle est décidée à faire confiance à dom Cabrol, à qui elle doit d'avoir eu des nouvelles de mon père. Il n'est donc pas question qu'elle ne suive pas ses conseils formulés sur un ton badin dans la lettre du 3 octobre, où il l'informe que l'entretien tant désiré aura lieu avant le 10 octobre : « *Je crois que vous feriez bien de lui écrire un mot pour lui dire qu'il ne s'effraie pas de cette entrevue, que vous ne le mangerez pas, que vous ne lui couperez même pas les oreilles, que vous serez toute pacifique et bienveillante, etc. Il va de soi que vous n'amènerez pas un tiers si vous ne voulez pas le mettre en fuite.* »

Le 6 octobre, la date et le lieu de la rencontre sont fixés : le jeudi 11 octobre, à 15 h 26, rue du Général-Foy, dans la maison religieuse Saint-Augustin qui accueille dom Cabrol à chacun de ses passages à Paris. Dès lors, Madeleine compte les heures. Le 10 octobre, elle se félicite : « *Pas encore de contre-ordre, je commence à espérer.* »

Dès son arrivée rue du Général-Foy, un religieux la conduit, comme l'abbé mitré le lui a demandé, dans une petite pièce. Mon père y est présent. Elle veut se précipiter vers lui, le serrer dans ses bras ; il la repousse brutalement : « Ne vous approchez pas. » Sans autre préambule, il lui jette à la figure ces quelques phrases : « Ma décision est prise et irrévocable. Je ne vous épouserai pas. Vous n'avez qu'à aller à la campagne, vous aurez l'enfant, vous l'adopterez et reviendrez ensuite, l'année prochaine. Il est évident que l'enfant est de moi, mais je n'en suis pas responsable parce que je ne l'ai pas voulu. Si j'avais su, j'aurais reculé. »

Aujourd'hui encore, la goujaterie d'un tel discours me laisse ahurie.

Lorsqu'elle l'entend, ma mère hurle de fureur, rappelle à Georges ses promesses passées, s'indigne : « Moi aussi, je n'ai pas voulu cet enfant. Mais il est là. » Mon père écoute, imperturbable, se bornant à répéter, telle une ritournelle, sa tirade initiale. Il l'agrémente d'une éventualité : l'enfant peut mourir avant sa naissance. Il ne veut pas entendre les propos de ma mère : « Taisez-vous ! Ne me répondez pas ; vous me troublez, vous confondez mes idées. » Finalement, au bout d'un quart d'heure, après avoir émis un curieux souhait – « J'espère que je resterai ami avec vous, mais s'il y a un scandale, tout sera fini entre vous et moi » –, il quitte la pièce. Un religieux vient chercher ma mère pour la conduire à la sortie.

Je ne sais comment ma mère est revenue boulevard Saint-Germain, sans doute a-t-elle pris un taxi. Mais je sais qu'à sa vue ma grand-mère appelle Charles Richet fils : « Qu'il vienne tout de suite. Madeleine sanglote, elle me répète ce que Georges Lacour-Gayet a osé lui dire, et elle crie, je ne sais que faire. » Le médecin accourt et, sans hésiter, fait prendre à ma mère du véronal : il faut absolument qu'elle dorme.

Toute la nuit, Marthe veille sa fille. Elle ne veut pas que celle-ci se retrouve seule à son réveil.

Le lendemain, la vie semble reprendre son cours. À nouveau, Madeleine s'efforce de cacher à sa mère son désespoir. Mais sa décision est prise : elle se tuera dès la naissance de l'enfant; elle compte les jours qui la séparent de cette échéance. Son suicide revêt une nouvelle signification, qui est très souvent la sienne : c'est un acte de vengeance. Dans une de ses innombrables lettres non envoyées à mon père, elle le lui signifie le 13 octobre : *« Georges, vous n'avez pas eu pitié de moi : je n'aurai pas pitié de vous, je ne survivrai pas à la naissance de votre enfant, et ma mort, vous en serez responsable et en répondrez devant votre Dieu. »*

Huit jours plus tard, le samedi 20 octobre, une scène pour le moins baroque se déroule au cinquième étage du 224, boulevard Saint-Germain, dans l'appartement de Jacques Lacour-Gayet. Deux octogénaires célèbres (Adolphe Pinard[1] et Charles Richet) viennent signifier à un septuagénaire connu (Georges Lacour-Gayet) qu'il doit de toute urgence épouser une jeune femme de vingt-six ans enceinte de ses œuvres… Mon père reste sourd à leurs arguments : « Je sais, dit-il, qu'elle attend un enfant de moi. Mais je ne veux pas me remarier. Il est d'ailleurs trop tôt pour parler de cela : l'enfant peut mourir avant sa naissance… » À la stupéfaction de ses interlocuteurs, Georges Lacour-Gayet leur confie : « Je prie matin et soir… » Il ne précise pas l'objet de ses prières, mais il paraît évident : c'est la mort du bébé. À maintes reprises, il balbutie : « Laissez-moi réfléchir. » Et il ajoute : « Si elle accouchait d'un enfant mort, j'aurais une femme sur les bras ! »

« *Ces mots*, écrit Adolphe Pinard, *firent que l'entretien cessa. En descendant l'escalier, nous nous disions tous les deux :* habemus confitentem reum ! *Oui, pour nous, il n'y avait plus de doute : l'aveu* [souligné dans le texte] *venait d'être formulé*[2]. »

---

1. Le professeur Pinard a été indigné par l'attitude de mon père lors de sa rencontre avec ma mère. Il le lui écrit, le samedi 13 octobre : « *La réponse qui vous a été faite, jeudi, est tout simplement criminelle. Je veux penser qu'elle émane d'un malade. Quant à vous, je vous prie, je vous supplie, je vous conjure de rester ce que vous avez été jusqu'à présent, dans cette conjoncture, c'est-à-dire aussi calme que digne. Dès mon retour à Paris, qui aura lieu demain soir, j'irai voir mon vieil ami Charles Richet et nous vous demanderons après – à votre Maman et à vous – un entretien. Et c'est avec vous et selon votre désir à toutes deux que nous fixerons le rendez-vous avec lui. Je ne désespère pas !* » [Les adjectifs, les passages, le pronom soulignés le sont dans le texte manuscrit original.]

2. Autrement dit : « Nous avons un accusé qui avoue ! » Je dois à l'une de mes amies, dont l'érudition n'a d'égale que la discrétion,

Ainsi, les professeurs Pinard et Richet s'entretiennent en latin : autres temps, autres mœurs !

Quelques instants plus tard, au premier étage du même immeuble, tous deux relatent à ma mère et à ma grand-mère leur bref entretien. « L'important, affirment-ils, c'est qu'il a reconnu sa paternité ; il ne l'a pas niée un instant... » « Mais comment aurait-il pu le faire ? » s'étonne ma mère. Décidément, Madeleine n'a pas perdu toutes ses illusions. Elle n'aurait jamais pu imaginer qu'en cet instant du récit deux adjectifs s'imposeraient à moi pour définir mon père : odieux et pathétique...

Début novembre, le divorce de Jacques Lacour-Gayet donne naissance à une action, elle aussi pour le moins inhabituelle dans un immeuble haussmannien du boulevard Saint-Germain : sous prétexte qu'il y détient des documents lui appartenant, sa femme a obtenu la pose de scellés sur la porte de son appartement... Ils sont rapidement levés. Ma mère imagine combien cette mesure a pu être pénible à mon père. Sur le conseil de Charles Richet fils, elle lui écrit toute sa sympathie. Quelques heures plus tard, Georges Lacour-Gayet lui téléphone. Il veut la remercier de sa démarche. Du coup, ma mère lui envoie un nouveau mot : elle croit qu'entre eux le dialogue est à nouveau noué... Sur-le-champ, mon père la rappelle. Elle n'a rien compris à leur rapide conversation du matin : sa position n'a pas

---

Carole B.L., de savoir que la paternité de cette expression incombe à Cicéron. En 46 avant J.-C., le grand orateur commençait sa plaidoirie pour Ligarius en interpellant l'accusateur de son client : « Tu as un accusé qui avoue ! » (*Habes confitentem reum*). Ce *Pro Ligario* fut très célèbre, et figurait au programme de l'enseignement secondaire au XIXe siècle : on le trouve dans l'un des trois tomes des *Discours choisis de Cicéron à l'usage des Classes*.

changé et ne changera pas; d'ailleurs, il ne veut plus avoir de rapport avec elle, sinon par l'intermédiaire des avocats.

Et, le surlendemain, son gendre Max Buteau demande à maître Chenu de lui communiquer d'urgence une copie de l'acte de divorce de Madeleine Léon afin « qu'il puisse s'assurer de son honorabilité ». À juste titre, ma mère juge insultante une telle requête et la rejette.

Désormais, elle n'a plus d'illusions : elle sait qu'elle n'a rien à attendre de l'objet de sa passion. Plus que jamais, elle est résolue à se tuer. Pourtant, protéger sa fille aînée, lui donner une enfance heureuse, a toujours été pour elle la plus impérieuse obligation. Différents témoignages ultérieurs me permettent d'écrire qu'elle fut toujours fidèle à cette règle. Or, en cet automne 1928, la profondeur de son désespoir est telle qu'elle l'enfreint, au risque d'infliger à l'enfant un grave traumatisme.

Le 9 novembre, ma grand-mère relate ainsi au révérend père Moisant : *« Ce qu'à deux jours différents m'a raconté notre petite Jacqueline, qui en était tout ébranlée, mais beaucoup moins que moi naturellement. Sa mère, la semaine dernière, puis deux ou trois jours plus tard, lui a déclaré que c'était moi, au lieu d'elle, qui lui donnerait quelque chose lorsque ses dents tomberaient ; qu'elle serait morte dans quatre mois et qu'elle devrait être très contente de la voir mourir, puisqu'elle le désirait et qu'elle était trop malheureuse. »* Comment ne pas s'indigner de tels propos tenus à un enfant de cinq ans qui vient chercher réconfort auprès de sa grand-mère : *« Ce n'est pas vrai, n'est-ce pas, ma Bonne-Maman ? Je veux bien que Maman fasse un voyage de quinze jours, mais je ne veux pas qu'elle parte tout à fait… »*

*

Chez ma mère, comme chez mon père, le chef de famille joue un rôle essentiel. Il n'admet pas que ses décisions puissent être contestées.

À part ce trait commun, tout oppose Marthe Léon et Jacques Lacour-Gayet, qui s'est substitué à son père dans l'emploi de *pater familias*. Ils n'ont pas les mêmes valeurs, ce qui les met dans l'impossibilité de se comprendre. Ils n'essaient même pas de le faire. Ils sont animés d'un mépris réciproque : *« Nous portons,* écrit ma grand-mère, *un nom estimé de tous, connu depuis une époque où le nom des Lacour-Gayet était encore ignoré. »* Jacques Lacour-Gayet, quant à lui, se plaît à voir en Marthe Léon et ses filles *« un ramassis d'hystériques »*.

Très consciente de sa place dans la société, convaincue de n'avoir jamais manqué à ses devoirs, n'ayant plus rien à prouver, descendante d'une lignée qui a fait fortune un siècle plus tôt et fourni nombre de grands serviteurs à l'État, ma grand-mère est totalement indifférente au qu'en-dira-t-on. « Les chiens aboient, la caravane passe ! » est l'un de ses deux axiomes préférés. Le second témoigne de l'indifférence aux biens matériels, qui se voit surtout chez ceux à qui tout souci financier a été épargné : « Mieux vaut perdre ou abîmer un objet précieux que de se casser n'importe quel membre ! »

Jacques Lacour-Gayet vit dans un autre univers. Il est en train de gravir l'échelle sociale, il aime et recherche les honneurs. Alors que l'entourage de ma grand-mère se compose essentiellement de hauts fonctionnaires, civils et militaires, Jacques Lacour-Gayet fréquente les industriels, les hommes d'affaires. Mais, sous la IIIe République finissante, ceux-ci sont loin d'avoir le prestige que donne le service de l'État. Jacques Lacour-Gayet est moins intéressé par le passé que par l'avenir. Il se préoccupe d'innover dans le domaine commercial. Il joue aussi un rôle de premier plan dans celui de la radiodiffusion. Il aime être reçu dans les salons les plus courus de la capitale. Il veille à ce que rien dans son comportement ne puisse heurter la société, dont il entend gravir tous les échelons. Il en partage les idées reçues et les préjugés, faisant preuve d'un antisémitisme tempéré, si l'on ose écrire : il admet donc les relations d'affaires et même d'amitié avec des Israélites à la réussite sociale reconnue de tous, mais s'indigne des mariages entre catholiques et juifs[1].

Le scandale, qui lui fait horreur, ne préoccupe guère les défenseurs de ma mère. Ce qui compte, à leurs yeux, c'est d'éviter que ma mère se suicide, et c'est aussi que Georges Lacour-Gayet assume ses responsabilités.

Les démarches que multiplie ma grand-mère sont parfois infructueuses. Ainsi, le beau-frère de Georges Lacour-Gayet, le physicien Paul Janet, qu'elle a informé de la situation, botte en touche : « *Que puis-je vous dire ? Que je déplore profondément ce qui s'est passé, que j'ai la plus haute estime pour vous et votre famille que je connais depuis de longues années, que je souhaite que le temps, qui efface bien des choses, apporte là encore son action bienfaisante… Je ne puis que souhaiter, avant toute chose,* [le] *prompt rétablissement* [de Georges Lacour-Gayet] *et son*

1. Après la Libération, il ne souhaite pas que son fils Michel, à son retour de déportation, se fiance avec une jeune fille d'origine israélite. Trente ans plus tard, son frère Robert Lacour-Gayet tente d'empêcher l'union d'une de ses petites-nièces avec un brillant polytechnicien : « Il n'est pas possible qu'il y ait du sang juif chez les Lacour-Gayet », dit-il à la fiancée, qui reste insensible à cet argument.

retour à la santé qui lui permettra de faire face à une situation dont il est seul responsable. »

La révélation de la grossesse hors mariage de sa fille vaut à Marthe Léon d'essuyer quelques rebuffades. Ainsi, la marraine de ma mère décide de rompre les ponts avec sa filleule et sa famille. Le directeur de l'École des mines et sa femme, pourtant très compréhensifs lorsqu'ils avaient été informés de la situation, adoptent rapidement une attitude analogue, tournant le dos à ma grand-mère dans une réception. De tels affronts ne l'atteignent nullement : elle voue aux gémonies leurs auteurs. Elle a recours à l'Évangile pour répondre au réquisitoire contre Madeleine d'une de ses amies : « Que celui qui n'a jamais péché jette la première pierre. »

L'assurance de ma grand-mère est, sans nul doute, confortée par les appuis dont elle dispose. Ils sont de plus en plus prestigieux. À Pinard et à Richet, deux gloires de la médecine, se sont en effet ajoutées deux sommités de l'Église : le recteur de la Faculté catholique, Mgr Baudrillart, et l'archevêque de Paris, le cardinal Dubois.

Compte tenu de la personnalité de mon père, le révérend père Moisant a jugé indispensable de les informer de la situation de ma mère, de sa crainte d'un scandale qui éclabousserait le monde catholique. Mgr Baudrillart n'a pas eu un instant d'hésitation : puisque le premier mariage de la jeune femme est purement civil, Georges doit l'épouser au plus vite. Quant au cardinal Dubois, il lui paraît nécessaire de s'entretenir avec ma grand-mère.

Louis-Ernest Dubois, qui fut, à quarante-cinq ans, en 1901, le plus jeune évêque de France, est une personnalité hors norme. Sa vie durant, il ne cesse de se passionner pour les sujets les plus variés. Il est ainsi le préfacier de très nombreux ouvrages qui traitent certes du catéchisme, de l'Évangile, mais aussi de l'histoire – jeune prêtre dans le diocèse du Mans, il a fondé l'Union historique du Maine –, de l'archéologie, de l'éducation des enfants, du rôle des femmes, du scoutisme ; il écrit un règlement des guides de France. Ses lettres pastorales, fort abondantes, ont un ton personnel. Pendant la Grande Guerre, il organise des journées de prière pour la France et recommande aux chrétiens de souscrire à l'emprunt national lancé par le gouvernement. Loin de s'opposer, comme c'est encore le cas de très nombreux catholiques, à la loi de séparation de l'Église et de l'État, il œuvre pour le rapprochement avec la République. C'est l'heure de l'Union sacrée. En décembre 1919, il est d'ailleurs chargé par le gouvernement d'une mission dans les Balkans, en Grèce et dans l'ancien empire ottoman. Il doit y garantir l'impartialité religieuse de la France. Archevêque de Paris en 1920, il publie un livre : *La Crise de la natalité en France.* Ce pamphlet contre la dépopulation, ce « *fléau plus redoutable encore que la guerre, qui met en danger l'existence même de notre pays* », est à l'origine de son amitié pour le professeur Pinard, fervent défenseur d'un renouveau démographique.

Le 12 novembre, Marthe Léon est donc reçue par le cardinal Dubois, qui lui réserve l'accueil le plus courtois. Il l'interroge sur les sentiments de sa fille : aime-t-elle réellement Georges Lacour-Gayet ? La réplique de ma grand-mère : « L'enfant qu'elle attend de lui le prouve », semble satisfaire le prélat. Pas un instant, il ne met en doute la paternité de mon père. Et, en raccompagnant sa visiteuse, il lui demande de le tenir au courant de la suite des événements.

Informé de cette conversation, le professeur Pinard se rend à son tour à l'archevêché. Il n'a pas pris de rendez-vous, il sait qu'il lui suffit de présenter sa carte pour être reçu. À peine de retour chez lui, il téléphone à ma grand-mère : « J'ai eu un long entretien avec le cardinal Dubois. Je lui ai dit mon estime pour votre famille, lui ai raconté notre entrevue, à Charles Richet et à moi, avec Georges Lacour-Gayet. Le cardinal m'a dit : "Je ferai tout ce que je pourrai. Espérons !" Je lui ai serré les mains avec effusion. » À son tour, ma grand-mère s'empresse de relater ces propos au révérend père Moisant et conclut : « C'est un rayon de soleil dans un ciel si sombre. » À juste titre, Marthe Léon l'attribue à l'intervention du jésuite.

Il revient alors à Charles Richet fils de prendre une initiative décisive. Indigné que l'avocat de Madeleine Léon lui ait présenté, comme si elle était normale, la requête insultante du gendre de mon père, il persuade ma mère de confier sa cause à l'un de ses amis intimes, Auguste Champetier de Ribes.

Par sa réussite professionnelle, son apparence physique – il est grand et mince –, sa distinction naturelle, le ruban rouge à sa boutonnière, une main mutilée qui témoigne de son courage pendant la guerre, Auguste Champetier de Ribes semble, à première vue, un parfait produit de son milieu, aux confins de l'aristocratie et de la bourgeoisie de robe.

En fait, c'est un personnage qui n'a rien de conventionnel. Il ne supporte pas l'injustice et, alors qu'il est un brillant avocat – il a été premier secrétaire de la Conférence des avocats –, il est sans illusions sur la justice humaine : il lui arrive, dit-il, de « n'être qu'un lynchage en costume ». Il s'indigne que l'on puisse condamner un homme qui ne reconnaît pas sa culpabilité. Il exige une franchise absolue de ses clients et se refuse à défendre toute personne dont le dossier lui paraît suspect. L'apparence même de la mauvaise foi lui fait horreur.

Auguste Champetier de Ribes s'est toujours passionné pour la chose publique. Dans sa jeunesse, fidèle à la tradition monarchiste de sa famille, il lui est arrivé de porter le deuil fleurdelisé pour l'anniversaire de la mort de Louis XVI. Mais cette nostalgie du temps passé ne dure guère. Dans la lignée de Léon XIII qui a appelé les catholiques français à rallier la République, Champetier de Ribes s'indigne des ingérences de l'Église dans la vie politique. Sa vie et son action n'en demeurent pas moins guidées par sa foi chrétienne. Ce n'est pas un homme ordinaire. Tout comme son père, il se reconnaît pleinement dans l'œuvre d'Albert de Mun, le fondateur du catholicisme social. Dans cette mouvance, il crée le « Secrétariat social », dont l'ambition est d'assurer la justice sociale. Il condamne avec autant d'énergie le socialisme et le libéralisme ; il considère qu'il est du devoir de l'Église et de ses fidèles de corriger les effets néfastes de ce dernier, en veillant à plus de justice et en volant au secours des plus démunis. À ses yeux, dans la fidélité à son éducation, tout homme doit respecter ses devoirs et non faire valoir ses droits. Il ne supporte pas qu'un membre des classes dirigeantes puisse enfreindre cette règle.

Au tournant du siècle, l'affaire Dreyfus le marque de façon singulière. Auguste Champetier de Ribes respecte et admire son père. Or, celui-ci fait scandale dans sa propre famille, car il se refuse à condamner l'officier juif, sa culpabilité ne lui paraissant pas évidente. Avec la réhabilitation du capitaine Dreyfus, le jeune avocat qu'est Auguste Champetier de Ribes comprend qu'une loi défaillante peut être combattue par la mobilisation de l'opinion. C'est une attitude peu courante à l'époque.

Informé par son ami Charles Richet de la situation de ma mère, ayant le plus grand respect pour le révérend père Moisant, Auguste Champetier de Ribes accepte sans la moindre hésitation d'être son défenseur. En fait, ce qui lui importe, c'est que Georges Lacour-Gayet assume pleinement son rôle. Il ne supporte pas qu'une notabilité catholique puisse bafouer ses devoirs.

En novembre 1928, Auguste Champetier de Ribes est une personnalité connue. Élu triomphalement député des Basses-Pyrénées en 1928 (avec 72 % des voix au premier tour), il réussit à créer à la Chambre des députés le premier groupe des démocrates-chrétiens et est depuis peu président du Parti démocrate populaire.

Tel est l'avocat qui prie son confrère Max Buteau de venir le voir. Il le reçoit dans son très vaste bureau, au premier étage de l'hôtel particulier de l'avenue Wagram, héritage de sa femme. Il lui tient un langage simple : il ne peut pas imaginer que Georges Lacour-Gayet, dont il admire l'œuvre et respecte l'engagement religieux, se dérobe à ses obligations, n'assume pas ses devoirs envers l'enfant dont il a reconnu la paternité. Mais, si par malheur il le faisait, lui, Auguste Champetier de Ribes, n'hésiterait pas à conseiller à ma mère d'intenter un procès en recherche de paternité. Ce serait un effroyable scandale qu'il ne souhaite pas, mais qu'il affronterait s'il le fallait. Il tient à ce que mon père connaisse sa position. Avec satisfaction et humour, il constate que Max Buteau le quitte très impressionné, après lui avoir affirmé que son beau-père ne veut en aucun cas d'un nouveau mariage.

Au cours d'une nouvelle rencontre quinze jours plus tard, l'avocat de Georges Lacour-Gayet lui remet une note manuscrite de celui-ci : « Il l'a écrite à votre intention, car il ne veut pas que vous le méprisiez. » Son auteur, en quelques lignes, « explique » que son seul tort est de n'avoir pas su résister aux avances pressantes et répétées de ma mère – c'est tout juste s'il ne l'accuse pas de l'avoir violé. Il n'est donc pas question pour lui de l'épouser. Une fois sa lecture terminée, Champetier de Ribes rend le papier à son visiteur : « Si j'avais eu du mépris pour votre client, ce mépris ne pourrait qu'augmenter. » Tout est dit. Mais Auguste Champetier de Ribes ne désespère pas encore[1].

L'arbitrage de l'archevêque de Paris qu'il a suggéré ayant été rejeté, l'idée lui vient de faire appel à l'évêque d'Arras, Mgr Julien, que mon père voit régulièrement, puisque ce prélat appartient à l'Académie des sciences morales et politiques. Ma grand-mère se met donc en action. Elle informe de la situation le directeur d'une des plus importantes compagnies minières du Nord. À sa demande, il se rend à Paris exprès pour la voir. Sans la moindre réserve, il s'engage à « plaider la cause de sa

1. Une lettre écrite à ma mère le 23 janvier 1929 en témoigne : *« Chère Madame, Je vous remercie d'avoir pensé à me faire part de la bonne nouvelle* [il s'agit d'une réaction très chaleureuse et amicale à l'annonce de sa grossesse] *que m'annonce votre pneumatique. Je suis tellement sûr que tous les hommes d'honneur auront à votre égard l'attitude qu'ont tout de suite prise MM. Heurteau et Leprince-Ringuet* [Charles-Édouard Heurteau et Louis Leprince-Ringuet appartiennent tous les deux au corps des Mines, et leurs carrières sont particulièrement brillantes]. *Cette attitude, ils l'auront aussi à l'égard de votre bébé, qui portera le nom de son père et n'aura pas une situation sociale diminuée. Un seul homme sera diminué, s'il ne finit pas par comprendre son devoir, et il ne faut pas désespérer qu'il le comprenne. Vous savez que, pour l'y pousser, vous pouvez compter sur mon entier dévouement. Veuillez agréer, chère Madame, l'hommage de mon profond respect. »*

famille » auprès de l'évêque, dont il est le commensal attitré. Et, dans les plus brefs délais, l'archevêque de Paris accorde à ma grand-mère l'audience qu'elle souhaite. Il ne lui cache pas qu'il espère apprendre d'elle une bonne nouvelle. Elle doit le décevoir et lui expliquer le motif de sa venue : le révérend père Moisant peut-il solliciter l'aide de Mgr Julien, en précisant que cette démarche est connue du cardinal ? Sans hésiter, Mgr Dubois tranche : « Il doit dire à Mgr Julien qu'il s'adresse à lui à ma demande... » Dans un premier temps, l'évêque d'Arras promet d'intervenir auprès de Georges Lacour-Gayet afin que celui-ci assume ses responsabilités – autrement dit, qu'il épouse au plus vite la mère de son enfant. Puis il se dérobe, envoyant au jésuite une lettre exemplaire de la lâcheté quand elle se pare des vertus chrétiennes : *« Arras, le 12 janvier 1929. Mon Révérend Père, J'ai entrevu M. L.-G. à l'Institut il y a quinze jours, mais il m'a été impossible de le saisir. Il a disparu presque furtivement. Depuis, je ne suis pas retourné à Paris. Je songeais à écrire, mais quand j'ai mis la main à la plume, je l'ai tournée et retournée. Je n'ai pas osé m'introduire dans le secret de cet homme, au risque de le gêner sans l'ébranler. Après réflexion, je renonce à une démarche qui me paraît vouée à un échec, après tout ce qui a été tenté d'autre part. Veuillez agréer, mon Révérend Père, l'assurance de mes sentiments religieusement dévoués. Eugène Julien, évêque d'Arras. »*

*

La grossesse hors mariage de ma mère provoque des commentaires étonnants.

À en croire le docteur Lesné, médecin de ma famille, l'abbé Rivière, le curé de Saint-Thomas-d'Aquin, se désole : « Vraiment, vous, médecin, et moi, prêtre, nous avons des raisons d'avoir une triste idée de l'humanité ! » Informés par ma grand-mère, les deux sœurs et beaux-frères de ma mère, également stupéfaits, sont loin d'avoir la même réaction. Un couple (Claire et Paul Niewenglowski) s'abstient de porter le moindre jugement : « Que pouvons-nous faire pour vous et pour Madeleine ? » demandent-ils simplement. L'autre s'indigne et se désespère : *« Je n'aurais pas ma Mère que je partirais le plus loin possible aux colonies afin de fuir et d'éviter à Sue* [il s'agit de sa femme, ma tante Suzanne] *et à moi ce que la méchanceté humaine sait insinuer, des allusions pénibles, blessantes et qui, en tout cas, seraient imméritées pour nous »*, écrit mon oncle Georges Saulnier, et son épouse est tout aussi *« consternée par la nouvelle que tu nous appris. Dans quelle situation, si par malheur on l'apprend dans la famille de Georges, cela me met-il ? Que n'entendrais-je pas ? Et que répondre*[1] *? »*

En ce huitième mois de sa grossesse, ma mère a perdu toutes ses illusions. *« Quel écœurement et quel désenchantement pour ma pauvre Madeleine »*, écrit, le 30 décembre, ma grand-mère au sortir de chez maître Champetier de Ribes, qui leur a résumé sa dernière entrevue avec l'avocat de mon père : *« Il paraît que M. G. L.-G. ne se croyait plus en état d'avoir un enfant. Il ne veut à aucun prix se marier et ne se sent plus de force à affronter une union avec*

1. En fait, ses craintes sont injustifiées : sa belle-mère, lorsqu'elle apprend la situation, adresse sur l'heure une lettre émouvante à Marthe Léon : *« Bien chère Madame et Amie, Lors du mariage de nos enfants, j'ai de tout cœur adopté votre aimable famille, me promettant de partager ses joies et ses peines ; mes sentiments sont toujours les mêmes... Je vais prier pour que vos désirs et ceux de Madeleine se réalisent... Dites-moi comment je pourrais être agréable à Madeleine... Inutile d'ajouter que si je pouvais vous être agréable en quoi que ce soit, je le ferais avec empressement... »*

une jeune femme ou à créer un nouveau foyer. Il prétend qu'il serait très méritoire de sa part de reconnaître l'enfant qu'il n'a pas voulu... »

Une nouvelle démarche est encore tentée auprès de mon père. Le 10 janvier, un de mes oncles, venu tout exprès de Marseille, où il dirige l'arrondissement minéralogique, soumet à Georges Lacour-Gayet « *les propositions suivantes : mariage blanc, sans changement pour lui dans sa vie – mariage à la mairie seulement –, avant la naissance de l'enfant. Si l'enfant naît vivant, et si M. Lacour-Gayet le désire, mariage religieux ; s'il ne le désire pas, pas de mariage religieux. En cas de refus, procès en recherche de paternité avec tout le scandale qui en résulterait* »... Le 15 janvier, par l'intermédiaire de son avocat, mon père fait connaître sa réponse : tout mariage est exclu ; quant à la reconnaissance de l'enfant, « il est trop tôt pour en parler ».

Ma mère sombre alors dans un désespoir qui lui fait perdre tout bon sens. Plusieurs heures par jour, elle arpente le palier de l'appartement familial. Il n'est évidemment pas chauffé, la température y est glaciale. Qu'importe, Madeleine guette le passage de mon père. Elle veut lui parler. Son attente est vaine : désormais, le respectable académicien ne sort plus de chez lui que par l'escalier de service. Mais ces stations debout dans le froid peuvent nuire à la santé du bébé ; le professeur Pinard ordonne donc à ma mère de s'aliter. Et il lui demande une promesse : qu'elle soit toujours là pour ses enfants. Madeleine pleure et ne répond pas. Mais, le lendemain, le « grand professeur » – ainsi appelle-t-elle Adolphe Pinard – est rassuré : « *Ma chère Enfant,* lui écrit-il le 18 janvier, *Votre lettre*[1] *vient de me donner une*

1. Sa minute ne figure pas parmi les très nombreux écrits conservés par ma mère.

grande satisfaction : la constatation que la plus saine raison a guidé votre plume. Conservez, je vous en supplie, cet état d'âme et, quoi qu'il arrive, vous n'aurez rien à vous reprocher. Dans cet espoir, je vous embrasse, ainsi que votre admirable Maman et votre délicieuse fille, bien tendrement. »

Le dimanche 27 janvier, Madeleine reçoit un nouveau choc. Au téléphone, une amie la prévient : « Vous êtes dans *Aux écoutes* ! » Elle se procure cette publication, le principal journal d'échos et d'« informations confidentielles » de l'époque, qui tire à près de cent mille exemplaires. Son nom et celui de mon père ne sont pas cités, mais les précisions sont telles, dans l'article intitulé « Idylle prolongée », qu'il n'est pas possible de ne pas les reconnaître. Le papier se veut sévère pour Georges Lacour-Gayet : *« Il s'abrite derrière l'opposition de ses enfants dont ce coquebin*[1] *septuagénaire n'avait point sollicité le consentement pour se donner.* » Cette lecture « navre et bouleverse » Madeleine. Elle s'indigne des erreurs qu'il contient, y compris celle concernant « le titre de Papa, qui était inspecteur général des Mines et non ingénieur en chef ». Elle redoute surtout qu'un tel article « ne fasse qu'envenimer, si c'est possible !, la situation ». Le lendemain, un quadragénaire demande à voir Madeleine. Comme il prétend venir de la part de mon père, elle s'empresse de le recevoir. Il se présente, affirme être responsable du journal *Aux écoutes*, et annonce sa décision de consacrer chaque semaine une rubrique à l'« idylle prolongée ». Ma mère est atterrée. Elle supplie son visiteur de n'en rien faire. Il finit par accepter, mais ce silence signifie pour lui un manque à gagner, car cette affaire passionne ses lecteurs. Elle doit le dédommager, en achetant cinq cents exemplaires du

1. Si l'on se fie au Larousse, la naïveté et la niaiserie caractérisent un tel personnage.

journal *Aux écoutes.* Sans discuter, Madeleine Léon s'exécute[1].

Dans la nuit du 23 février 1929, le professeur Pinard arrive chez ma grand-mère. Il tient à assister à l'accouchement de ma mère, effectué par le professeur Lévy-Solal, à son domicile, comme c'est alors l'usage.

À 9 h 15, ma mère donne le jour à une fille. « *Elle n'a pas demandé à naître,* écrit ma grand-mère, *mais c'est un beau bébé et je crois bien qu'elle ressemble à son père, elle a ses yeux.* » Dès la naissance, le professeur Pinard téléphone à son ami Charles Richet : « Je viens », lui répond le Prix Nobel, qui arrive peu après (le 224, boulevard Saint-Germain n'est guère éloigné du 15, rue de l'Université), accompagné de sa belle-fille, Marthe Richet, qui a promis d'être la marraine de l'enfant, et d'un de ses petits-fils, Gabriel[2].

Après que Madeleine lui a indiqué les prénoms qu'elle a choisis pour son bébé[3], le professeur Pinard

1. Je me souviens de ma stupéfaction lorsque, trente ans plus tard, à l'occasion d'un déménagement, je découvre dans une cave la pile haute de 70 centimètres de ces journaux… C'est alors que ma mère m'a raconté pourquoi elle en avait fait l'acquisition…

2. Sous la dénomination « le fils de ma marraine », Gabriel Richet apparaît à maintes reprises dans ce récit, comme dans *La Fenêtre ouverte.*

3. Élisabeth – mon père lui ayant souvent dit que, s'il avait eu une autre fille, il l'aurait ainsi appelée, en raison de sa dévotion toute particulière pour sainte Élisabeth –, Georgette, et enfin Rose-Marie, en souvenir du bonheur qu'elle devait à mon père, lors de la nuit du 1er au 2 septembre 1927, après qu'ils eurent assisté à cette opérette. De ce récit, que j'ai souvent entendu, j'avais conclu que ma naissance avait été déclarée par Adolphe Pinard et Charles Richet – c'est ce que j'ai écrit dans *La Fenêtre ouverte*, p. 368. Or, pour la première fois en 1982, lorsque j'ai pris connaissance de mon acte de naissance (il me fallait le joindre à ma demande de

juge qu'il convient d'aller à la mairie du 7e arrondissement déclarer la naissance. « Je t'accompagne », lui dit Charles Richet. Et ils partent ensemble.

Ma mère s'empresse d'envoyer un pneumatique à mon père pour lui annoncer la venue au monde de leur fille. Est-il utile de préciser qu'elle ne reçut aucune réponse ?

*

« Je n'ai jamais été aussi heureux, je ne m'occupe plus que de mes travaux personnels[1]*. »*

Ces propos de mon père au lendemain de ma naissance témoignent de son indifférence à cet événement. Au hasard d'une rencontre inopinée dans l'escalier, ma mère lui présente leur fille; il reste imperturbable : « C'est bien », dit il avant de s'éclipser. Comme toujours chez Georges Lacour-Gayet, les périodes d'activité intense et d'exaltation succèdent aux dépressions. Et, après celles très graves de l'été et de l'automne 1928, l'hiver et le printemps 1929 nous le montrent en pleine forme. Les honneurs ne lui manquent pas. L'ordre de Malte, dont il a contribué à organiser l'exposition à la Bibliothèque nationale, lui décerne une croix de Chevalier. La lecture des journaux nous apprend qu'il va de réception en réception[2]. Sans doute est-il alors persuadé qu'aucun scandale ne peut le menacer.

---

changement d'état civil ; j'ai constaté mon erreur : seule y figurait la signature d'Adolphe Pinard, qui a assisté à l'accouchement – ce qui n'est pas le cas de Charles Richet.

1. Ils sont tenus à l'une de ses amies, qui les relate à Marthe Richet. Celle-ci s'empresse d'en faire part à ma grand-mère, en lui demandant de ne pas les répéter à ma mère.

2. Les principaux quotidiens publient alors une rubrique consacrée aux mondanités, en citant les noms des participants.

Après comme avant ma naissance, ma mère reste fidèle à elle-même. Elle s'efforce de faire bonne figure, mais – presque chaque jour, si l'on en croit ses lettres quasi quotidiennes au révérend père Moisant – le désespoir l'envahit, la honte aussi d'avoir si mal géré sa vie. Le jésuite, à la patience vraiment admirable, ne cesse alors de lui répéter que son devoir lui ordonne de veiller sur ses enfants, lui interdit de se complaire dans les souvenirs du passé : *« C'est peut-être la suprême énergie de dominer ainsi sa pensée. Ne soyez pas découragée de ne pas atteindre cet idéal. Personne ne l'atteint. Mais on peut s'en rapprocher. Et, encore une fois, c'est l'idéal évangélique. N.S. l'a dit : "À chaque jour suffit sa peine." »* À maintes reprises, ma grand-mère écrit au jésuite son *« infinie gratitude. Madeleine est toujours plus calme après vous avoir vu. Vous lui donnez le courage, la force de lutter dans ces heures de combat si dur, où l'on se trouve en face de la mauvaise foi et de la lâcheté humaine »*.

Très vite, ma grand-mère, tout comme maître Champetier de Ribes, est persuadée que seule l'opinion publique peut amener mon père à changer d'attitude. Marthe Léon profite donc des très nombreuses visites et ventes de charité qui ponctuent sa vie – comme celle de toutes les femmes de son milieu – pour annoncer aux uns et aux autres la naissance de sa petite-fille, et leur en exposer très simplement, sans aucun commentaire, les conditions. « Tenir toujours », telle est la règle de ma grand-mère. C'est d'ailleurs grâce à elle que l'enfant a pu être baptisée, en mai[1]. Le mois suivant, elle se livre à

1. Il n'avait pas été facile de lui trouver un parrain. Pour rejeter la requête de ma mère, dom Cabrol, le premier pressenti, invoque des *« règles très sévères* [qui], *dans la circonstance présente,* [lui] *défendent*

une initiative pour le moins stupéfiante dans le contexte de l'époque.

Une lettre du nonce apostolique à Paris, le cardinal Maglione, adressée à ma grand-mère le 21 juin 1929, m'avait fortement étonnée. Je ne comprenais pas comment une telle autorité religieuse pouvait assurer de son « profond respect » une correspondante qui n'était pas catholique et, de surcroît, était la mère d'une femme coupable. Mais l'accès aux archives du Vatican, comprenant celles de la nonciature, m'a permis de satisfaire ma curiosité et a encore, si possible, augmenté mon admiration pour ma grand-mère.

Le 15 juin, maître Champetier de Ribes apprend que mon père va partir pour Rome. Or, à chaque visite dans la Ville sainte, il est reçu par le Saint-Père. Qu'il puisse encore bénéficier d'un tel honneur indigne l'avocat. Et il

---

d'y satisfaire ». En réalité, le droit canon des bénédictins proscrit tout parrainage. Alors, pourquoi l'abbé mitré a-t-il inventé une mesure réservée aux enfants illégitimes ? Pourquoi a-t-il écrit à ma mère qu'il *« n'aurait pas mieux demandé que de satisfaire* [à sa demande] *si l'union que vous souhaitiez s'était accomplie » ?* Je ne comprends pas l'utilité de ce mensonge… Son seul effet, rappeler à Madeleine Léon les exclusions liées à la naissance de sa fille, est-il voulu ? Gabriel Chesneau est à son tour sollicité. Parce qu'il a informé mon oncle de sa décision de ne plus recevoir Georges Lacour-Gayet, ma mère a cru à un nouveau revirement du directeur de l'École des mines. En fait, il n'en est rien. Il n'a même pas jugé utile de justifier son refus… Alors, ma grand-mère a prié un ancien ingénieur de son mari, Charles-Émile Heurteau, à la situation professionnelle et sociale particulièrement brillante (ayant « pantouflé » dans le civil, il dirige une importante compagnie minière et, par leurs mariages, plusieurs de ses enfants sont alliés à de très grands noms de l'aristocratie), de venir la voir. Elle a une seule question à lui poser : accepterait-il d'être le parrain de sa petite-fille ? « Votre demande m'honore », lui répond-il.

demande à ma grand-mère d'écrire au Saint-Siège pour l'informer de la conduite de Georges Lacour-Gayet à l'égard de ma mère et de leur enfant. Consulté, le révérend père Moisant approuve pleinement cette idée ; d'ailleurs, lui-même va en prévenir le supérieur des jésuites, qui est à Rome.

La lettre de ma grand-mère, datée du 20 juin 1929, adressée à Son Excellence le cardinal Gasperi, secrétaire d'État, et dont – sur le conseil de maître Champetier de Ribes – elle envoie une copie au nonce apostolique, est en trois parties. Tout d'abord, en douze lignes, elle se présente, énumérant les fonctions et les décorations des principaux membres de sa famille. Puis, en deux pages, qui sont « l'objet de sa missive », elle relate les amours de mon père et de ma mère, raconte comment Georges Lacour-Gayet a imploré son pardon, lui a promis d'assumer toutes ses responsabilités, ce qu'il s'est refusé à faire. Elle expose ensuite comment les plus hautes autorités religieuses, l'archevêque de Paris et le recteur de l'Institut catholique, « *ont vivement réprouvé sa déshonorante et lâche conduite, mais n'ont pas encore pu le ramener dans le droit chemin* », comment les professeurs Charles Richet et Adolphe Pinard (là encore, leurs noms sont suivis de leurs décorations dans la Légion d'honneur, ce qui témoigne de l'importance attachée alors à de tels titres), « *devant lesquels M. Georges Lacour-Gayet a renouvelé l'aveu de sa paternité, n'ont pas été plus heureux.* [...] [Il] *a même refusé de reconnaître son enfant, obligeant ainsi ma fille à l'assigner devant le tribunal : l'assignation a été délivrée le 13 mai* ».

Suivent encore six lignes qui justifient ce courrier : « *Je viens d'apprendre que M. Georges Lacour-Gayet est parti pour Rome. Je ne doute pas qu'il ne cherche à obtenir une audience de Sa Sainteté : j'ai pensé qu'il était de mon devoir de mère de prévenir Votre Excellence que M. G. L.-G. ne pouvait plus être considéré comme un homme d'honneur.* »

Aucune réponse n'est adressée à ma grand-mère. Elle n'en est pas moins entendue. Mon père ne fut plus jamais reçu au Vatican[1]. En consultant les archives de l'ordre de Malte, j'apprends qu'en novembre 1931 la Secrétairerie d'État du Saint-Siège lui écrit à propos de « *M. Georges Lacour-Gayet, sur le compte duquel elle donne de mauvaises informations* ». Un autre courrier du Vatican évoque le « *grave scandale* » causé par mon père et précise que « *la demoiselle de bonne famille, rendue mère par M. Georges Lacour-Gayet qui lui avait promis de l'épouser, est sérieuse et ses accusations dignes de foi…* ».

Lorsque j'ai découvert ces documents, un orgueil insensé s'est emparé de moi. Il m'est souvent arrivé de dire que ma naissance a été l'un des derniers grands scandales bourgeois de la IIIe République ; la suite de ce récit justifie cette constatation. Mais je n'aurais jamais imaginé qu'elle serait évoquée dans des archives romaines, celles du Vatican ou de l'ordre de Malte. Et, à ma connaissance, il n'est pas d'autre citoyen lambda qui puisse se targuer d'une telle présence !

Plusieurs semaines après ma naissance, ma mère espère encore un revirement de mon père. Pour l'obtenir, elle demande à dom Cabrol son témoignage afin de le montrer à mon père. Il refuse : « *Je ne demande pas*

1. À défaut d'une audience pontificale, Georges Lacour-Gayet est reçu par Mussolini. Et il publie dans *L'Écho de Paris* (25 août 1929) une longue et très admirative interview du Duce, « *un champion d'idées, un agitateur de consciences, le soldat d'une foi qui s'impose à votre respect parce qu'il porte en lui les pressentiments de l'avenir et la grande force de la vérité* ».

mieux que de lui écrire dans ce sens et aussi nettement que vous le voudrez ; mais cette lettre, dans les mains d'un autre, pourrait devenir une arme contre lui et je ne puis consentir à trahir ainsi une amitié de plus d'un demi-siècle. »
En mars, la nouvelle lettre que le professeur Pinard, à la demande de maître Champetier de Ribes, adresse à mon père – l'adjurant de reconnaître son enfant – lui revient non ouverte, son destinataire refusant d'en prendre connaissance. Il est alors évident que le recours à la justice ne peut plus être évité.

*

Commence alors, le 13 mai 1929 – le jour où ma mère assigne mon père en reconnaissance de paternité –, un interminable parcours judiciaire : il s'étend sur près de deux décennies !

Ses épisodes sont variés. Le premier se termine le jour de mon quatrième anniversaire, le 24 février 1933, puisque les hasards de la vie ont voulu que ce soit la date de l'arrêt de la cour d'appel de Paris, qui déboute ma mère.

Les années ayant passé, je ne comprends pas comment ses avocats et elle avaient pu espérer obtenir gain de cause, compte tenu de la législation en vigueur. Celle-ci date de 1912, lorsque la loi du 16 novembre a modifié l'article 340 du Code civil de Napoléon qui interdisait purement et simplement la recherche de paternité. Depuis un quart de siècle, donc, la paternité hors mariage peut être judiciairement déclarée dans cinq cas :

- Dans le cas *d'enlèvement ou de viol*, lorsque l'époque de l'enlèvement ou du viol se rapporte à celle de la conception.

- Dans le cas de *séduction accomplie à l'aide de manœuvres dolosives*, abus d'autorité, promesse de mariage ou de fiançailles, *et s'il existe un commencement de preuve par écrit.*
- Dans le cas où il existe des lettres ou quelque autre écrit privé émanant du père prétendu et desquels il résulte *un aveu non équivoque de paternité.*
- Dans le cas où le père prétendu et la mère ont vécu en état de *concubinage notoire* pendant la période légale de la conception.
- Dans le cas où le père prétendu *a pourvu ou participé à l'entretien et à l'éducation de l'enfant en qualité de père.*

Selon Auguste Champetier de Ribes, trois paragraphes de cette loi (les deuxième, troisième et quatrième) doivent lui permettre d'obtenir de la justice que la paternité de Georges Lacour-Gayet soit reconnue. Ma grand-mère ne doute pas de l'issue du procès : il lui paraît impossible que dans notre pays la justice ne l'emporte pas, d'autant qu'elle a une confiance totale en maître Champetier de Ribes. Elle lui est profondément reconnaissante de sa bienveillance à l'égard de sa fille, du respect qu'il lui témoigne. Un peu à la manière du révérend père Moisant, l'avocat, qui est toujours disponible pour ma mère, ne cesse de lui prodiguer des conseils de calme et de courage.

Marthe Léon espère encore que, tôt ou tard, sous la pression de l'opinion publique, Georges Lacour-Gayet assumera enfin toutes ses responsabilités, comme il le lui avait promis. Elle note avec satisfaction que le nombre de ses visiteuses, les trois premiers lundis du mois[1], ne fléchit pas. Elle se félicite de bénéficier de

1. Ce sont les jours où elle reçoit. Comme le veut l'usage alors en vigueur, ils sont mentionnés en petits caractères en bas de ses cartes de visite.

nouveaux appuis prestigieux. Infligeant un démenti à la réputation bien établie du conformisme de l'armée, trois généraux – et non des moindres ! – lui apportent un soutien éclatant. Comme bien des membres de ma famille maternelle, ils sont tous trois Polytechniciens : leur comportement atteste la solidarité légendaire des « X » ! Le général Ferrié, une gloire nationale[1], promet qu'à la première occasion il refusera publiquement de serrer la main de mon père. Le général Curmer, ancien directeur de l'École polytechnique, l'informe qu'à sa demande le maire du 16e arrondissement a décidé d'annuler la conférence annuelle de Georges Lacour-Gayet. Le général Huré, qui commanda en chef au Maroc, affirme à ma grand-mère que sa famille sera toujours à ses côtés. Ce fut le cas[2].

Le parcours judiciaire de « Dame Léon[3] contre M. Lacour-Gayet » ne semble guère influer sur le comportement de certains de ses protagonistes.

En dépit des certificats médicaux attestant ses dépressions, si utiles pour retarder la justice, Georges Lacour-Gayet, dans les deux années qui suivent ma

1. Le terme n'a rien d'excessif, appliqué à ce spécialiste incontesté de la télégraphie sans fil, à ce pionnier de la radiodiffusion – on lui doit l'installation d'une antenne au sommet de la tour Eiffel. En avril 1930, il bénéficie d'une procédure législative unique : une loi votée à l'unanimité par la Chambre des députés et le Sénat le maintient en activité bien qu'il ait atteint l'âge de la retraite.

2. Avant comme après ma naissance, ma mère reçoit à plusieurs reprises la visite de ses deux filles, qui sont ses amies d'enfance : *« Elles sont toujours*, écrit-elle, *d'une merveilleuse gentillesse. »* Et, sous l'Occupation, le général et Mme Huré viennent à Lyon pour voir ma grand-mère (cf. *La Fenêtre ouverte*, p. 388).

3. C'est ainsi que ma mère est désignée dans les décisions de justice.

naissance, fait preuve d'une activité débordante, assistant à maintes inaugurations d'exposition, multipliant les communications aux Sciences morales et politiques, valsant toute la nuit, avec l'ardeur d'un jeune homme, lors du grand bal que son fils Jacques donne en son honneur au Cercle Interallié à l'occasion du vingtième anniversaire de son élection quai de Conti. Jamais, de mémoire d'académicien, un membre de l'Institut n'avait été ainsi honoré... Sans doute Jacques Lacour-Gayet était-il mû par le désir d'afficher avec éclat sa réussite ?

Le contraste est saisissant entre cette vie apparemment brillante et la désolation de Madeleine Léon.

Malgré ses efforts pour faire bonne figure, bien souvent ma mère ne parvient pas à surmonter son désespoir. Ainsi, en janvier 1930, elle éclate en sanglots à la nouvelle que l'audition de Georges Lacour-Gayet est retardée[1]. Il en est de même lorsque, à cinq reprises, l'avocat de mon père, usant avec succès d'arguments variés – l'état dépressif de son client, une intervention chirurgicale que lui-même doit subir –, obtient un nouveau report

1. Faute de pouvoir produire la preuve exigée par la loi, maître Aubert, le collaborateur d'Auguste Champetier de Ribes, a obtenu du tribunal que Georges Lacour-Gayet soit soumis le 12 mai 1930 à un interrogatoire « sur faits et articles desquels pouvait résulter soit un aveu formel de paternité, soit le commencement de preuve indispensable ». Dans les propos tenus par mon père, les avocats de ma mère croient trouver des arguments. Georges Lacour-Gayet convient d'avoir eu avec elle dans sa chambre des « relations intimes », mais il ajoute qu'elles n'ont jamais eu le caractère complet... Et s'il reconnaît avoir « pu [à l'annonce de son éventuelle grossesse] témoigner une surprise et une vive contrariété tellement la chose [lui est] apparue invraisemblable », il attribue cette réaction à son état dépressif.

de l'audience. « C'est terrible, écrit ma grand-mère, de voir Madeleine se démonter ainsi. Je ne cesse de lui répéter qu'il faut tenir, toujours tenir. La situation l'exige, elle exige aussi que nous laissions prendre dans le calme à nos avocats et avoués les dispositions nécessaires pour triompher d'une mauvaise foi insigne. »

Ma mère n'a vraiment pas de chance. Dans le courant du second semestre 1929, deux coups durs, qui ne doivent rien à ses adversaires, la frappent. Le 23 septembre, après une rapide maladie, le cardinal Dubois meurt, la privant d'un appui inappréciable. Trois semaines auparavant, l'archevêque de Paris s'était encore engagé auprès du professeur Pinard « à faire le possible et l'impossible pour la réalisation de votre si légitime désir ».

Et les péripéties de la vie politique s'en mêlent... À partir de novembre 1929, Auguste Champetier de Ribes devient le premier élu démocrate populaire membre d'un gouvernement. Ses fonctions ministérielles[1] lui interdisant l'exercice de son métier d'avocat, il confie à son neveu et collaborateur, maître Jean Aubert, la défense de ma mère. Pour autant, il est loin de s'en désintéresser : *« Vous savez,* lui écrit-il, *qu'en tout cas je serai toujours à votre disposition et que je serais heureux si mon dévouement pouvait apporter un peu d'apaisement à vos angoisses. »* Quelques jours plus tard, il lui conseille d'assister à la réunion des Amis de l'Institut de France *« pour ennuyer Georges Lacour-Gayet au cas où il oserait y aller ».*

1. Sous-secrétaire d'État aux Finances dans le premier gouvernement Tardieu (3 novembre 1929-20 février 1930), il devient ministre des Pensions dans le deuxième gouvernement Tardieu (2 mars-12 décembre 1930) et le reste dans les trois gouvernements Laval successifs (27 janvier 1931-6 février 1932) et dans le troisième cabinet Tardieu (20 février-2 juin 1932).

Dans l'entourage de ma mère, on se demande si la sagesse ne serait pas de retarder le procès jusqu'à ce que maître Champetier de Ribes puisse plaider. « *Je vous avoue,* écrit le 31 mars ma grand-mère, *que, quelle que soit mon estime pour maître Aubert, j'aurais ardemment désiré que ce fût son oncle qui plaidât la cause de Madeleine et de Georgette. Mais, avec les procédés, les armes de forbans qu'emploient nos adversaires, mieux vaut peut-être franchir tout de suite le Rubicon. Que Dieu nous protège !* »

L'affaire « Léon contre Lacour-Gayet » vient devant le tribunal civil de première instance du département de la Seine le 21 mai 1931.

À nouveau, il nous faut constater le poids de l'Église dans la société. Car le moment fort de la plaidoirie de maître Aubert, c'est la lecture du témoignage que le révérend père Moisant a remis à ma mère le 14 février 1928. Comme il n'a jamais entendu mon père en confession, le jésuite, après en avoir référé à ses supérieurs, a jugé que son devoir lui imposait de relater les événements précédant ma naissance auxquels il avait été mêlé, et de rendre aussi à ma mère l'hommage qui lui était dû : « *En tout cas, Madame et chère Enfant, vous avez la consolation d'avoir courageusement accepté votre devoir et d'avoir fait tout votre possible pour que l'enfant qui va naître puisse aimer sa Mère et la respecter.* »

Maître Max Buteau, avocat et gendre de mon père, ne juge même pas utile de contester ce témoignage. Sa plaidoirie débute tout de go par une affirmation : « Mon client m'a autorisé à vous informer de sa certitude de n'être pas le père de l'enfant mis au monde le 24 février 1929 par Mme Madeleine Léon. » Et, à l'appui de ce dire, il brandit le témoignage de dom Cabrol. L'abbé mitré, faisant fi de tous les propos qu'il a tenus au révérend père Moisant – sur la nécessité du mariage –, des encouragements donnés à ma mère, a volé au secours de son « ami de cinquante ans » avec le courrier qu'il lui envoie le 22 mai 1929 : « *J'avoue que je me suis apitoyé sur son sort* [celui de Madeleine Léon] *et sur celui de l'enfant, mais, de là à t'accuser des fautes qu'on te reproche, il y a loin... ! Après tout ce que j'ai vu et entendu, il me semble que l'on te fait jouer en tout ceci un rôle qui est en contradiction avec tout ce que je sais de toi.* »

Avec étonnement, je note que mon oncle Paul Niewenglowski, les membres des familles Richet et Pinard, les quelques amis de Marthe Léon (dont un général !) qui assistent à l'audience, quittent le Palais de Justice dans l'euphorie. Après la plaidoirie de maître Aubert, qu'ils ont trouvée « magnifique », ils ont entendu plusieurs personnes dans l'auditoire s'étonner : « Mais qu'attend donc Monsieur L.-G. pour reconnaître sa fille ? » Pour eux, l'affaire est réglée. Auguste Champetier de Ribes ne semble pas partager cet optimisme, si l'on en croit le conseil que, dans son bureau ministériel, il donne à ma mère : « Essayez de rester confiante. »

Le 3 juin 1931, le tribunal « *déclare la dame Léon non recevable dans la demande en recherche de paternité naturelle qu'elle a, au nom de sa fille naturelle née le vingt-quatre février mille neuf cent vingt-neuf, introduite contre Georges Lacour-Gayet, la déboute de toutes ses demandes, fins et conclusions* ». En fait, compte tenu des lois en vigueur, ce jugement n'a rien d'étonnant : ma mère n'a pas pu produire les aveux écrits exigés par la loi, et sa domiciliation chez sa mère ne lui donne pas, aux yeux du tribunal, le droit de prouver la notoriété de sa liaison avec mon père.

Le désespoir submerge ma mère, la stupeur s'empare de ma grand-mère : « Comment la justice peut-elle rendre une sentence si injuste ? » En tout cas, il n'est pas question une minute de cesser le combat, d'autant que les hommes de loi sont unanimes à assurer que le jugement sera certainement infirmé : il va contre toute la procédure admise par la juridiction suprême en matière de concubinage, puisqu'il faut, écrit ma grand-mère, employer *« ce vilain mot qui fait grincer ma plume »*. Mais, compte tenu des lenteurs de la Cour de cassation, il est préférable d'aller en appel. Nous irons donc en appel, conclut Marthe Léon. *« Il n'y a qu'à tenir, nous tiendrons. »* Mais ma grand-mère est scandalisée par une réflexion qui lui est rapportée de Thérèse Buteau, la fille de Georges Lacour-Gayet : « Je ne pouvais pas avoir une demi-sœur juive. Il n'y a jamais eu de sang juif chez nous. » Comment, s'indigne Marthe Léon, peut-on oser transformer en une question de race ou de religion ce qui est tout simplement un problème d'honneur ? Elle ne laissera pas la religion intervenir dans cette affaire.

Aujourd'hui, il me paraît évident que l'antisémitisme a pesé lourd dans le comportement des Lacour-Gayet à l'encontre de Madeleine Léon. Mais cela, lors des faits, ni ma famille ni ses défenseurs ne peuvent le concevoir, tant il leur paraît impensable qu'une vieille famille française, qui a fourni tant de grands serviteurs de l'État, puisse être la cible d'attaques antisémites.

Auguste Champetier de Ribes est plus que jamais convaincu de la nécessité de faire appel à l'opinion publique. Il demande au professeur Pinard de rédiger, à l'attention d'un quotidien national, un texte très court, dénonçant le déni de justice. Le « grand professeur », comme l'appelle ma mère, hésite. Il est assurément bouleversé par le jugement : « Il est tombé sur ma tête, explique-t-il à l'avocat, comme un coup de massue. Pendant cinq jours, je n'ai pu ni manger ni dormir. »

Mais il lui semble que, fort de sa réputation scientifique, une étude approfondie serait plus utile qu'un simple cri de révolte. Il retarde son départ pour sa maison de Méry jusqu'à ce qu'il ait terminé ce très long mémoire, en deux parties, écrit pour maître Champetier de Ribes. Son témoignage détaillé est suivi d'arguments scientifiques s'élevant contre certaines affirmations du jugement, entre autres sur les possibilités de procréation des septuagénaires[1].

*

Il semble que mon père ait compris que le jugement en sa faveur ne pouvait pas empêcher le scandale qu'il redoutait tant.

Son fils Jacques en fit les frais. Au cours d'un dîner, celui-ci se plaît à donner des relations de mes parents une version qui a déjà provoqué l'indignation de ma grand-mère, lorsqu'elle lui avait été relatée. Interrogé sur la santé de son père, il répond ainsi sur un ton allègre : « Il va bien, très bien même, au point qu'une femme de chambre de l'immeuble prétend qu'il lui a fait un enfant. » André Siegfried est parmi les invités. Sa réplique fuse : « Je ne savais pas que Monsieur votre père était valet de chambre… » On imagine les efforts de la maîtresse de maison pour changer de sujet.

Le 22 février 1931, lors de l'élection d'André Siegfried aux Sciences morales et politiques, mon père quitte la séance, se retire dans la bibliothèque Mazarine où, à

1. Ce document, qui n'a jamais été publié avant ce livre, s'indigne contre le sort que la société réserve alors aux enfants illégitimes. J'y ai aussi découvert qu'Adolphe Pinard et Charles Richet s'entretenaient en latin.

sa demande, il se fait porter les bulletins de vote par le gardien-chef de l'Institut : « Sa main tremblait en les signant », dit celui-ci. Alors que la régularité de Georges Lacour-Gayet à la cinquantaine de séances annuelles des Sciences morales et politiques était quasi légendaire, en 1931 il en manque quarante-deux.

À la fin de l'année, bien que la justice lui ait donné raison, sa dépression est telle que son fils Robert interroge une de ses amies : son père est-il en état de supporter un déménagement[1] ? La sagesse ne serait-elle pas qu'il se retire dans une clinique psychiatrique ?

L'état de ma mère n'est guère plus brillant. Ma grand-mère s'inquiète de la voir aussi désespérée qu'avant ma naissance. À nouveau, elle redoute le pire : « *Sous prétexte de réparer un plomb qui avait sauté, Madeleine est allée dans un couloir glacial, vêtue de sa seule chemise de nuit, alors qu'elle souffre d'un point de congestion pulmonaire et que le médecin lui a ordonné de rester au lit. Je me demande si elle ne veut pas aggraver sa maladie, au point de la rendre incurable. Vous devinez combien tout cela me bouleverse* », confie-t-elle au père Moisant.

Avec courage, Madeleine s'efforce cependant de faire bonne figure : « *Je n'ai même pas la ressource de pleurer : Maman le verrait, elle s'en tourmenterait, et je ne puis ajouter encore à ce fardeau de peines dont je l'ai accablée* », écrit-elle en octobre. Périodiquement, elle est en proie à des crises de terreur à la perspective des jours à venir : « *J'ai encore Maman, mais quand elle ne sera plus là ?* » Elle se désole du gâchis qu'elle a fait de sa vie. Si elle ne cède pas au désespoir, elle le doit assurément

1. Profitant de ce que leurs baux arrivent à échéance, la propriétaire a donné congé à Marthe Léon et à Jacques Lacour-Gayet. Les deux familles doivent quitter en 1932 le boulevard Saint-Germain.

au révérend père Moisant. À nouveau, la patience et le dévouement du jésuite font mon admiration. Il est toujours là pour réconforter ma mère, pour lui rappeler qu'à chaque jour suffit sa peine, pour l'exhorter à faire confiance à Dieu, pour l'admonester quand elle se complaît dans l'évocation de souvenirs douloureux, pour lui ordonner de ne jamais rester inoccupée.

Les jours passent. Ma mère coud les robes de ses deux filles, s'occupe d'elles et, tous les samedis, sur le conseil de maître Champetier de Ribes, se rend à l'Institut afin d'assister à la réunion hebdomadaire des Sciences morales et politiques. Il arrive que, excédé par sa présence, mon père demande que la séance soit secrète. Dès qu'elle redevient publique, il s'éclipse. Madeleine a l'idée d'emmener sa plus jeune fille dans la cour de l'Institut et de l'y photographier. Avec l'accord de son avocat, elle envoie les photos à mon père, sans guère d'illusion sur leur effet.

Au début de 1934, la cour d'appel de Paris fixe au 10 février la date du procès de « Dame Léon contre M. Lacour-Gayet ».

N'exerçant plus de fonctions gouvernementales, Auguste Champetier de Ribes peut plaider la cause de ma mère. Durant près d'une semaine, il s'est cloîtré chez lui, occupé jour et nuit à rédiger sa plaidoirie. Bien qu'elle provoque l'admiration de nombre d'assistants, son auteur ne nourrit guère d'illusions. Il l'écrit à ma mère à l'issue de la seconde audience, qui se tient le 17 février : *« Comme j'aurais voulu que les conclusions du ministère public nous permettent d'entrevoir avec certitude l'heure de la Justice. Hélas, elles m'ont tristement déçu. Bien qu'il eût laissé entendre qu'il n'y avait pas de doute* [sur la paternité de Georges Lacour-Gayet], *il n'a pas cru trouver les moyens de droit qui permettent à la Cour de vous donner raison. Je vais passer à la Cour avant la fin de l'audience une note insistant sur les erreurs de fait que M. l'avocat général a commises. Parviendra-t-elle à convaincre les magistrats ? Je ne veux pas désespérer et vous prie d'agréer l'expression de mon profond respect.* »

Le 24 février 1933, l'arrêt est rendu : « *Considérant que la loi ne permet pas à la Cour d'ordonner une enquête pour établir qu'à plusieurs reprises et devant plusieurs témoins, Lacour-Gayet aurait fait l'aveu formel de sa paternité* [...] *Confirme le jugement, déclare la dame Léon mal fondée dans toutes ses demandes, fins et conclusions, l'en déboute, la condamne à l'amende et aux dépens.* »

En ce jour, la cour d'appel est présidée par le président Eugène Dreyfus. Bien que je ne sois pas sûre de son authenticité, il me plaît de citer un mot qui lui fut prêté, tant il révèle le pendant de l'antisémitisme. Il fut rapporté à Madeleine Léon par la sage-femme présente à ma naissance. Pour avoir joué, quatre ans plus tard, le même rôle dans la famille Dreyfus, elle avait entendu – et s'était empressée de le répéter à ma mère – le commentaire sarcastique du magistrat sur la sentence qu'il venait de rendre : « Cela apprendra à une Léon à frayer avec un goy ! »

*

Dès son prononcé, cet arrêt a un effet inattendu : Madeleine Léon se métamorphose : il n'est plus question pour elle de se lamenter sur son passé, de s'inquiéter de son avenir, de rêver à son suicide.

Elle devient telle que je l'ai connue, aimée, respectée – et parfois aussi trouvée exaspérante ! Une idée fixe l'anime dorénavant : faire son devoir. L'amoureuse passionnée des années précédentes s'efface au profit d'une combattante déterminée, prête à tout pour parvenir à ses fins.

Usant comme souvent de l'anglais, ma mère a prévenu le révérend père Moisant de ses intentions : « Ne craignez rien, je ne ferai rien de *rash* [autrement dit, d'irrémédiable], mais je ferai tout ce qu'il faut pour que Georgette ait enfin l'état civil auquel elle a droit. » Si le recours à la justice est une nécessité absolue – « nous irons en cassation et nous gagnerons », note ma grand-mère –, il n'est plus question désormais de s'en remettre aux seuls tribunaux, qui viennent de prouver leurs limites. L'appel à l'opinion publique s'impose. C'est elle – et elle seule – qui peut persuader Georges Lacour-Gayet de reconnaître sa fille.

Depuis toujours, Auguste Champetier de Ribes partage cette opinion. Sans la moindre hésitation, il approuve – s'il ne l'a pas lui-même suggérée – la diffusion de sa plaidoirie. De nos jours encore, un tel procédé n'est pratiquement jamais employé. L'avocat précise que l'enveloppe du texte doit porter la mention « personnelle ». Ainsi, nul ne pourra accuser Madeleine Léon de répandre un document dont les avocats de mon père pourraient juger la diffusion diffamatoire. Je ne sais pas à combien d'exemplaires ma mère fait imprimer, sous une couverture orange, la plaidoirie d'Auguste Champetier de Ribes, avec, en annexe, le témoignage du révérend père Moisant et les certificats médicaux attestant les dépressions de Georges Lacour-Gayet. Les innombrables coupures de presse où elle souligne les noms des destinataires de cet envoi, les très nombreuses réponses qu'elle reçoit, la mention aujourd'hui encore sur Google de cette plaidoirie, sa présence sur le catalogue de la BnF dans différents fonds d'archives, un appel téléphonique il y trois ans[1], me donnent à penser qu'il en exista autour de trois cents copies.

Avant même que ce texte soit imprimé, ma mère est passée à l'action, bien décidée à ne laisser aucun instant de répit à mon père. Le jour même du jugement, elle lui envoie un télégramme, bref et clair : « Do kontza[2], *la séance continue…* » Le 6 mars, elle l'avertit que bientôt, s'il s'obstine à ne pas reconnaître sa fille, tout Paris recevra la plaidoirie de maître Champetier de Ribes. Elle prend l'habitude de se rendre chaque matin en taxi près du Champ-de-Mars, avenue Charles-Floquet. Dès que Georges Lacour-Gayet sort de l'immeuble, où il vit désormais, toujours chez son fils Jacques, ma mère se précipite vers lui : « Si vous ne reconnaissez pas Georgette, je vous déshonorerai… » Le vieil homme se sent traqué, il a peur, il la croit capable de tout – seraitelle armée ?

Et voici Jacques Lacour-Gayet à la préfecture de police. Avant même qu'il ait quitté son bureau, le préfet Jean Chiappe, fervent défenseur de l'ordre établi, connu pour ses opinions de droite et sa violence à réprimer les manifestations des grévistes, a pris en main la tranquillité de mon père. Deux inspecteurs de police le suivent dorénavant dans tous ses déplacements, tandis que deux

1. Au bout du fil, un interlocuteur qui ne se présente pas m'interroge tout de go sur ma filiation : « Vous êtes bien la fille de Georges Lacour-Gayet ? – Oui. – Je viens d'hériter d'une vieille maison familiale, j'y ai trouvé un document qui peut vous intéresser. Voulez-vous que je vous l'envoie ? – Oui. » Quelques jours plus tard, je reçois par la poste un exemplaire de la plaidoirie d'Auguste Champetier de Ribes.

2. On sait que mon père inscrivait souvent cette expression russe, qui signifie « jusqu'au bout », en bas des lettres qu'il adressait à ma mère.

autres fonctionnaires, qui ont toute la confiance du préfet, le commissaire Ameline et le brigadier-chef Loublié, sont priés de « régler cette pénible affaire ».

À cinquante-trois ans, Léon Ameline occupe depuis des années déjà un poste important : commissaire principal aux Délégations spéciales et judiciaires. Titulaire d'une licence de lettres, ce fils d'un notaire de la Mayenne a bénéficié, à chaque étape de sa carrière, d'interventions en sa faveur, émanant de personnalités variées : le gouverneur du Crédit Foncier, un élu municipal, un ambassadeur. Depuis deux ans, il arbore à sa boutonnière un ruban rouge, en un temps où il est très rare que des policiers soient décorés de la Légion d'honneur. Pour lui obtenir cette distinction, le préfet Chiappe a chanté ses louanges au ministre de l'Intérieur : *« C'est un collaborateur qui, par son tact et son intelligence, a su mener à bien des affaires particulièrement délicates. »* Nul n'est plus qualifié que lui pour recueillir la plainte de Georges Lacour-Gayet. Le commissaire principal se rend donc à son domicile le 13 mars 1933. L'historien y va carrément : il accuse Madeleine Léon de « menace de mort », « demande qu'elle soit mise en demeure, par tous moyens appropriés dont [il] laisse l'initiative à Monsieur le Procureur de la République, de cesser ses agissements délictueux ».

Il appartient au brigadier-chef Bazile-Georges Loublié de mettre en œuvre ces « moyens appropriés ». Inspecteur à la Brigade mondaine, il occupe au cabinet du préfet de police « une situation exceptionnelle ». Il la décrit : « Je n'étais pas embrigadé, j'étais chargé des missions particulièrement délicates pour la défense de la société dans ce qu'elle a de plus noble. » Ainsi intervient-il dans les affaires privées des personnalités. Il trouve normal qu'elles le récompensent de ses bons services par un chèque. Il sait mettre fin au chantage dont elles sont l'objet, les débarrasser d'une maîtresse encombrante, souvent en promettant à celle-ci des poursuites judiciaires, voire une arrestation, si elle ne se fait pas oublier. Avec succès, il a tenu ce langage à une ancienne amie d'Alexandre Stavisky.

« M. Perdu[1] » semble tout désigné pour obtenir de Madeleine Léon qu'elle arrête d'importuner Georges Lacour-Gayet. Avenue de Tokio, où elle demeure désormais, il brandit sa carte de police sous les yeux de la femme de chambre, exige d'être reçu sur l'heure. Il doit constater que ses avertissements ont, sur ma mère, l'effet d'un cautère sur une jambe de bois. Avant de la quitter, il lui lance : « Si vous étiez une bonniche ou une petite couturière, on aurait la paix depuis longtemps… »

L'obstination de ma mère dans sa lutte pour la légitimation de sa fille est obsessionnelle, tout comme l'est chez Jacques Lacour-Gayet la volonté de briser tout ce qui peut s'opposer à lui. Leur affrontement nous introduit dans un univers glauque, d'une rare violence, où, de part et d'autre, on recourt à des procédés pour le moins étranges, choquants, voire illégaux. Il m'est d'ailleurs parfois arrivé de me demander si ma naissance

1. C'est ainsi que Stavisky l'a surnommé. *« Mon nom, Bazile-Georges Loublié, a toujours prêté à des plaisanteries faciles auprès de gens qui ne sont pas raffinés »*, constate l'intéressé. *« Je suis habitué à ce qu'on m'appelle d'un autre nom que le mien. On voit dans "Loublié" quelque chose de drôle. C'est une plaisanterie assez lourde. »* (Propos tenu devant la *Commission d'enquête chargée de rechercher toutes les responsabilités politiques et administratives encourues depuis l'origine des affaires Stavisky*, Paris, Imprimerie de la Chambre des députés, 1935, vol. 5, p. 5481-5497.)

n'avait pas valu à Madeleine Léon et à Jacques Lacour-Gayet d'être, tous deux, gagnés par une sorte de folie...

Comme souvent l'après-midi, le 11 mars 1933, ma gouvernante anglaise me conduit au Champ-de-Mars. Assise sur une chaise, elle me regarde jouer avec deux petites filles de mon âge (leur mère est, de longue date, une amie intime de la mienne). Un quinquagénaire, élégamment vêtu, arrive en marchant à grands pas. Il s'arrête devant elle : « Dites à votre patronne qu'elle n'en a plus pour longtemps. Je lui interdis de revenir ici, ou d'y conduire sa fille. » Il trépigne et s'en va. Ma gouvernante, affolée, me prend dans ses bras et regagne précipitamment l'avenue de Tokio : *« J'espère,* écrit le soir même ma grand-mère au père Moisant, *que les fantaisies rocambolesques de M. J. L.-G. ne se traduiront pas par une agression contre ma fille Madeleine ou ma petite-fille Georgette. Mais je vous assure, mon Révérend Père, qu'il le paierait cher. »*

Apparemment, les menaces du brigadier-chef Loublié n'ont nullement impressionné Madeleine Léon. Elles l'auraient plutôt, si c'est possible, renforcée dans sa détermination. Un de ses beaux-frères, Paul Niewenglowski, l'approuve. Depuis qu'il a appris sa grossesse, il lui apporte un soutien inconditionnel. Cet inspecteur général des Mines se targue de dons artistiques. Ses toiles, d'honnêtes paysages ou des reproductions de tableaux célèbres, envahissent son appartement. Sa conversation est souvent émaillée de citations littéraires. Très pince-sans-rire, il aime raconter qu'un jour il avait décidé de faire grève. Lorsqu'il avait repris le travail un mois plus tard, personne, pas même sa secrétaire, ne s'était rendu compte de sa cessation d'activité. Connu pour son humour et son originalité, il ne déplaît donc pas à Paul Niewenglowski de participer à un combat pour le moins inhabituel. Il se fait un devoir d'accompagner ma mère le mardi 16 mars lorsqu'elle se rend à Forges-les-Bains. Dans le fief des Janet et des Lacour-Gayet, le haut fonctionnaire et sa belle-sœur remettent en mains propres à nombre d'habitants (la quasi-totalité des notables et des commerçants), sous enveloppe fermée, la plaidoirie d'Auguste Champetier de Ribes. Souvent, ils se présentent à eux... Le soir même, le curé de Forges-les-Bains, l'abbé Fulbert, écrit son indignation à Madeleine Léon : *« Sachez, Madame, que je ne me repais pas de littérature malsaine ni de détails pornographiques... J'ai fait à vos papiers le sort qu'ils méritent. Je les ai brûlés immédiatement. »* Il s'empresse de transmettre ce courrier à Jacques Lacour-Gayet, qui le communique sur l'heure au commissaire principal Ameline, lequel, sans perdre un instant, convoque ma mère et son beau-frère afin de les interroger sur leur venue à Forges-les-Bains. Selon les instructions d'Auguste Champetier de Ribes, ni l'un ni l'autre ne lui répondent. Le 20 mars, ils reçoivent une nouvelle convocation. Le lendemain, le brigadier-chef Loublié, prié de veiller à ce qu'ils obtempèrent à la sommation, se rend à leurs domiciles respectifs. L'un et l'autre lui opposent une fin de non-recevoir : « Je n'irai pas voir M. Ameline. Je n'ai rien à dire à ce magistrat », lui affirme mon oncle. Quant à ma mère, « elle fait connaître qu'elle ne peut pas parler de cette affaire, conformément aux instructions de son avocat ».

Une rumeur se répand alors dans Paris : Madeleine Léon ne sort plus sans un revolver ; elle aurait décidé d'abattre Georges Lacour-Gayet ! L'inquiétude gagne ma grand-mère : « Si l'on ne veut pas arriver à des romans policiers, il faut à tout prix arrêter cette ineptie. » Une fois encore, le professeur Pinard entre en action. Il se porte garant de Madeleine Léon auprès du directeur de la Sûreté générale, le préfet Georges Thomé. Non seulement elle n'est pas armée, mais pas un instant elle n'a envisagé de s'en prendre physiquement à Georges Lacour-Gayet. Ses propos ne sont pas mis en doute, d'autant que le préfet Thomé connaît ma grand-mère de longue date (il était secrétaire général du Pas-de-Calais quand Gustave Léon était en poste à Arras[1]). « Je suis plus tranquille depuis l'intervention du professeur Pinard », écrit Marthe Léon.

Imperturbable, ma mère continue à diffuser la plaidoirie de son avocat[2]. Quelques-uns la lui retournent en s'étonnant, ou même s'offusquant, de l'avoir reçue. Certains s'indignent : « En étalant votre liaison scandaleuse, vous faites le malheur de votre fille… » Mais de telles réponses sont rares. Nombre des correspondants de Madeleine Léon, parmi lesquels figurent ministres, ambassadeurs, duchesse, rendent hommage à son courage et l'assurent de leur « profond respect ». Cette formule de politesse, qui n'est pas dépourvue de signification, est employée, entre autres, par le philosophe

1. Le scandale de ma naissance ne met pas fin aux bonnes relations de ma grand-mère avec ce haut fonctionnaire. Une carte de visite qu'il lui adresse en août 1933, quelques mois donc après la démarche du professeur Pinard, en témoigne. Marthe Léon lui ayant exprimé ses félicitations – il a été confirmé dans ses fonctions –, il lui répond qu'il en est « *très touché,* [et] *la prie d'agréer, avec ses sincères remerciements, son respectueux et fidèle souvenir* ».

2. Elle y joint bientôt la photocopie d'un long article de maître Lucile Tinayre-Grenaudier, paru dans *Le Journal de la Femme* le 29 avril 1933. Ce compte rendu du procès Léon/Lacour-Gayet se termine par un plaidoyer pour une modification de la loi sur la reconnaissance de paternité : « *Elle doit être remaniée ; elle le sera. Mais elle le serait déjà si les femmes étaient représentées au Parlement.* » En 1950, maître Tinayre-Grenaudier sera la première avocate à siéger au Conseil de l'Ordre.

Léon Brunschvicg et par un consul général de France, « assez lié avec M. Lacour-Gayet, très intimement avec une partie de sa famille ». Le responsable du service d'information du ministère des Affaires étrangères regrette de ne pas avoir reçu la plaidoirie de maître Champetier de Ribes et adresse à ma mère une liste de personnalités qui souhaitent en avoir connaissance. Le président du Comité permanent de la natalité, le secrétaire général de la Ligue des droits de l'homme et la vice-présidente de l'Union française pour le suffrage des femmes lui affirment leur volonté d'obtenir une modification de la loi sur la reconnaissance de paternité. Le responsable de l'Association du mariage chrétien déplore de n'avoir pu faire allusion à ce « cas douloureux » lors de sa dernière conférence, faute d'avoir connu à temps la plaidoirie d'Auguste Champetier de Ribes : « Vous avez été odieusement trahie ; vous l'avez été avec pharisaïsme, ce qui est pire. »

Une des réactions les plus surprenantes est celle de la propriétaire de l'immeuble du 37, avenue Charles-Floquet, où habitent Georges et Jacques Lacour-Gayet. Elle téléphone à ma mère et lui exprime sa profonde estime. Elle lui propose même de venir habiter dans sa maison, ce qui ne manquerait pas d'irriter au plus haut point son locataire, pour lequel elle n'a aucune sympathie[1]. Un appartement est justement libre, il est à sa disposition. Madeleine Léon décline l'offre, mais rend visite à son auteur. Et, en 1935, par son intermédiaire – ou, plus exactement, par celui d'une de ses domestiques –, le valet de chambre de Jacques Lacour-Gayet

1. Ce sentiment est réciproque. Au lieu de la désigner sous son patronyme, La Motte Saint-Pierre, Jacques Lacour-Gayet parle toujours d'elle en l'appelant « Madame de la Motte piquée »…

s'engage à donner régulièrement à ma mère des nouvelles de Georges Lacour-Gayet – dans le plus grand secret et contre argent comptant[1], cela va de soi. Je ne pense pas que ma grand-mère ait été au courant de cette tractation, qui n'a rien de glorieux.

Quai de Conti, où, avec l'accord de son avocat, elle assiste tous les samedis aux séances de l'Académie des sciences morales et politiques, Madeleine Léon tisse aussi son réseau. Une journaliste accréditée à l'Institut de France et le concierge de cette institution s'engagent à la tenir au courant des faits et gestes de Georges Lacour-Gayet, et des rumeurs qui peuvent circuler à son sujet.

Ma mère dispose d'une autre source d'information : Andrée Carpentier – l'ex-femme de Jacques Lacour-Gayet – lui téléphone ou vient la voir souvent. Elle soutient qu'elle veut l'aider, lui recommande la prudence et lui tient des propos qui n'ont rien de rassurant : « Jacques, dit-elle, est capable de tout. » Ces visites exaspèrent ma grand-mère : « Madeleine en sort totalement démoralisée. Je me demande quel est le jeu de Mme Carpentier. »

En fait, il revient à Andrée Carpentier de mettre le feu aux poudres. Le dimanche 7 janvier 1934, pour la fête des rois, une trentaine d'enfants sont réunis avenue de Tokio. Parmi eux, les deux filles et le fils de Jacques Lacour-Gayet. Andrée Carpentier a été trop heureuse de prévenir son ex-mari qu'elle avait décidé d'accepter l'invitation de Madeleine Léon ! De fureur, Jacques Lacour-Gayet s'est posté devant l'immeuble. Lorsque ma marraine arrive, il l'insulte et la menace. J'ai un

1. Dans ses lettres, l'employé de Jacques Lacour-Gayet remercie Madeleine Léon de sa générosité et souvent lui demande une aide supplémentaire, qu'elle ne lui refuse jamais.

souvenir très précis : avec ma mère et ma marraine, je regarde par la fenêtre : je vois une grosse voiture arrêtée devant la maison, un chauffeur debout immobile, cependant qu'un homme vêtu d'une pelisse à col de fourrure fait les cent pas, le poing brandi. Consulté par téléphone, Auguste Champetier de Ribes n'hésite pas : « Appelez Police-Secours. » Peu après l'arrivée de la police, qui a enregistré le témoignage de ma marraine, la plainte de ma mère, et constaté la présence de Jacques Lacour-Gayet, celui-ci reprend place dans sa Bugatti et abandonne le terrain. L'affaire suit son cours. Le 15 janvier, le commissaire de police du quartier de Chaillot « prie Madame Léon de se rendre à son bureau au sujet de sa plainte ». Au cours de l'entrevue qui se déroule le jeudi 18 janvier, la confrontation qu'elle demande avec Jacques Lacour-Gayet est décidée. Elle n'eut jamais lieu… Lorsque, quinze jours plus tard, ma mère s'enquiert de sa date, le commissaire ne peut la lui donner. « M. Lacour-Gayet, lui explique-t-il, n'a pas répondu à sa convocation, mais il a reçu par retour de courrier une lettre d'un haut fonctionnaire de la police, M. Léon Ameline, qui l'a informé de la situation. Je ne peux pas vous dire ce qu'il m'écrit… » Et le commissaire de police met fin à leur conversation téléphonique par cet aveu d'impuissance : « Je ne suis qu'un petit fonctionnaire. Je ne veux pas mettre le doigt entre l'arbre et l'écorce. »

L'exaspération de Jacques Lacour-Gayet est à son comble. Une nuit, en klaxonnant avec force, sa Bugatti passe et repasse devant le 2, avenue de Tokio !

Dans l'esprit de l'enfant que j'étais, Jacques Lacour-Gayet, si j'en crois mes souvenirs écrits en 1940, tient une grande place : *« Toujours je le voyais faisant les cent pas devant la maison et criant des injures… Une fois, j'eus affreusement peur de lui. Nous passions en voiture avenue Charles-Floquet* [devant son domicile], *il nous injuria. J'éclatai en sanglots et le chauffeur, ce brave M. Siry*[1], *essaya de me consoler.* » Pour moi, Jacques était l'ogre des contes de fées. On m'en faisait d'ailleurs peur : « Si jamais il te parle, sauve-toi vite auprès de Mme Gousset [ma merveilleuse gouvernante anglaise]. » Alors que ma grand-mère et ma mère ne cessaient de me répéter leur amour, je n'arrivais pas à comprendre pourquoi Jacques ne m'aimait pas ; j'ai même rêvé de lui écrire en secret pour le lui demander, mais j'étais bien incapable – je devais avoir sept ou huit ans – de rédiger une telle lettre, de me procurer un timbre et de la mettre à la poste, sans que personne le sache !

*

Il me faut relater ici un récit que j'ai souvent entendu dans mon enfance.

Un matin, à une date que je suis incapable de donner, le chauffeur de taxi, au service de ma grand-mère, M. Siry, demande à être reçu par elle. Il est bouleversé. La veille au soir est venu chez lui un homme qui, après lui avoir montré une carte de police au nom de Loublié, lui a proposé 10 000 francs[2] s'il acceptait d'arrêter au bois de Boulogne, à une heure et un jour convenus, la voiture dans laquelle il conduit la petite-fille de Mme

1. Cf. *infra*, p. 185 mes incroyables retrouvailles avec M. Siry en 1973.

2. Soit 7 737 euros. C'est, selon toute vraisemblance, l'équivalent, en 1934, de plusieurs années de salaire de M. Siry. Un chauffeur de taxi gagnant quotidiennement entre 10 et 25 francs, alors que le salaire d'un ouvrier qualifié est de 50 francs.

Léon et sa gouvernante. Et, au cas où il refuserait son offre, qu'il se garde bien d'en parler à quiconque. Son interlocuteur, un fonctionnaire assermenté, le ferait arrêter pour faux témoignage. Que penser d'une telle narration ? D'après tout ce que je connais de son auteur, je ne peux pas mettre en doute ses propos. Que se serait-il passé s'il avait accepté de tomber opportunément en panne ? Nul ne le saura jamais. Personnellement, je pense qu'un éventuel kidnapping aurait eu pour objet d'intimider ma mère afin qu'elle renonce à la légitimation de sa fille.

En revanche, les démêlés du brigadier-chef Loublié avec la justice[1] ont établi qu'il avait des comptes dans cinq banques différentes et qu'il y avait versé chaque

---

1. En février 1934, le limogeage – qui est à l'origine des émeutes du 6 février – du préfet Chiappe prive le brigadier-chef d'un précieux appui. Inculpé de trafic d'influence, il est, en effet, suspendu de ses fonctions par un arrêté du préfet de police le 31 juillet 1934. Condamné par le tribunal correctionnel de la Seine le 16 mars 1935, il est mis en disponibilité d'office pour une durée de quinze mois. Il reprend cependant son service le 31 octobre 1935, ayant été, lors d'un nouveau procès, acquitté des faits qui lui avaient valu sa condamnation au printemps de la même année. Et nulle enquête n'est faite à propos des sommes importantes versées sur ses différents comptes. Si le brigadier-chef Loublié emploie des méthodes contestables, si ses ressources restent mystérieuses, il a été capable d'héroïsme. Sous le titre *Bel exploit d'un agent*, voici, en effet, l'article que publie, le 19 février 1920, *Le Journal des débats politiques et littéraires* : « *Un détective de la brigade spéciale de la Sûreté nationale, M. Loublié, conduisait à la police judiciaire un dangereux malfaiteur. Comme il passait quai de la Mégisserie, il vit une jeune femme se jeter dans la Seine. Un gardien de la paix se trouvait non loin de là. L'inspecteur lui confia son prisonnier et, plongeant tout habillé, se jeta au secours de la désespérée. Il parvint à la saisir, mais [...] elle le mordit au poignet. Malgré sa blessure et la résistance que lui opposait encore la jeune femme, M. Loublié réussit à ramener celle-ci sur la berge, où*

année des sommes importantes : ainsi 60 000 francs en 1932, 50 000 en 1933. Parmi ses « bienfaiteurs » pour qui il travaille, dans le cadre de ses « missions spéciales », figure Jacques Lacour-Gayet. Celui-ci confirme ses dires : il lui a remis deux chèques. Mais cette déclaration de Jacques Lacour-Gayet faite lors de sa déposition devant la Commission d'enquête chargée de rechercher toutes les responsabilités politiques et administratives encourues depuis l'origine des affaires Stavisky, et mentionnée par le président de cette commission lorsqu'il interroge le brigadier-chef Loublié, n'a curieusement laissé aucune trace. En effet, elle n'a pas été publiée dans les cinq volumes de la commission d'enquête, elle ne se trouve pas plus dans ses vingt-sept cartons d'archives, et le nom de Jacques Lacour-Gayet n'apparaît même pas dans la liste des témoins entendus… C'est, je crois, un cas très rare d'un témoignage devant une commission d'enquête qui soit totalement effacé !

D'après les confidences de son ex-femme à ma mère, le montant des deux chèques donnés par Jacques Lacour-Gayet au brigadier-chef Loublié aurait atteint 60 000 francs, soit plus du double du salaire annuel de ce policier. Ce chiffre est-il exact ? Nous ne le saurons jamais…

Mais le brigadier-chef Loublié est disert sur ses rapports avec Jacques Lacour-Gayet : « J'ai eu l'occasion, dit-il, de m'occuper depuis 1928 de lui pour une affaire de famille très pénible et aussi pour organiser des mouvements d'opinion[1]. M. Lacour-Gayet avait pour moi

---

elle s'évanouit. Quand elle eut repris ses sens, il reprit son prisonnier et le conduisit Quai des Orfèvres, où il fut vivement félicité par son chef. »

1. Cela consiste à envoyer, contre une faible rétribution, des retraités de la police dans les réunions qu'organise Jacques Lacour-Gayet afin de l'applaudir.

une certaine estime. Je m'étais conduit avec lui avec tact, doigté. »

Dans ses rapports avec la police, ma mère n'a pas l'occasion d'apprécier de telles qualités.

Le samedi 14 février, alors qu'elle marche devant l'Institut, son taxi étant garé dans une rue voisine, un inspecteur de police lui ordonne de s'en aller. Comme elle refuse, il va chercher du renfort. Elle profite de son absence pour entrer dans la loge du concierge et téléphoner à son beau-frère Niewenglowski. L'inspecteur général des Mines accourt : le ministère des Travaux publics, boulevard Saint-Germain, n'est pas loin du quai de Conti. Accompagné d'un agent, le policier revient. Il refuse de donner son identité à mon oncle, menace d'obliger par la force ma mère à se rendre au commissariat de police, la saisit violemment par le bras, elle se dégage. Mon oncle prend alors les noms et adresses de deux chauffeurs d'académiciens, témoins de la scène. Puis ma mère et lui décident de gagner le commissariat dans le taxi qui attend ; les policiers y montent avec eux. À peine arrivé, mon oncle décline son identité, annonce que ma mère va porter plainte pour avoir été expulsée d'un lieu public. Un procès-verbal est établi. Les deux agents reconnaissent que ma mère ne causait aucun scandale. Ils n'ont fait qu'obéir aux ordres du commissaire général Ameline. Le jour même, le docteur Lesné, membre de l'Académie de médecine, médecin des hôpitaux, certifie que « Madame Madeleine Léon porte au niveau du bras gauche de multiples ecchymoses ». Le lendemain, Georges Lacour-Gayet, dans une lettre au secrétaire général de l'Institut, s'indigne que *« la personne en question »* ait pu se servir du téléphone installé dans la loge du concierge…

Sur le conseil de maître Champetier de Ribes, Madeleine Léon porte plainte contre X pour violence et abus d'autorité.

Du coup, Georges Lacour-Gayet dépose une nouvelle plainte contre ma mère : « Elle veut me tuer », dit-il au commissaire Ameline. Le 16 mai, alors que Madeleine Léon fait les cent pas avenue Charles-Floquet devant son immeuble, elle est appréhendée par le brigadier-chef Loublié[1], qui la somme de le suivre au commissariat voisin. Là, le commissaire la prévient que son obstination relève de l'internement administratif. Deux jours plus tard, dans le même poste de police, elle est menacée d'emprisonnement. À nouveau, elle entend le brigadier-chef Loublié déplorer qu'elle ne soit pas « une bonniche : on aurait la paix depuis longtemps ! ». Il en faut plus pour intimider Madeleine Léon. Avec un calme et un sang-froid que rien ne démonte, elle note les numéros des agents de police, prend les noms et adresses des chauffeurs de taxi qui ont assisté à ses interpellations. Elle les communique au juge Fernand Gloria, chargé d'instruire sa plainte. Tous confirment sa version des faits. « Cette femme m'a paru calme et normale ; elle ne s'est livrée en ma présence à aucune manifestation », témoigne ainsi l'agent de police qui accompagnait le brigadier-chef Loublié le 16 mai.

1. Dans une note du 6 juillet 1934, le directeur de la police judiciaire confirme que le brigadier-chef Loublié a « été chargé de surveiller une dame Léon, demeurant 2, avenue de Tokio, qui, depuis plusieurs années, poursuit en reconnaissance de paternité M. Lacour-Gayet, membre de l'Institut. Cette femme, qui recherche toutes les occasions de faire du scandale pour arriver à ses fins, a été arrêtée à diverses reprises par Loublié et d'autres inspecteurs ».

Dès lors, la religion du magistrat est faite. Mon père refuse de se rendre à sa convocation, sa santé le lui interdisant avant son départ pour Forges-les-Bains où il doit passer l'été. Aussitôt, le juge le prévient qu'il ira le voir dès son retour à Paris. Promesse qu'il ne peut tenir : le 14 septembre, le juge Gloria est nommé conseiller à la cour d'appel de Paris. « *Il est évident que ce départ est un ennui. Nous retrouverons difficilement un juge aussi bien disposé* », écrit maître Champetier de Ribes. Effectivement, dans ses conclusions, le nouveau juge d'instruction ne tient aucun compte des témoignages recueillis par son prédécesseur : il se borne à reproduire, comme argent comptant, les accusations de mon père. Et, le 8 février 1935, la chambre des mises en accusation confirme son ordonnance de non-lieu.

Denise, la plus jeune fille de Jacques Lacour-Gayet – elle est née en 1922 –, a gardé un souvenir précis de l'atmosphère qui régnait avenue Charles-Floquet : « *Mon grand-père était venu habiter à la maison, chez mon père* [...]. *Et moi, j'adorais mon grand-père.* [...] *Mon grand-père avait une chambre-bureau avec une bibliothèque historique. Mon grand-père habitait, écrivait là, et, alors que je rentrais de classe* [...], *vers quatre heures et demi* [...], *j'allais généralement taper à la porte de mon grand-père pour lui dire bonjour, et ce dont je me souviens, c'est que très souvent mon grand-père était là, en train de trôner au milieu d'un tas de dames très élégantes qui prenaient le thé avec lui..., il avait des tas d'admiratrices.* [...] *Malheureusement, mon grand-père était maniaco-dépressif, il avait des périodes où il tombait dans la dépression, et puis il y avait des périodes au contraire, que l'on appelle d'excitation maniaque, où il était plein d'entrain... Mon père était très généreux pour lui, il lui organisait des grands déjeuners* [...]. *Et, par contre, un des souvenirs de cette époque c'est qu'il y avait le problème de Mme Léon qui poursuivait mon grand-père et elle l'attendait dans la rue ! Si bien que mon grand-père n'osait plus sortir. Ça été un peu le drame de l'époque.* [...] *Dans les périodes de dépression, il restait enfermé dans sa chambre, dans son bureau, il avait une infirmière qui était là, et on le voyait très peu, et puis, petit à petit, on le voyait qui revenait, qui reprenait de l'entrain* [...]. »

Ma mère me conduit souvent au Champ-de-Mars. Munie d'un seau et d'une pelle, je m'active près d'un bac à sable. Un matin, je dois avoir cinq ans, je suis vêtue d'un manteau à col de velours, avec chapeau assorti ; tout d'un coup, elle m'appelle : « Voici ton père, va vite le voir ! » Je me précipite vers le vieux monsieur qu'elle m'a désigné, je crie : « Papa ! » Il me regarde un instant, pose ses mains sur ses yeux comme si ma vue lui était insupportable et crie : « Allez-vous-en ! », puis il se sauve en courant. Je retourne, penaude, vers ma mère. L'après-midi, pour me récompenser de ma sagesse, elle m'emmène dans ce mythique magasin de jouets, aujourd'hui disparu, qu'est le Nain Bleu et m'offre la voiture de mes rêves.

La violence de cette scène est telle que, durant quarante ans, je l'ai totalement oubliée[1].

Madeleine Léon vit dans la crainte que ses adversaires n'en viennent à s'attaquer physiquement à sa fille. Cette angoisse est entretenue par l'ancienne femme de

1. Elle m'est revenue sous forme d'un flash, après avoir entendu le récit du « déjeuner dingue ». Je me suis alors félicitée d'y avoir fait allusion dans le petit calepin bleu, où j'avais commencé, à dix ans, la rédaction de mes souvenirs... Ce fut alors pour moi la preuve de sa véracité.

Jacques Lacour-Gayet. En avril 1935, celle-ci prévient ma mère qu'elle est constamment suivie et lui recommande de ne pas laisser Marthe Léon sortir seule avec moi : ma grand-mère ne serait pas capable de s'opposer à une tentative d'enlèvement, elle ne court pas assez vite. Désormais, le chauffeur de taxi, lorsqu'il me conduit au bois de Boulogne, a pour consigne de quitter sa voiture et d'accompagner ma gouvernante : deux personnes ne sont pas de trop pour me protéger !

Comment s'étonner que, dans un tel climat, Madeleine Léon reste tout entière à son obsession, au point de la communiquer à ses filles ? Chaque année, le 21 novembre, ma sœur et moi lui écrivons nos vœux pour son anniversaire. En 1935, Jacqueline a douze ans, j'en ai six. Sur les papiers à lettres gravés à nos initiales[1], je lis, sous la plume de ma sœur, dans un anglais proche du petit-nègre[2] : « *I wische you a good birthday and all wat you want, that Georgette's father go to the mairy* », et, sous la mienne : « *Kaki* [c'est ainsi que j'appelle ma sœur] *me tient la main. Je te souhaite une bonne et heureuse fête et que mon Papa aille à la mairie.* »

Tout est bon à Madeleine Léon pour rappeler à Georges Lacour-Gayet l'existence de sa fille. Le 15 février, elle fait insérer, dans la rubrique « Réceptions » de deux grands quotidiens parisiens, cette annonce : « *Brillante réunion dernièrement chez Madame Madeleine Léon, qui recevait les jeunes amis de sa fille Georgette*

1. J.B.L. : Jacqueline Bouton-Léon, et G.L.G. : Georgette Lacour-Gayet.

2. Deux ans plus tard, son anglais est parfait. Passionnée de l'œuvre de Shakespeare, ma sœur, sa vie durant, s'est rendue chaque année à Oxford pour assister à la représentation de ses pièces.

Lacour-Gayet ». Conclusion : on lit le lendemain, aux mêmes emplacements, ces lignes : « *Pour rectifier une information parue par erreur hier à cette place, Monsieur Georges Lacour-Gayet, membre de l'Institut, fait savoir qu'il n'existe aucune personne ayant le droit de porter le nom de Georgette Lacour-Gayet.* »

Qu'importe à ma mère ! Elle décide de publier le récit de ses amours avec mon père. Avec l'aide de la journaliste accréditée à l'Institut, elle mène à bien la rédaction de ses souvenirs. Ce travail la bouleverse, car il l'oblige à relire toutes les lettres de mon père, qui constituent d'ailleurs l'essentiel de ce manuscrit d'une centaine de pages. Elle l'intitule *Pour mes filles*. Il n'a pas été et ne sera jamais édité. Le seul éditeur auquel elle l'ait soumis, Gaston Gallimard, l'informe que, après « *avoir hésité longuement* », il renonce à publier ce « *document intéressant, sincère et très émouvant. Malheureusement, je crains qu'étant donné les personnalités qui sont mises en cause dans votre manuscrit, la critique ne lui réserve pas un accueil très favorable. Vous devez savoir qu'il est impossible de songer à lancer un livre lorsqu'on est à peu près sûr de l'hostilité de la presse...* » À l'époque, étaler en public sa vie privée n'était pas entré dans les mœurs. En dépit de la célébrité des défenseurs de Madeleine Léon, pour Gaston Gallimard, sa lutte est celle du pot de terre contre le pot de fer. Il connaît le poids de Jacques Lacour-Gayet dans les milieux de la presse – n'est-il pas le fondateur du poste de radio le plus influent, Radio-Luxembourg ?

Cet échec, un de plus, n'entame pas la résolution de Madeleine Léon. Le 27 février, elle se réjouit : mon père est arrivé devant la porte de l'Institut, où elle m'a amenée. Elle a voulu me présenter à lui : « Georges, voici votre fille. » Il s'est sauvé. « L'enfant a couru après lui, en criant "Papa, papa" », raconte ma grand-mère.

Ainsi ai-je eu raison, en 1939, d'écrire que j'avais plusieurs fois poursuivi vainement mon père. Comment ma mère n'a-t-elle pas été consciente des traumatismes inévitablement liés à de telles expériences ? Il est vrai que, alors, on ne se souciait guère de psychologie. J'ai eu la chance – ou est-ce une volonté inconsciente de résilience ? – d'avoir, durant plus d'un quart de siècle, totalement oublié ces faits et de n'avoir gardé de mon enfance que le souvenir de la tendresse de ma grand-mère et de ma mère, des cadeaux dont elles me comblaient, de la fierté que je leur inspirais.

Chaque jour qui passe diminue les chances de Madeleine Léon d'arriver à ses fins. En avril, elle apprend que Georges Lacour-Gayet pleure sans arrêt – cela ne nous avance en rien, note avec bon sens ma grand-mère. En octobre, elle sait qu'il est gravement malade. Elle envisage de lui écrire ; le valet de chambre a promis qu'il ferait l'impossible pour que cette lettre soit remise à son destinataire. Mais Auguste Champetier de Ribes – et elle ne fait rien sans son accord – lui interdit une telle initiative : *« Je suis désolé,* lui écrit-il le 9 octobre 1935, *de ne pouvoir vous donner la permission que vous voulez bien me demander. L'opération que vient de subir M. L.G. est tellement grave que les médecins ne pourront répondre de son rétablissement et même de sa vie avant plusieurs semaines. Il serait désastreux qu'une intervention de votre part pût compromettre son rétablissement et je ne veux pas que personne puisse rien vous reprocher. Je vous demande donc instamment de prendre patience. Vous écrirez à M. L.G., mais lorsque nous serons sûrs qu'il ne court plus aucun danger. »*

Madeleine Léon est vraiment décidée à tout tenter. Bien que dom Cabrol se soit rangé sans réserve du côté de mon père et de ses enfants, elle n'hésite pas, avec l'approbation de son avocat et aussi du révérend père Moisant, à se tourner vers lui. Le 13 novembre, elle lui écrit : « *Révérendissime Père, Si vous croyez au Dieu vivant, à qui vous avez consacré votre vie, vous n'avez pas le droit de laisser Georges Lacour-Gayet mourir sans avoir* réparé, *car, si vous croyez à Dieu, vous savez qu'il sera damné pour l'Éternité – ou qu'il n'y a rien, rien! Georges a été, comme vous le savez, aux portes de la mort. Dieu n'a pas voulu dans sa miséricorde qu'il meure sans avoir réparé* [...]. *Vous vous disiez son "Ami". En votre qualité de Serviteur de Dieu, le laisserez-vous partir en Enfer? Très tristement vôtre.* » Par retour de courrier, et en quelques lignes, l'abbé mitré informe ma mère qu'il se gardera bien de répondre à « *ce qui fait l'objet de sa lettre* », ou à toute autre correspondance qu'elle pourrait lui adresser, car il se demande quel usage elle en ferait. Il s'indigne que, contrairement aux usages « entre gens honnêtes et bien élevés », elle n'ait pas gardé pour elle seule les missives qu'il lui avait envoyées avant ma naissance[1]. Dom Cabrol se veut cinglant. Ma mère lui répond sur le même ton : « *J'ai trouvé dans ma détresse des amis incomparables (un parrain et une marraine) qui n'ont pas invoqué des règles introuvables pour répondre devant Dieu de l'enfant*[2]. *Est-ce que le Galiléen,*

1. Elle les a, en effet, communiquées à ses avocats. Elles sont en contradiction avec le témoignage ultérieur qu'il donne en 1931 à mon père. Dans sa plaidoirie, Auguste Champetier de Ribes a souligné cette volte-face.

2. Sur les motifs invoqués par dom Cabrol pour ne pas être mon parrain, cf. *supra*, p. 134.

lorsqu'il a dit : "Laissez venir à moi les petits enfants", a fait une différence entre les enfants légitimes et naturels ? »

De même qu'il avait suggéré, quelques années plus tôt, à ma grand-mère de s'adresser au Vatican, Auguste Champetier de Ribes pense que le dernier refus de dom Cabrol doit être connu de Rome. Le 28 novembre, ma mère met à la poste un volumineux courrier destiné au cardinal Pacelli, secrétaire d'État au Saint-Siège. Il contient une photocopie de toute la correspondance échangée entre Madeleine Léon et dom Cabrol depuis 1928[1], un exemplaire de la plaidoirie de maître Champetier de Ribes, le tout précédé d'une lettre de ma mère. En cinq pages, elle présente sa famille, évoque ses relations avec Georges Lacour-Gayet, « *qui l'a amenée à se convertir à la foi catholique* », résume sa correspondance avec dom Cabrol, avant d'en venir à l'objet de son courrier : « *Et j'ose demander à Votre Éminence d'intervenir auprès de dom Cabrol pour qu'il fasse son devoir auprès du père de ma fille. Pardonnez-moi, Éminence, de venir ainsi en suppliante auprès de vous, mais je suis sûre que vous prendrez pitié d'une mère qui, malgré la faiblesse qu'elle a eue, a le courage de vouloir que sa fille porte le nom de celui qui a l'évident devoir de la reconnaître comme sa fille à lui-même. Veuillez me croire de Votre Éminence l'humble et très dévouée servante.* »

Son destinataire ne reste pas insensible à cette supplique. Ainsi, les conditions de ma naissance ont retenu l'attention d'un futur pape, Pie XII[2] ! Sa lettre du

1. L'écriture de dom Cabrol étant difficilement lisible, ma mère a joint aux photocopies de ses lettres leur transcription dactylographiée.

2. Cette dénomination devient, en effet, celle du cardinal Pacelli, dès son élection au pontificat en 1939.

2 décembre, adressée au cardinal Verdier, archevêque de Paris, met en évidence la très grande circonspection qui fut toujours sa marque : « *Ne pouvant personnellement, à cause de la distance et surtout à cause de l'objet en question, m'intéresser à ce cas épineux, je le confie à la prudence de Votre Éminence, aimant à croire que, s'il est possible de régler l'affaire sans bruit, Votre Éminence ne manquera pas de le faire avec la charité du Bon Pasteur.* » S'ensuit une formule de politesse, que je ne résiste pas au plaisir de citer : « *Je profite avec bonheur de l'occasion pour renouveler à Votre Éminence, en lui baisant les mains, l'assurance de ma profonde vénération* »… Mais ce courrier ne quitte pas Rome, le cardinal Pacelli ayant finalement jugé préférable de s'en remettre au nonce apostolique à Paris, à qui il transmet le 14 décembre l'envoi de ma mère : « *Je laisse à Votre Excellence le soin de voir si et de quelle manière il est possible d'apporter l'assistance charitable que demande la requérante…* » Au début de janvier 1936, le nonce apostolique, fidèle aux instructions pontificales, fait savoir au Vatican qu'il a longuement reçu « le sénateur Champetier de Ribes, avocat de Madame Léon et excellent catholique. Et si celui-ci lui demandait dans quelque temps d'intervenir auprès de dom Cabrol, [il s'emploierait] à le faire de la manière la plus appropriée possible ». Mais, pour l'instant, il n'y a absolument rien à faire, lui a expliqué l'« honorable sénateur », sinon attendre le cours de la justice.

Depuis qu'en novembre Madeleine Léon appelait au secours le Vatican, deux événements ont en effet radicalement changé le contexte de l'affaire Léon/Lacour-Gayet.

Le 2 décembre, la chambre des requêtes de la Cour de cassation a accepté le pourvoi de Madeleine Léon.

Ravi et surpris par cet arrêt[1], maître André Defert, l'avocat de ma mère devant cette juridiction, est désormais convaincu d'obtenir gain de cause.

*

Le matin du dimanche 8 décembre, un rapide coup de téléphone – il émane du concierge de l'immeuble où vit mon père – apprend à Madeleine Léon que Georges Lacour-Gayet vient de mourir. Elle me serre dans ses bras : « Ton père est mort. » Elle pleure. Je me souviens d'avoir voulu la consoler avec une déclaration que je lui ai déjà faite, si j'en crois ses notes : « Tu sais, Maman, je t'aime plus que mon papa. »

Le soir même, Madeleine Léon écrit que le décès de Georges Lacour-Gayet n'interrompt pas le procès en recherche de paternité qui lui a été intenté.

Bien qu'elle eût décidé depuis longtemps qu'elle n'irait plus jamais à l'Institut quand Georges Lacour-Gayet n'y siégerait plus, Madeleine Léon s'y rend le samedi 14 pour assister à la séance publique annuelle de l'Académie des sciences morales et politiques. Selon le souhait de maître Champetier de Ribes, elle est accompagnée de sa mère et de son beau-frère Paul Niewenglowski. L'avocat a jugé leur présence opportune pour cette cérémonie d'hommage

1. Il n'avait pas caché à ma mère qu'il s'attendait à une tout autre décision. À défaut d'avoir trouvé des vices de forme dans les jugements précédents, il avait invoqué deux vices de fond, mais l'avocat général les avait rejetés énergiquement. Le premier de ces vices de fond était original : il attribuait aux aveux oraux de mon père la qualité d'aveux écrits, puisqu'ils avaient été recueillis par des témoins à la véracité incontestable, qui en avaient donné une relation écrite. Le second était le refus opposé à ma mère de prouver que sa liaison avec mon père était de notoriété publique.

aux académiciens morts dans l'année. Il appartient au philosophe André Lalande de prononcer leurs éloges. Ses oraisons funèbres, qui sont d'une longueur variable, ont en commun de vanter, comme il convient, les qualités des défunts, et aussi d'être largement applaudies par l'assemblée. Georges Lacour-Gayet, le dernier nommé, car il est le dernier mort, a droit à un traitement spécial : certes, l'orateur loue « ses qualités aimables et brillantes, l'agrément de sa conversation, le charme d'un professeur à la fois amusant dans la forme et solide dans le fond, son extraordinaire puissance de travail, ses écrits de vulgarisation que l'étendue de ses connaissances lui permettait de mener à bien sans grand effort, ses travaux approfondis hautement appréciés des spécialistes », mais il le fait on ne peut plus brièvement. Alors que toutes les allocutions prononcées ce jour occupent plusieurs pages de la publication qui leur est consacrée, celle concernant Georges Lacour-Gayet tient en une page et trois lignes. Et, affront suprême, elle n'est l'objet d'aucun applaudissement. « Jacques Lacour-Gayet part en gesticulant, suivi de sa famille qui semble atterrée. C'était une bonne journée », écrit ma grand-mère.

Dans une certaine mesure, le décès de Georges Lacour-Gayet ramène le calme avenue de Tokio. Plus que jamais, ma mère s'efforce de suivre les conseils du révérend père Moisant, de fuir l'inoccupation, de ne pas se complaire dans des souvenirs douloureux, de vivre intensément le moment présent. Je crois qu'il n'est pas une journée sans que je l'aie entendue dire : « À chaque jour suffit sa peine. » Elle sait que, désormais, elle ne peut rien faire pour hâter la légitimation de sa plus jeune fille. Il lui faut attendre le jugement de la Cour de cassation.

Le 14 février 1939, l'affaire « Dame Léon / Consorts Lacour-Gayet » vient devant la chambre civile de cette juridiction ; sa décision est connue le jour même : « *Casse et annule l'arrêt rendu entre les parties par la cour d'appel de Paris le 24 février 1933, et les renvoie devant la cour d'appel d'Amiens*[1]. »

Ma mère est alors certaine d'avoir obtenu gain de cause. Elle n'imagine pas un instant que la cour d'appel d'Amiens puisse ne pas lui donner raison. Elle est en paix. Ma grand-mère et ma mère expriment leur « infinie reconnaissance » au révérend père Moisant, mais se désolent que Charles Richet et Adolphe Pinard ne soient plus là. « Ils auraient été si heureux, et c'est aussi grâce à eux que le droit triomphe. »

Adolphe Pinard est mort le 1er mars 1934. Dans la semaine qui suit, à un jour d'intervalle, sa fille aînée, Hélène Morax, et sa cadette, Camille Couvelaire, rendent visite à ma grand-mère. Toutes deux lui tiennent le même discours : leur père voulait que me revienne un objet auquel il tenait particulièrement. L'une a choisi le coupe-papier en ivoire, muni d'une loupe, avec son embout en argent marqué « A.P. », qui était sur sa table de travail ; l'autre, un tampon à graver ses initiales, en vermeil et lapis-lazuli. Jusqu'à la mort de ma grand-mère, ces deux très beaux bibelots étaient toujours sur son bureau. Simplement, lorsqu'elle recevait une des deux donatrices, elle dissimulait tantôt l'un, tantôt l'autre dans un tiroir…[2].

1. Des deux vices de fond présentés par l'avocat de ma mère, la Cour a retenu celui qui faisait état de l'impossibilité où celle-ci avait été mise de prouver la notoriété de sa liaison avec mon père. Elle en a déduit qu'il « n'y avait pas lieu de statuer sur le premier [celui qui transformait les aveux oraux de mon père en aveux écrits] ».

2. Un demi-siècle plus tard, en 1990, j'ai constaté la force des liens qui unissaient nos familles. Je suis conseiller technique à la présidence de la République. À l'issue d'un dîner que j'ai donné

Depuis qu'il m'a été offert par Charles Richet en 1933, l'un de ses livres, intitulé *Pour les petits – Fables*, a toujours trouvé place dans ma bibliothèque. J'y ai inséré l'une des dernières lettres que le Prix Nobel ait écrites. Datée du 11 novembre 1935, trois semaines avant sa mort le 3 décembre, elle est adressée à ma mère : *« Chère et vaillante amie, Merci encore, merci toujours de votre affection délicate. Combien je serais heureux si vous pouviez un de ces jours m'amener ma petite amie Georgette. Je voudrais pour elle un brillant avenir. Qui sait ce que le sort lui réserve? Très beau destin, peut-être. Croyez-moi votre bien fidèle et respectueux ami. »*

Il y a quelques années, sans le vouloir, Gabriel Richet, « mon grand frère », m'a offert la chute de ce chapitre : « Finalement, pour ces vieillards couverts de gloire qu'étaient Richet et Pinard, dans leurs dernières années, tu as été leur petite affaire Dreyfus à eux… »

---

dans l'appartement de permanence, je raccompagne mes invités jusqu'à l'escalier dans le couloir faiblement éclairé. Caroline Zelnik vient vers moi : « Si je quitte l'Élysée sans vous avoir transmis ses amitiés, mon père ne me le pardonnera jamais. – Qui est votre père ? – Pierre Morax. » Petit-fils d'Adolphe Pinard, le professeur Pierre Morax est ophtalmologue. Il est nettement plus âgé que moi et je ne crois pas alors l'avoir jamais rencontré. Caroline Zelnik est née bien après la mort de ma grand-mère, elle n'a jamais vu ma mère. Mais elle a tant entendu parler d'elles qu'il lui semble les connaître. Elle les évoque avec tant de précision que, grâce à elle, ces deux femmes – mortes depuis de si nombreuses années – reprennent vie. Ce fut, dans la pénombre d'un corridor du palais présidentiel, un moment exceptionnel.

CHAPITRE II

Le mystère Hannemann

Avec l'irruption de la police à la maison le 13 avril 1942, j'ai eu le sentiment que tout un monde s'écroulait.

Comment une adolescente de treize ans, élevée dans l'amour de la France, aurait-elle pu imaginer que ses parents, si fiers d'être français depuis des siècles, puissent être rejetés par le pouvoir qui parlait au nom de la France ? J'ai ainsi vécu l'un des drames de l'Occupation, particulièrement difficile à concevoir aujourd'hui.

« Ce n'est pas parce que ce pauvre maréchal se croit obligé d'obéir aux Allemands que je vais en faire autant… » Cette réflexion de ma grand-mère traduit à merveille l'état d'esprit de ma famille lors de la promulgation des lois antisémites[1].

---

1. Les recherches entreprises après avoir écrit *La Fenêtre ouverte* m'ont conduite à m'intéresser à l'histoire de ma famille, à son parcours exemplaire, en rien exceptionnel, celui de ces Juifs qui, avec passion, se sont voulus Français, choisissant ainsi de préférer la Nation – avec un « N » majuscule – à leur communauté. Ainsi, ils ont pleinement justifié la formule célèbre du député à la Constituante Stanislas de Clermont-Tonnerre, qui, en décembre 1789, se prononça pour l'accession des Juifs à la citoyenneté française

Durant toute l'Occupation, j'ai bénéficié d'un rare privilège. Si la peur ne m'a guère quittée pendant cette période, elle s'accompagnait d'une certitude fort peu répandue et porteuse d'espoir. Je n'ai jamais douté de la défaite du IIIe Reich. Cette conviction, je la devais à deux grandes personnes qui, à mes yeux, ne pouvaient pas se tromper : ma mère et le professeur Charles Richet fils, le mari de ma marraine. Dès notre retour dans Paris occupé, à la fin de l'été 1940, je les avais entendus affirmer de façon péremptoire que, tôt ou tard, c'en serait fini à jamais du régime hitlérien.

Pour l'immense majorité des Français, la guerre s'était terminée en juin 1940. Puisque la France avait été vaincue, qu'elle avait dû signer l'armistice aux conditions imposées par l'Allemagne, il en serait fatalement de même pour la Grande-Bretagne. Il faudrait donc s'habituer à un nouvel ordre des choses. Ce n'était pas l'avis de Madeleine Léon et de Charles Richet. Tous deux étaient certains que le nazisme était le mal absolu : ils ne pouvaient donc pas envisager un seul instant son triomphe…

*

À peine *La Fenêtre ouverte* terminée, je me plongeai donc dans la malle Vuitton où j'avais découvert les laissez-passer grâce auxquels nous avions pu gagner la zone libre. Elle était remplie de lettres, de documents dont une grande partie datait de l'Occupation. Leur déchiffrage fut une aventure passionnante et instructive. J'y appris que, dans l'été 1942 (quelques semaines après avoir réussi à fuir la zone occupée), ma grand-mère

---

et déclara : « *Il faut tout refuser aux Juifs comme nation et tout accorder aux Juifs comme individus.* »

avait nourri le fol espoir d'un proche retour à Paris. La fille du ministre de Vichy qui avait volé au secours de ma mère lorsque celle-ci avait été dénoncée la ramena à la réalité. Voici ce qu'elle lui écrit le 20 août 1942 : *« Il faut, et toutes les personnes sages sont de cet avis, ne pas "retraverser" ; ne parler à personne de vos ennuis ; en un mot brutal, se faire petites, se faire oublier.* [...] *Je sais bien que tout cela est douloureux, et même d'une exécution pratique difficile. Mais c'est la seule solution sage*[1]. » Je découvris aussi que ma mère avait été informée en avril 1943, par un jésuite, de la mort du révérend père Moisant, dont les dernières paroles lui étaient destinées : « Dites-lui bien de patienter dans la confiance. » La lecture du journal dont j'avais commencé la rédaction en juin 1944 m'apprit que je découvris à sept ou huit ans l'anormalité de ma situation familiale : ce sont Christine et Martine (les filles d'une amie de ma mère, mes seules compagnes de jeux pendant mes dix premières années) qui, par des questions bien innocentes, m'ont fait comprendre qu'il était anormal de ne pas connaître son père, de ne pas porter le même nom que le reste de sa famille. Je découvris également combien j'avais, dans mon enfance, souffert de la solitude[2], et aussi combien ma situation familiale me pesait, au point que je m'étais inventé une camarade de jeux, que

1. Le 7 janvier 1943, dans une carte interzone, où elle lui envoie ses vœux affectueux pour la nouvelle année, « Rara » (puisque c'est le surnom que tous lui donnent) renouvelle son avertissement : *« Je ne vous conseille pas du tout de rentrer à Paris en cette saison ; le docteur sera sûrement de mon avis ; pour votre cas, le meilleur serait encore la pleine campagne. »*

2. Ce n'est qu'à mon entrée au cours Hattemer, en octobre 1940, que je découvris l'univers des enfants de mon âge. Et ce fut, en dépit des circonstances extérieures, une joie.

j'avais appelée Denise, car c'était le prénom d'une des filles de Jacques Lacour-Gayet…

Je sortis du dépouillement de ces très nombreux documents passablement bouleversée et plutôt satisfaite de ma mémoire – car, dans l'immense majorité des cas, ces textes confirmaient ma relation, écrite d'un trait et en me fiant à mes seuls souvenirs. Cependant, je fus aussi à jamais convaincue de la fragilité du témoignage humain et de la nécessité de toujours le vérifier si l'on a l'ambition de faire œuvre historique. Je constatai en effet que, tout en étant restée fidèle à l'essentiel, j'avais parfois donné des faits une version qui ne correspondait pas exactement à leur réalité. De cette déformation, je mentionnerai un seul exemple. Elle concerne la lettre de ma grand-mère, après mon éviction, en octobre 1942 à Lyon, du pensionnat religieux où je me réjouissais de faire mon entrée. À nouveau, comme lors de la venue dans notre appartement parisien de la police le 13 avril 1942, j'avais le sentiment qu'un monde s'effondrait. Jusqu'alors, je n'avais pas soupçonné, tant j'étais protégée, que je puisse souffrir d'un quelconque handicap du fait de ma naissance. Dans *La Fenêtre ouverte*, j'ai cité le courrier reçu quelques jours plus tard de ma grand-mère ; elle m'appelait *« ma petite-fille bien-aimée »*, se félicitait que je ne sois pas allée chez ces dominicaines *« sans éducation »*. Lorsque, trente ans plus tard, j'ai retrouvé l'original de cette missive, je constatai que, tout en respectant la pensée de ma grand-mère, je ne l'avais pas moins trahie d'une certaine façon, puisque j'avais totalement gommé les références littéraires qui témoignaient de sa culture et aussi de son élévation de pensée. Voici, en effet, ce qu'elle m'écrivait, à mille lieues des propos ordinaires que je lui attribuais :

*« Ma Georgette adorée, Quelle chance que tu ne sois pas entrée dans cet antre où, comme dans l'*Enfer *de Dante, on pourrait inscrire : "Ici, laissez toute espérance." Il vaut mieux ne pas fréquenter des gens d'un esprit aussi rétrograde. Quel peut bien être leur enseignement ? Pas celui de la réussite dans les examens, à coup sûr ! »*

Je me demande comment j'ai pu oublier cette référence à l'*Enfer* de Dante, sans doute parce qu'à l'époque j'ignorais tout de cette œuvre…

*

Dès la parution de *La Fenêtre ouverte*, une véritable obsession s'est emparée de moi : il me fallait retrouver toutes les personnes évoquées dans ce récit. Je me suis donc empressée d'en envoyer un exemplaire à celles qui y figuraient et dont je connaissais l'adresse. En retour, je reçus des lettres souvent très émouvantes. Deux l'étaient particulièrement.

La première émanait de la camarade de classe qui, le 6 juin 1944, à mon arrivée dans notre cours, m'avait informée du débarquement en Normandie. Je savais que son père était opticien, qu'après la guerre elle avait épousé un huissier et qu'elle était désormais mère de six enfants. Je n'étais pas particulièrement liée avec elle. Je n'en fus que plus émue à la lecture de son courrier :

« Je ne me doutais absolument pas qu'il y avait à côté de moi une jeune fille qui pût avoir de si gros problèmes, de si dangereux problèmes. Étant assez discrète en ce qui me concernait, je l'étais aussi pour les autres. À ce moment-là, chez nous, il y avait un drame : mon oncle et parrain venait d'être déporté (il était ingénieur à la SNCF, il avait dû être dénoncé, il avait trois enfants, il n'est pas revenu).

J'étais obnubilée par son sort. Et je vivais dans la peur que mon père à son tour ne soit arrêté... »

Ainsi, deux adolescentes peuvent se côtoyer quotidiennement sans soupçonner un instant qu'elles vivent dans des terreurs analogues, tant il leur paraît vital de dissimuler leurs sentiments. Seul un régime policier peut créer de telles situations...

La seconde a pour auteur le professeur d'histoire auquel j'avais voué une sorte de culte[1]. Après la guerre, à mon grand regret, je n'avais jamais réussi à savoir ce qu'il était devenu. Or, un jour de 1956, journaliste à *Paris-presse*, j'allai voir Jacques Soustelle dans les locaux de la revue *Vérité sur l'Algérie*, qu'il animait. Il me présenta l'homme qui se trouvait dans son bureau. C'était mon ancien professeur. Jamais je ne l'aurais reconnu. Ce quinquagénaire ne correspondait en rien à l'image que j'avais gardée. Mais lui m'identifia immédiatement. De toute évidence, ma vue lui était pénible. Lorsque je lui adressai la parole sur le ton respectueux alors de rigueur pour s'adresser à un ancien maître, il me répondit par monosyllabes. Il quitta très vite les lieux. Après son départ, Jacques Soustelle que, assez bouleversée, j'interrogeai à son sujet, me dit : « C'est effroyablement triste. » Il ne s'expliquait pas ce qui avait pu lui arriver. Lui aussi l'avait connu du temps où il était brillant et se désolait de le voir tel qu'il était maintenant, réduit à vivre de menus travaux ; ce matin, il était venu le voir pour implorer le paiement immédiat d'une pige.

Trois ans plus tard, alors que je pénètre dans le bureau d'Albin Chalandon, le secrétaire général du parti gaulliste, je croise à nouveau cet enseignant qui m'avait tant marquée. Sa déchéance s'est encore

1. Cf. *La Fenêtre ouverte*, p. 315.

accentuée ; elle se décèle désormais dans son habillement. À ma vue, il détourne la tête. Albin Chalandon, à qui je fais part de mon émotion, me dit la partager. Et, de fait, il lui a trouvé peu après un emploi fixe, à l'Assemblée nationale, au groupe UNR.

Lorsque paraît *La Fenêtre ouverte*, j'hésite à lui en adresser un exemplaire, puisque, de toute évidence, il refuse le moindre contact avec moi[1]. L'historien Charles-André Julien, à qui je soumets mes interrogations, me convainc : « J'ai connu, me dit-il, plusieurs professeurs déchus. Il convient de les traiter comme s'ils étaient restés les hommes jeunes et brillants que l'on a côtoyés. Recevoir un exemplaire de votre livre pourrait, sans doute, lui redonner quelque fierté aux yeux de son entourage immédiat ou à ses propres yeux. »

Charles-André Julien n'était pas seulement un éminent universitaire, spécialiste incontesté, entre autres sujets, de la décolonisation. C'était aussi, à quatre-vingt-un ans, un fin psychologue.

Voici, en effet, ce que m'écrivit mon ancien professeur d'histoire : « *Votre livre nous* [sa femme et lui] *a touchés à plus d'un titre : rappel de notre jeunesse (car, si je vous paraissais à coup sûr un ancêtre, je n'avais pas trente ans), rappel aussi de nos propres tribulations avec les Allemands (car nous avons dû tout quitter pour ne pas être arrêtés*). […]

« *Je me rappelle aussi les après-classe où vous veniez me parler avec une fièvre qui me touchait, mais me surprenait.*

1. M'étant procuré, je ne sais comment, son numéro de téléphone, je l'avais appelé pour lui annoncer l'envoi de *La Fenêtre ouverte*. C'est sa femme qui m'avait répondu. Très gênée, elle m'avait dit que son mari ne souhaitait pas me parler et m'avait suggéré de lui écrire.

Je me rendais très bien compte que vous cherchiez, à travers votre gentillesse, un alibi ; je sentais que j'aurais dû trouver autre chose à vous répondre que les paroles banales que je prononçais, tout en m'efforçant d'être le moins "professeur" possible. Mais j'étais toujours bousculé, pris par le temps, inquiet des recherches des Allemands, toujours anxieux d'une descente de police en mon absence. Le monde des enfants, même les plus choyés, était dur alors, mais celui des adultes ne l'était pas moins, hélas, et ils n'avaient pas le loisir de se laisser aller, comme je l'aurais souhaité, à plus de douceur.

« Il reste que je suis heureux d'avoir pu, même bien indirectement, vous aider et que le témoignage que vous m'apportez constitue, dans ma vieillesse, l'une des fiertés de ma vie. De cela aussi, soyez remerciée.

« Et veuillez croire que je garde de vous, dans ma mémoire comme à travers votre livre, un souvenir qui ne s'effacera jamais. »

Parmi les témoignages recueillis en 1973, il en est un qu'il me paraît utile de mentionner dès à présent, tant il révèle la spécificité de l'époque – la difficulté aussi, pour qui ne l'a pas vécue, de la comprendre.

C'est celui de la réceptionniste de l'hôtel d'Angleterre à Lyon, Marinette, qui nous avait trouvé un refuge à Saint-Martin-en-Haut, ce petit village des monts du Lyonnais où ses parents tenaient le bureau de tabac. Elle est tout émue de m'entendre au téléphone – elle a gardé un si bon souvenir de ma famille : « Joseph [un de ses collègues] et moi en parlons fréquemment : nous n'avions jamais vu des clients aussi gentils avec le personnel. » Puis elle évoque ses souvenirs : « À la Libération, j'ai eu quelques ennuis, car j'avais continué à travailler à l'hôtel d'Angleterre, qui était devenu le siège de la Kommandantur. Cela n'a pas duré longtemps, mais j'ai trouvé cela très injuste. J'avais aidé tant de personnes… » Je l'interromps : « J'en sais quelque chose… » Alors, elle a un cri du cœur qui me laisse pantoise : « Mais non, pas des gens comme vous, des Juifs ! » Ainsi, à l'époque, pour Marinette comme pour la plupart des Français qui n'avaient jamais entendu parler des Juifs, ceux-ci ne pouvaient être que des étrangers, parlant notre langue avec un fort accent… Il leur paraissait inconcevable qu'une famille française puisse être mise au ban de la nation.

Je dois aussi à *La Fenêtre ouverte* d'avoir pu renouer avec des personnes dont je n'avais plus entendu parler depuis mon enfance. La plus étonnante de ces retrouvailles concerne le chauffeur de taxi, M. Siry, qui, avant la guerre, était au service de ma grand-mère. Je n'avais aucune idée de ce qu'il était devenu. Or, à ma grande surprise, en juillet 1973, quelques mois après la sortie de mon livre, une secrétaire de Fayard me donne son adresse. Sa femme et lui – ils n'ont pas eu d'enfants – ont pris leur retraite dans le petit village de la Marne dont elle-même est originaire. Par le plus grand des hasards, au cours d'une conversation, il lui indique son seul regret d'avoir quitté Paris : ne pas savoir ce qu'est devenue une famille qu'il n'oubliera jamais, « des amis plutôt que des clients », et « Mademoiselle Georgette », la petite fille qu'il conduisait tous les après-midi au bois de Boulogne ; il lui avait appris à monter à bicyclette. « Mais je la connais ! » s'écrie son interlocutrice, qui a lu *La Fenêtre ouverte.* Sans tarder, je reprends contact avec M. Siry. Il m'écrit que l'envoi de mon livre lui a été *« une magnifique surprise. Par contre, sa lecture* [lui] *a fait encore plus de peine, de voir ce que cette maudite guerre vous a apporté, à vous tous, tant de souffrances, à vous qui ne le méritiez pas. Une seule chose ne* [l'a] *pas surpris, c'est le courage et la volonté de votre maman,* [il a] *bien reconnu là sa manière énergique de toujours savoir ce qu'elle voulait* ». Et, dans une autre lettre, lorsqu'il a reçu les nouvelles qu'il me demandait de ma mère, il m'exprime « *sa profonde tristesse de la savoir malade, de savoir qu'elle souffre... Pourquoi a-t-elle eu tant de malheurs, elle qui était si bonne, comme votre grand-mère ?* » Et il émet un vœu : « *Je pense, Mademoiselle, que vous avez une voiture et si, par hasard, vous passiez dans le secteur, votre visite serait une grande joie. Mais ne tardez pas trop longtemps, car j'ai quatre-vingts ans...* »

Maintenant que j'ai dépassé de plusieurs années cet âge, je déplore de ne pas avoir rendu à M. Siry la visite qu'il souhaitait, tout comme je me sens coupable de n'avoir pas su exprimer aux enfants du chef de gare d'Orthez la joie profonde que je dois à leur cadeau, un des rares objets auxquels je tienne.

Je n'avais jamais oublié la très grande gentillesse que m'avait témoignée ce cheminot sur le quai de la gare. Chaque fois qu'il passait devant le banc où j'étais assise, avec l'interdiction des Allemands d'en bouger ou de parler à quiconque, il me souriait. Quelques jours plus tard, il m'informa qu'il avait une fille de mon âge et, quand nous avons pu quitter Orthez, il me serra dans ses bras et m'embrassa, ce qui était un comportement pour le moins inhabituel à l'époque, mais il ne pouvait dissimuler sa joie que les Allemands nous laissent partir.

Je téléphonai donc à la gare d'Orthez, expliquai au responsable pourquoi je désirais connaître l'identité et l'adresse de son prédécesseur de 1942. Une demi-heure plus tard, mon interlocuteur me rappela : « mon » chef de gare était mort ; il avait trois enfants, dont une fille adoptive qui, comme moi, avait treize ans en 1942. Il me donna leurs adresses. Je leur envoyai donc *La Fenêtre ouverte*, et je reçus d'eux un souvenir qui me bouleversa : une très belle gravure ancienne d'Orthez. Ils m'écrivaient qu'ils seraient heureux de me connaître. Je me reproche encore aujourd'hui de ne pas être allée les voir.

Il me paraissait facile de retrouver le commissaire de police qui avait délivré les cartes d'identité salvatrices et avait écrit aux Allemands pour affirmer leur authenticité et leur véracité[1]. J'avais un souvenir très précis : dès le lendemain de notre retour à Paris le 17 octobre 1944, ma mère s'était rendue au commissariat de la rue du Bouquet-de-Longchamp ; elle en était revenue profondément émue. Ce fonctionnaire, toujours à son poste, s'était étonné de sa visite : « Vous n'aviez pas à vous déranger pour me voir, vous n'avez pas à me remercier, je n'ai fait que mon devoir. »

J'ignorais le nom de ce policier exemplaire, mais Maurice Gravaud, que j'avais connu dans ma jeunesse – ce fut pour moi, jusqu'à sa mort en 2013, un merveilleux ami –, ne pouvait pas l'ignorer, puisqu'il avait été l'un de ses successeurs[2]. Or, dans un premier temps, il

1. Cf. *La Fenêtre ouverte*, p. 325.

2. Pendant très longtemps, j'ai gardé de cette période de l'Occupation une crainte irraisonnée de la police. Je m'étais donc rendue, en 1962, avec une certaine crainte, au commissariat de la rue du Bouquet-de-Longchamp, où j'avais été convoquée : je devais y déposer mon permis de conduire, qui m'avait été retiré pour un mois. Je fus envahie par la peur lorsque le policier à qui je remettais le document me dit : « Le commissaire veut vous voir. » Quelques instants plus tard, je fus stupéfiée de me trouver en face de Maurice Gravaud, que j'avais perdu de vue depuis quelques années. Je notai que les volumes de la Pléiade étaient nombreux sur une étagère, car la passion de la lecture, et surtout de la poésie, ne l'a jamais quitté. Sous la signature de Maurice Gravaud-Lestieux, il a publié une vingtaine d'ouvrages de poésie et de nombreuses pièces de théâtre, a participé à un manuel de muséographie, a présidé de 1997 à 2009

ne me cacha pas sa quasi-certitude que ma demande était erronée. Il savait que ce commissariat du 16e arrondissement avait été, sous l'Occupation, un des pires de Paris. Plusieurs de ses inspecteurs travaillaient en liaison directe avec la Gestapo de la rue Lauriston. Mais, devant mon insistance, Maurice Gravaud, qui était l'honnêteté même, accepta de vérifier ses informations. Deux jours, plus tard, il m'appela : « Autant pour moi… Tu avais raison. Edmond Cottin a été commissaire de police du quartier de Chaillot de 1935 à son départ en retraite le 31 décembre 1949. Il est alors fait chevalier de la Légion d'honneur, ce qui, en ce temps, est une distinction très rarement accordée à un fonctionnaire de son grade. En outre, il est un des très rares commissaires de police de Paris dont l'activité sous l'Occupation n'a fait l'objet d'aucune enquête… »

Et Maurice Gravaud s'est étonné de n'avoir pas connu l'existence d'Edmond Cottin. Il ne savait pas que cet homme, mort en 1969, était la modestie même. Lorsque sa veuve fut informée de la parution d'un livre rendant hommage au rôle de son mari sous l'Occupation, elle eut ce cri du cœur : « Mon mari ne voulait pas que l'on parle de son action. Il n'avait fait que son devoir… » Peu après la sortie de *La Fenêtre ouverte*, je reçus, par l'intermédiaire de mon éditeur, une lettre d'un des membres de sa famille, Paul Cottin :

« En lisant votre récit, j'ai eu la joie de voir figurer parmi les protagonistes le commissaire de police du quartier de Chaillot. Étant son neveu et son filleul, je l'ai bien connu et j'ai eu maintes fois l'occasion d'admirer sa modestie. Je

---

le Cercle de poésie et d'esthétique Aliénor qui, depuis sa création dans les années 1930, se réunissait tous les mois à Saint-Germain-des-Prés.

ne l'ai jamais, pas une seule fois, entendu évoquer un épisode de sa carrière où il eût pu se poser sinon en héros, du moins en homme de devoir, selon la tendance naturelle de tout témoin-narrateur. [...] *Vous écrivez qu'il a été "providentiel". Cette image correspond parfaitement à l'image que j'ai gardée de lui : celle d'un juste, l'un de ces humbles qui font de grandes choses sous le regard de Dieu sans être vraiment connus des hommes...* »

Cette lettre acheva de me convaincre qu'un hommage public devait être rendu au commissaire Cottin. Ayant échoué à lui faire attribuer la rue du Bouquet-de-Longchamp[1], je décidai que la pose, à l'intérieur de « son » commissariat, d'une plaque lui rendant hommage s'imposait. Ce fut un nouvel échec. J'en fus informée, le 10 décembre 1973, par une lettre du préfet de police de Paris, Jean Paolini :

« *D'autres fonctionnaires de la Préfecture de police ont su, comme lui, servir la France en un temps où ses traditions et ses idéaux étaient bafoués.* [...] *Si une plaque devait être apposée à l'ancien commissariat de M. Cottin, comme vous le suggérez, il serait injuste de ne pas le faire pour tous ceux qui partagèrent avec lui sa fidélité à la République et à la patrie. Or, il n'a jamais été apposé dans les commissariats de plaques semblables, même pour les fonctionnaires tombés victimes du devoir.* [...] *Je regrette de ne pouvoir donner satisfaction à votre demande au demeurant parfaitement justifiée.* »

Néanmoins, un quart de siècle plus tard, il me parut qu'il n'avait jamais été aussi indispensable d'obtenir la pose de cette plaque en hommage au commissaire Cottin.

1. Le conseiller municipal de Paris, le professeur Pierre Lépine, auquel je m'étais adressée, m'avait informée de « l'impossibilité actuelle de débaptiser une rue, même en faveur des personnalités les plus méritantes ».

Curieusement, cette décision me fut inspirée – indirectement – par un ancien préfet de police, pour lequel je n'avais aucune sympathie, bien au contraire : Maurice Papon[1].

Durant plusieurs mois après son ouverture, le 7 octobre 1997, devant la cour d'assises de la Gironde, son procès pour complicité de crime contre l'humanité[2] est quotidiennement au premier plan de l'actualité, dans la presse écrite comme à la télévision. Il est politiquement correct de s'émerveiller du courage de la France, qui reconnaît enfin ses turpitudes, l'aide apportée par les Français – responsables du gouvernement de Vichy, membres de la fonction publique ou simples citoyens – à l'action criminelle de l'occupant. Tout cela me met très mal à l'aise.

Le Figaro littéraire me donne la possibilité de m'exprimer

« On nous dit et on nous répète sur tous les tons qu'il est sain de permettre aux Français d'accéder à la "vérité" sur l'Occupation et le régime de Vichy. Mais, parce que le procès Papon concerne exclusivement la "livraison" aux Allemands de Juifs étrangers, on nous parle uniquement de ce crime contre l'humanité... Traiter l'antisémitisme comme un isolat, en l'extrayant de son contexte, n'est-ce pas, finalement et paradoxalement, faire le jeu des criminels nazis qui prétendaient que le conflit mondial consistait en une guerre contre les Juifs ? C'est aberrant et monstrueux ! »

---

1. Ma seule rencontre avec lui, en 1961, m'avait profondément choquée. Cf. *infra* p. 260.

2. Le 2 avril 1998, Maurice Papon fut condamné à dix ans de réclusion criminelle et à la privation de ses droits civiques. Le motif de cette condamnation : son « concours actif », lorsqu'il était secrétaire général de la préfecture de la Gironde, à l'organisation de la déportation de 1 560 Juifs de la région vers le camp de Drancy, d'où ils ont été envoyés à Auschwitz.

Je m'exaspère aussi contre la repentance, dont on ne cesse alors de faire l'éloge :

« *Autant le "devoir de mémoire" me paraît indispensable pour éviter la répétition des mêmes crimes, autant ce masochisme général qui consiste à ressasser ses fautes passées me semble dangereux. Je me demande toujours dans quelle mesure le fait de parler de ces lâchetés n'est pas un moyen de justifier toutes nos lâchetés futures...* »

La parution, le 18 octobre 1997, de ces propos ne passa pas inaperçue. Les partisans sans réserve du procès Papon furent indignés ; l'un d'eux me taxa même d'antisémitisme ! Mais je reçus de nombreuses approbations de lecteurs anonymes ou de personnalités connues, dont de grands résistants.

Et, peu avant l'issue du procès Papon, *Le Monde* me demanda mon avis sur cette procédure. Je ne cachai pas mes réserves :

« *Mettre en cause la Résistance, soupçonner le général de Gaulle de complaisance envers les collaborateurs : si tel est le legs du procès Papon, il aura été nuisible ; nuisible aussi s'il a fait des Français les responsables de l'Holocauste au même titre que les Allemands.* »

Mais je me gardai bien de me prononcer :

« *Seule l'Histoire, forte du recul que donne le temps, pourra juger le procès Papon : aura-t-il servi à une prise de conscience utile ou contribué à l'installation durable de contre-vérités nuisibles à la France, traditionnelle terre d'asile, et à tous ceux qui en constituent la population, les Français ?* »

La lecture de cette tribune publiée le 25 mars 1998 décida Michel Cool, rédacteur en chef de *Témoignage chrétien*, à me demander un article sur le même sujet. Pour éviter de me répéter, je choisis d'ouvrir ce papier en évoquant la mémoire du commissaire Cottin et en formulant un vœu :

« *Je souhaite qu'une plaque à la mémoire de ce fonctionnaire oublié soit posée rue du Bouquet-de-Longchamp sur les murs du commissariat où il exerça de façon exemplaire son métier. Je voudrais que l'on parlât un peu plus de tous ces Français qui furent admirables sans avoir jamais imaginé qu'ils agissaient en héros. Ils faisaient leur devoir.*

« *J'en ai assez d'entendre épiloguer sur les salauds, les lâches, les faibles. J'en assez du procès Papon.* »

Je reconnaissais cependant un mérite à cette procédure : « *avoir rappelé que chacun est responsable de ses actes et que le devoir d'obéissance a ses limites pour un fonctionnaire, qui sont de ne pas exécuter un acte déshonorant* ». Et je suggérai que la France fasse de cette règle une obligation légale. Ce souhait était pour le moins incongru : en effet, depuis douze années déjà, une telle clause existait dans le « règlement de discipline générale dans les armées[1] » !

Dans les jours qui suivent la parution de cet article (16 avril 1998), je fais, par le hasard d'un déjeuner amical, la connaissance d'une femme qui m'impressionne par son dynamisme et sa fidélité gaulliste. À soixante-quinze ans, Marie-Claire Scamaroni, résistante de la première heure, a gardé intacts l'enthousiasme et la foi de sa jeunesse. Sa vie durant, elle a occupé différents mandats municipaux et un poste de député européen. Désormais vice-présidente d'honneur de la Fondation de la Résistance, et aussi du Comité d'action de la Résistance, secrétaire générale du prix littéraire de la Résistance, sa principale préoccupation est de veiller à ce que son frère, le « Jean Moulin corse[2] », ne soit

1. Elle y a été introduite par Pierre Messmer, alors ministre des Armées (décret du 1er octobre 1966).

2. L'expression de l'écrivain Angelo Rinaldi est parfaitement justifiée. Issu d'une vieille famille corse, Godefroy (dit) Fred

pas oublié et, surtout, à ce que les jeunes générations vivent dans la fidélité à l'esprit de la Résistance. Sans même que je le lui demande, elle décide de faire en sorte qu'un hommage soit rendu au commissaire Cottin. Ses démarches aboutissent rapidement.

Le 21 mai 1999, à l'intérieur du commissariat de la rue du Bouquet-de-Longchamp, le préfet de police Philippe Massoni dévoile une plaque « À la mémoire du commissaire Edmond Cottin [...] pour son attitude courageuse durant l'Occupation ».

Lors de la cérémonie, je suis frappée de la joie, très visible, des jeunes policiers présents, fiers de savoir que, durant les années noires, le responsable de leur commissariat avait été, selon les mots du préfet de police, « le symbole d'une police républicaine »...

Le dévoilement de cette plaque me rend profondément heureuse. J'ai le sentiment d'avoir contribué à une œuvre utile, en rappelant que tous les policiers n'avaient pas servi l'occupant. Je pense au bonheur qui aurait été celui de ma mère, à son anxiété aussi, lorsqu'il y a près de cinquante-sept ans, jour pour jour, elle

---

Scamaroni choisit la carrière préfectorale, comme son père. Mais, dès juin 1940, il rejoint le général de Gaulle, effectue plusieurs missions avant d'être parachuté en Corse afin d'y préparer la libération de l'île. Arrêté par les Italiens à Ajaccio dans la nuit du 18 au 19 mars, il est horriblement torturé. Il décide alors de se tuer pour ne pas parler. L'un de ses compagnons de lutte occupe une cellule voisine de la sienne. À travers le mur, il le charge d'un message pour sa mère et sa sœur : « Tu leur diras que ce n'est pas très dur de mourir et que je meurs content. » Il se suicide en faisant passer à travers sa gorge un fil de fer trouvé dans son cachot. Auparavant, il a écrit sur le mur avec son sang : « Je n'ai pas parlé. Vive de Gaulle ! Vive la France ! » Quand ce Compagnon de la Libération se donne la mort, le 19 mars 1943, il a vingt-huit ans.

pénétrait dans ce commissariat sans savoir comment elle serait reçue, à son soulagement quelques minutes plus tard devant l'accueil du commissaire Cottin. D'autre part, cette cérémonie n'a pas de précédent – ce qui, je l'avoue, satisfait mon orgueil : cette plaque est la première posée dans un commissariat parisien !

Dans un poème qu'il m'adresse peu après, Maurice Gravaud trouve les termes justes pour évoquer cet hommage au commissaire Cottin :

Ce fut exactement comme il fallait
Dans la pièce étroite, anonyme et close,
Où se jouaient les fragments de l'Histoire.

*

Si je n'avais jamais douté qu'il me serait facile d'identifier le commissaire de police « providentiel », j'étais convaincue en revanche que je ne saurais jamais qui était l'officier allemand signataire des laissez-passer qui nous avaient permis, dans l'été 1942, de gagner la zone libre. Et pourtant, c'est à lui que je dois d'avoir échappé au sort qui m'attendait – bref, d'avoir vécu.

En juin, ma mère avait appris qu'un pâtissier russe, chez qui elle se fournissait au marché noir, connaissait une jeune Française qui pouvait délivrer, contre argent comptant, les laissez-passer indispensables pour gagner la zone libre. En juillet, les précieux documents lui sont remis. Nous ne savions pas s'ils étaient vrais ou faux. Ils étaient signés Hauptmann (capitaine) Otto Hannemann.

Puisque le motif qui avait justifié la demande de laissez-passer était la nécessité d'une cure thermale aux Eaux-Bonnes, près de Pau, il était normal que nous franchissions la ligne de démarcation à Orthez, petite ville-frontière des Basses-Pyrénées (aujourd'hui Pyrénées-Atlantiques). Les formalités s'y sont d'abord déroulées sans le moindre encombre, nos laissez-passer ont été visés. Mais, quelques minutes plus tard, alors que nous étions déjà dans le train, un soldat allemand, arrivé en trombe sur le quai de la gare, s'est jeté sur le haut-parleur, a ordonné au train de s'arrêter – celui-ci venait de démarrer – et a hurlé : « Que Mme Gustave Léon et sa famille qui viennent de Paris et vont aux Eaux-Bonnes descendent tout de suite du train ! » La Kommandantur d'Orthez venait d'être prévenue par Paris que ma famille était juive : nous avions été dénoncées.

Sans même se concerter, ma grand-mère et ma mère se sont levées immédiatement de leurs sièges. Que pouvaient-elles faire d'autre ? Et nous nous sommes retrouvées sur le quai de la gare.

Immédiatement, nous avons été séparées. Lorsque je suis interrogée, la première question qui m'est posée concerne les laissez-passer : « Où votre mère les a-t-elle demandés ? » Sans la moindre hésitation, je réponds : « À la Kommandantur de la rue Galilée. » En fait, c'était la seule Kommandantur dont je connaissais l'existence : un de mes camarades de classe, chez qui j'allais souvent jouer, habitait dans cette rue proche de la place de l'Étoile. Un jour, comme je m'étonnais de la queue interminable devant le bâtiment sur lequel flottait la croix gammée, il m'avait expliqué : « Ce sont des gens qui veulent des laissez-passer pour aller en zone libre. » J'en avais conclu que c'était le seul lieu de délivrance de ces documents, ce qui était faux.

Quelques heures après notre arrestation, alors que nous sommes toujours bloquées sur le quai de la gare d'Orthez, un homme en civil s'approche de moi. Sans doute l'a-t-on prévenu que je sais l'allemand. Il parle mal le français et me dit, moitié en français, moitié en allemand : « Je suis officier de la Gestapo. Je sais que vous êtes juives. *Das ist mir ganz egal* [autrement dit, je m'en fous]. Je suis sûr que vos laissez-passer sont vrais. Je connais le capitaine Hannemann. Je connais sa signature. S'il vous a donné des laissez-passer, il a des motifs. Je ne veux pas d'histoire avec lui. Vous n'irez pas en prison. »

Pour autant, il n'est pas question que nous puissions franchir la ligne de démarcation. Mais nous ne sommes pas emprisonnées. Nous avons été logées dans un hôtel partiellement réquisitionné et nous pouvons circuler dans la ville.

Après quinze jours d'épisodes tous plus rocambolesques les uns que les autres[1], un juge allemand ordonne à ma mère de se rendre à Paris, à la Kommandantur de la rue Galilée, afin d'y rechercher les laissez-passer que la Kommandantur d'Orthez y avait envoyés. Je suis toujours en admiration devant l'incroyable hardiesse de ma mère : elle qui ne s'est jamais rendue à la Kommandantur de la rue Galilée, mais qu'importe !, répond : « Je ne veux pas recommencer à y piétiner durant des heures. Je n'irai pas rue Galilée si vous ne me donnez pas une lettre pour que je ne fasse pas la queue ! » Elle l'obtient.

Quarante-huit heures plus tard, elle est de retour à Orthez, avec les documents et, surtout, avec une lettre du capitaine Hannemann pour le responsable de la Kommandantur d'Orthez. À sa lecture, l'Allemand, qui est assis à sa table, saute en l'air (et ce n'est pas une expression figurée), se précipite à la fenêtre, l'ouvre, se penche au-dehors, comme s'il cherchait de l'air. Nous ne voyons plus que son dos et sa nuque. Il a des bourrelets. Il crie : *« Das ist schön ! Das ist schön ! »* (C'est bon !) Il se

1. Cf. *La Fenêtre ouverte*, p. 336-353.

retourne vers nous. Il est devenu rouge, avec des marques livides. Jamais je n'ai vu un visage se transformer ainsi en quelques instants. Il ouvre le tiroir où il a entassé les bijoux de ma grand-mère, l'argent, nos papiers d'identité et les quatre pièces d'or. Il nous lance le tout à la figure, les objets tombent par terre. Il jette les laissez-passer sur la table : « Prenez tout, partez tout de suite en zone libre. Partez tout de suite. Je ne veux plus vous voir[1] ! »

Quelques heures plus tard, nous sommes en zone libre… Les laissez-passer signés Otto Hannemann ont rempli leur rôle.

Quinze jours plus tard, la garnison d'Orthez a été changée. Les *nôtres*, si j'ose m'exprimer ainsi, expédiés sur le front russe… Ils ne cachaient pas leur fureur. Dans leurs conversations, le nom de ma famille revenait souvent, celui du capitaine Hannemann aussi[2].

Dès lors, je n'ai cessé de m'interroger sur cet Otto Hannemann. D'où tenait-il son pouvoir ? Pourquoi nous avait-il sauvées ?

Ma mère, qui l'avait vu, avait constaté sa parfaite éducation, son usage du baisemain, son français impeccable. Elle pensait qu'il avait à peu près son âge. Elle avait été frappée par son regard, lorsque la jeune Française qui avait fourni les laissez-passer était entrée dans son bureau. Il lui avait semblé que le capitaine de la Wehrmacht n'était pas insensible à sa beauté. Madeleine Léon était surtout convaincue

1. Lorsque j'ai relaté cette scène dans *La Fenêtre ouverte*, elle s'est imposée à mes yeux comme si j'y étais, aussi nettement que l'irruption sur le quai de la gare du soldat qui avait ordonné l'arrêt du train et nous avait interpellées.

2. Je raconte dans *La Fenêtre ouverte* (p. 389-390) comment en 1943 nous avons été informées des suites de notre passage à Orthez.

qu'Otto Hannemann était un honnête homme, elle était certaine qu'il n'avait pas touché un sou de la somme demandée pour obtenir les laissez-passer. Elle me l'a dit à maintes reprises, et j'ai tendance à croire en la véracité d'une intuition qui s'impose à vous, alors que votre vie – et celle de ceux que vous aimez – sont en danger.

Dans l'immédiat après-guerre, je ne voyais pas la possibilité d'en savoir plus sur cet officier allemand. Les recherches effectuées à ma demande, vers 1960, par Jacques Delarue, auteur de l'*Histoire de la Gestapo*, n'ont fait qu'accroître mes interrogations. Oui, un Otto Hannemann avait bien, en 1942, occupé un poste à la Kommandantur de la rue Galilée. Mais c'est en vain que Jacques Delarue avait consulté les archives allemandes alors accessibles : il n'avait jamais trouvé mention de ce capitaine Hannemann. Son nom n'est apparu dans aucun procès de l'après-guerre, il ne figure pas plus dans le réseau de l'Abwehr (services du contre-espionnage), ni dans un quelconque bureau d'achat, ces officines de marché noir créées par les Allemands. Bref, c'est un officier de réserve, comme il en est des milliers, qui n'intervient pas dans le fonctionnement du IIIe Reich et qui, une fois la guerre terminée, retrouve le cours normal de sa vie.

Une étonnante conversation téléphonique avec la femme qui avait procuré à ma mère les laissez-passer m'avait bien fourni quelques renseignements, mais j'ignorais s'ils étaient véridiques. J'avais appris le nom et l'adresse de cette personne en découvrant dans la malle Vuitton une carte interzone qu'elle avait envoyée à ma mère en août 1942. Et l'annuaire téléphonique consulté mentionnait à cette adresse une abonnée portant son patronyme et son prénom, Simone. En 1972, après avoir beaucoup hésité, je l'appelai et me présentai :

« Je suis la plus jeune fille de Mme Léon. – Ah, Mme Léon. –Vous vous souvenez ? – Si je me souviens ! » Elle me parle durant plus d'une demi-heure. Elle m'apprend qu'elle travaillait à la Kommandantur de la rue Galilée et qu'elle y était chargée d'effectuer un premier tri parmi les dossiers de demandes d'*Ausweis*. Certains de ses propos sont invraisemblables. Elle ose prétendre que l'argent donné par ma mère a servi uniquement à acheter nos cartes d'identité, alors que celles-ci – on le sait – ont été délivrées par un commissaire de police providentiel. Elle m'affirme aussi que le capitaine Hannemann avait reçu de la Kommandantur d'Orthez l'ordre de la déférer à la Gestapo, alors que jamais son nom n'avait été prononcé à Orthez : ma mère s'est bien gardée d'indiquer son rôle dans la délivrance de nos laissez-passer. Mais ce « souvenir » est suivi d'une évocation qui, en revanche, me paraît crédible : « Je revois, me dit-elle, la secrétaire du capitaine Hannemann, une jeune Rhénane blonde, devenir livide et s'écrier : *"Mein Gott !"*, lorsque celui-ci déchira le courrier d'Orthez. À d'autres moments, elle me semble sincère. Tout d'un coup, elle m'interroge : « Mais est-ce que votre famille n'est pas d'Arras ? – Mon grand-père y a été ingénieur des Mines. – Oui, c'est ça, me réplique-t-elle. Je ne voulais pas recevoir votre mère, c'était trop dangereux. Mais le pâtissier russe [qui les avait mises en rapport] insistait tant que je finis par accepter. Votre mère savait être convaincante, quand elle le voulait. Et puis, elle m'a parlé d'Arras ; nos familles s'y étaient connues… » Quand je rapportai ces propos à ma mère, elle se rappela leur étonnement commun en découvrant que le père de son interlocutrice était mineur dans le Nord et qu'il avait parlé à sa fille de mon grand-père… Je ne crois pas qu'une telle coïncidence puisse s'inventer…

Je ne sais pour quel motif je décide, en 2003, de reprendre mes recherches sur le capitaine Hannemann. Tout naturellement, je me tourne vers les deux historiens à qui je ne cesse d'avoir recours pour mon *Histoire de la IV*e *République*, Frédéric Guelton et Maurice Vaïsse. Le premier, qui appartient au Service historique de l'armée de terre, interroge le responsable des archives militaires allemandes. Et nous apprenons que le capitaine Otto Hannemann a enseigné avant la guerre, qu'il a été fait prisonnier de guerre en Norvège après la capitulation du IIIe Reich, et transféré en France. À sa libération, en 1947, il a rejoint la ville de Hambourg. Du coup, Maurice Vaïsse me conseille de m'adresser à son ami Klaus-Jürgen Müller, professeur émérite à l'université de Hambourg qui connaît à merveille l'histoire de notre pays. Tout comme Maurice Vaïsse, Klaus-jürgen Müller fait preuve d'une extraordinaire attention aux autres. Dès qu'il est informé de mes recherches, il prend l'affaire en main. « J'ai déjà consulté les annuaires téléphoniques de Hambourg, m'écrit-il le 23 février 2004; il y a plus de cent vingt entrées au nom de Hannemann… Mieux vaut dépouiller les archives des lycées de Hambourg. » Elles mentionnent, parmi les professeurs, deux Otto Hannemann. L'un, petit fonctionnaire du parti nazi, officier de réserve de la Kriegsmarine, affecté à Saint-Nazaire pendant la guerre, n'est certainement pas « notre » Hannemann. En revanche, l'autre, qui intègre après la dernière guerre le corps des enseignants de l'éducation secondaire – il a soutenu en 1914 une thèse sur « les Chanoines de Metz au IXe siècle et le synode d'Aix-la-Chapelle de 816[1] » – semble bien être celui que

1. Elle a été publiée en 1914, et s'intitule : *Die Kanonikerregeln Chrodegangs von Metz und der Aachener Synode von 816 und das Verhältnis Gregors VII. dazu.* Aujourd'hui consultable sur Internet, elle a pour

nous cherchons. Toujours dans cette lettre, Klaus-Jürgen Müller me fournit de précieuses informations :

Univ.-Prof. Dr. Dr.h.c. Klaus – Jürgen Müller

Hanfstieg 25
D-22541 Hamburg

Tel.: 040-8 32 14 50
Fax: 040-8 321 0078
Email: KJM.HAM@t-online.de

Hanfstieg 25 D-22541 Hamburg
Madame
Georgette Elgey
45, Boulevard Saint-Germain
F – 75005 PARIS

Hambourg, le 16 avril 2004

Madame,

Hier, aux archives étatiques de Hambourg, j'ai consulté les inventaires du lycée où M. Hannemann a enseigné. Le résultat en était zéro. Mais à cette occasion j'ai vue ses dossiers de dénazification qui sont fortement intéressants.

Les informations que j'en ai tire --particulièrement de la questionnaire qu'il faillait remplir par l'ordre des autorités d'occupation britanniques-- sont les suivantes :

1. Il est né à Bischofsdorf, petit village sur l'île de Rügen en Pomméranie, le 4 juin 1890. Il faisait ses études à l'université de Greifswald où il fut promu « doctor philosophiae » (Dr. phil.) en février 1914, il y a passé l'examen d'État (= une sorte de DEUG) en septembre et octobre 1914. Il faisait la Grande Guerre, et il a été décoré de l'ordre de la Croix de Fer 2e cl. Evidemment il en sortait comme aspirant 1ere cl où peut-être déja comme sous-lieutenant. Evidemment il a été mutilé, car il a indiqué sur le questionnaire qu'il a une large cicatrice menant de la poitrine jusqu'à l'épaule
2. De 1919 à 1939 il était professeur de lycée en Pomméranie. D'abord à Schievelbein, petite ville. Et ensuite à partir de 1934 à Stolpe, ville plus éloigné de son domicile. Cette mutation était le résultat d'une mesure disciplinaire dont l'origine était un incident politique : il avait publiquement critique le parti Nazi. Avant 1933 il était membre du Parti Populaire Allemand (= DVP, Deutsche Volkspartei, le parti de Stresemann), qu'il a quitté en 1928 après la mort de Stresemann.
3. Mobilisé en 1939 comme sous-lieutenant, il a été enrôlé dans une unité de génie de l'Armée de l'Air (Luftwaffen-Bau-Bataillon). Promu lieutenant, puis capitaine en octobre 1942 il a indiqué dans ladite questionnaire qu'il avait servie du 29 janvier 1941 à 11 mars 1941 en France, puis jusqu'au 3 octobre 1941 en Pologne, puis il a fait la campagne d'hiver en Russie (3.8.41 – 26.6.42), et pour le reste de la guerre jusqu'au 8 mai 1945 en Norvège.

---

objet la règle imposée au VIIIe siècle par l'évêque de Metz Chrodegang aux chanoines de la cathédrale et les origines de l'ordre canonial. Cette thèse est toujours citée par les historiens spécialistes de ces sujets.

Et Klaus-Jürgen Müller de s'étonner : pourquoi Otto Hannemann a-t-il dissimulé sa présence en France en 1942 ? Pourquoi, après la capitulation du Reich, est-il transféré en France, alors qu'il est fait prisonnier en Norvège ? Surtout, ni lui ni moi n'arrivons à comprendre comment un professeur, sept ans après avoir été sanctionné pour ses propos antinazis, peut se retrouver à Paris, bénéficiant ainsi de l'affectation la plus prestigieuse et la plus recherchée.

Alors, je « trouve » l'explication. Romanesque à souhait…

Dans un premier temps, je me persuade qu'Otto Hannemann a connu Adolf Hitler durant la Première Guerre mondiale, soit sur le front, soit dans un hôpital militaire. On connaît la fidélité de Hitler envers ses camarades de la Grande Guerre. Et j'imagine que, Hannemann ayant fait appel à lui, il est immédiatement intervenu en sa faveur. Conclusion : Otto Hannemann devient l'objet de toutes les attentions du commandement de la Wehrmacht, puisqu'il est le protégé du Führer…

Mais lorsque, grâce à Klaus-Jürgen Müller, j'apprends qu'Otto Hannemann, entre 1914 et 1918, a servi dans l'aviation, cette hypothèse tombe à l'eau. Je l'adapte à mes nouvelles informations : Hannemann n'est plus pistonné par Hitler, mais par Goering…!

À force de lire et relire les quelques documents en ma possession sur l'Occupation, je fais une nouvelle « découverte ». Je retrouve, toujours dans la malle Vuitton, les cartes d'identité de ma famille fournies par le commissaire Cottin : elles sont datées du 19 juin 1942. Il est donc évident que ma mère les a remises immédiatement, avec les certificats médicaux justifiant notre départ en zone libre, à la jeune Française qui se faisait fort de nous procurer les laissez-passer. J'en déduis qu'elle-même a « certainement » (c'est ce que j'écris) transmis ces documents sur l'heure au capitaine Hannemann. Or, Hannemann n'a signé les laissez-passer que le 22 juillet ; autrement dit, dans la semaine qui a suivi la grande rafle du Vel d'Hiv. Hannemann aurait-il hésité pendant près d'un mois à viser nos *Ausweis* ? Peut-être lui paraissait-il dangereux d'autoriser toute une famille à se rendre en zone libre. Il me semble difficile de croire que ce soit un effet du hasard qu'il se soit décidé à apposer son paraphe après la rafle du Vel d'Hiv. J'en conclus que Hannemann devait être, sinon antinazi, du moins en désaccord avec la politique antisémite du IIIe Reich.

J'arrive à me persuader que j'ai résolu le « mystère » Hannemann…

Un reste de rigueur me convainc, alors que j'entreprends la rédaction de ce livre, que je ne peux pas faire état de mes hypothèses sans les avoir vérifiées. Et, à nouveau, je reprends mes recherches sur le capitaine Otto Hannemann. Puisqu'il est né en 1890 et que nous sommes en 2015, je n'ai aucun espoir de m'entretenir avec lui : il est certainement mort depuis des années ! Mais sans doute existe-t-il encore à Hambourg des personnes l'ayant connu qui pourraient m'éclairer sur sa personnalité et sur son rôle. Je décide donc de faire une sorte d'appel à témoins par écrit, espérant qu'un journal de Hambourg acceptera de le publier.

Le 22 mai 2015, sur le conseil de Volker Zimmermann, qui a traduit en allemand ce texte, je l'adresse au directeur du lycée Kaiser-Friedrich-Ufer, où Otto Hannemann a enseigné. Je joins à cet envoi un exemplaire de *La Fenêtre ouverte*, une photocopie du laissez-passer signé par Hannemann, et j'indique mon adresse électronique.

En attendant – sans grande illusion – une réponse, je m'attaque à l'un des nombreux « mystères » Hannemann. Pourquoi, fait prisonnier de guerre en

Norvège, a-t-il été envoyé en France ? Klaus-Jürgen Müller et moi avons tendance à penser que ce transfert est lié à ses activités passées en France. Mais l'expert en la matière, Fabien Théofilakis[1], m'explique que ce parcours n'a rien de mystérieux ni d'étonnant. En quête de main-d'œuvre pour la reconstruction, la France avait demandé aux Américains de lui remettre les prisonniers de guerre dont ils ne savaient que faire.

À ma grande surprise, le 10 juin 2015, je trouve dans mon courrier électronique un mail venant de Hambourg. Il n'est pas signé par le directeur du lycée, mais par un de ses prédécesseurs, Edgar Mebus.

Celui-ci se rend une fois par an dans son ancien lycée. Il s'y trouve début juin. À sa vue, un professeur se rappelle qu'il parle couramment le français. Et, du coup, mon message lui est transmis. Dès qu'il en a pris connaissance, Edgar Mebus, aidé de son épouse, se lance, avec passion, sur les traces d'Otto Hannemann. Un journaliste de ses amis, collaborateur du principal quotidien de Hambourg, le *Hamburger Abendblatt*, lui promet de publier, après les vacances, mon appel à témoins. Et, par l'intermédiaire de l'association des anciens élèves du Gymnasium Kaiser-Friedrich-Ufer, il s'efforce de recueillir les témoignages des anciens élèves d'Otto Hannemann. Je suis rapidement informée par Edgar Mebus que Hannemann enseignait le latin et le grec, qu'il a laissé le souvenir d'un professeur exceptionnel, un modèle pour tous les enseignants, un homme d'une très grande bienveillance, mais capable de piquer des colères noires lorsqu'il avait le sentiment

1. Il est l'auteur de la seule et volumineuse (762 pages) étude sur le sujet : *Les Prisonniers de guerre allemands. France, 1944-1949. Une captivité de guerre en temps de paix*, Paris, Fayard, 2014.

de ne pas avoir été traité convenablement. J'apprends que, selon toute vraisemblance, Hannemann souffrait de sa petite taille, car ses élèves le voyaient toujours sur une estrade, qu'il ne quittait jamais devant eux.

Edgar Mebus recueille une information précieuse : Otto Hannemann était le père d'une ravissante jeune fille, qui aurait épousé le fils d'un de ses collègues, un professeur Haberland. Mais dans l'annuaire téléphonique de Hambourg figurent quarante-huit abonnés à ce nom. Du coup, Edgar Mebus se procure un vieux registre des membres du corps enseignant de Hambourg 1962-1963 qui mentionne leurs adresses. Il y trouve celle du docteur Paul Haberland.

Accompagné de son épouse, il s'y rend. Sur l'immeuble, il voit une plaque au nom de Haberland.

Et, le 20 juillet, le courriel que m'adresse Edgar Mebus s'intitule : *« Bonne nouvelle ! J'ai pu parler à Kai Haberland; il est le petit-fils d'Otto Hannemann, qui était le père de sa mère… »*

Très vite, je reçois une photographie d'Otto Hannemann. J'apprends qu'il a eu deux enfants, un fils, qui est mort, et une fille, Ingrid Haberland, de trois ans ma cadette, qui vit à Hambourg.

Les descendants du capitaine Hannemann sont très touchés par mon témoignage. Jamais leur père ne leur a parlé de ce qu'il avait fait à Paris. Ils sont aussi désireux que je le suis moi-même de me rencontrer. Ils envisagent de venir à Paris. Mais, finalement, c'est moi qui me rends à Hambourg le 27 novembre 2015[1].

1. Dans son numéro du 26 janvier 2016, le *Hamburger Abendblatt* consacre une page entière à ma venue à Hambourg. La lecture de l'article, qui est excellent, me réjouit. En revanche, je n'apprécie guère son titre, qui reprend celui de la pièce célèbre

Ce furent quarante-huit heures extrêmement émouvantes. Edgar Mebus a organisé une rencontre avec les anciens élèves d'Otto Hannemann. J'apprends que celui-ci ne leur a jamais parlé de la guerre, sinon pour dire que le pire avait été pour lui de donner des ordres qui pouvaient envoyer à la mort ceux qui les recevaient. Je suis informée aussi de son profond attachement pour la Poméranie, où il était né.

Mme Haberland me reçoit chez elle. Je ne sais laquelle de nous deux est la plus émue. Jamais je n'aurais imaginé, alors que les Allemands nous retenaient à Orthez, que soixante-treize ans plus tard je me rendrais à Hambourg pour voir la fille de l'officier allemand signataire de nos laissez-passer.

Je suis frappée par l'honnêteté de Mme Haberland. J'avais un peu peur qu'elle ne me donne des informations un tant soit peu enjolivées. Il n'en est rien, comme le montre sa réponse à ma question sur les opinions de son père sous le IIIe Reich : « Mais je ne les connaissais pas, j'étais beaucoup trop petite. En revanche, je sais – tout le monde le savait – que mon grand-père maternel n'aimait pas les nazis. À leur arrivée au pouvoir, il était sous-préfet. Il n'a pas été révoqué : son poste a été supprimé. Et, un jour, pendant la guerre, mon frère et moi, en entrant dans sa chambre, nous avons vu qu'il avait une oreille collée sur un petit poste. “Ne le dites jamais à personne”, nous a-t-il ordonné. Après la guerre, j'ai su qu'il avait l'habitude d'écouter la radio de Londres. Or, mon grand-père aimait beaucoup mon père. Et je pense qu'il ne l'aurait pas tant apprécié s'ils n'avaient pas eu les mêmes opinions… »

---

du dramaturge Friedrich Dürrenmatt : « La visite de la vieille dame »…

En 1945, la femme d'Otto Hannemann et ses deux enfants subissent l'occupation russe. Ce furent des mois si pénibles qu'un suicide familial – par la corde ou la noyade – est envisagé. Mais mon interlocutrice, qui a onze ans, s'y oppose : « Je veux revoir mon père. » Elle le revoit en 1947.

Lorsqu'il a été fait prisonnier en Norvège, Otto Hannemann a donné comme adresse celle de son frère, qui habite Hambourg : il ne veut pas être renvoyé en Poméranie qui est occupée par l'armée soviétique. Dès son arrivée à Hambourg, il obtient un poste de professeur au lycée Kaiser-Friedrich-Ufer. Comme logement : une chambre dans le sous-sol d'un immeuble voisin. Ce n'est que quelques années plus tard que sa femme et ses enfants peuvent le rejoindre; ils s'installent alors dans un petit appartement.

Otto Hannemann, juste après la guerre

Comme les millions d'Allemands qui ont fui la zone d'occupation soviétique, la famille Hannemann est arrivée les mains vides en Allemagne de l'Ouest. Concernant son père durant la Seconde Guerre mondiale, Mme Haberland ne dispose que de deux documents : son livret militaire et son carnet de solde. Elle n'a aucune lettre de lui, mais elle possède quelques poèmes écrits durant sa captivité et aussi la sténographie d'une conférence prononcée en 1954.

Mon voyage à Hambourg fut une expérience très forte, qui restera à jamais inscrite dans ma mémoire. Mais, il me faut bien le reconnaître, je n'ai réussi que partiellement à élucider le « mystère Hannemann ».

En revanche, le décryptage du livret militaire pulvérise mes hypothèses sur sa nomination à Paris.

Ce document nous apprend sa présence dans la Wehrmacht à partir du 19 octobre 1940. Or, à cette date, il est dans sa cinquantième année et n'est pas mobilisable. Il serait donc alors engagé volontaire. Cette décision, selon toute vraisemblance, lui aurait été dictée par le désir de fuir son environnement.

Otto Hannemann se bat sur le front russe fin 1941. Il est blessé et deux fois décoré. Il a alors cinquante et un ans, parle couramment français. Son envoi à Paris s'impose donc, sans qu'il soit besoin d'imaginer qu'une telle décision ait quoi que ce soit de mystérieux.

Klaus-Jürgen Müller et moi nous étions longuement interrogés sur les motifs qu'avait eus Otto Hannemann de cacher à la commission de dénazification son passage à Paris. Son livret militaire explique cette omission : il n'a aucun intérêt à parler d'une telle affectation, alors qu'elle ne figure pas sur son livret militaire.

En effet, le document ne mentionne nullement Paris. Il cite seulement sa présence dans les « territoires de l'Intérieur » ; la France occupée peut sans doute appartenir à une telle catégorie. Mais dans les affectations du capitaine Hannemann existe un trou entre le 26 juin et le 29 juillet 1942. Qui plus est, le livret militaire indique une hospitalisation du 17 juillet au 14 août. Or nous savons que les laissez-passer signés par lui portent la date du 22 juillet 1942 et qu'il a reçu ma mère à la Kommandantur de la rue Galilée quinze jours plus tard, le 10 août[1].

Quelle explication donner à une telle omission ? La plus simple, une erreur administrative, est étayée par un examen attentif de l'écriture du document. En effet, pour la période 1942-1943, toutes les dates semblent avoir été écrites de la même main, ce qui laisse à penser qu'elles le furent *a posteriori*. Il n'est donc pas absurde de supposer que, pour un motif que nous ignorons, ce livret militaire ait été mis à jour en septembre 1943, alors qu'Otto Hannemann se trouvait en Norvège : il est possible qu'il ait commis des erreurs de dates dans la reconstitution de son passé.

S'il est sûr que le capitaine Hannemann a sauvé ma famille en ordonnant à la Kommandantur d'Orthez de nous laisser franchir la ligne de démarcation, je ne saurai jamais avec certitude si, en signant les laissez-passer, il savait ce qu'il faisait.

J'ai tendance à penser que, s'il ne le savait pas, il devait tout au moins s'en douter. Et puis, lorsque les laissez-passer lui ont été renvoyés par la Kommandantur d'Orthez, il aurait pu plaider sa bonne foi : les cartes d'identité étaient authentiques, les certificats médicaux

1. Et, dans la carte interzone adressée à ma mère le 20 août, la jeune Française qui lui a procuré les laissez-passer indique qu'elle a eu l'occasion de revoir le capitaine Hannemann.

signés par les plus grands noms de la faculté de médecine de Paris. Non, sans hésiter, il s'indigne : il est inadmissible de soupçonner la famille Léon d'appartenance à la race juive…

J'ai la conviction qu'Otto Hannemann a toujours éprouvé une sorte de répulsion pour le nazisme. En Poméranie, un tel sentiment est répandu chez bien des notables, qui ont une conception aristocratique de la Prusse et voient dans les nouveaux dirigeants de l'Allemagne une horde de plébéiens populistes. En 1935, pour avoir critiqué le parti, Otto Hannemann est muté dans un autre lycée. Et il attend, pour adhérer à la ligue des enseignants nationaux-socialistes, créée dès 1933, que cette adhésion soit rendue obligatoire en 1937. À partir de cette date, tout professeur qui n'en fait pas partie ne peut plus enseigner.

Et puis, le seul texte que nous possédions de lui, à part ses poèmes qui n'ont pas grand intérêt, est la sténographie de la conférence qu'il prononce le 19 mars 1954, à la cérémonie de remise des diplômes du baccalauréat. Or ce discours, ponctué de citations latines, se veut une ultime exhortation à ses élèves : « *N'oubliez jamais la dignité et l'honneur qui résident en chacun… Cette semaine est celle de la fraternité*[1]. *Faites preuve de tolérance vis-à-vis de tous, sauf, cela va de soi, envers une canaille ! Laissez-vous chauffer par les rayons du Golgotha…* »

Il rappelle que certains Allemands ont cru, dans les débuts du IIIe Reich, « *aux nouvelles valeurs de cette communauté… Ils ont salué les leaders de la jeunesse hitlérienne… Mais les dernières années de la guerre ont*

1. La semaine de la fraternité, *Woche des Brüderlichkeit*, a été fondée en 1952 par le président Heuss afin de favoriser le dialogue entre les chrétiens et les juifs.

fait voir à tous la folie d'un régime qui mettait le pouvoir absolu entre les mains d'un seul homme pour décider de l'être ou du non-être, de la vie et de la mort de tout un peuple ». Et il leur rappelle que, selon le mot du président Heuss, « *trois collines sont déterminantes pour l'Occident : le Golgotha, l'Acropole d'Athènes et le Capitole de Rome* »...

Il les exhorte au rejet des slogans qui « *ont conduit des peuples entiers vers des idées et des actes qui devaient par la suite leur inspirer, à juste titre, une haine profonde... Méfiez-vous des formules toutes faites, qui sont et restent un grand danger, parce que, en nous harcelant quotidiennement, elles s'emparent de notre esprit et nous obscurcissent le cerveau. Méfiez-vous bien d'elles et ne croyez pas aux choses de ce monde que vous ne comprenez pas* ».

Après avoir constaté, non sans humour, la « *singularité de l'homme* » (pour la religion, il veut comprendre là où il devrait croire, tandis que, pour la chose publique, il croit là où il devrait plutôt réfléchir et arbitrer), Otto Hannemann fait appel à André Gide ; il cite un long extrait d'une conférence que celui-ci a prononcée en 1946 :

« *En un temps où je sens en si grand péril, si assiégé de tous côtés ce qui fait la valeur de l'homme, son honneur et sa dignité, ce pour quoi nous vivons, ce qui fait notre raison de vivre, c'est précisément de savoir que, parmi les jeunes gens, il en est quelques-uns, et fussent-ils en très petit nombre, et de quelque pays que ce soit, qui ne se reposent pas, maintiennent intacte leur intégrité morale et intellectuelle, qui protestent contre tout mot d'ordre totalitaire et toute entreprise qui prétendrait incliner, subordonner, assujettir la pensée, réduire l'âme... car c'est enfin de l'âme même qu'il s'agit. Savoir qu'ils sont là, ces jeunes gens, qu'ils sont vivants, eux, le sel de la terre, c'est là précisément ce qui nous maintient, nous les aînés, en confiance. C'est là ce qui me permet à moi, si vieux déjà et si près de quitter la vie, de ne pas mourir désespéré. Je crois à la vertu des petits peuples. Je crois à la vertu du petit nombre. Le monde sera sauvé par quelques-uns*[1]. »

Et Otto Hannemann de conclure :

« Mes chers jeunes amis, cela serait formidable si vous faisiez partie de ces quelques-uns ! »

En écoutant, dans le salon de Mme Haberland, ce discours lu par une petite-fille d'Otto Hannemann, Edgar Mebus avait les larmes aux yeux, tant il était ému par un texte pour le moins inhabituel en un temps où, dans une ville proche de Hambourg, des centaines de lycéens endoctrinés par certains professeurs manifestent leur attachement à l'ancien proviseur de leur lycée, révoqué pour sa fidélité au national-socialisme.

Que le capitaine Hannemann ait été sincèrement attaché, sinon à la démocratie, du moins au respect de la personne humaine, me paraît incontestable. Pour autant, le « mystère Hanneman » est loin d'être complètement élucidé.

Deux questions, entre autres, restent sans réponse.

– Pourquoi l'officier de la Gestapo est-il si soucieux d'éviter un conflit avec le capitaine Hannemann ? J'ai longtemps pensé qu'il avait peur de lui, sans m'expliquer les motifs de cette crainte. Mais ne serait-il pas tout simplement guidé par son hostilité envers la Kommandantur ? Le curé d'Orthez nous a souvent parlé, à ma mère et à moi, du conflit local entre la

1. Ce texte a été publié dans *Souvenirs littéraires et problèmes actuel*, Les Lettres françaises, 1946. « Publications de l'École supérieure des lettres de Beyrouth ».

Wehrmacht et la Gestapo, toute la ville le savait. Dans cette hypothèse, l'officier de la Gestapo; convaincu de l'authenticité des laissez-passer – sans doute connaissait-il la signature de Hannemann –, était trop heureux d'avoir une occasion de s'opposer à la Wehrmacht sans prendre aucun risque personnel.

– Comment Hannemann arrive-t-il à obtenir le déplacement d'une garnison, son envoi sur le front russe ? Il est certain que, dès cette époque, le Reich avait besoin d'augmenter ses effectifs à l'Est. Mais nous ne saurons jamais comment un officier de réserve affecté à Paris a eu raison du responsable d'un poste-frontière de la ligne de démarcation qui s'était fié à une lettre de dénonciation.

*

Georges Wormser et Charles-André Julien, tous les deux octogénaires lors de la parution de *La Fenêtre ouverte*, avaient en commun leur érudition exceptionnelle, leur rigueur intellectuelle. Toutefois, leurs parcours étaient bien différents.

Georges Wormser avait créé une banque, présidé le Consistoire central de France et d'Algérie. Sa fierté était d'avoir été pendant la Grande Guerre chef de cabinet de Georges Clemenceau. Il est d'ailleurs l'auteur, en 1961, de *La République de Clemenceau. « Il n'est pas de meilleur moyen,* lui écrit alors le général de Gaulle, *de servir sa mémoire que de faire connaître sa vie, son action, sa passion, auxquelles je ne crois pas qu'aucune vie, aucune action, aucune passion puissent être comparées. »*

Dès l'âge de quinze ans, Charles-André Julien s'est voué au militantisme politique, en faveur de la décolonisation. Il accueille avec enthousiasme la révolution bolchevique, adhère au Parti communiste français. Quand il le quitte, c'est pour rejoindre la SFIO, où il devient très proche de Léon Blum. Historien de la décolonisation, Charles-André Julien, dans ses vieux jours, est professeur émérite à la Sorbonne.

Mes recherches sur la IVe République m'ont amenée à rencontrer Charles-André Julien, et une réelle sympathie est née entre nous. Quant à Georges Wormser, mon amitié avec un de ses fils a voulu que je sois conviée à sa table familiale. J'avais été très fière, en mai 1958, lorsque Georges Wormser m'avait donné deux exemplaires de sa lettre au président de la République, lui demandant de faire appel au général de Gaulle, en me chargeant d'en remettre un à Olivier Guichard, pour que celui en informe le Général, l'autre m'étant destinée.

J'éprouvais la plus grande estime pour Georges Wormser comme pour Charles-André Julien. Or, tous les deux, à la lecture de *La Fenêtre ouverte*, ont eu la même réaction. Avec gentillesse et tristesse, ils m'ont dit ne pas avoir aimé ce livre, qui ne donnait pas, selon eux, une idée exacte de la France sous l'Occupation. Dans mon récit, les Français avaient été très nombreux à bien se conduire durant les années noires – ce qui, pour Georges Wormser et Charles-André Julien, ne correspondait malheureusement pas à la vérité…

Ce commentaire me laissa sans voix. Il me semble pourtant que je n'ai pas dissimulé la multitude de dénonciations, le plus souvent signées par des Français, qui restent une des marques de l'époque. À elle seule, ma famille ne fut-elle pas l'objet de trois délations ?

La première, celle qui a provoqué la venue de la police dans l'appartement familial le 13 avril 1942, restera à jamais mystérieuse.

En effet, comme il avait été convenu avec le représentant à Paris du Commissariat aux affaires juives, dès notre départ de la zone occupée, le dossier concernant Madeleine Léon avait été envoyé en zone libre, à la préfecture de Pau, puisqu'elle se rendait dans ce département. Durant l'été, deux inspecteurs de police se sont d'ailleurs inquiétés de sa présence à l'hôtel de France à Pau. Le portier, un fidèle d'Auguste Champetier de Ribes[1], leur répondit qu'elle y avait bien séjourné, mais était partie sans laisser d'adresse. Les policiers n'ont pas insisté.

Il y a quelques années, après des recherches effectuées à ma demande, j'ai appris qu'il n'y avait à Pau aucun dossier au nom de ma mère, pas plus dans les Archives départementales des Pyrénées-Atlantiques que dans celles de son Commissariat aux affaires juives.

Par acquit de conscience, j'ai vérifié qu'il n'y avait dans les archives de la Préfecture de police de Paris aucune trace de la dénonciation dont ma mère avait été l'objet en 1942.

Les engagements pris grâce à la fille du ministre de Vichy ont donc été bien tenus. Voilà qui nous fournit une preuve supplémentaire de la difficulté d'écrire l'histoire de cette période en se fiant aux seules archives existantes. Car il est bien évident qu'un fonctionnaire qui détruit un dossier, ou celui qui fournit des cartes d'identité salvatrices, tel le commissaire Cottin, se garde bien de laisser des traces écrites de ses actions passées...

Ainsi, je ne saurai jamais si cette première dénonciation était anonyme ou non.

---

1. En me remerciant de *La Fenêtre ouverte*, il m'écrit qu'il n'oubliera jamais l'inquiétude de maître Champetier de Ribes lorsque nous étions retenues à Orthez.

En revanche, nous pensions connaître l'auteur de la deuxième délation, celle qui nous avait valu d'être, le 29 juillet 1942, retenues à Orthez par les Allemands. J'ai raconté, dans *La Fenêtre ouverte*, que les Allemands nous avaient rétorqué, à ma mère et à moi, lorsque nous affirmions que nous n'étions pas juives : « Vos amis savent que vous l'êtes ! » Et ils citaient toujours le même nom : celui du médecin juif au ravitaillement duquel Madeleine Léon contribuait. De toute évidence, il avait pu être informé par sa fille, une amie de ma sœur, de notre départ en zone libre, de notre passage de la ligne de démarcation à Orthez[1]. Il était parfaitement possible qu'elle ait répété, en toute bonne foi, ces informations à son père, sans soupçonner l'usage qu'il pourrait en faire. Ma grand-mère et ma mère ont donc, bien avant la fin de la guerre, décidé qu'elles n'entameraient aucune poursuite contre le médecin cité par les Allemands. Mais elles n'ont pas perdu une occasion de révéler son patronyme à leurs proches.

Après la Libération, les rumeurs de la culpabilité de ce médecin se sont donc répandues. Deux amies intimes de ma mère, les filles du général Huré, les répètent, et la femme du médecin se retrouve l'objet d'un affront public. Du coup, sur le conseil d'Auguste Champetier de Ribes, toujours son avocat, ma mère, le 5 novembre 1944, écrit au médecin :

---

1. J'ai raconté, dans *La Fenêtre ouverte* (p. 327), comment, rendant visite à ma sœur dans l'après-midi du 28 juillet, elle avait vu ma mère en train de remplir les valises, avait lu l'étiquette déjà posée sur l'une d'elles, avait découvert ainsi notre destination et s'était enquise de savoir où nous passerions la ligne de démarcation.

« Je n'ai jamais su comment la police allemande avait pu citer devant moi votre nom, mais, s'il a pu m'arriver de raconter à des amis notre aventure d'Orthez, je ne vous ai jamais accusé d'en être responsable… »

Cette « rétractation », qui n'en est pas une, est jugée insuffisante par son destinataire. En janvier 1945, sa fille et lui portent plainte contre Madeleine Léon devant le juge de paix du 16ᵉ arrondissement pour dénonciation calomnieuse. Ils lui prêtent des propos qu'elle n'a jamais tenus[1], lui réclament 1 500 francs de dommages et intérêts, et précisent qu'elle devra s'expliquer sur les conditions dans lesquelles elle avait pu quitter la zone occupée… Ma mère n'assiste pas à l'audience. Dès le lendemain, Auguste Champetier de Ribes prévient son confrère en charge des intérêts du médecin du dépôt par Madeleine Léon d'une plainte contre X pour dénonciation aux autorités d'occupation. Le pénal ayant le pas sur le privé, la procédure en cours devant le juge de paix serait automatiquement suspendue tant que la plainte pénale contre X ne serait pas instruite. Dans les quarante-huit heures, Auguste Champetier de Ribes est informé par son confrère du désir du médecin que ma mère renonce à sa plainte. Devant ce qui leur apparaît comme un aveu, ma mère – toujours soucieuse que la fille du médecin ne soit pas mise en cause – et son avocat donnent leur accord à une transaction. Ma mère accepte de payer les frais d'huissier, qui étaient minimes, et écrit au médecin qu'elle ne l'a jamais accusé de l'avoir dénoncée aux Allemands, quand bien même ceux-ci ont cité son nom. De son côté, le médecin s'engage à verser au bureau

1. Elle est censée avoir affirmé que son départ en zone libre a été décidé après que la fille du médecin l'eut prévenue « que son père avait dénoncé des Israélites aux Allemands, dont elle-même »…

de bienfaisance de la mairie du 16ᵉ arrondissement les 1 500 francs qu'il avait réclamés à ma mère[1].

L'affaire paraissait close. Un jour, j'appris à la lecture du *Figaro* la mort du médecin, et je vis dans l'entrefilet qui lui était consacré qu'il avait rendu de nombreux services à la Résistance… La parution, en 1973, de *La Fenêtre ouverte* ne suscita aucune réaction qui puisse le mettre en cause.

Mais, le 10 novembre 1982, je trouve dans ma boîte aux lettres un papier d'huissier. C'est une sommation au nom de la fille du médecin, que je n'ai jamais revue depuis 1942… Je la lis avec stupéfaction, et constate immédiatement que les citations de *La Fenêtre ouverte* qui la parsèment sont souvent inexactes. J'apprends qu'en guise de réparation l'auteur de la notification exige de moi une lettre d'excuses pour avoir accusé à tort son père, la suppression dans *La Fenêtre ouverte* des *« passages calomnieux »*, et que je fasse à l'hôpital Rothschild un *« don convenable à la mémoire du docteur* […] *en réparation d'un tort causé à sa mémoire »*.

La chance me sourit. Je mets vite la main sur un dossier qui contient, de l'écriture d'Auguste Champetier de Ribes, les minutes[2] des trois lettres envoyées durant l'hiver 1944-1945 par ma mère au médecin, les deux dernières après la procédure devant le juge de paix. Et je constate que le papier bleu que j'ai reçu ne cite pas

1. Le 9 février 1945, l'avocat du médecin insistant pour que ma mère s'acquitte, sans tarder, des frais d'huissier, qui se montent à 145 francs 25 centimes, celle-ci, sur le conseil d'Auguste Champetier de Ribes, écrit et poste immédiatement cette lettre : *« Docteur, je m'associe bien volontiers au don que vous avez, je crois, l'intention de faire au bureau de bienfaisance du 16ᵉ arrondissement et vous prie de trouver ici un chèque de 300 francs… »*

2. On appelle ainsi l'original d'un document.

celle du 5 novembre 1944, où je lis : «[Lors de mon arrestation à Orthez, les Allemands ont prétendu] *que, contrairement aux indications de mes pièces d'identité, j'étais connue comme juive par mes amis et notamment, disait-il, par le docteur... Je n'ai jamais su comment la police allemande avait pu citer devant moi votre nom, mais, s'il a pu m'arriver* de *raconter à des amis mon aventure d'Orthez, je ne vous ai jamais accusé d'en être responsable.* »

Dès le lendemain matin, je me précipite chez un ami avocat, Georges-Alexandre Pros, et, bien que ce soit le 11 novembre, il persuade un huissier de porter le jour même à la fille du médecin une notification, l'avertissant que je me réserve de « réclamer réparation du préjudice qui pourrait m'être occasionné [de son fait], et ce par toutes actions de justice que je jugerai utiles ».

Mais je ne comprends pas pourquoi, neuf ans après la parution de *La Fenêtre ouverte*, la fille du médecin s'est brusquement manifestée. Je ne comprends pas non plus comment elle a pu se procurer mon adresse, qui ne figure pas dans l'annuaire, et qui est la mienne depuis deux mois seulement, depuis que je suis chargée de mission à la présidence de la République. En m'offrant ce poste, François Mitterrand m'a précisé ce qu'il attendait de moi : « Je voudrais que vous fassiez pour mon septennat le travail qui a été le vôtre pour la IVe République. » Je suis donc chargée de recueillir les témoignages oraux des principaux responsables, afin de les verser dans les archives présidentielles, sans que personne, à part le président, ait pu en prendre connaissance.

Je me demande donc si, à travers moi, ce n'est pas le président de la République qui est visé. Le but de l'étrange notification qui m'a été adressée n'est-il pas de prouver que François Mitterrand, fort impopulaire en cette année, est entouré de mythomanes, sinon d'escrocs ?

Le lundi 13 novembre 1982, dès mon arrivée à l'Élysée, je remets à Jean-Claude Colliard, le directeur du cabinet du président, les photocopies des deux actes d'huissier, ainsi que des différents documents en ma possession. « Il me semble que vous avez fait ce qu'il fallait. Je vais m'en occuper. »

Au cours de la semaine suivante, un policier me téléphone de sa part. Peut-il venir me voir ? Il a des informations intéressantes à me communiquer. Dès qu'il est dans mon bureau, il me donne l'assurance formelle que je n'entendrai plus jamais parler de la fille du médecin. Je le regarde, étonnée ; il m'explique : « Nous avons la preuve que son père, sous l'Occupation, a eu des "relations suivies" avec les Allemands. Ainsi, il a pu garder son téléphone – ce qui était interdit aux Juifs –, demeurer avec sa famille, qui n'a jamais été inquiétée, dans son appartement du 8e arrondissement. » Et, comme je l'interroge : « Mais si sa fille s'obstinait à m'attaquer ? », le policier me répond : « Nous savons, quand il le faut, organiser des fuites… Mais je suis convaincu que vous n'entendrez plus jamais parler d'elle… » Il avait raison…

Curieusement, les années ayant passé, j'éprouve presque une sorte de compassion pour ce médecin. S'il a informé les Allemands, c'est, de toute évidence, pour sauver sa famille. Il me paraît ainsi s'apparenter au prisonnier qui parle sous la torture. Dans une certaine mesure, c'est aussi la victime d'un système totalitaire et haïssable.

En revanche, je ne trouve aucune circonstance atténuante à l'auteur de la troisième dénonciation.

Ce notaire était à la tête d'une des plus importantes études de Paris, qui avait été longtemps celle de ma famille, mais avec qui elle avait rompu après la Première Guerre mondiale. Le contrat de mariage de mes grands-parents se trouvait dans ses archives.

Fin 1943, ma grand-mère veut vendre des titres nominatifs reçus en dot. Il lui faut fournir à sa banque un certificat attestant qu'elle en est bien propriétaire. Le notaire est prié de l'établir. Ce qu'il fait, mais il juge utile de préciser que Mme Gustave Léon, née Jeanne-Marthe Léon, est « de nationalité française, de religion israélite »... Conclusion : le 8 janvier 1944, ma grand-mère reçoit de sa banque une lettre l'avertissant qu'à la suite de ce certificat il lui faut bloquer son compte. Elle ne pourra plus y avoir accès tant qu'elle n'aura pas fourni la preuve qu'elle est aryenne. Si elle ne l'a pas fait dans un délai de deux mois, la banque sera dans l'obligation de transmettre son dossier au Commissariat aux affaires juives.

Ma famille n'hésite pas. Parmi ses relations de longue date, elle compte la veuve d'un ancien président-directeur général du Crédit Lyonnais, Mme Lefèvre, qui réside une partie de l'année dans une de ses nombreuses propriétés en Auvergne. Au reçu d'une lettre de ma mère, lui exprimant son vif désir de la voir le plus tôt possible, celle-ci vient très rapidement à Lyon. Dès qu'elle prend connaissance du courrier envoyé par le Crédit Lyonnais, elle part sur l'heure à la recherche du baron Brincard, l'actuel président de la banque. Elle le croit à Marseille. Mais, lorsqu'elle parvient dans la cité phocéenne, celui-ci l'a quittée pour regagner Paris. Mme Lefèvre l'y rejoint, après avoir passé pratiquement sans interruption plus de quarante-huit heures en chemin de fer, alors que de tels trajets sont pour le moins pénibles, dans des wagons toujours bondés, avec des couloirs où les voyageurs s'entassent. Dès son arrivée dans la capitale, elle voit le baron Brincard. Elle écrit à ma mère : « *Je dois revoir dans quelque jours la personne qui nous intéresse et j'espère obtenir ce que nous souhaitons; dès que j'en aurai la certitude, je vous le dirai.* » Et, en termes soigneusement voilés – la lettre peut être ouverte par la censure –, elle le fait le 18 mars : « *Rassurez votre amie, car j'ai des raisons de croire qu'on fermera les yeux dans la suite, mais qu'elle n'écrive plus, qu'elle ne fasse aucune allusion à ma démarche, en un mot qu'elle fasse la morte, car M. C.L.* [ainsi désigne-t-elle le Crédit Lyonnais] *doit rester sur ses positions… Il conseille vivement à votre mère de faire virer sa pension à sa nouvelle adresse dans le Rhône, afin qu'elle la reçoive directement. C'est une chose toute naturelle à notre époque, m'a dit M. C.L.* » Ce qui fut fait; ainsi ma grand-mère a-t-elle pu continuer à toucher sa pension mensuelle de veuve d'inspecteur général des Mines.

Le certificat de propriété qui aurait pu provoquer la perte de ma famille est donc resté sans effet.

Mais ma grand-mère était bien décidée, dès que les circonstances le lui permettraient, à poursuivre en justice le notaire coupable d'une telle délation. Début octobre 1944, alors que nous sommes encore dans le petit village des monts du Lyonnais, notre refuge depuis 1942, elle affirmait sa volonté de porter plainte contre lui pour dénonciation dès son retour à Paris.

Le 18 octobre 1944 – nous sommes arrivées à Paris la veille –, ma grand-mère reçoit la visite de son propriétaire. Durant toute l'Occupation, celui-ci a eu à son égard une conduite admirable. Il vient lui dire combien il est heureux qu'elle soit sortie saine et sauve des années atroces que nous venons de vivre. Et il lui annonce les fiançailles de son plus jeune fils… avec la fille du notaire dénonciateur.

Après son départ, j'entends encore ma grand-mère dire d'une voix accablée : « Ce n'est pas possible de faire de la peine à cette famille. » Il ne fut plus jamais question de poursuivre le notaire félon. Ainsi fut-il sauvé du déshonneur par le mariage d'un de ses enfants…

Clore par une cocasserie ce chapitre qui évoque des années dramatiques ne me semble pas convenable. En revanche, il me plaît de le conclure avec une conviction désormais inébranlable. Je la dois à ma récente immersion, près de soixante-dix ans après les événements, dans ce que fut ma vie sous l'Occupation. Il ne me paraît pas possible que toutes les invraisemblances qui m'ont permis d'échapper au sort qui m'attendait soient le fruit du hasard.

Maintenant, je sais que si j'ai été sauvée, contre toute attente, je le dois à la Providence.

« Nous sommes tous des miraculés », me dit Erich Spitz[1] qui, à onze ans, a été interné à Terezin, et a vécu après la guerre sous un régime totalitaire. En France, il mènera une carrière scientifique et industrielle. Membre des plus prestigieuses sociétés savantes dans le monde, il est resté fidèle à la règle de vie qui a toujours été la sienne et à laquelle je me rallie sans réserve : « Je ne peux pas me permettre de ne pas être optimiste. »

1. Peu après la parution de *La Fenêtre ouverte*, je reçois une très belle lettre de Sylvette Spitz, elle aussi une descendante du médecin-inspecteur Michel Lévy, donc une de mes cousines. Très vite, je fais sa connaissance et celle de son mari. Depuis, une profonde amitié nous lie tous les trois…

CHAPITRE III

Fermons les fenêtres !

DE L'HÉRÉDITÉ

Il me paraît impossible de ne pas porter aux nues le courage de ma grand-mère et de ma mère (dans son cas, il confine à la témérité), leur dignité et leur volonté. Mais ces qualités exceptionnelles, les auraient-elles eues si toutes deux n'avaient pas été élevées dans la vénération de leurs aïeux, et l'impérieux devoir de se montrer dignes de leur ascendance ?

Regarder le passé de ma famille ne signifie nullement que, à mes yeux, l'inné l'emporte sur l'acquis. Bien au contraire, ce sont les hasards, les expériences, l'éducation aussi qui forgent les caractères.

Il me paraît néanmoins nécessaire de me plonger dans l'histoire de ma famille maternelle[1], de men-

1. Pour cette enquête sur un terrain que j'ignorais, j'ai bénéficié de l'appui précieux de Pierre-André Meyer, spécialiste de la communauté juive de Metz avant 1789, qui, au cours de nombreuses conversations, m'a indiqué les livres, les études qu'il me fallait consulter.

tionner les quelques faits qui, selon toute vraisemblance, ont pesé sur le comportement de Marthe et de Madeleine Léon.

*

L'arbre généalogique familial remonte au XVIIe siècle. Il est même possible de fixer à 1644 la présence de ma parenté en Lorraine.

En cette année, trois familles juives ont obtenu du seigneur du lieu le droit de vivre dans le petit village d'Augny, à huit kilomètres de Metz. Et c'est probablement par son mariage avec Esther Lévy, dont le père est natif d'Augny, que mon lointain ancêtre Benel (Pinhas) Cahen a pu s'établir, à la fin du XVIIe siècle, à Augny.

Les 40 000 à 50 000 Juifs établis en France à la veille de la Révolution représentent une part infime des 25 millions de Français. La plupart sont installés dans l'Est ; ils sont 19 707 d'après le Dénombrement effectué en 1784, mais, en réalité, ils sont au moins 22 500[1] en Alsace et environ 10 000 en Lorraine. Puisque l'adhésion obligatoire aux diverses corporations, qui régissent la plupart des métiers, leur est interdite, les Juifs, dans leur immense majorité, sont relégués dans certaines fonctions telles que le commerce des bestiaux, le colportage, la friperie, la brocante et l'usure.

Deux phénomènes majeurs du XVIIIe siècle, qui, *a priori*, ne les concernent pas, vont transformer le sort des Juifs. D'une part, la philosophie des Lumières : avec elle se répand la critique, sinon la condamnation, des

1. C'est ce qu'indique Georges Weill (*Histoire des Juifs en France*, sous la direction de Bernhard Blumenkranz, Toulouse, Privat, 1972, p. 166).

inégalités liées à la naissance. D'autre part, la volonté de plusieurs souverains, qu'ils soient empereurs ou rois, de renforcer leur autorité, d'où la nécessité de rationaliser leurs administrations et donc d'unifier le statut de leurs sujets, de mettre fin aux nombreuses distinctions entre eux qui nuisent à leur pouvoir.

En la matière, il appartient à l'empereur Joseph II de donner l'exemple. En 1781, un an après son avènement sur le trône des Habsbourg, il autorise les protestants à pratiquer librement leur religion. L'année suivante, par l'édit du 2 novembre 1782, il accorde le même droit aux Juifs, ainsi que la liberté de mouvement et de résidence (sauf dans les villes minières), d'entreprendre et de s'engager dans tous les métiers – même l'agriculture (s'ils cultivent eux-mêmes les terres qu'ils peuvent louer) –, et le droit de fréquenter les écoles chrétiennes, les facultés de médecine. Désormais, rien dans leur allure ne doit les distinguer des autres sujets de l'Empire. Les Juifs sont astreints au service militaire, et même le port de l'épée – insigne distinctif de la noblesse – leur est autorisé s'ils atteignent le rang d'officier.

En France, c'est sous l'influence de la philosophie des Lumières, et en grande partie dans la ville de Metz, que se joue le sort des Juifs.

La plus importante communauté juive du royaume y est établie : à la veille de la Révolution, les Juifs messins comptent quelque 2 200 sujets. C'est également l'une des plus prestigieuses : elle abrite une *yeshiva* (école talmudique supérieure) où viennent enseigner des rabbins venus d'Europe centrale, et une synagogue qui a reçu la visite de Louis XV.

L'admission dans la communauté juive de Metz est soumise au paiement d'une taxe. Entre 1749 et 1789, seulement trente-sept personnes ont obtenu le droit de résidence[1]. Admis le 26 novembre 1767, mon ancêtre Samuel (Natanel B. Pinkas) Cahen, d'Augny, est celui qui a versé le droit d'entrée le plus élevé : 1 200 livres.

Au cours du XVIIIe siècle, des liens se sont créés entre les élites intellectuelles juives et chrétiennes. Ainsi, un modeste curé de campagne, l'abbé Grégoire, s'entretient régulièrement avec un notable de la communauté juive de Metz, Isaïe Berr Bing, homme érudit et « éclairé ».

Certes, des sociétés savantes existent dans la plupart des grandes villes du royaume, mais l'Académie royale de Metz se distingue par son originalité : sous la présidence de Pierre-Louis Roederer, un adepte convaincu de la philosophie des Lumières, celle-ci ne se borne pas aux sujets économiques, juridiques ou historiques habituellement abordés par ces institutions. Elle se penche sur les injustices de la société.

Le sujet du prix mis au concours pour 1787 pose ainsi la question suivante : « Est-il un moyen de rendre les Juifs plus utiles et plus heureux en France ? »

L'Académie de Metz reçoit neuf essais ; deux d'entre eux, inspirés par l'antijudaïsme traditionnel, sont rejetés, mais aucun des textes qui lui ont été adressés ne correspond pleinement à son attente. La Société royale renvoie donc le prix à un nouveau concours fixé au mois d'août 1788. Trois essais sont couronnés : ils ont pour auteurs Claude-Antoine Thiery, un avocat de Nancy, très proche d'Isaïe Berr Bing ; un Juif « polonais », Zalkind Hourvitz, secrétaire-interprète pour les langues orientales à la Bibliothèque royale de Paris ; et un

1. Leur liste a été établie par Samuel Kerner (*La Vie quotidienne de la communauté juive de Metz au dix-huitième siècle*, thèse inédite, 1984, p. 75-77).

modeste prêtre, l'abbé Grégoire, curé du village d'Embermesnil, près de Lunéville.

Le rapporteur Jean Le Payen, haut fonctionnaire du Trésor, souligne la similitude de ces trois mémoires : « [Ils] *accusent nos préjugés contre les Juifs d'être la cause première de leurs vices.* »

Le mémoire de l'abbé Grégoire s'ouvre sur une description des Juifs qui correspond à la vision alors en vigueur, leur attribuant, entre autres caractéristiques, le goût de l'usure et de la saleté. Mais, pour l'abbé Grégoire, les Juifs ne sont nullement responsables de ces tares : elles sont la conséquence des mesures d'exclusion dont ils sont victimes. Qu'on les traite comme les autres sujets du royaume, et ils deviendront des Français exemplaires. En outre, l'abbé Grégoire termine son essai par un appel fervent aux chrétiens, les adjurant de considérer les Juifs comme leurs frères : « *Auteurs de leurs vices, soyez-le de leurs vertus, acquittez votre dette et celle de vos aïeux... Les Juifs sont membres de cette famille universelle qui doit établir la fraternité entre tous les peuples.* »

Parce qu'un tel plaidoyer en faveur des Juifs est formulé par un prêtre, son retentissement est grand. La gazette la plus lue, *Le Mercure*, rend hommage à ce texte, dont elle souligne l'importance.

Alors, Louis XVI serait-il disposé à ce que les Juifs cessent d'être une catégorie à part dans le royaume ?

En 1784, il abolit le péage corporel des Juifs d'Alsace qui les assimile aux animaux, puisque, comme ceux-ci, il leur faut payer une taxe à l'entrée des villes.

En 1787, sous l'influence de son ministre Malesherbes, qui avait été exilé sous le précédent règne, Louis XVI signe l'édit de tolérance qui reconnaît aux protestants la liberté de célébrer leur culte et d'avoir un état civil. Puis il informe son conseiller de sa nouvelle mission :

« Monsieur de Malesherbes, vous vous êtes fait protestant ; moi, maintenant, je vous fais juif, occupez-vous d'eux. »

Les événements font que cette tâche incombe aux élus de la nation, puisque Louis XVI, le 23 janvier 1789, décide la tenue des États généraux. Les représentants des trois ordres (noblesse, clergé et tiers état) doivent l'y informer des doléances de ses sujets.

Le 23 avril, les Juifs obtiennent le droit de rédiger leurs propres cahiers de doléances.

Dans la nuit du 4 août 1789, l'Assemblée nationale constituante, qui s'est substituée aux États généraux, vote l'abolition des privilèges. Soudainement, nulle distinction de naissance et de religion n'existe plus. Et, le 26 août, elle promulgue la Déclaration des droits de l'homme et du citoyen. Trois jours auparavant, les délégués des communautés juives sont arrivés à la capitale munis de leurs cahiers de doléances. Ils condamnent les exclusions auxquelles leurs coreligionnaires sont soumis et les lourdes taxations qui leur sont imposées. Ils demandent que soit précisé l'article premier de la Déclaration des droits de l'homme : concerne-t-il aussi les Juifs ?

À la tribune, le 1er septembre, l'Assemblée se saisit de la question des Juifs à la demande de l'abbé Grégoire, devenu député du tiers état[1].

Finalement, après plus d'une année de votes contradictoires, le 27 septembre 1791, le député Adrien Duport, un des premiers élus de la noblesse à avoir rallié le tiers état, appelle à ce qu'« il soit décrété que les Juifs en France jouiront des droits de citoyen actif ».

1. Tout comme Mirabeau, autre partisan de l'émancipation des Juifs, il a été élu dans cet ordre, faute d'avoir obtenu les suffrages de ceux auxquels ils appartiennent, le clergé et la noblesse.

Le 28 septembre 1791, l'Assemblée adopte le décret Duport abolissant toute distinction pour les Juifs. Désormais, ils sont des citoyens français, avec les mêmes droits et devoirs que les autres ; ils ne forment plus une « nation particulière » avec ses propres lois.

Cette même année (le 24 novembre), mon ancêtre Samuel Cahen, fils de « Samuel Samuel Cahen Augny » (et petit-fils de Samuel Benel, mort le 23 septembre), naît à Metz.

Dès le 14 décembre 1791, les premiers Juifs messins prêtent serment à la Constitution.

Sous l'Empire, de nouvelles lois vont concerner les Juifs.

Dans le souci de réorganiser la France, Napoléon a toujours voulu rétablir les relations entre l'État et les représentants des différents cultes. En 1801, alors premier consul, il a signé avec le Vatican un nouveau Concordat qui détermine les prérogatives de chacun. En 1808, après avoir consulté les représentants des communautés juives, il annonce la formation des consistoires. Désormais dans chaque département « renfermant deux mille individus professant la religion de Moïse » sera établi un consistoire, composé d'un grand rabbin et de laïcs élus par vingt-cinq notables eux-mêmes désignés par le préfet « parmi les plus imposés et les plus recommandables des israélites ». Le rôle des consistoires est (sur le plan religieux) de veiller à l'application des décisions du Grand Sanhédrin – cette sorte de cour suprême juive composée de soixante et onze rabbins –, de maintenir l'ordre dans les synagogues, d'assurer la perception des sommes destinées aux frais du culte et d'« encourager, par tous les moyens possibles, les israélites à l'exercice des professions utiles ».

Le consistoire central, installé à Paris, auquel appartient le grand rabbin de France, est, en réalité, la nouvelle autorité qui est placée à la tête du judaïsme français. Là est la nouveauté : c'est la première fois que les Juifs de France sont dotés d'une organisation centralisée, calquée sur l'administration napoléonienne. Sous l'Ancien Régime, les Juifs d'Alsace, de Metz, de Lorraine, de Bordeaux, du Comtat Venaissin formaient autant de « nations particulières », indépendantes les unes des autres.

L'organisation consistoriale reflète la volonté à la fois centralisatrice et uniformisatrice de Napoléon. Elle ne l'empêche pas de signer le 17 mars 1808 un décret, communément appelé le « décret infâme », qui réglemente l'usure, interdit l'entrée en France des Juifs étrangers et interdit aux Juifs français de se faire remplacer lorsqu'ils tirent un mauvais numéro à la conscription.

Avec l'instauration des consistoires débute le temps des notables. Le régime de la Restauration les distingue par le cens, cet impôt qui ouvre le droit d'élire et de se faire élire. Les membres du consistoire messin trouvent place dans cette nouvelle catégorie sociale.

La même année 1808, en application du décret de Bayonne enjoignant aux Juifs de se doter de patronymes fixes, mon ancêtre Samuel « Cahen Augny » décide alors d'adopter pour sa famille le patronyme de Dupont. Il donne à son fils Samuel le prénom d'Auguste. Un tel changement de nom est exceptionnel dans cette communauté juive de Metz, la quasi-totalité des Juifs de cette ville ayant conservé leurs patronymes en usage depuis des générations. Mais on remarque qu'un frère de Samuel, Lion « Cahen Augny », adopta, lui, le patronyme de Lemoniest, tandis qu'un autre, Jacob, établi à Paris, y prit celui de « Daugny ».

Les motivations de mon ancêtre nous restent inconnues. Sont-elles liées à la volonté de souligner l'intégration à la France ? Cela me paraît vraisemblable, mais je ne peux l'affirmer. En tout cas, la nouvelle identité de mes ancêtres n'implique aucune rupture avec la religion juive, puisque Auguste Dupont sera membre du consistoire israélite de Metz en 1838, avant d'en devenir vice-président et d'apporter sa vie durant un soutien constant aux différentes œuvres juives. Son fils Mayer Dupont (1816-1884) fut successivement président du consistoire de la Moselle (avant 1870), puis du consistoire de Nancy (1873-1884).

Au XIXe siècle, la France vit une transformation majeure. La révolution industrielle impose la suprématie de la machine à vapeur. La force mécanique accroît les possibilités de production et lance un âge nouveau de l'acier, qui est aussi celui de la puissance des maîtres de forges.

Dans mon enfance, une vasque ovale d'une trentaine de centimètres de long, avec sa cuvette et son aiguière, me fascinait. En porcelaine blanche de Paris, ornée de quelques fleurs aux tonalités pastel, surmontées d'un cercle doré, elle était posée dans un coin du salon sur une coiffeuse en marqueterie.

Ma grand-mère m'en avait expliqué l'origine : ces objets étaient devenus la propriété de sa propre arrière-grand-mère quand son mari avait commencé en 1848, à Ars-sur-Moselle, sa carrière de maître de forges. Ils appartiennent maintenant à mon petit-neveu, Thomas, et à son épouse, Florence : la famille de celle-ci est originaire d'Ars-sur-Moselle…

En 1845, un important gisement de minerai de fer est découvert dans ce vieux bourg viticole. En 1848,

Auguste Dupont en obtient la concession ; il s'associe avec son fils Mayer Dupont et son gendre Isaac Dreyfus, le mari de sa fille aînée. Ce sont, en France, les seuls maîtres de forges israélites et les fondateurs en Lorraine du second groupe sidérurgique, immédiatement après celui des Wendel.

Ils deviennent rapidement multimillionnaires. En 1865, la fortune de Mayer Dupont n'est pas loin d'atteindre 4 millions de francs. Et, en 1874, Adolphe-Isaac Dreyfus se serait retiré avec 12 millions[1].

Auguste Dupont et sa femme Minette[2] ont trois enfants. Leur plus jeune fille, Adèle, est ravissante, si j'en crois le dessin que j'ai sous les yeux. C'est une forte personnalité. À vingt ans, elle prévient ses parents qu'elle ne se mariera pas si elle n'épouse pas un jeune médecin militaire, Michel Lévy. Ils se marient en 1840, à Metz. Auguste Dupont, alors un notable aisé, dote sa fille, mais n'a guère d'atomes crochus avec son gendre strasbourgeois, issu d'une famille très pauvre. Or les notables israélites lorrains ont tendance à regarder de haut leurs coreligionnaires d'Alsace, dont la condition (colportage, commerce des bestiaux), la langue (le *yiddish-deitch*) et les cadres mentaux (religion traditionnelle régentant leur existence) n'ont pas profondément changé depuis l'Ancien Régime : ces petits Juifs d'Alsace renvoient aux Israélites lorrains l'image détestée de ce qu'ils furent eux-mêmes.

1. Cf. Jean-Marie Moine, *Les Barons du fer. Les maîtres de forges en Lorraine*, éd. Serpenoise et Presses Universitaires de Nancy, 2003, p. 286.

2. Elle est la fille de Mayer Samuel, négociant de Sarrelouis, apparenté aux Worms de Sarrelouis, gros fournisseurs des armées sous l'Ancien Régime. Par sa mère, née Catiche Worms, Auguste Dupont lui-même appartient à cette famille.

De surcroît, Michel Lévy a refusé catégoriquement que son mariage soit célébré à la synagogue : il appartient à ce courant réformateur qui veut épurer la liturgie juive de certains rites jugés superstitieux. Ma grand-mère m'a souvent raconté que cette exigence de Michel Lévy, qu'il avait dû accepter, avait fortement choqué Auguste Dupont, membre du consistoire resté très traditionaliste, hostile donc aux tendances réformatrices. Michel Lévy avait obtenu que son mariage avec Adèle Dupont fût béni par un rabbin, sous un chêne, dans un jardin.

Lorsqu'il devient maître de forges, Auguste Dupont veille à ce que les revenus des hauts fourneaux lui reviennent exclusivement ainsi qu'à ses deux associés, son fils Mayer et son gendre Isaac Dreyfus. Une telle décision suscite l'amertume et l'indignation de Michel Lévy. Ainsi, en 1858, il écrit à son épouse qu'il a dû « *protester solennellement pour convaincre* [un interlocuteur ébloui par les hauts fourneaux d'Ars-sur-Moselle] *que ton père n'avait pas voulu créer cette affaire pour tous ses enfants et que rien n'avait été prévu pour toi... Les bras lui en sont tombés !* » Dans une autre lettre, Michel Lévy recommande à sa femme « *l'apaisement moral, l'oubli des injustices et des mauvais traitements dont nous avons été affligés dans ta famille* ».

Toute sa vie, Michel Lévy fait preuve d'une intense activité intellectuelle[1]. Sa carrière est éblouissante.

Lui qui, dès l'âge de quatorze ans, payait ses études au lycée royal de Strasbourg en donnant des leçons à des

---

1. En témoignent les centaines (si ce n'est le millier) de pages rassemblées par une de ses descendantes, Annie Léon. On y trouve, de son écriture, des poèmes, d'innombrables missives à « sa bien-aimée femme », à ses enfants ou à divers correspondants, ainsi que des textes scientifiques.

écoliers fortunés, aurait voulu faire l'École normale en lettres. En dépit d'une intervention du recteur de l'université de Strasbourg, son admission y est refusée, sans doute parce qu'il est israélite. Il choisit donc la médecine militaire; il entre en 1830 (il a vingt et un ans) à l'hôpital militaire de Strasbourg comme chirurgien-élève.

Tout en continuant à publier des poèmes dans un journal strasbourgeois, il poursuit une carrière fulgurante : à trente-sept ans, il est professeur à l'hôpital militaire du Val-de-Grâce; à quarante-sept ans, anormalement précoce pour un tel poste, il est président de l'Académie de médecine; il sera aussi le premier à soigner les blessés sur le champ de bataille, le créateur des écoles de santé militaire, l'auteur d'un traité d'hygiène qui fait de lui une sorte de précurseur de Pasteur...

Depuis la Révolution, le métier des armes n'est plus interdit aux Juifs. Il revient à Michel Lévy d'être le premier Israélite à avoir atteint le sommet de la hiérarchie militaire avec sa nomination, en 1851, comme médecin-inspecteur, ce qui équivaut à un grade de général de brigade. Jusque-là, aucun Juif n'avait été général.

Grand officier de la Légion d'honneur, Michel Lévy appartient à d'innombrables sociétés savantes dans le monde, est couvert de toutes les décorations possibles, de tous les pays, y compris du Vatican. Il est d'ailleurs reçu à deux reprises en audience personnelle par le pape. À l'issue de la première, il écrit à sa femme : « *Je suis très ému, et non converti.* »

Profondément attaché à la religion juive, et n'envisageant pas une conversion, il est œcuménique avant la lettre : « *Tenons-nous donc sur le terrain d'une commune entente, à ce qui nous unit, non à ce qui peut nous diviser. Vous avez en moi un admirateur de votre talent, profondément sympathique à la civilisation chrétienne, à l'idéal du*

Christ, mais sans oublier Moïse : les deux se continuent, se complètent. Au-dessus d'eux est notre Père qui est au ciel et dont j'implore tous les jours la miséricorde. »

Parmi ses amis, Michel Lévy compte Littré ; il est aussi en relation avec Michelet.

Il meurt en 1872.

L'année précédente, en 1871, après avoir été arrêté quelques jours par les Allemands, Mayer Dupont a quitté la Moselle, suivi de la plupart de ses ouvriers, et a transféré ses activités en Lorraine française. Il y crée la société des hauts fourneaux, forges et aciéries de Pompey, qui se substituent à ses hauts fourneaux d'Ars-sur-Moselle.

Pendant près d'un siècle, les aciéries de Pompey restent l'un des plus puissants groupes sidérurgiques de France. Elles ont fourni les 7 300 tonnes de fer puddlé indispensables à la construction de la tour Eiffel. Elles ferment définitivement en 1986 et, ironie de l'histoire, sont démantelées en 1989, l'année du centenaire de la tour Eiffel.

Renier ses ancêtres maîtres de forges serait-il dans la tradition de ma famille maternelle ?

Ne leur ayant jamais pardonné leur attitude envers Adèle et Michel Lévy, ma grand-mère avait relégué les portraits d'Auguste Dupont et de son épouse dans une chambre de service.

Ma sœur, qui les avait fait restaurer et les avait accrochés bien visiblement dans sa maison de campagne, soutenait avec force que ces effigies étaient celles du médecin-général Michel Lévy et de sa femme…

Quant à moi, mon désaveu des Dupont se manifeste lors d'un entretien, en 2014, avec Aurélie Filippetti. Comme je la félicite de sa victoire sur le Front national aux élections municipales à Metz, berceau de mes aïeux, elle m'interroge : « Que faisaient-ils ? » De crainte de m'attirer l'ire du ministre de la Culture et de la Communication – dont l'hostilité aux maîtres de forges est connue de tous –, je réponds sans hésiter : « Ils travaillaient dans l'acier »...

Si mon arrière-grand-mère, la fille de Michel Lévy, a épousé Alexandre Léon qui était multimillionnaire[1], vingt-deux ans plus tard, sa propre fille, Marthe, ma grand-mère, se marie en 1886, à vingt ans, avec un cousin éloigné, Gustave Léon, vingt-trois ans, qui, lui, n'a aucune fortune.

Cette branche des Léon est une illustration exemplaire de ce que fut l'ascension sociale durant un siècle, à partir de 1850.

Nés dans des familles pauvres, ces Léon parviennent par leur travail à des postes de premier plan dans la fonction publique : inspecteur général des Mines ou des Ponts et Chaussées, directeur des Beaux-Arts, président à la Cour de cassation, professeur d'université... Ils n'imaginent guère d'autre métier que de servir l'État ou, pour être fidèles à Michel Lévy, d'exercer la médecine, un apostolat.

Ils vivent dans l'amour de la France, qui a donné l'égalité des droits à tous ses citoyens et qui leur permet de réaliser, par le travail, leurs ambitions.

Parce que ma grand-mère avait rompu bien avant ma naissance avec toute sa famille, je n'avais jamais

1. En annonçant cette union à l'un de ses frères, Michel Lévy écrit : « *Tu connais assez ma bonne Marie pour savoir qu'elle n'est nullement attirée par la fortune d'Alexandre Léon, mais par ses qualités morales et intellectuelles.* »

rencontré aucun descendant de ces Léon, jusqu'à un dîner chez des amis proches.

Antoine et Simone Veil, que je voyais pour la première fois, sont parmi les invités. Dès les présentations faites, Antoine Veil vient vers moi : « Enfin, je connais ma cousine ! » Je le regarde, ahurie. Jamais je n'ai pu soupçonner le moindre lien de parenté entre nous. Il me les explique : mon grand-père maternel était le cousin germain de son propre grand-père. Leurs aïeux communs étaient natifs de Lamarche, dans les Vosges. Ils y exerçaient souvent le métier de boucher, mais n'étaient pas dépourvus de curiosité intellectuelle, comme en témoigne le certificat de franc-maçon que Moyse Léon, négociant à Lamarche, a obtenu en 1820.

Au fil des années, une véritable amitié s'est nouée entre Antoine Veil et moi. En une occasion précise, qui concerne les Archives, j'ai constaté, avec émotion, sa grande confiance à mon égard.

Après sa mort en 2013, des liens analogues se sont instaurés entre son fils, Jean, et moi.

Décidément, la généalogie a du bon.

UNE VICTOIRE POSTHUME

La généalogie a ainsi le mérite de vous ouvrir des horizons pour le moins surprenants.

Peu après la parution à Londres, en 1974, de *La Fenêtre ouverte*[1], je reçois une lettre d'un correspondant britannique, soucieux de savoir où je devais figurer dans l'arbre généalogique… d'Oscar Wilde. Le patronyme « Elgey », très rare outre-Manche, étant celui de la mère du célèbre écrivain, il était pour lui évident que j'appartenais à sa famille. Avec regret, j'ai dû décliner cet honneur et révéler que « Elgey » était né de mon imagination.

En 1950, Georgette « Elgey » a vu le jour.

C'est par le plus grand des hasards que je me suis trouvé ce pseudonyme. Bien que mes débuts dans le journalisme aient été fort modestes, je comptais bien, tôt ou tard, signer mes contributions. User du nom de mon père – celui sous lequel je me présentais toujours – était exclu : le jugement de la cour d'appel d'Amiens me

1. En 2004, une édition pirate de cette traduction a paru en Grande-Bretagne, chez un nouvel éditeur…

l'interdisait et, si je passais outre, les descendants légitimes de Georges Lacour-Gayet ne manqueraient pas de protester, m'infligeant ainsi une humiliation supplémentaire. Logiquement, j'aurais dû user du patronyme de ma mère, « Léon », le seul auquel j'avais droit. Mais il me semblait qu'en le faisant je reconnaissais que j'étais née de père inconnu, ce que je ne pouvais admettre. Je sais bien aujourd'hui que ce raisonnement était idiot, mais c'était alors le mien. Et je me vois encore expliquant à quelques amis intimes mon problème. Nous étions cinq ou six dans le grand salon de l'avenue de New-York. C'était pour la plupart d'anciens camarades du cours Hattemer. L'un ou l'une d'entre eux – je ne sais plus lequel – me suggéra de signer avec les initiales de Lacour-Gayet : soit L.G., prononcées « Elgé ». Nous avons longuement discuté de l'orthographe de ce pseudonyme et conclu que le terminer par un *y* ajouterait à son authenticité…

Je n'imaginais alors pas un seul instant que « Elgey » pourrait devenir légalement mon patronyme et acquérir une certaine notoriété. Au moment où je trouve mon nom de plume, je n'avais pas de réelle ambition professionnelle. Après deux années (1946-1948) passées à traîner le matin dans les rues, à aller de cinéma en cinéma l'après-midi, j'avais enfin repris contact avec la réalité. Il m'était apparu évident qu'il me fallait apprendre un métier. Je suivis donc les cours d'une école de secrétariat – située dans le 7e arrondissement, rue de Lille, elle avait pour élèves des jeunes filles de bonne famille dont la principale préoccupation était le mariage. J'y appris la dactylographie et, surtout, la sténotypie, qui, je ne sais pour quel motif, me passionna. J'obtins donc sans difficulté un diplôme me qualifiant pour prendre en sténotypie discours et conférences.

Et, là encore, la chance me sourit. Jacques Richet, le plus jeune fils de ma marraine, m'offrit d'exercer mon métier au Centre de formation des journalistes que Philippe Vianney et lui venaient de fonder. J'y serais salariée et, en même temps, je pourrais, si cela m'intéressait, suivre les cours comme élève. C'était une proposition inespérée. Et, bien que je n'aie pas obtenu le diplôme du CFJ[1], mon passage dans cette institution fut décisif pour la suite de mes activités. Il me permit de faire la connaissance de Jacques Kayser, journaliste, écrivain, passionné de politique : avant guerre, il avait appartenu à l'aile gauche du parti radical-socialiste. Il occupait alors au CFJ les fonctions de directeur. Il m'avait prise en amitié, m'avait dédicacé son livre sur l'affaire Dreyfus en me promettant une *« carrière brillante si* [je] *le voulais »,* et m'avait présentée à Robert Aron, qui dirigeait avec Lucie Faure, la femme d'Edgar Faure[2], une revue littéraire, intitulée *La Nef*, qui parut de 1944 à 1982. J'y fis quelques piges; je trouvai très plaisant d'interviewer de très nombreuses personnalités sur le « mal du siècle » ou de rechercher dans les archives de la Radiodiffusion française des documents éclairant les années sombres. Ils sont publiés en février 1951 dans le numéro intitulé *La Radio, cette inconnue.*

Peu après, Robert Aron me demande de travailler avec lui à une *Histoire du gouvernement de Vichy* qu'il a

1. Dans ma promotion, nous ne fûmes que deux dans ce cas : Philippe Bouvard et moi.

2. En 1929, à vingt et un ans, Edgar Faure est le plus jeune avocat de France. En 1950, c'est une personnalité marquante de la IVe République, dont il présida à deux reprises le gouvernement. Lorsque je collabore à *La Nef*, il a déjà occupé plusieurs postes ministériels. À sa mort, en 1988, il est membre de l'Académie française.

décidé d'entreprendre. Sa réalisation, il en est conscient, requerra au moins deux ans de travail. Et il n'a pas les moyens de rétribuer ma collaboration. En échange, il me propose une partie de ses droits d'auteur à partir du dix millième exemplaire. J'ai très envie d'accepter, mais est-ce bien raisonnable ? Je commence alors à être consciente des difficultés matérielles que connaît ma mère. Mais celle-ci, lorsque je lui fais part de la proposition de Robert Aron, n'hésite pas un instant : « Cette offre, c'est ta chance. Tu ne peux pas la refuser. » Elle avait raison, car ce travail me révéla ma passion pour la recherche historique. Je trouvais exaltant de me rendre tous les après-midi dans l'appartement de Louis Noguères. L'ancien président de la Haute Cour – qui détenait chez lui l'essentiel des archives et des arrêts de non-lieu rendus par cette juridiction – avait installé dans son salon une table à l'intention de Robert Aron et de moi-même. Et, quotidiennement, je dépouillais avec passion ces documents, prenais des pages de notes, en ces temps lointains où la photocopie n'était pas encore entrée dans les mœurs.

Très décrié aujourd'hui[1], ce livre bénéficia à sa sortie d'un excellent accueil et obtint un succès commercial qui me valut de toucher des droits d'auteur.

Durant trois années, ma collaboration avec Robert Aron m'avait réjouie. Mais, dès la publication de l'*Histoire de Vichy*, je n'eus qu'une idée en tête : le

1. Une relecture récente de l'*Histoire de Vichy* m'a convaincue qu'il était injuste d'y voir une réhabilitation du maréchal Pétain et de ses gouvernements. Il n'en est pas moins certain que ce livre est devenu, au fil des années, obsolète. La découverte d'archives, inaccessibles dans les années 1950, et l'évolution de l'esprit public ont imposé, à juste titre, une autre approche de cette période.

journalisme. Je fus ravie lorsque Jean Fayard me proposa de participer au magazine de bandes dessinées qu'il avait décidé de créer. L'existence de cette publication, dont j'ai oublié le titre, fut éphémère : quelques mois. Cette expérience renforça ma décision : devenir journaliste et travailler à *L'Express*, créé deux ans plus tôt, en 1953, autour de Pierre Mendès France. Comme à ceux de bien de mes contemporains, il incarnait à mes yeux la modernité. Avec l'arrivée de Pierre Mendès France à la présidence du Conseil des ministres, j'avais commencé à m'intéresser à la politique. Je me rappelle la passion avec laquelle, tous les samedis soir, j'écoutais son intervention radiodiffusée, car, ce qui était totalement inhabituel à l'époque, ce président du Conseil, qui ne ressemblait pas à ses prédécesseurs, s'adressait chaque semaine aux Français.

Robert Aron demanda à son ami l'avocat Georges Izard[1], très lié avec l'équipe de *L'Express*, de me recevoir. Celui-ci m'adressa immédiatement à Pierre Viansson-Ponté, qui en était le rédacteur en chef. Dans la semaine, j'étais embauchée à *L'Express*. Que l'accès à la vie professionnelle était facile en ce temps de plein emploi où nul responsable d'une entreprise n'aurait envisagé de ne pas donner sa chance à un jeune voulant entrer dans le métier et lui semblant présenter un quelconque intérêt !

Mais, au bout d'une année, j'eus le sentiment que ma place n'était pas dans ce journal. Je le quittai, ce qui ne

---

1. Cet ancien député, qui, comme Louis Noguère, avait été parmi les quatre-vingts parlementaires à voter contre les pleins pouvoirs au maréchal Pétain le 10 juillet 1940, jouissait alors d'un prestige certain. Avant guerre un des fondateurs de la revue *Esprit*, il mène sous la IVe République un combat constant pour la décolonisation.

m'empêcha de conserver des relations très amicales avec plusieurs de ses collaborateurs, dont Pierre Viansson-Ponté et Léone Nora. Et, tout naturellement, je me dirigeai vers *Paris-presse l'Intransigeant*, puisque, après la sortie de l'*Histoire de Vichy*, son directeur Max Corre, à qui j'avais confié mon très grand désir de rejoindre l'équipe de *L'Express*, m'avait répondu : « Eh bien, quand vous en aurez assez, vous viendrez ici. » Ce fut le cas.

Depuis longtemps disparu, ce quotidien du soir avait la réputation justifiée de se situer à droite de l'échiquier politique, mais ce qui l'emportait chez ses dirigeants, c'était leur anticonformisme et leur recherche forcenée du scoop.

De mes premiers mois à *Paris-presse*, je garde peu de souvenirs, sinon l'impression très forte ressentie lorsque je pénétrai pour la première fois dans la grande salle de rédaction, où une bonne vingtaine de journalistes avaient leur bureau. Une pensée s'est alors imposée à moi : « C'est un métier dans lequel il ne faut pas vieillir. »

Je fis mes débuts sous la houlette d'un rédacteur en chef, Gilbert Guilleminault, responsable d'une rubrique quotidienne : « L'histoire vraie de la IIIe République ». Il me fut ainsi confié à l'automne 1957 une série d'articles sur Mme de Caillavet, l'égérie d'Anatole France.

En décembre 1957, mon statut se modifia, de façon inattendue et plutôt burlesque.

Un matin, tout le journal était en émoi. *Paris-presse*, qui venait de s'installer dans de nouveaux locaux, y attendait la venue de Robert Meunier du Houssoy, le tout-puissant président du groupe Hachette et de la Franpar[1]. Un détail, invraisemblable aujourd'hui, donne

1. Cette société assure directement ou en participation l'édition de deux quotidiens (*France-Soir* et *Paris-presse*), de seize

une idée de ce qu'était alors le pouvoir de la « pieuvre verte[1] » : la voiture de son président avait le droit de venir l'attendre sur le quai de la gare, à la sortie du wagon où il avait pris place…

Je travaillais dans le bureau de Gilbert Guilleminault : une seule fenêtre, trois bureaux – celui du maître des lieux, de sa secrétaire, de son adjointe –, une petite table pour les collaborateurs de passage ; ainsi, pas un mètre carré de cette pièce, qui ne devait guère en compter plus de vingt, n'était perdu.

Un jour, je vis la porte s'ouvrir : Max Corre, qui était très grand, précédait un homme encore plus grand que lui. Robert Meunier du Houssoy avait fière allure ; il s'appuyait sur une canne (il boitait légèrement – une blessure de la guerre de 1914) et semblait une parfaite illustration de l'officier de cavalerie tel que les images à sa gloire le représentaient au début du XXe siècle.

À mon étonnement, d'un seul geste, toutes les personnes présentes, sauf moi, se levèrent. Max Corre présenta Guilleminault au président Meunier du Houssoy, qui eut ce seul mot, d'une rare condescendance : « Vous avez un bureau charmant ! », puis le duo se retira.

« Pourquoi ne vous êtes-vous pas levée ? m'interrogea Guilleminault. C'était M. Meunier du Houssoy ! »

---

hebdomadaires et magazines. Elle est de loin la plus importante entreprise de presse qui ait jamais existé en France : en 1960, son chiffre d'affaires dépasse les 22 milliards d'anciens francs, soit environ 35 millions d'euros (Léon Chadé, conférence au Centre international d'enseignement supérieur du journalisme, 14 mars 1961, dans *Textes et Documents*, n° 12, décembre 1962).

1. C'était ainsi que ses adversaires désignaient le premier éditeur de France, la couleur verte faisait allusion à l'une de ses collections de livres pour enfants, la fameuse « Bibliothèque verte », qui battait tous les records de vente.

Je ne sais pas s'il entendit ma réponse : « Oui, et après ? », car la porte s'était entrebâillée, Max Corre passait la tête : « Georgette, venez vite, le président veut vous voir ! »

Dans le couloir, un curieux tableau m'attendait : trois rangées d'hommes, chacune d'une hauteur différente. Au premier plan, Max Corre et Robert Meunier du Houssoy, tous les deux dépassant le mètre quatre-vingt-dix. Derrière eux, Pierre Lazareff, le tout-puissant directeur du quotidien *France-Soir* (un million d'exemplaires vendus chaque jour) et l'encore plus puissant Marcel Dassault, le propriétaire des usines d'aviation, l'actionnaire de *Paris-presse,* qui venait d'être élevé à la dignité de grand-croix de la Légion d'honneur. Pierre Lazareff ne dépassait guère le mètre soixante, Marcel Dassault était nettement plus grand. Et, en troisième ligne, trois rédacteurs en chef de *Paris-presse*, tous les trois autour du mètre soixante-quinze…

Me voilà donc devant M. Meunier du Houssoy. Notre échange fut bref :

— Ma femme et moi, nous avons beaucoup apprécié vos articles sur Mme de Caillavet.

— Je vous remercie, monsieur.

— Et Jean Fayard m'a dit la très grande part que vous avez prise à ce très beau livre qu'est l'*Histoire de Vichy*.

— Je vous remercie, monsieur, mais il ne faut pas oublier Robert Aron !

Le président sourit ; il y eut un instant de silence, puis :

— Je connais très bien votre demi-frère.

— Moi, monsieur, je ne l'ai jamais vu.

— Oui, je suis au courant.

Et, en s'adressant à Max Corre, il dit :

— Je ne saurais jamais vous féliciter assez de savoir vous entourer de collaborateurs d'une telle valeur.

Sans le moindre mot nouveau à mon endroit, le président tourna les talons.

Le cortège reprit sa marche, me laissant abasourdie ; je regagnai le bureau de Guilleminault, où un silence glacial et réprobateur m'accueillit.

Des années plus tard, j'ai su que je devais en grande partie à celui que je nomme « faux-frère » – puisque c'est ainsi que je désigne Robert Lacour-Gayet – la sollicitude du président de Hachette : celui-ci avait été choqué de l'entendre déplorer ma présence dans le groupe Hachette…

Quoi qu'il en soit, à partir des quelques paroles que m'avait adressées Robert Meunier du Houssoy, mon statut change du tout au tout à *Paris-presse*. Je ne suis plus une journaliste parmi d'autres, je suis la protégée du « président ». Le bruit s'en répand dans tout le journal, la rumeur naît – je suis de la famille du président ! – à tel point que, lorsque la femme de Robert Meunier du Houssoy meurt dans un accident quelques mois plus tard, un huissier vient me présenter ses condoléances.

En décembre 1957, je change d'affectation. Ulcéré – et on le comprend – par la différence des traitements que Robert Meunier du Houssoy nous avait réservés, à lui et à moi, Gilbert Guilleminault avait décidé de me remettre à ma place. Sous prétexte de me faire une faveur, il me confie la rédaction du survol de l'année, soit six articles de dix pages chacun que je devais lui rendre dans les quinze jours. Ce tableau des douze mois écoulés n'était pas limité à la France. Il concernait le monde entier et devait rappeler aussi bien les événements politiques que les découvertes scientifiques, les livres les plus importants ou les faits divers les plus sensationnels… Naturellement, j'étais bien incapable de mener à bien un tel travail en un délai aussi court. Guilleminault eut le tort de se vanter du bon tour qu'il m'avait joué, tout en ne prenant aucun risque puisque les fameux papiers étaient déjà rédigés par le journaliste talentueux qui, chaque année, en était chargé. Alors qu'enfermée chez moi, travaillant nuit et jour, je me désespérais de la tâche irréalisable qui m'était attribuée, Max Corre eut vent de l'affaire. Il me convoqua : « Je ne veux plus que vous ayez jamais affaire à Guilleminault. Désormais, vous travaillerez avec Pierre Charpy, le responsable du service politique. »

A priori, je n'avais rien en commun avec ce rédacteur en chef et ses collaborateurs. Ils avaient une connaissance approfondie des méandres de la politique intérieure de la France, dont j'ignorais tout. Antoine Pinay, le héros de la droite traditionnelle, était leur grand homme ; ils ne cachaient pas leurs réserves teintées d'hostilité à l'égard de Pierre Mendès France. Or, en dépit de ces divergences, j'ai tous les motifs d'éprouver envers cette équipe une réelle reconnaissance. Ils m'ont accueillie avec une extraordinaire gentillesse, qui n'était pas due, j'en suis convaincue, à la protection de Robert Meunier du Houssoy. Il y avait entre nous une véritable sympathie. Ils avaient compris que je partageais leur passion de la recherche de l'information. Et j'appréciais leur rigueur intellectuelle : quelles qu'aient été leurs opinions, leur principal souci était de ne jamais publier un propos ou un fait qui puisse être démenti. En cela, ils différaient de Max Corre, pour lequel un démenti était une nouvelle supplémentaire, qui permettait de rebondir sur un sujet…

De petites enquêtes m'ont été confiées et, très vite, Pierre Charpy m'a demandé d'avoir des idées d'article. Par le plus grand des hasards, je venais de faire la connaissance d'Olivier Guichard. Son prestige à mes yeux était grand : il était le collaborateur du général de Gaulle. Une fois ses études terminées, il était devenu un permanent du Rassemblement du peuple français, le mouvement que de Gaulle avait fondé en 1947. Après l'échec du RPF, en 1951, il avait accepté un poste très modeste au Commissariat à l'énergie atomique, car Bertrand Goldschmidt, le directeur de la communication, dont il était l'adjoint, s'était engagé à lui donner sa liberté tous les mercredis, le jour où le général de Gaulle quittait sa retraite de Colombey-les-Deux-Églises pour gagner son bureau parisien, rue de Solférino. Ainsi, Olivier Guichard l'y attendait. J'eus l'idée de proposer à Pierre Charpy un papier sur le Général. Comme aucun journal ne s'intéressait plus à l'ancien chef du Gouvernement provisoire de la République[1], Pierre Charpy, fidèle à son souci de se singulariser, accepta avec enthousiasme ma suggestion. Or, vers le 15 février 1958, au cours d'un dîner, un de mes amis, Jean de Lipkowski, jeune diplomate et gaulliste passionné, m'avait annoncé les « ides de mai » : « Le Général va parler en mai… » Du coup, je lui demandai si je pouvais publier cette information : « Il faut voir avec Olivier… » Je me rendis donc au Commissariat à l'énergie atomique, où, dans son

1. Depuis 1955 et la fin de son combat couronné de succès contre le projet d'armée européenne, le général de Gaulle vit retiré à Colombey-les-Deux-Églises. Responsables politiques, journalistes ou simples citoyens sont unanimes, à de très rares exceptions, à juger définitif son retrait de la vie politique.

modeste bureau, le collaborateur du Général manifesta une vive surprise et, lorsqu'il apprit la source de mon information, éclata de rire : « Lip [c'est ainsi que ses amis l'appelaient] n'en fait jamais d'autres ! Tout cela, parce que je lui ai dit qu'ayant remis au Général une invitation du général de Guillebon, commandant l'École polytechnique, à venir s'adresser à ses élèves, je n'avais pas reçu l'habituelle réponse négative, mais, me précisa-t-il, et je l'ai bien dit à Lipkowski, c'est tout simplement que le Général était tellement enrhumé qu'il pouvait à peine parler ! » En fait, je l'ai su des années plus tard, le Général pouvait parfaitement s'exprimer ce jour-là et avait accepté de prendre la parole à l'École polytechnique en mai. Sur-le-champ, je ne mis pas en doute le récit d'Olivier Guichard, mais j'insistai auprès de lui pour qu'il me donne la matière d'un papier. Nous avons ensemble rédigé un feuillet, expliquant que le Général envisageait de sortir de sa retraite, mais qu'il savait que, s'il parlait sans avoir le pouvoir, ses propos seraient immédiatement déformés, donc qu'il ne parlerait pas tant qu'il n'aurait pas la responsabilité des affaires publiques – ce qui ne risquait pas d'arriver : il était en effet exclu qu'il revienne au pouvoir autrement que par la voie démocratique. Or il était évident que les partis politiques ne feraient jamais appel à lui. Le papier se terminait par une affirmation ambiguë : « Le Général ne veut revenir au pouvoir – même sous une magistrature temporaire – que dans le cadre de la légalité républicaine et il semble croire que l'Assemblée nationale ne se résignerait que sous la pression de l'opinion à voir l'ancien chef de la France Libre appelé par M. Coty. »

C'est avec une certaine appréhension que, le 27 février au matin, je remets ma prose à Pierre Charpy.

Il la lit rapidement et, à mon étonnement, me félicite : « Très bonne information. » Une demi-heure plus tard, il m'interroge : « Êtes-vous certaine qu'il n'y aura pas de démenti ? » Je le lui affirme sans le moindre doute : je ne voyais pas, et je ne vois toujours pas, ce qu'on aurait pu démentir dans ce papier qui ne contenait, en fait, aucune information. Rassuré, Pierre Charpy me prévient qu'il a décidé d'en faire la manchette du journal. Et *Paris-presse* daté du 28 février parut ce jour-là avec en tête de la une, en encadré sur trois colonnes, « mon » papier intitulé : « Prochaine rentrée politique du général de Gaulle ? » Ainsi présentée, l'« information » ne passa pas inaperçue et les journaux commencèrent à harceler Olivier Guichard pour lui arracher des renseignements…

Les événements ayant été ce qu'ils furent, le Général étant revenu au pouvoir quelques mois plus tard par la voie démocratique, mon article est devenu, pour reprendre l'expression du très sérieux universitaire qu'est l'historien Michel Winock, « un scoop historique ». Indéniablement, cette appellation me fait plaisir, flatte mon orgueil et suscite mon étonnement, car je ne vois toujours pas quelle est l'information que je suis censée avoir révélée ce 27 février 1958 !

Tout au long de cette année 1958, je poursuis mes activités de journaliste au service politique de *Paris-presse*. Étant donné le retour du général de Gaulle et mes liens avec certains de ses collaborateurs, je suis indiscutablement dans une situation privilégiée pour obtenir des informations du nouveau pouvoir. Je fournis régulièrement à Pierre Charpy, qui s'empresse de les publier, de petits papiers sur le général de Gaulle, dont l'intérêt ne me paraît pas toujours évident.

Le 9 juin 1959, le général de Gaulle manifeste de façon éclatante son ironique bienveillance à mon égard.

Ce jour-là, le chef de l'État, qui doit s'adresser aux élèves de l'École polytechnique, a accepté de participer à une réunion chez son « compagnon », le général de Guillebon, qui commande l'École. J'y suis conviée. La présidence de la République ayant fait savoir le matin même que le Général n'entendait pas prendre part à « un thé de dames », les invités ont été priés de venir sans leur épouse. Je ne risque donc pas de passer inaperçue. Il m'est d'ailleurs conseillé de faire en sorte que le président de la République ne me voie pas. Mais, à ma terreur, il fonce sur moi. Le soir même, j'ai mis sur papier le récit de cette journée. Le voici :

« *Le général de Guillebon me présente* [sous le patronyme paternel]. *"Très honoré", répond de Gaulle sur un ton légèrement narquois. Pour justifier ma présence, le général de Guillebon poursuit : "Elle est, vous le savez, mon général, la fille d'un des plus éminents professeurs d'histoire de l'École. Combien de temps, mademoiselle, votre père y a-t-il enseigné ? – C'était avant ma naissance. Je n'en sais rien..." De Gaulle sourit, lève la main : "Ah, ces familles bourgeoises !" Un silence, puis : "Mais j'ai déjà eu l'honneur de vous être présenté. Nous sommes de vieilles connaissances. La première fois que vous êtes venue me voir, c'est avec Robert Aron, lorsque vous veniez de terminer votre très beau livre sur Vichy." Un silence, puis : "Son livre suivant, Aron l'a écrit sans vous. Il a certainement eu tort..." Je deviens de plus en plus écarlate. De Gaulle : "Mais vous, mademoiselle, vous n'avez pas mené à bien votre projet d'écrire une histoire de la Résistance. Pourquoi ?" Abasourdie qu'il se rappelle une intention rapidement abandonnée, dont je lui avais fait part lors de notre audience du 27 juillet 1955, je balbutie bêtement : "Général, je me suis rendu compte qu'il était impossible d'écrire sur un tel sujet sans votre talent." De toute évidence, de Gaulle a envie de rire : "Je suis très honoré que vous ayez une bonne idée de mes qualités d'écrivain. Mais, vous savez, je n'ai plus le temps d'écrire, je suis maintenant un vieil homme, je n'ai plus qu'une activité limitée…" Brusquement, il change de ton, élève la voix, martèle ses syllabes : "Cependant, je vous lis, n'est-ce pas, mademoiselle Elgey, dans* Paris-presse*?" Il se tait. Prise de panique, j'envisage un instant de m'en aller, mais je me borne, de plus en plus écarlate, à bredouiller : "C'est bien pour cela, général, que je suis confuse d'avoir à nouveau l'honneur de vous être présentée. Je crains que cette lecture…" Il m'interrompt : "Non, je vous lis toujours avec intérêt. Et je dois dire que votre journal m'aide parfois à comprendre ma propre pensée…" Après cette allusion un tant soit peu ironique aux articles publiés sous ma signature avant le 13 mai, prétendant révéler ses intentions cachées, je tente une diversion désespérée : "Enfin, général, il était temps que vous reveniez au pouvoir. Comme vous vous refusiez à parler, nous ne savions plus que dire sur votre pensée." De Gaulle sourit : "Vous avez raison, depuis que je suis au pouvoir, je ne pense plus!" L'assistance éclate de rire. "Général, je vous en prie…" Il ôte ses lunettes, me regarde des pieds à la tête et laisse tomber : "Vous avez une robe charmante, estivale. Revenez me voir."* » C'est le mot de la fin.

*

Quelques mois plus tard, en 1960, je démissionne de *Paris-presse* je ne sais plus pour quel motif. Je participe alors avec trois journalistes à la rédaction d'un livre d'actualité, *Barricades et Colonels*[1], qui entend révéler la

---

1. *Barricades et Colonels, 24 janvier 1960*, par Serge et Merry Bromberger, Georgette Elgey et Jean-François Chauvel, Paris, Fayard, 1960.

vérité sur cette semaine de janvier 1960 où les partisans de l'Algérie française, à la suite du rappel en métropole du général Massu, avaient couvert Alger de barricades et entendaient y prendre le pouvoir. Mais, contrairement à leur attente et peut-être aussi à certaines promesses qui leur avaient été faites, l'armée avait finalement choisi de rester fidèle au gouvernement. Le calme était revenu à Alger.

Il m'arrive aussi à cette époque de collaborer à la revue *Réalités*, ce qui me donne l'avantage d'être sans doute l'une des très rares personnes à pouvoir témoigner d'un geste tout à l'honneur d'un souverain généralement décrié, Hassan II. Chargée de faire son portrait, je le suis à Marrakech, où il fait son entrée en avril 1961, peu après son couronnement. Dans un palais, il reçoit, assis sur une sorte de trône au fond d'une petite pièce, toutes les personnalités marocaines et étrangères présentes dans la ville. Le visiteur s'avance jusqu'au souverain, le chef du protocole murmure son nom, et il se retire rapidement, en marchant à reculons : on ne tourne pas le dos au roi. Étienne Boubat, le photographe qui m'accompagne, et moi assistons à toute cette réception, car le roi doit nous voir à son issue. Dans un coin de la cour, trois hommes âgés attendent aussi. L'un d'eux, seul, se dirige vers la salle où siège le souverain. Alors, à notre stupéfaction, l'officier met sabre au clair, hurle : « Son Excellence, le général Noguès ! » Et le commandeur des croyants de se lever pour accueillir cet octogénaire à la retraite depuis un quart de siècle. Comme, le lendemain, je dis au roi toute l'émotion ressentie devant son accueil au général Noguès, il me répond simplement : « Je n'oublierai jamais que mon père, lorsqu'il a été gravement malade peu avant la guerre, m'a confié au général Noguès : il voyait en lui la seule personne capable de m'élever dans l'amour du Maroc et le respect de la France. »

Je suis arrivée au Maroc peu après le putsch d'Alger : le 22 avril, un haut commandement militaire, composé d'« un quarteron de généraux en retraite », y a pris le pouvoir. Ces officiers entendent mettre fin à la politique d'autodétermination définie par le général de Gaulle. Le 23 avril, après avoir institué l'état d'urgence et décidé de déférer à la justice militaire les chefs de la mutinerie, le président de la République, en uniforme, paraît à la télévision. « Au nom de la France, j'ordonne que tous les moyens, je dis, tous les moyens, soient employés pour barrer partout la route à ces hommes-là, en attendant de les réduire. J'interdis à tout Français, et d'abord à tout soldat, d'exécuter aucun de leurs ordres. [...] Françaises, Français : aidez-moi. »

Munis de transistors, les militaires du contingent entendent l'appel. Ils suivent les consignes du président de la République.

Le 26 avril, c'en est fini du putsch : les généraux rebelles se sont rendus aux autorités légales ou ont pris la fuite.

En mai 1961, pour contrer *L'Express* qui ne ménage pas ses attaques envers le général de Gaulle, le groupe Hachette, avec la bénédiction et l'aide du gouvernement présidé par Michel Debré, crée un hebdomadaire, *Le Nouveau Candide*. Max Corre le dirige ; j'y trouve naturellement ma place. Collaborer à un journal ouvertement gaulliste ne me gêne nullement.

Quelques mois plus tard, en septembre, un scoop – bien réel, celui-là – est à l'origine de ma rupture avec le journalisme.

La France vit dans la crainte de la guerre civile. Après l'échec piteux du putsch, les rebelles n'ont pas désarmé. L'Organisation de l'armée secrète (l'OAS) a été créée. Elle a pour objet le maintien de l'Algérie française, ce qui suppose l'élimination du général de Gaulle. Des attentats sont commis à Alger, dont le spectaculaire assassinat du commissaire de police qui mène la lutte contre l'OAS. Et le bruit se répand que l'organisation s'apprête à « agir » en métropole.

En juillet, je reçois la visite d'un journaliste qui est mon contemporain et que je connais bien, depuis notre collaboration à *Barricades et Colonels* : Jean-François Chauvel, le fils du secrétaire général du Quai d'Orsay, est le correspondant du *Figaro* à Alger.

Ce jour-là, Jean-François vient me proposer un scoop extraordinaire : le journal tenu durant le putsch et les jours qui l'ont précédé par le colonel Godard, l'ancien directeur général de la Sûreté en Algérie, devenu dans la clandestinité l'un des principaux responsables de l'OAS. Contre 5 000 francs, le document est à ma disposition. Je pourrais le publier dans *Le Nouveau Candide*, si je m'engage à respecter les quelques conditions qui me seront communiquées une fois que j'aurai acheté le précieux manuscrit.

Informé, Max Corre n'hésite pas un instant. Et, dans l'heure, je remets à Jean-François Chauvel la somme demandée.

Il est entendu que je dois m'entretenir avec le colonel Godard. Je ne sais plus pour quel motif je me suis rendue, à deux reprises durant ce mois de juillet, à Alger ; sans doute parce que, lors de mon premier séjour, il avait été impossible, dans une ville truffée de policiers, d'organiser la rencontre prévue.

De ces séjours à Alger, je garde trois souvenirs précis. D'abord celui de mon entretien avec le colonel Godard. « Ma seule crainte, me dit-il, c'est que l'on puisse imaginer que j'aie reçu de l'argent de M. Lazareff… » Puis il m'expose les conditions qu'il met à la publication de son carnet. Il ne veut en aucun cas que l'on sache qu'il est parti par « AA », autrement dit Air Algérie – une hôtesse de cette compagnie, qui était de ses proches, l'avait fait monter à bord sans que sa présence soit enregistrée. Il exige aussi que soient caviardés les noms qui sont en clair de deux jeunes officiers, car ceux-ci ne sont pas mis en cause par la justice. Je m'engage à ce qu'il soit fait comme il l'entend…

Je crois que je n'oublierai jamais la profonde tristesse ressentie le 14 juillet 1961, lors du défilé. J'y assistais dans la tribune officielle, qui était pratiquement vide. Les troupes défilaient le long du front de mer ; toutes les petites rues qui y conduisaient étaient bondées de CRS et de gendarmes, en position de tir. Que, le jour de la fête nationale, l'armée française, symbole à mes yeux de la République et de la Libération, doive être ainsi protégée me bouleverse.

En revanche, le troisième souvenir de mon passage à Alger me fait encore rire aujourd'hui. J'avais été invitée à déjeuner au Gouvernement général par le délégué général Jean Morin et le préfet de police d'Alger Aubert – je les connaissais bien l'un et l'autre. Nous étions seuls tous les trois. Arrivée à la porte du salon, où ils m'ont raccompagnée, je pousse un cri d'effroi : j'ai oublié mon sac, un petit sac en raphia bleu, où j'ai mis le journal du colonel Godard ! Je me précipite pour le prendre. Et le préfet Aubert m'interroge, goguenard : « Contiendrait-il du plastic ?

— C'est pire, monsieur le Préfet : de la dynamite.

— Eh bien, dans ces conditions, je vais téléphoner à Maison-Blanche [l'aérodrome d'Alger] pour que tous les contrôles de police vous soient épargnés quand vous partirez ce soir… »

Ce fut le cas. Lorsqu'ils ont découvert quelques jours plus tard, dans *Le Nouveau Candide* daté du 20 juillet, le carnet du colonel Godard présenté par moi, j'imagine leur animosité à mon égard… Cela ne nous a pas empêchés de renouer quelques années après des relations amicales.

Dès mon retour à Paris, je m'empressai de me rendre à la « retouche » commune de *Paris-presse* et du *Nouveau Candide,* et de faire caviarder, comme je m'y étais engagée, les initiales et les noms dont le colonel Godard exigeait la suppression. Et je remis le document original au rédacteur en chef, René Maine, chargé des archives du journal.

Le Nouveau Candide ayant la réputation justifiée d'être un journal gouvernemental, tous les experts de la chose politique furent convaincus que la publication des écrits du colonel Godard correspondait à une manœuvre du pouvoir. Ce qui était absolument faux. Max Corre, réjoui de posséder un tel scoop, n'en avait parlé à personne. Et le gouvernement était au moins aussi irrité de cette parution que pouvaient l'être certains membres de l'OAS, qui ne comprenaient pas comment ce texte avait pu tomber entre nos mains.

Il avait été convenu, avec Max Corre, que je répondrais à toutes les questions sur l'origine de ce document en « expliquant » qu'il nous était parvenu par la poste : en raison de ma participation à *Barricades et Colonels*, j'avais reconnu l'écriture du colonel Godard et il m'avait été facile d'identifier les initiales qui parsemaient son texte.

Quelques heures après la sortie du *Nouveau Candide*, l'attaché de presse du préfet de police Maurice Papon me fait part du désir de celui-ci de s'entretenir au plus tôt avec moi. Je me rends donc à la Préfecture de police, où je reçois l'accueil le plus courtois. Après m'avoir entendue lui affirmer l'origine postale de notre scoop, le préfet me raccompagne jusqu'au palier, assez éloigné de son bureau, ce qui prouve ses égards à mon endroit. Là, devant le planton, debout au garde-à-vous, comme il était normal en présence du préfet, le haut fonctionnaire me déclare textuellement : « Je vous donne ma parole que l'enquête n'aboutira pas… » Il m'aurait tenu de tels propos en tête à tête, j'aurais souri. Mais qu'il me fasse une promesse aussi choquante devant un modeste agent de police figé dans un salut impeccable m'a horrifiée. De ce jour date mon antipathie constante pour Maurice Papon.

Le lendemain, je suis convoquée par le commissaire Clot, qui dirige la brigade criminelle et qui est déjà venu au *Nouveau Candide* saisir l'original du document que nous avions publié. René Maine le lui avait remis.

Le commissaire Clot jouit d'une notoriété certaine. À mon étonnement, il me confie qu'à quelques mois de sa retraite cette affaire l'ennuie au plus haut point : « Si je fais l'enquête méticuleusement selon mon habitude, je pense que le gouvernement me le reprochera. Mais si j'agis selon les vœux des actuels responsables, est-ce qu'un nouveau pouvoir ne m'en fera pas grief dans quelques mois ? » Il me précise que, s'il avait mené cette affaire comme il aurait souhaité le faire, il se serait renseigné sur les récents déplacements à Alger des collaborateurs du *Nouveau Candide*. Et comme je m'écrie : « Je viens d'y aller deux fois », il m'interrompt sèchement : « Je ne vous le demande pas… Mais il y a une question que je dois vous poser, car le juge d'instruction me l'a rappelée à quatre reprises depuis ce matin. Comment expliquez-vous que le document saisi à votre journal ne soit pas celui que vous avez publié ?» Et il me montre le texte non caviardé...

Atterrée, je balbutie : « Êtes-vous sûr que ce n'est pas un faux de vos services ? » Il sourit : « Non, trouvez autre chose. Dites à M. Maine que je viendrai demain matin l'interroger. J'espère que, d'ici là, il aura mis au point une explication satisfaisante. »

Dès mon retour au *Nouveau Candide*, je préviens Max Corre. On imagine aisément sa fureur contre René Maine... Celui-ci reste de marbre.

Le lendemain matin, René Maine explique très sérieusement au responsable de la brigade criminelle les raisons des caviardages subis par le document. Il a supprimé les initiales « AA », car celles-ci peuvent représenter différentes sociétés et qu'une publication récente, comme *Le Nouveau Candide*, ne peut pas se priver d'un éventuel support publicitaire. Il a rayé les noms qui sont en clair, car les publier équivalait à dénoncer ceux qui les portaient, alors qu'identifier des initiales était un travail de journaliste... Le commissaire Clot s'en alla, apparemment satisfait de ces « explications ».

L'affaire semblait close.

Mais, au début de septembre, René Maine et moi recevons la visite à nos domiciles respectifs d'un gendarme, chargé de nous remettre en mains propres une convocation : nous devons comparaître le 13 septembre devant le haut tribunal militaire.

Cette juridiction, créée par décret du 28 avril 1961, est chargée de juger l'affaire dite du « complot de Paris » : sept officiers, quinze civils sont accusés d'avoir tenté, en avril, de fomenter en métropole une sédition afin de soutenir le « putsch des généraux ».

Sur l'heure, Max Corre m'envoya voir un avocat. Celui-ci m'expliqua qu'en aucun cas je ne devais refuser de répondre aux questions qui me seraient posées, le secret professionnel des journalistes n'étant pas reconnu par la loi. Pour expliquer l'origine du journal du colonel Godard, il avait inventé une explication abracadabrantesque, que j'ai oubliée, bien qu'à l'époque son auteur me l'ait fait apprendre par cœur !

Le matin de la comparution, je croise par hasard dans les couloirs du journal Max Corre et Pierre Lazareff. Ils ne me voient pas… Je comprends que, pour eux, je n'existe plus.

René Maine et moi sommes arrivés ensemble au Palais de Justice; le haut tribunal militaire y siégeait en lieu et place de la cour d'assises. Comme tous les témoins, nous sommes dirigés vers une petite salle au sous-sol, où, sous la surveillance des gendarmes, nous attendons d'être appelés. René Maine l'est avant moi. Rapidement, j'entends les apostrophes violentes que, de sa voix de stentor, lui jette l'avocat Jean-Louis Tixier-Vignancour. Avec une gentillesse évidente, les gendarmes tentent de me rassurer : « Ne vous laissez pas inquiéter par ces fascistes. Ne regardez que le président », et ils me donnent à lire un numéro de *France-Dimanche* sur les amours de Farah Diba, la jeune et nouvelle épouse du shah d'Iran !

Me voilà à la barre des témoins. Une fois terminé l'interrogatoire d'identité, la parole est donnée à la défense. Je vois se lever, non pas maître Tixier-Vignancour, avec qui je suis dans les plus mauvais termes depuis mon implication par ses soins dans l'affaire de l'Observatoire[1], mais Jacques Isorni, l'avocat du maréchal Pétain,

1. Dans la nuit du 15 au 16 octobre 1959, la voiture de François Mitterrand est criblée de balles avenue de l'Observatoire. Une

dont j'ai fait la connaissance lors de mes recherches sur le gouvernement de Vichy.

À sa première question sur l'origine du document, je réponds l'avoir reçu par la poste.

— Vous savez, me réplique l'avocat, en quelle estime je vous tiens.

— Vous me l'avez déjà dit, je vous en remercie.

Intervention du président :

— Vous n'avez pas à parler à la défense...

Et Jacques Isorni reprend :

— C'est justement en raison de cette estime que je vous adjure de nous dire la vérité...

---

semaine plus tard, un ancien député poujadiste, Robert Pesquet, déclare qu'il est l'auteur de l'attentat, et que celui-ci a été commis à la demande de François Mitterrand, en recherche de publicité. Ce que l'ancien ministre de la Justice dément avec force. Or, dans l'après-midi du 15 octobre, quelques heures avant l'attentat, *Paris-presse* a publié une déclaration de Lucien Neuwirth annonçant la venue en métropole d'un commando de tueurs contre les hommes politiques. Animé par le souci d'atteindre les milieux gaullistes, Jean-Louis Tixier-Vignancour, qui est l'avocat de Pesquet, prétend que je suis complice de François Mitterrand : je lui aurais remis, avant la sortie du journal, le texte de Lucien Neuwirth. À l'époque, je ne connais pas François Mitterrand. Je suis convoquée par le juge d'instruction, qui reconnaît vite que ma présence dans son cabinet n'est pas justifiée. À l'heure où je suis censée rejoindre le sénateur de la Nièvre dans un hôtel, j'interviewais Guy Mollet ! Mais les soupçons insensés dont j'ai été la victime me conduisent à penser que les accusations lancées contre François Mitterrand peuvent, elles aussi, ne reposer sur rien. Pour la première fois de ma vie, je demande à le voir : je tiens à lui faire part de la leçon que j'ai tirée de ma mise en cause. Il en est profondément touché. Et, très vite, une solide amitié se crée entre nous, en dépit de nos opinions politiques divergentes. C'est en 1981 que, pour la première fois, j'ai voté pour lui – non par adhésion à ses idées, mais par désir d'alternance.

Sans la moindre hésitation, oubliant toutes les recommandations dont j'ai été accablée, je prends la parole :

— Je refuse de répondre. J'invoque le secret professionnel des journalistes...

Il m'était physiquement impossible de trahir le serment que j'avais prêté de dire la vérité, en racontant n'importe quelle sornette.

Tollé général. La séance est suspendue. Le président, le commissaire du gouvernement, Tixier-Vignancour sortent ensemble : ils vont conférer avec le bâtonnier de l'Ordre des avocats.

Je reste à la barre des témoins. Maître Isorni s'approche de moi : « Je m'étais entendu avec mon confrère Tixier-Vignancour. Il avait été décidé qu'il s'en prendrait à votre seul rédacteur en chef. Je ne voulais pas qu'il vous importune... » Je ne sais comment, un éclair me vient et je lui réponds : « En fait, vous aviez peur de ce que je pouvais dire... » Maître Isorni éclate de rire : « C'est évident ! »

Les nombreuses expertises graphologiques effectuées à la demande des avocats avaient toutes conclu que l'authenticité du journal du colonel Godard était indiscutable. Ils ne savaient pas comment j'avais pu me le procurer, mais ils redoutaient que ce ne soit avec l'accord de son auteur, et ils n'avaient nulle envie que je fasse une telle révélation. Ce document était la seule preuve de la culpabilité de certains des accusés.

Aujourd'hui, les mobiles du colonel Godard, en donnant son journal à Jean-François Chauvel et en l'autorisant à le vendre, me semblent clairs. Il voulait manifester sa reconnaissance au fils de l'ambassadeur qui, après l'échec du putsch, l'avait caché pendant plusieurs jours dans sa chambre de l'hôtel Saint-Georges, quartier général des journalistes. Et la publication de ses notes permettait à l'officier rebelle de démontrer qu'il n'avait pas été à l'origine du putsch, ce qui était exact.

Au bout d'une demi-heure, la séance reprend. Le président indique qu'il est mis fin à mon interrogatoire. Le commissaire du gouvernement annonce que, dans son réquisitoire, il ne fera pas état du journal attribué au colonel Godard.

Ainsi, les deux jeunes officiers ont été acquittés et, pour la première fois, le secret professionnel des journalistes fut reconnu par la justice française…

Notre sortie, à René Maine et à moi, du Palais de Justice n'en fut pas moins pénible, sous les huées des nombreux partisans de l'OAS qui s'entassaient dans la salle du tribunal.

Une conviction m'habitait : je n'aurais pas pu dire la vérité, personne ne voulait l'entendre. Et, si je l'avais fait, je me serais retrouvée au chômage, ou internée, accusée de tenir des propos déments. Il n'était même pas exclu que je puisse être victime d'un accident mortel.

Du coup, je me suis fait la promesse de ne plus jamais exercer le métier de journaliste…

Il me fallut plus d'une année pour respecter cette promesse.

Car, après m'avoir offert une semaine de vacances dans le midi de la France, Max Corre me proposa la rédaction en chef du *Nouveau Candide*. J'étais devenue digne d'un poste de responsabilité, puisque j'avais su me sortir d'une affaire tortueuse…

Ce serait mentir que de nier ma joie d'occuper ces fonctions. J'y mis fin brutalement, un an plus tard, en 1962.

À l'automne de cette année, le général de Gaulle a créé une situation politique inédite : pratiquement tous les partis politiques, des communistes à l'extrême droite, se sont unis dans le même combat contre le président de la République. Depuis la conclusion de la paix en Algérie, son gouvernement ne dispose plus d'une véritable majorité à l'Assemblée nationale. Le 29 août, soit sept jours après l'échec de l'attentat du Petit-Clamart minutieusement organisé par un ingénieur militaire, le lieutenant-colonel Bastien-Thiry[1], le général de Gaulle fait connaître son intention de modifier la Constitution. Et, le 12 septembre, l'annonce est faite d'un référendum sur l'élection au suffrage universel du président de la République.

Le 29 septembre, au congrès du parti radical-socialiste, Gaston Monnerville, le président du Sénat, annonce qu'il votera non et qu'il va saisir le Conseil constitutionnel. Il dénonce la forfaiture… Alors que cette accusation vise le Premier ministre, Georges Pompidou (il lui reproche d'avoir prétendu qu'il était à l'origine du référendum), les journalistes comprennent que le second personnage de l'État a accusé le président de la République d'un tel crime.

Dès lors, aux yeux de tous, Gaston Monnerville devient le chef de l'opposition. Nul – ou presque – ne doute de son succès. Elle ne regroupe pas seulement tous les partis politiques, à la seule exception des gaullistes, la quasi-unanimité des syndicats et organisations patronales. Elle bénéficie aussi de l'appui des plus hautes juridictions : le 1er octobre, à l'unanimité moins une voix, le Conseil d'État déclare que ce référendum est anticonstitutionnel ; le 2 octobre, dans un vote officieux, sept des dix membres du Conseil constitutionnel font part de leur « hostilité absolue » à ce projet.

1. Arrêté en septembre, condamné à mort et fusillé le 11 mars 1963, Bastien-Thiry est le dernier en France à mourir ainsi.

Dans un climat d'une violence inouïe, *Le Nouveau Candide* est un des très rares journaux à soutenir le général de Gaulle et à fustiger le président Monnerville. Au lendemain de son intervention au congrès radical, l'hebdomadaire publie une photo du président du Sénat avec sa femme, celle-ci jouant du piano. Comme titre : « La flûte désenchantée », et comme légende : «La flûte est le violon d'Ingres de M. Monnerville. Il vient d'en jouer au grand casino de Vichy un air de sa façon. Sa femme l'accompagne toujours. »

Une telle insolence provoque l'indignation du président Meunier du Houssoy, certain, comme l'ensemble du patronat, que Gaston Monnerville sera bientôt président de la République.

Et, bien que je vienne de recevoir une lettre de félicitations du conseil d'administration d'Hachette pour mon exercice de la rédaction en chef, je suis jugée responsable de cette publication scandaleuse. Max Corre, l'auteur du texte, se garde d'en revendiquer la paternité. Du jour au lendemain, mon bureau, toujours plein de monde, devient désert. À part ma secrétaire, je ne vois plus qu'un ou deux journalistes ; tous les autres m'ignorent. Sans attendre le référendum qui, le 28 octobre, aboutit à une victoire massive du général de Gaulle (62,25 % de oui), je donne ma démission avec éclat. Pour tout commentaire, je reçois de Max Corre cet avertissement : « Ce départ est une rupture dont tu ne te remettras jamais, c'est un suicide. »

Je regrette alors de ne pas avoir été plus tôt fidèle à la promesse que je m'étais faite l'année précédente : ne plus jamais être journaliste. Mais je n'en suis pas moins, sinon désespérée, du moins profondément triste. Je ne me vois aucun avenir, et je pleure sans arrêt. C'est ma première dépression – hélas, non la dernière –, la plus grave assurément.

Je ne cesse de pleurer tout au long d'un déjeuner au Palais-Bourbon, où j'ai été invitée par mon ami Lucien Neuwirth, alors questeur de l'Assemblée nationale.

*

La vie de Lucien Neuwirth est une incroyable succession de hasards providentiels.

C'est dans la ville de Saint-Étienne où il vit depuis sa naissance que, grâce à sa mère, Lucien Neuwirth, seize ans, entend l'appel du général de Gaulle le 18 juin 1940. « C'est lui qui a raison. Il faut le suivre », lui dit-elle. Dès ce moment, la religion de l'adolescent est faite. En décembre 1941, avec un petit groupe de camarades, il se rend au siège du journal clandestin *L'Espoir*, un des premiers à exister. Son fondateur, le journaliste Jean Nocher, chef dans le département de la Loire du mouvement Francs-tireurs, les accueille chaleureusement : « Hitler est foutu, la jeunesse est dans la rue ! » leur lance-t-il.

Neuwirth commence à distribuer des tracts gaullistes et il parvient, par un membre de la famille du général de Gaulle, à se procurer une photo du chef de la France Libre, dont personne ne connaît encore le visage. En 1942, un samedi matin, au petit déjeuner, des hommes de la Milice viennent l'arrêter chez lui. Il est conduit dans le local qui fait office de commissariat de police sous l'« homme de bronze » – c'est le nom des deux statues qui ornent l'accès monumental de la mairie. Par chance, une marchande des quatre-saisons, incarcérée, le reconnaît et se met à hurler : « Vous n'avez pas honte d'arrêter des gosses ! » Le chef de la Milice reçoit un coup de téléphone : il est appelé d'urgence à Vichy. Après son départ, les policiers, excédés par les cris de la vendeuse de fruits et légumes, finissent par relâcher le lycéen, à condition qu'il revienne le lundi matin. Sa mère, tout étonnée de le voir de retour à la maison, le supplie de quitter immédiatement Saint-Étienne.

Dans le train pour Andorre, un jeune aviateur porte une minuscule croix de Lorraine attachée à son bracelet-montre. Ils se regardent et vont parler dans le couloir. Ce militaire, qui appartient à l'armée de Vichy, déconseille formellement à Lucien Neuwith de se rendre en Andorre. Qu'il aille plutôt à Saint-Girons, dans l'Ariège. Il lui donne un mot pour une de ses tantes, qui y est femme de chambre à l'hôtel de France. Elle pourra le mettre en contact avec un réseau de passeurs pour l'Espagne.

Quelques mois plus tard, après un séjour dans le camp de concentration espagnol de Miranda de Ebro, Lucien Neuwirth, qui se présente sous l'identité d'un Américain, Lionel Newton, est libéré par le consul des États-Unis à Madrid. Arrivé à Londres, il s'engage dans les Forces françaises libres. Devenir aviateur, ce qu'il aurait souhaité, exigeait un stage d'entraînement de six mois au Canada. Il y renonce : il veut être parmi les premiers à revenir en France. Le voilà donc parachutiste.

Une jeune Anglaise, elle aussi mobilisée, lui fait découvrir à Hyde Park la « Gynomine » : un cachet contraceptif. Il ne savait pas que la contraception existait. Profitant d'une permission commune, sa petite amie anglaise l'emmène passer quelques jours chez ses parents, qui habitent dans le nord du pays, à York.

En 1945, Lucien Neuwirth est parachuté aux Pays-Bas. Lui et ses hommes sont faits prisonniers dans une clairière par les soldats allemands et fusillés, puisque, pour ces derniers, les hommes des Forces françaises libres ne sont pas des soldats, mais des terroristes. En entendant les oiseaux chanter, Lucien Neuwirth comprend qu'il n'est pas mort : la balle a ricoché sur un portefeuille, dans son *battle dress*, contenant des pièces de monnaie. Bien que grièvement blessé, il parvient à ramper jusqu'à un sous-bois, à arracher tout ce qui évoque son appartenance aux FFL. Il entend la charrette des Allemands venus ramasser les corps. À quelques mètres de là, il tombe sur deux officiers SS en train de fumer une cigarette. Il leur explique qu'il est anglais et qu'il a perdu sa plaque militaire. Interrogé sur son lieu d'habitation, il cite immédiatement la ville de York, et donne le nom de la rue où il a résidé quelques jours. La chance – ou le miracle – veut qu'un des deux Allemands soit né à York. Il connaît l'endroit indiqué par le prisonnier ; il ne met donc pas en doute sa nouvelle identité. « Lionel Newton » est d'abord placé au sous-sol d'une ferme occupée par les Allemands, où il se débarrasse, dans un tas de charbon, d'une montre volée sur le cadavre d'un SS. Il est ensuite conduit dans un hôpital militaire allemand, où il est bien soigné, puis envoyé dans un camp de prisonniers de guerre anglais à Hambourg.

En 1947, de retour à Saint-Étienne, la vague gaulliste aux élections municipales fait de lui un conseiller municipal. La première visite qu'il reçoit dans sa nouvelle fonction est celle d'une femme, qui le supplie de lui procurer un logement décent. Son mari, ses quatre enfants et elle vivent dans une seule pièce. Or elle est à nouveau enceinte : « Où voulez-vous que je le mette, sinon dans le tiroir de la commode ? » Lucien Neuwirth s'étonne qu'elle n'ait pas eu recours à la contraception. « Qu'est-ce que c'est que ça ? » lui demande-t-elle.

Après son départ, Neuwirth fait part de son étonnement au nouveau maire, le gaulliste Alexandre de

Fraissinette. Celui-ci lui révèle l'existence de la loi de 1920, qui interdit non seulement l'usage de la contraception, mais aussi sa seule mention. Il conclut : « Celui qui fera abroger cette loi n'est pas encore né ! » Dès cet instant, Neuwirth décide que la modification de cette loi doit être le combat de sa vie. C'est grâce à la jeune Anglaise qui la lui a fait connaître qu'il a pu prouver sa « nationalité britannique » et échapper à la mort.

Près de vingt ans plus tard, le 18 mai 1966, le jour de son quarante-deuxième anniversaire, Lucien Neuwirth dépose à l'Assemblée nationale une proposition de loi abrogeant la loi de 1920. Ce qui lui vaut d'être traité d'assassin, de fossoyeur... L'année suivante, il est convoqué par le général de Gaulle, qui veut entendre ses arguments en faveur de la contraception. Pendant une demi-heure, le député parle devant un chef d'État impassible, qui ne lui pose aucune question. Il quitte l'Élysée, ne sachant que penser. Mais le lendemain, à l'occasion d'une réception au palais présidentiel, le général de Gaulle lui dit ces quelques mots : « Vous avez raison. Transmettre la vie, c'est important. Il faut que ce soit un acte lucide... Continuez. » Au premier Conseil des ministres qui se réunit, le Général ordonne d'inscrire la proposition de loi déposée par Lucien Neuwirth à l'ordre du jour de l'Assemblée nationale le 19 décembre 1967. Votée par une partie de la majorité et l'ensemble de l'opposition, elle est promulguée par le général de Gaulle le 28 décembre, à Colombey-les-Deux-Églises, où il est venu passer Noël.

En 2017, la poste a imprimé un timbre spécial pour le cinquantième anniversaire de la loi Neuwirth, une cérémonie a eu lieu le 6 février au Sénat pour l'occasion.

*

L'attention aux autres, la volonté de les aider n'ont jamais fait défaut à Lucien Neuwirth. En ce jour du début de janvier 1963, où je suis au cent cinquantième dessous, j'en bénéficie. Comprenant rapidement que verser des larmes est ma seule activité, Lucien Neuwirth prend les choses en main : « Vous ne pouvez pas rester dans cet état. Une de mes collaboratrices va vous accompagner chez vous pour que vous prépariez une valise ; vous revenez ici ce soir, et je vous conduis au train pour Grasse. Une place vous aura été réservée. Je veux que vous alliez à Grasse, car j'y connais un merveilleux médecin, le docteur Pathé. Je vais lui téléphoner ; il vous recevra dès votre arrivée et, dans quelques jours, vous revenez à Paris en pleine forme… »

Le lendemain matin, je me retrouve à Grasse à la clinique fondée par le docteur Pathé. Elle n'est pas dépourvue de notoriété : Norodom Sihanouk, le roi du Cambodge, y fait des séjours réguliers. Je suis immédiatement introduite dans le bureau du docteur Pathé. Je pleure toujours. Le praticien me pose une seule question : « Pourquoi pleurez-vous ? » À travers mes larmes, je lui raconte mon départ du *Nouveau Candide*, qui est une double rupture, professionnelle et sentimentale ; toujours en pleurant, je lui confie mon désespoir à l'idée que je serai à jamais rejetée, comme je l'ai été par mon père. Le médecin ne m'a jamais interrompue, ni posé la moindre question. Lorsque je me tais, il constate simplement : « C'est tout à fait normal de pleurer après ce que vous venez de vivre. » Du coup, sur-le-champ, je m'arrête de pleurer. J'essuie mes yeux, mes larmes ne coulent plus. Jamais je n'avais imaginé qu'il puisse exister un psychiatre doté d'un tel pouvoir. Tout esprit sensé aurait jugé aberrant de quitter Paris pour consulter un médecin à Grasse, alors que, chacun le sait, les meilleurs spécialistes se trouvent dans la capitale. Pourtant, Lucien Neuwirth avait eu raison : je ne crois pas que, dans mon cas, un autre que le docteur Pathé aurait pu être aussi efficace.

Quelques jours plus tard, je reviens à Paris. Je ne pleure plus, mais je n'en suis pas moins triste et inquiète. Je n'ai nulle idée de ce que je vais faire. Je ne me vois aucun avenir.

À nouveau, la chance me sourit – car, finalement, j'ai eu beaucoup de chance.

Dans la semaine qui suit mon retour dans la capitale, je fais part à mon ami Roger Stéphane[1] de mon désarroi. Je lui confie que, en fin de compte, le seul travail qui m'ait donné une vraie satisfaction intellectuelle, c'est celui accompli avec Robert Aron pour l'*Histoire de Vichy*. La réplique de Roger Stéphane est immédiate : « Pourquoi ne feriez-vous pas seule la suite ? » Je le regarde. Il me précise : « Vous devriez écrire l'histoire de la IVe République. Ce pourrait être passionnant. » Oui, pourquoi pas ? Et je me suis accrochée à cette idée. Mais je ne savais rien de la IVe République ; hors l'expérience Mendès France, je ne m'étais guère intéressée à la vie politique. Je n'en éprouvais pas moins admiration et estime pour deux responsables de ce régime : Pierre Mendès France – je l'ai déjà relaté – et Maurice Schumann, car tous les soirs, sous l'Occupation, l'entendre à la radio de Londres était un

1. Oublié aujourd'hui, Roger Stéphane, journaliste et écrivain, connaît sous la IVe République une grande notoriété. Résistant de la première heure, passionné de littérature, bibliophile, doté d'une culture éblouissante, il est aussi dandy, esthète, fondateur de l'hebdomadaire *L'Observateur*, à la pointe du combat pour la décolonisation, et admirateur inconditionnel de Lawrence d'Arabie ainsi que du général de Gaulle. Il se suicide le 4 décembre 1994.

merveilleux réconfort. J'ai donc décidé de les consulter sur la suggestion de Roger Stéphane. Tous les deux, sans la moindre hésitation, m'ont répondu que c'était une excellente idée. Ils avaient chez eux de très nombreuses archives sur la IVe République. Elles étaient à ma disposition.

Du coup, je n'ai plus hésité, et je me suis lancée dans cette entreprise, dont jamais je n'aurais imaginé qu'elle serait, durant près d'un demi-siècle, mon obsession. Lorsque j'ai commencé ce travail, les éditions Fayard m'ayant commandé une histoire de la IVe République en deux volumes, j'étais convaincue qu'il me faudrait cinq ans pour en venir à bout… Or, mon *Histoire de la IVe République* compte six volumes : le premier a été publié en 1965, le sixième en 2012.

Dans les moments de panique – et ils ne furent pas rares ! – où je craignais de ne jamais terminer ce travail, il m'est arrivé de penser que la IVe République « aurait ma peau ». En fait, elle m'a sauvée, elle m'a donné un objectif précis : mener à bien ce que j'avais commencé. Elle m'a permis de donner libre cours à ma passion de la recherche. Elle a eu un autre avantage : la nécessité de gagner ma vie, de trouver des occupations rentables conciliables avec l'écriture du livre – ce furent des émissions de télévision, ma collaboration comme apporteur de livres puis comme directeur littéraire aux éditions Fayard, qui ont toujours été mon point fixe… Il me fallait aussi assumer les lourdes charges familiales qui m'incombaient. Tout cela m'a permis de ne plus ressasser les conditions de ma naissance – je n'y ai même plus pensé.

*

Pendant les trois années qui ont suivi ma rupture avec le journalisme, il m'est arrivé de frôler la grande pauvreté.

En 1961, après la mort de Tante Hélène, ma mère et moi avions quitté l'avenue de New-York pour un appartement qui n'avait rien de luxueux. Nous y sommes restées deux ans. La santé de ma mère s'est rapidement aggravée, au point qu'elle a dû être hospitalisée plusieurs mois. N'ayant jamais exercé d'activité professionnelle, elle ne disposait pas de la sécurité sociale. Et ce n'est qu'en janvier 1978, cinq mois avant sa mort, qu'il fut possible de souscrire une assurance volontaire. À l'époque, si vous gagniez plus que le SMIC, un ascendant à charge ne pouvait pas bénéficier de votre sécurité sociale. Et le seul moyen que j'aie trouvé pour payer une note médicale particulièrement élevée fut de quitter notre nouvel appartement afin d'obtenir une reprise. J'avais alors comme seule résidence fixe une petite maison dans la Beauce, à quatre-vingts kilomètres de Paris, que j'avais achetée du temps de ma prospérité passée.

Ma sœur prit alors totalement en charge notre mère. Elle acheta sur le palier de son appartement un petit deux-pièces médicalisé où maman s'installa. J'y passais tous les week-ends avec elle, ma sœur étant alors dans sa maison de campagne.

Durant ces quelques années, il m'est arrivé, en fin d'après-midi, de me demander où je pourrais bien dormir. Je venais à Paris plusieurs jours par semaine, et parfois, en raison d'un rendez-vous fixé très tôt le lendemain matin, il me paraissait sage d'y passer la nuit.

Ainsi, un jour, je décide de retenir une chambre à l'hôtel Lutétia, du lundi au jeudi. Le mardi soir, le portier refuse de me donner la clef de ma chambre si je ne paie pas d'avance la nuit. Sans doute la femme de chambre a-t-elle signalé mon manque de bagage. Je suis profondément humiliée. Heureusement, je peux satisfaire les exigences du concierge et regagner ma chambre très provisoire. Je m'empresse alors de téléphoner à mon ami Frédéric Grendel. Attentif à mes doléances, ce gaulliste passionné, qui dirige alors l'organe des gaullistes de gauche, *Notre République*, n'a pas la moindre hésitation : « Je vous promets que cela ne se reproduira pas… » De fait, le lendemain, le portier me tend avec obséquiosité la clef que je lui demande. En entrant dans ma chambre, j'y vois, avec stupeur, une corbeille d'orchidées venant d'un des fleuristes les plus cotés de Paris. Elle m'est envoyée par Frédéric Grendel. Je me rue sur le téléphone pour le remercier. « La principale difficulté a été de trouver à qui emprunter de l'argent pour la payer… » Il faut dire que Grendel était presque aussi fauché que moi. Il avait eu l'idée d'exposer le problème au général Billotte, gaulliste de gauche, Compagnon de la Libération et mari d'une milliardaire américaine. Sur l'heure, le général Billotte lui a donné les quelques centaines de francs nécessaires au paiement des orchidées. Il avait aussi veillé à ce que *Notre République* puisse désormais m'assurer une collaboration régulière.

Durant cette période difficile, j'eus une autre amie merveilleuse, qui ne laissait jamais passer une journée sans me téléphoner. C'était… Madame Soleil. J'avais fait sa connaissance des années auparavant par l'intermédiaire d'un ami conseiller à la Cour des comptes qui, intrigué par la plaque « Madame Soleil, voyante », avait voulu savoir qui était cette diseuse de bonne aventure porteuse d'un tel nom. Il l'avait quittée très impressionné, non par ses prévisions, mais par sa personnalité. Il m'avait fortement conseillé d'aller la voir. Je ne crois pas à la voyance, pas même à celle de Madame

Soleil, mais je n'avais jamais vu, avant de la connaître, une femme douée d'une telle empathie pour les autres, d'un tel optimisme aussi et d'une telle générosité. Lors d'une veille de Noël, où elle espérait la venue de clients pour pouvoir donner un cadeau à ses enfants, elle pensait à ceux qui étaient encore plus démunis qu'elle. Son drame était que la mort de ses parents l'avait empêchée de faire des études : elle avait commencé à travailler à huit ans. « Mais, disait-elle, mes enfants pourront faire des études. » Quand elle dut constater qu'ils n'en avaient pas les capacités, elle se consolait : « Alors, ce seront mes petits-enfants qui les feront… » Par la suite, elle devint célèbre. On sait que pour éluder une question embarrassante, lors de sa conférence de presse le 19 janvier 1971, Georges Pompidou, alors président de la République, eut recours à elle : « Je ne suis pas Madame Soleil ! »

Bref, je suis très heureuse et fière d'avoir été l'amie de Madame Soleil, qui, toute sa vie, conserva la même modestie.

Avec la parution, en 1965, du premier tome de la *IV*^{e} *République*, ma situation matérielle se rétablit ; je pus à nouveau louer un appartement à Paris. Et ma mère partagea son temps entre ses deux filles.

Apparemment, je menais une vie sans problèmes, entre mes livres, mes émissions de télévision, ma collaboration chez Fayard.

Je crois vraiment que les Lacour-Gayet m'étaient devenus indifférents. D'ailleurs, j'avais progressivement cessé de me présenter sous ce patronyme ; j'étais véritablement devenue « Georgette Elgey ». Ce pseudonyme ayant acquis une petite notoriété, j'ai obtenu sans difficulté qu'il soit mentionné sur ma carte d'identité ; à partir d'une certaine date, que je suis incapable de préciser

– elle se situe entre 1970 et 1975 –, elle stipulait : « Léon dite Elgey ».

En 1972, les dispositions du Code civil sur la filiation sont modifiées : la loi du 3 janvier, signée par le garde des Sceaux René Pleven, reconnaît les mêmes droits à tous les enfants, qu'ils soient légitimes ou naturels. Si une telle mesure avait existé en 1946, je n'aurais pas été spoliée du legs de ma grand-mère.

Peu après, j'ai l'occasion d'interviewer René Pleven sur un point précis de la IVe République, dont il est une des personnalités marquantes, ayant été souvent ministre et même président du Conseil. À mes yeux, il a surtout le mérite d'avoir compté, en juin 1940, parmi les premiers compagnons du général de Gaulle. En ce jour de 1972, au moment de prendre congé, à ma surprise, je m'entends lui dire : « Monsieur le Président, j'ai failli vous écrire pour vous remercier de la loi sur les enfants naturels… » Sa réponse me stupéfie : « C'est en pensant à vous que je l'ai fait… » Il m'explique : avant guerre, proche des démocrates-chrétiens, il a été vice-président de l'Association catholique de la jeunesse française, si chère à Auguste Champetier de Ribes, qui était un peu son maître à penser. Lors de leur dernier entretien, peu avant sa mort, en 1947, l'avocat avait évoqué, avec tristesse, le jugement de la cour d'appel d'Amiens qui avait débouté Madeleine Léon. Il appelait de tous ses vœux la modification, qu'il jugeait indispensable, de la loi sur la filiation et les droits des enfants naturels. René Pleven s'était engagé à la réaliser si jamais la possibilité lui en était offerte.

Lorsque je rapporte cette confidence à ma mère, elle me serre dans ses bras : « Tu ne peux pas savoir le bonheur que tu me donnes. Le combat mené pour toi n'a pas été inutile… »

M'ayant fait jurer qu'à la fin de sa vie elle ne serait pas hospitalisée, je décidai que ma mère viendrait habiter chez moi, dans le Cotentin, où je venais d'acheter une maison[1]. Ainsi, j'étais sûre que je pourrais respecter la promesse que je lui avais faite. Je ne sais comment j'y suis arrivée. Peu avant la mort de ma mère, à une amie qui me demandait comment il m'était possible d'assumer les infirmières présentes jour et nuit, je répondis : « C'est une question que je ne me pose pas. » Je ne cessais de solliciter des avances à mes employeurs ou éditeurs, je multipliais les tâches, j'empruntais aux uns pour rembourser aux autres. Certes, je gagnais bien ma vie, et même très bien à certaines périodes, mais mon salaire était souvent inférieur aux dépenses liées à la santé de ma mère. Je me souviens que, après une hospitalisation de plusieurs mois, je reçus une facture qui représentait près d'un trimestre de mes revenus. Je demandai alors un délai de paiement, ce qui me valut un refus indigné et scandalisé d'une jeune assistante sociale : « Comment osez-vous ! Vous gagnez plus que moi… » Je fis alors appel, par l'intermédiaire d'un ami conseiller à Matignon, de cette décision. L'assistante sociale responsable du service vint me prier d'excuser sa collaboratrice et j'obtins les délais demandés, auxquels j'avais droit.

Madeleine Léon s'est éteinte le 6 mai 1978. Son dernier mot fut une simple constatation : « Ton grand-père avait raison : c'est dur de mourir. » Quelques jours

1. Ce fut pendant quelques années mon domicile principal. Les quatre premiers jours de la semaine que je passais à Paris, mes activités professionnelles m'en faisant une obligation, je dormais dans un hôtel de la rue des Saints-Pères, tout proche des éditions Fayard où j'étais alors directeur littéraire.

auparavant, elle m'avait fait une confidence, dont je ne saurais jamais si elle exprimait une préoccupation sincère : « Je ne sais pas où je voudrais aller après ma mort. Je veux absolument retrouver tes grands-parents. Ils sont au paradis, c'est certain. Mais je tiens aussi à revoir ton père. S'il n'est pas en enfer, il est au purgatoire. Alors ? »

*

Je crois vraiment que, à cette époque, j'avais – enfin ! – surmonté les difficultés inhérentes au statut d'enfant illégitime. Je ne pensais plus jamais à la famille Lacour-Gayet.

À deux occasions cependant, j'ai rencontré Robert Lacour-Gayet, toujours chez Fayard, dont il est aussi un auteur (il y a publié l'*Histoire du Canada*). La première fois, ce fut en 1969. Lorsque je pénètre dans le salon d'attente de mon éditeur, un homme âgé[1] est assis. Il me regarde, devient livide. Je crois qu'il va se trouver mal. Sur-le-champ, je sais qui il est : notre ressemblance est hallucinante. Je me rends au secrétariat, où l'on me confirme que c'est bien Robert Lacour-Gayet que je viens de voir. Notre deuxième rencontre – si je peux appeler ainsi le fait que nous nous soyons croisés sans nous adresser la parole –, a lieu, toujours chez Fayard, dans l'escalier, qu'il descend et que je monte. C'est peu après la parution de *La Fenêtre ouverte*. Ce jour-là, je ressens la certitude que ma vue est insupportable à mon demi-frère[2]. Je me l'explique aisément : le

1. En fait, il a soixante-treize ans. Il meurt en 1989, à quatre-vingt-treize ans.

2. Par la suite, j'eus la confirmation que je ne m'étais pas trompée. « Surtout, ne prononcez pas le nom de Georgette Elgey devant

récit de mon enfance prouvait que je n'avais pas été élevée par des hystériques, aux ressources inavouables, puisque c'est ainsi que mes demi-frères se plaisaient à décrire ma mère et ma grand-mère.

J'avais aussi fait, sans le savoir, la connaissance de Denise de Castilla, la plus jeune fille de Jacques Lacour-Gayet.

Un soir, un vieil ami avocat, m'invite à l'Opéra-Comique. Sur le perron, nous croisons un de ses collègues, accompagné d'une jeune femme de mon âge. Les présentations sont faites, une conversation banale s'ensuit. Mais, le lendemain matin, mon ami me téléphone. Il a reçu à l'aube un appel de son confrère : « Tu ne te rends pas compte ! Hier soir, nous avons assisté à une scène historique : nous avons présenté la tante et la nièce ! » Car, la veille, il était en compagnie de Denise de Castilla. Cela m'a amusée, sans plus, alors que quelques années plus tôt une telle coïncidence m'aurait bouleversée. Ma famille paternelle m'était devenue indifférente.

Je me présente de plus en plus rarement sous son identité. En 1980, Olivier Guichard m'envoie cependant son livre *Mon Général* avec cette dédicace : *« Pour Georgette... et pour ses deux noms... et pour nos souvenirs de 57-58. Amitiés affectueuses ! »*

La même année, je décide que « Elgey » doit cesser d'être mon pseudonyme, pour devenir légalement mon nom. J'accomplis les démarches nécessaires (la publication au *Journal officiel* de ma requête, l'envoi au ministère de la Justice d'un dossier la justifiant).

Robert Lacour-Gayet. Il ne supporte pas d'entendre parler d'elle » – telle fut la recommandation faite par André Maurois à mon ami Jean Dutourd, qu'il avait décidé de réunir avec « faux-frère ».

J'avoue qu'en 1982, profitant de ma présence à l'Élysée, où je commence à recueillir les archives orales, j'ai demandé à Paule Dayan, conseillère à la Justice, de bien vouloir se renseigner sur mon affaire. Très vite, j'ai appris qu'elle ne posait aucun problème. Désormais, mon acte de naissance porte la mention manuscrite suivante : « *L'intéressée est autorisée à substituer à son nom de LÉON celui de "ELGEY" en application du décret du 6 décembre 1983. Instruction du parquet de Paris, n° 57934 E/CE du 12 février 1985, mentionné le 21 février 1985.* »

Lorsque j'ai reçu ce document, je me suis rappelé que mon père – ma mère me l'avait raconté – admirait Henri Robert, car cet avocat, membre de l'Académie française, né de père et mère inconnus, s'était fait un nom, qui fut célèbre sous la IIIe République, des initiales de ses deux prénoms. Je ne pensais pas un instant que mon pseudonyme puisse connaître une telle destinée, mais, avec plaisir, il m'est apparu évident que ma mère aurait été contente de ma nouvelle identité.

*

Or voici que, quatorze ans après être devenue légalement « Georgette Elgey », je reçois une lettre, dont la reproduction intégrale (sans rectifier ses rares fautes d'orthographe) me paraît indispensable à ce moment de mon récit :

Paris, le 14 décembre 1997

Madame,

Tout d'abord, permettez-moi de me présenter ; je m'appelle Fabien de Castilla. J'ai aujourd'hui 15 ans et suis en seconde. Ce nom de Castilla doit vous dire quelque chose, mais peut-être que Lacour-Gayet vous en dira un peu plus…

Je m'explique : Tout commença au cours d'un dîner en famille plutôt banal. À un moment, mon père se mit à parler d'une publicité pour votre nouveau livre qu'il avait vu dans « Le Monde ». Il m'expliqua alors qui était l'auteur.

Vous seriez donc la fille de Georges Lacour-Gayet. Mais ce qui est aussi intéressant, c'est que je suis l'arrière-arrière-petit-fils de Georges Lacour-Gayet (petite anecdote : je porte comme deuxième prénom Georges en souvenir de mon arrière-arrière-grand-père). C'est-à-dire que Georges Lacour-Gayet aurait eu quatre enfants : Jacques, Robert, Thérèse et vous. Jacques a eu plusieurs enfants, lui aussi. Et parmi eux, il y eu Denise, qui est ma grand-mère. Voilà, vous savez tout à présent.

Cette histoire m'a donné envie de connaître une personne éloignée mais qui reste pour moi apparentée à ma famille. De plus, ce n'est pas tous les jours que l'on apprend qu'une historienne réputée (vu les critiques faites sur vos livres) fait partie de sa famille ! Malheureusement, j'ai déjà étudié la 4ème République l'année dernière en 3ème, mais rien ne m'empêche de me cultiver sur cette période historique qui, il faut l'avouer, est très passionnante.

On m'a appris que vous portiez un nom juif et que vous aviez été obligée en conséquence de vous cacher durant la seconde guerre mondiale. Alors que si vous aviez porté le nom de Lacour-Gayet vous auriez été plus en sécurité. Je pense que vous avez un esprit un peu « rancunier » vis-à-vis de Georges (si vous me permettez de l'appeler comme çà, c'est plus rapide et cela évite des répétitions) ; est-ce cela ? Et c'est d'ailleurs pour cela, que vous auriez pris comme nom d'écrivain « Elgey ». Je vous félicite, c'est un pseudonyme bien trouvé.

J'espère que vous ne lui en voulez pas encore. Même si je vous comprends, car ne pas reconnaître un enfant est quelque chose de sûrement très dur à supporter. Et à pardonner ! En plus il paraît que ma famille n'a pas voulu entendre parler de vous. Quelques générations plus tard, je suis prêt à faire le premier pas qui fût impossible autrefois.

En tout cas, vous avez su prolonger la grande lignée d'historiens des Lacour-Gayet, ce dont je peux être fier. Je vous dis maintenant « au revoir », en espérant avoir des nouvelles de vous ma grand-tante (si je puis vous appeler comme cela. Si vous préférez autre chose, dites le moi).

F. Castilla

[signature manuscrite et, en bas de page :]

Fabien de Castilla
6, rue l'Élysée Ménilmontant
75020 Paris

Cette lecture me plongea dans une profonde perplexité, qui dura cinq jours. La plupart de mes amis, à qui je montrai cette missive, ne pensaient pas possible que son auteur fût âgé de quinze ans. Et comme l'adresse indiquait le 20e arrondissement, qui n'était pas encore un quartier bobo, ils n'excluaient pas que cette démarche ait été téléguidée par ses parents, sans doute désireux de profiter de ma notoriété et de mon éventuelle générosité. Je les écoutais, mais je n'étais pas convaincue. Je pensais que si mon correspondant était loyal, ne pas lui répondre, c'était avoir un comportement analogue à celui de mes demi-frères à mon endroit. Finalement, ma sœur, qui ne croyait pas un instant à la sincérité de Fabien, mit fin à mon indécision avec cette question : « Est-ce que, à son âge, tu aurais jamais imaginé écrire aux Lacour-Gayet ? » Je ne lui répondis pas, mais je me rappelai qu'à huit ou neuf ans j'avais rêvé d'envoyer une lettre à Jacques Lacour-Gayet : je voulais lui demander pourquoi il ne m'aimait pas.

Le 22 décembre, je réponds donc à mon correspondant :

Cher Fabien,

Votre lettre est charmante ; elle m'a touchée.

Permettez-moi de rectifier une erreur. Si j'ai pris un pseudonyme, devenu mon nom légal, ce n'est en rien dans un esprit rancunier. La passion et la liberté sont étrangères au monde de la rancune. Ma mère elle-même, si elle n'a jamais oublié sa souffrance, avait à la fin de sa vie, je le sais, surmonté toute animosité.

Puisque vous aimez l'histoire, je vous adresse un petit livre écrit il y a longtemps. Il relate mon enfance dramatique et privilégiée sous l'Occupation. Je serai heureuse de savoir ce que vous en pensez. [Ma dédicace contient un message clair : « *Pour Fabien de Castilla, ce récit déjà ancien et très personnel, qui lui permettra de me connaître en un temps où j'étais encore plus jeune que lui aujourd'hui et de découvrir ma famille maternelle dont j'ai tant de motifs d'être fière.* »]

Merci encore de la spontanéité de votre missive.

Par retour de courrier, il me remercie de mon envoi. Il m'appelle « Madame » – il a compris que je ne désirais pas être désignée comme « sa grand-tante » –, m'annonce qu'il va lire *La Fenêtre ouverte* et me fera part de ses impressions.

Près de deux mois plus tard, je reçois sa « rédaction » : sur papier quadrillé, une double page écrite recto-verso, datée du 21 février 1998 :

Madame,

Je vous avais dit que je lirais « la fenêtre ouverte » pendant les vacances. En fait, je l'ai commencé juste après vous avoir écrit. J'ai été comme absorbé. J'ai fini votre livre en une journée. […] Et finalement je ne sais pas pourquoi je ne vous ai pas envoyée cette lettre plutôt. Moi ! Alors que je suis quelqu'un qui aime l'exactitude, la ponctualité. […]

Il est vrai que ce livre m'a bien plu. Déjà l'approche de cette guerre n'est pas faite avec la « grosse artillerie » mais avec une héroïne de mon âge. J'ai ainsi découvert un aspect différent de la guerre, tout aussi dangereux, encore méconnu à mon âge. [Un post-scriptum suit : *« En espérant avoir bientôt de vos nouvelles ».*]

Je l'invite à déjeuner le 28 février 1998. Il arrive porteur d'un petit bouquet de fleurs. Je suis tout de suite frappée par son extraordinaire aisance : il est chez moi comme s'il avait connu de tout temps mon appartement. « Est-ce que je peux vous aider ? Voulez-vous que j'aille chercher quelque chose à la cuisine ? » Je me dis que ce jeune, de toute évidence, a reçu une excellente éducation.

Nous nous mettons à table. Mon petit-neveu Laurent, un descendant de ma sœur, que j'aime beaucoup et qui est le contemporain de Fabien, avait bien voulu me conseiller pour le menu : « J'adore le saucisson aux noix, je n'en mange que chez toi, je suis qu'il l'appréciera. » J'avais donc prévu comme entrée cette charcuterie avec des radis. Réaction immédiate de Fabien : « Je déteste les noix, cela n'a aucune importance, j'aime les radis. » Je me suis dit : « Ça commence bien. » Heureusement, la suite du repas a plu à mon invité.

À peine étions-nous assis dans le salon qu'il m'a interrogée :

– Est-ce que je peux vous appeler ma tante ?

– Je n'y tiens pas, mais je vous traiterai comme mes petits-neveux.

Je lui ai demandé sa date de naissance. Je lui ai posé des questions sur ses études. Et nous nous sommes quittés assez satisfaits l'un de l'autre. Fabien m'a confié récemment qu'il avait été un peu impressionné, mais qu'il se sentait tout à fait chez lui puisque nous appartenions à la même famille.

Nous nous sommes revus assez vite, pour son anniversaire (le 5 mars), et je lui ai écrit peu après pour rectifier une information insensée que je lui avais donnée : j'avais constaté avec horreur, après son départ, qu'interrogée par lui sur la Ire République, à laquelle j'étais fort loin de penser, je l'avais confondue avec la IIe République !

Nous avons pris l'habitude de nous voir régulièrement ; je crois que nous nous observions l'un l'autre.

Parce que je serai à jamais reconnaissante à André Siegfried de m'avoir offert la possibilité, le 12 novembre 1945, de compter parmi la quinzaine de privilégiés autorisés à assister à la réception de Winston Churchill à l'Académie des sciences morales et politiques, j'ai toujours été soucieuse de donner à mes petits-neveux des souvenirs qui leur resteraient.

J'avais donc pris l'habitude d'inviter au palais présidentiel le jour de leur anniversaire mes petits-neveux, avec cinq de leurs amis. Si j'étais de permanence, je les recevais dans l'appartement réservé à cette fonction ; sinon, c'était au mess rue de l'Élysée où nous pouvions accueillir (à des prix très raisonnables) nos invités. Ce fut là que Laurent eut son gâteau d'anniversaire avec sept bougies. Bien qu'elles soient plus âgées – elles avaient plus de dix ans –, Marion et Émilie, les deux filles de mon ami Jean-Michel Gaillard[1], étaient de la fête. Leur mère les accompagnait.

1. Ancien élève de l'École normale supérieure de Saint-Cloud et de l'ENA, reçu major à l'agrégation d'histoire, Jean-Michel Gaillard est alors conseiller technique à la présidence de la République ; il est l'auteur de la formule célèbre lancée par le président Mitterrand en pleine guerre froide, lors de sa visite d'État à Bruxelles le 12 octobre 1983 : *« Le pacifisme est à l'Ouest et les euromissiles à l'Est. »* Les dons intellectuels exceptionnels de Jean-Michel Gaillard s'accompagnent d'une qualité fondamentale : l'amour de la vie et l'amour

Une de mes secrétaires, Monique Bernard, était aussi de la partie Nous n'étions pas trop de trois adultes pour faire face à une bande de gamins surexcités : ils quittèrent la table en brandissant le menu qui, fabriqué avec l'habituelle gentillesse du personnel du palais, était intitulé, sans que je l'aie demandé, en lettres dorées :

Palais de l'Élysée
3 juin 1985
Déjeuner d'anniversaire
pour les sept ans de Laurent.

Nous gagnâmes ensuite le palais, puisque j'avais obtenu l'autorisation de montrer les salons à mes invités. Sur le perron nous attendait le gendarme chargé de ces visites. Ce militaire était doué d'une sorte de génie pour adapter son discours selon l'âge et la nationalité des personnes qu'il convoyait. Impressionnés par la majesté des lieux, Laurent et ses amis se transformèrent. Toute trace d'excitation avait disparu. Avec politesse, ils interrogeaient le guide. Mais, dans la salle du Conseil des ministres, tout changea. Laurent demanda où était la place du président : « Puisque c'est mon anniversaire, je la prends. » Il s'assit dans le fauteuil présidentiel. Son ami Adrien Durand lança son menu au milieu de la table. Or la largeur de son plateau (plusieurs mètres) rendait impossible sa récupération. Sans hésiter, le gendarme trouva la solution : « Ôte tes souliers, monte sur la table et va le chercher », dit-il à Adrien. L'enfant se précipita. Mais, une fois le menu ramassé, il se mit à courir à toute vitesse d'une extrémité à l'autre de la table, en poussant des cris de joie. Les adultes présents étaient partagés entre l'envie d'éclater de rire et la terreur

---

du bonheur. Emporté en quelques jours par un cancer foudroyant, il meurt le 19 juillet 2005, à cinquante-neuf ans.

que la porte de la salle ne s'ouvre, laissant entrer une quelconque personnalité. Finalement, avec autorité, le gendarme réussit à mettre la main sur le jeune Durand, à le poser par terre et à lui remettre ses souliers.

Quant à moi, je me bornai à lui dire : « Tu pourras toujours raconter que tu as couru sur la table du Conseil des ministres. Personne ne te croira. »

Je ne croyais pas si bien dire. Quelques mois plus tard, j'ai raconté la scène à mes amis Housset. Le lendemain, Chantal, alors interne à l'hôpital Laennec, assiste au staff du professeur Durand, le chef du service de médecine interne, qui est le père d'Adrien. Sans hésiter, elle lui communique l'information :

– J'ai appris, monsieur, que votre fils avait couru sur la table du Conseil des ministres.

– Comment le savez-vous ?

– Mais, monsieur, tout Paris ne parle que de cela !

– Ah ! Alors, c'était vrai ?

N'occupant plus aucune fonction à l'Élysée en 1997, il m'était impossible d'y conduire mon nouvel arrière-petit-neveu. Mais je lui demandai de m'accompagner à une réception au Sénat, où Lucien Neuwirth m'avait conviée, je lui fis découvrir les Archives nationales, je l'invitai à dîner un soir chez Lipp, parce que, passant un jour ensemble devant cette brasserie, il m'avait confié n'y avoir jamais pénétré. Ce fut un dîner très plaisant : « J'ai l'impression d'être au théâtre », me dit-il. Lorsque, le 6 janvier 2000, mon ami Christian Sauter, alors ministre des Finances, de l'Économie et de l'Industrie dans le gouvernement Jospin, me remet, à Bercy, les insignes de commandeur de l'ordre du Mérite, Fabien est là. Je lui envoie une photo où il est à mon bras : « C'est fou, l'air de famille que vous avez avec votre petit-fils ! » me dit le photographe.

Fabien me tenait au courant de ses études ; il avait intégré Dauphine – il y était alors le seul étudiant demeurant dans le 20e arrondissement. À la fin de ces études, il me fit part de son regret de n'avoir eu que la mention « assez bien » et me téléphona, un soir, à plus de 22 heures, pour m'annoncer qu'il était admis à la London School of Economics.

Fabien et Georgette, 6 janvier 2000

Dans la mesure de mes moyens, je l'aidais ; j'ai ainsi participé à un exposé qui lui avait été demandé sur la IVe République. Fièrement, il me remit, dédicacé, son mémoire sur l'architecture. Très soucieux d'acquérir au plus vite son autonomie financière, il multipliait les petits boulots et je pus parfois l'aider dans cette recherche. Il aimait aussi voyager et je recevais régulièrement des cartes postales des Alpes, d'Italie, de Berlin, voire du Chili. Il me présenta très vite Marion. Ils s'étaient connus en 2000 : tous les deux participaient bénévolement, près de Naples, à un chantier de fouilles archéologiques. Elle étudiait, avec succès, le langage des singes. Un jour de 2012, je les vois arriver chez moi les bras couverts de fleurs : « C'est pour votre nouveau titre. » Je les regarde, étonnée : « Vous allez être arrière-arrière-grande-tante… » Grâce à eux, je le suis maintenant deux fois.

Au fil des jours, notre sympathie et notre confiance réciproque n'avaient cessé de se développer. Aussi, pour m'« acquitter » de tous les anniversaires que je ne lui avais pas souhaités, je décidai de lui offrir pour son dix-huitième anniversaire le petit ordinateur portable dont il rêvait. Comme la plupart de ses contemporains, il était féru d'informatique. Ce qui me fut très utile : je venais de me mettre à l'informatique, j'avais souvent des problèmes avec internet ; alors j'appelais Fabien au secours, il accourait et mon ordinateur lui obéissait au doigt et à l'œil.

En 2001, il me dit que ses parents seraient très heureux si j'acceptais de dîner chez eux. Son père, né vingt et un ans après moi, n'avait évidemment joué aucun rôle dans mon drame familial. Je n'avais aucune raison de refuser cette invitation.

Ce fut, le 10 juillet 2001, un dîner très agréable. Notre bonne éducation mutuelle fit que le sujet qui nous liait ne fut jamais abordé.

Mais, le surlendemain, je reçus une lettre de Jacques de Castilla.

Il m'écrivait combien lui et sa femme avaient été heureux de faire ma connaissance, me remerciait de mon attitude envers Fabien, de *« tous les horizons que* [je] *lui avais ouverts »*.

Et venait l'essentiel : *« Ma mère m'a fait part de ce qu'elle serait heureuse de vous rencontrer. Elle souhaiterait vous inviter à déjeuner ou à dîner.* […] *Elle vous appellera à la rentrée à ce sujet.*

« Fabien a peut-être eu l'occasion de vous dire qu'elle était graphologue et psychologue. Elle a fait paraître assez récemment le petit livre ci-joint [*La Graphologie*, Le Cavalier Bleu éditeur].

« Elle a pensé comme moi-même qu'il pourrait vous intéresser… »

Denise de Castilla ayant huit ans lors de ma naissance, je n'avais vraiment aucun motif de décliner son invitation.

Une nouvelle lettre de Jacques de Castilla, datée du 21 novembre 2001, me touche profondément : « *Lorsque ma mère a décidé de vous rencontrer, elle a eu simultanément l'idée de vous faire don d'un buste en bronze de Georges Lacour-Gayet. Elle a donc l'intention de vous le remettre lors du déjeuner du 5 décembre. Mais, compte tenu de l'histoire douloureuse qui a été la vôtre, du fait du désaveu de paternité de mon arrière-grand-père, peut-être ne souhaiteriez-vous pas recevoir ce buste.*

« *Il me semblait donc préférable de vous en informer pour que, vous puissiez être plus libre de refuser, par mon intermédiaire, ce buste…* »

Je suis d'autant plus bouleversée qu'en ce jour ma mère aurait eu cent ans, puisqu'elle est née le 21 novembre 1901. J'imagine son bonheur de savoir que les descendants légitimes de mon père me font un tel cadeau. Je ne peux m'empêcher de penser que, là où elle est maintenant, elle risque de se rendre exaspérante, tant elle doit triompher de sa victoire posthume !

Le 5 décembre, après un déjeuner « *émouvant, un tant soit peu surréaliste et très agréable* » (c'est ce que j'écris à Denise de Castilla), je quitte son appartement, accompagnée de Jacques, lourdement chargé : par ses soins, le buste de mon père trouve sa place chez moi.

Peu après, Denise de Castilla organise un « *cocktail familial* » où elle me présente sa famille. Lorsque son mari et elle viennent me voir, elle m'apporte une très jolie aquarelle, car, la soixantaine venue, elle s'est mise avec passion à cet art. « Je l'ai choisie, m'explique-t-elle, parce qu'on y voit un long chemin, celui que nous avons dû parcourir pour nous retrouver… » Elle me dit qu'elle a toujours eu envie de me connaître, mais qu'elle n'en avait pas le courage tant que « oncle Robert » vivait. Elle me raconte – et nous avons beaucoup ri – que, mis au courant de mes relations avec Fabien, son frère Michel avait été indigné : « Ce n'était pas à Fabien de faire une telle démarche. C'était à moi, en tant que chef de famille. – Mais alors, pourquoi ne l'as-tu pas faite ? – C'est trop tôt… » Soixante-dix années seulement s'étaient alors écoulées depuis ma naissance !

Une réelle sympathie est née entre Denise et moi. Par certains côtés, elle me fascine. Je n'ai jamais vu chez quiconque une coexistence au plus haut degré de deux traits de caractère en principe inconciliables : le conformisme et l'anticonformisme.

Le 30 décembre 2001, Fabien et ses parents viennent déjeuner chez moi. Jacques veut une photographie où je suis entourée par lui et Fabien. « Les trois générations enfin réunies… »

Au fil des années, mes relations avec ma famille paternelle se resserrent. Je suis heureuse que des liens se nouent aussi entre elle et les descendants de ma sœur. Mon petit-neveu, Arthur, dont je suis très proche, d'abord très méfiant (« J'avais peur qu'ils ne te fassent du mal »), se prend de sympathie pour Fabien. « Je suis content que tu les voies… », me confie-t-il.

Le 14 mai 2007, à l'enterrement de Nicole Lacour-Gayet, la veuve de Michel (mort en 2001), Jacques de Castilla remet la même lettre à ses trois enfants. Elle contient une photo du buste de Georges Lacour-Gayet :

« [Ce bronze] *a transité par mon appartement avant qu'il ne s'installe chez sa fille naturelle, Georgette Elgey, non reconnue comme vous le savez par nos ascendants.*

« Il lui a été donné par votre tante Denise en signe de reconnaissance bien tardive de notre lien familial avec elle, qui avait été artificiellement et injustement contesté, bien que cela le fût officiellement aussi par la justice (ce qui ne pourrait plus être le cas avec la preuve par l'ADN...)[...].

« Fabien et elle ont noué une solide amitié. Nous l'avons rencontrée à plusieurs reprises et avons des rapports détendus et confiants avec elle. »

Après leur avoir indiqué mes coordonnées postale, téléphonique et électronique, Jacques de Castilla conclut : *« Puisqu'elle est maintenant, avec votre tante Denise, qui est sa nièce*[...], *la dernière personne de cette génération de Lacour-Gayet, il me semblait important de vous communiquer ces renseignements. »*

Le lendemain, en fin de matinée, le téléphone sonne chez moi : « François Lacour-Gayet. Est-ce que vous accepteriez de me voir ? – Au point où cela en est, pourquoi pas ? » Dans le quart d'heure, il arrive avec son fils Thibault. Nous allons déjeuner dans un petit restaurant marocain. Il est assis en face de moi et, très vite, j'entends : « Ce n'est pas possible, j'ai l'impression de me trouver devant oncle Robert ! – Je vous en prie, ne n'insultez pas, je ne suis pas "faux-frère" ! Nous éclatons de rire ; ce fut un véritable coup de foudre amical. Après le repas, nous nous promenons sur le pont de l'Archevêché. François veut absolument une photo de nous trois. Un touriste japonais est mis à contribution.

Je reçois la photo par mail le jour suivant : *« À nouveau, trois générations réunies »*, avec ces quelques lignes : *« Vous n'imaginez pas combien votre regard m'est familier, et même vos gestes et votre façon de dire les choses. Après avoir perdu ma mère ces jours-ci, vous m'avez transporté dans mon enfance. Ce déjeuner était un grand bonheur pour Thibault et moi.* »

Georgette entourée de François Lacour-Gayet et son fils Thibault, 15 mai 2007

En le remerciant, je ne lui cache pas que mes sentiments sont mêlés : « *Si je suis moi aussi fort heureuse de vous connaître ainsi que Thibault, cette rencontre qui, je l'espère, n'est que la première d'une longue série, m'a tout de même donné aussi un certain sentiment de tristesse. La connivence qui s'est établie immédiatement entre nous a ravivé les blessures passées, elle a souligné le gâchis effroyable dû à la bêtise de mes demi-frères (j'ai du mal à admettre qu'ils étaient fort intelligents, ce qu'ils étaient, car la méchanceté dont ils ont fait preuve ne me paraît guère conciliable avec l'intelligence) ; elle m'a rappelé la longue souffrance de ma mère…* »

Réponse dans l'heure de François : « *Je partage votre tristesse.* » C'est le début d'un interminable échange de mails ou d'appels téléphoniques.

En janvier 2008, François, qui compte parmi les maîtres de la chirurgie cardiaque pédiatrique, est fait chevalier de la Légion d'honneur. Il m'avertit que, lors de la remise de sa décoration, il évoquera ses liens avec le *« membre le plus extraordinaire de sa famille, la fille de son arrière-grand-père, Georges Lacour-Gayet, sa grand- tante, Georgette Elgey ».* Et il me demande d'inviter mes amis à cette cérémonie.

Immédiatement, j'en informe les descendants de ma marraine et de l'avocat de ma mère. Ce qui me permet de recevoir ces quelques lignes de Gabriel Richet : *« À mon âge, les bonnes nouvelles sont rares,* très rares. *Ta lettre en est une.* […] *Nous partageons tant de pensées et de souvenirs sur tant de générations que nous avons construit un autre type de famille, celle du cœur, la générosité lui donnant des liens encore plus puissants que ceux du sang. »* Et Thérèse Meyer-Hilfiger, la fille d'Auguste Champetier de Ribes, m'écrit simplement : *« Que nos parents doivent être heureux ! »*

Georgette avec Gabriel Richet, 15 juin 2009

Le 5 juin 2008, lorsque le professeur Carpentier décore François, le professeur Alain Deloche, le fondateur de la Chaîne de l'Espoir, pour laquelle le récipiendaire a participé à de nombreuses missions humanitaires, s'interroge visiblement sur notre santé mentale, à Gabriel Richet et à moi. Nous voyant ensemble, il s'étonne : « Je ne savais pas que vous vous connaissiez. – Je l'ai connue avant sa naissance », précise Gabriel. Quant à moi, je juge utile de l'informer que j'ai vu pour la première fois mon petit-neveu il y a seulement un an…

Au cours de ce même mois, la mort de Denise de Castilla me peine d'autant plus que sa fille Sabine me confie l'importance qu'a eue pour elle notre rencontre. Une réelle affection se noue entre Sabine et moi. Son fils, François Robin-Champigneul, passionné d'histoire et de généalogie, m'apporte une contribution inappréciable pour ce livre, m'aidant dans mes recherches et me donnant accès – avec l'accord de sa mère, cela va de soi – aux archives des Lacour-Gayet.

Désormais, que ce soit lors d'une fête aux Archives nationales, d'un anniversaire ou d'une quelconque réunion familiale, me voici entourée par les neveux, nièces, petits-neveux, petites-nièces, arrière-petits-neveux et arrière-petites-nièces, qui appartiennent à mes deux familles. Une pensée me vient à l'esprit : « C'est une belle histoire. »

EN GUISE D'ÉPILOGUE

Si mon père m'avait reconnue, ma vie aurait assurément été plus facile, mais j'aurais risqué de devenir une grande bourgeoise arrogante.

Cette idée me fait horreur. Et puis, si mon parcours fut parfois très dur, il fut aussi souvent passionnant et inattendu.

Certes, j'ai beaucoup souffert dans mon enfance des conditions de ma naissance – et j'en ai redécouvert l'intensité en écrivant ce texte. Je suis heureuse d'avoir totalement occulté cette douleur durant près d'un demi-siècle et de n'avoir gardé de cette période qu'un seul souvenir : l'amour incomparable que ma mère et ma grand-mère n'ont cessé de me prodiguer.

Une sentence que je dois à Marianne Solal-Céligny, la fille de ma marraine, m'a été révélée lors de son enterrement le 9 septembre 2016 et s'impose à moi : *Seul l'amour vaincra la mort.*

Commencé à Paris en 2012.
Terminé à Paris le 4 novembre 2016, quarante-quatre ans, jour pour jour, après avoir achevé La Fenêtre ouverte.

La fenêtre ouverte

récit

À Frédéric

Espérer en Dieu est un devoir, un besoin, un instinct; mais compter absolument sur l'heureuse issue de tous les événements et de toutes les complications, sans qu'on s'en mêle autrement que par des vœux et par des aspirations mélancoliques, c'est tout simplement l'abdication de nos facultés, de notre mission d'hommes, c'est de la légèreté et de l'inertie.

(Docteur Michel Lévy, Constantinople, le 5 février 1855.)

Depuis 1965 seulement, je peux supporter de dormir la fenêtre ouverte.

Les hasards de la naissance ont fait que j'avais dix ans à la déclaration de guerre. En dépit d'une situation familiale assez dramatique, j'avais été une petite fille archi-choyée, élevée dans un cocon. Je ne soupçonnais pas que quiconque puisse connaître la moindre difficulté matérielle. Je n'imaginais pas que des divergences politiques ou religieuses puissent exister. J'étais catholique. J'avais été baptisée à ma naissance et un révérend père jésuite venait à la maison faire mon instruction religieuse. Pour ma première communion solennelle, j'ai reçu parmi maints cadeaux – l'usage était de les exposer lors de la réception, l'après-midi de la cérémonie religieuse – deux missels, l'un du président de la République, l'autre du maréchal Pétain. Comme Albert Lebrun, mon grand-père maternel avait appartenu au corps des Mines; en même temps que le colonel Pétain, il s'était trouvé en poste à Arras, à la veille de la Grande Guerre. Un autre présent m'est resté à l'esprit : un fort curieux bijou, sous forme de broche, un petit tambour en cuir tricolore; sa donatrice m'a précisé : « Il ne faudra jamais oublier de prier pour la France. » J'étais donc catholique.

Je savais que certains de mes aïeux étaient israélites. Cela me semblait ne poser aucun problème.

Ma grand-mère m'avait dit et me répétait souvent que son grand-père, un médecin célèbre dont elle était très fière, avait, bien qu'israélite, appris le « Notre Père qui êtes aux Cieux » à ses enfants : il n'y avait pas pour lui de plus belle prière.

Elle me racontait la vie de cet aïeul, né en Alsace, fils d'un colporteur, petit-fils d'un rabbin, cadet de six frères ou sœurs, l'aîné de quatre autres. La pauvreté régnait. Il n'y avait qu'une paire de sabots et les enfants allaient à tour de rôle à l'école : on ne pouvait s'y rendre nu-pieds. Dès l'âge de quinze ans, mon arrière-arrière-grand-père a payé ses propres études grâce à des répétitions données à des camarades plus fortunés que lui. Il choisit la médecine militaire. En 1837, à vingt-huit ans, il est titulaire d'une chaire au Val-de-Grâce. À quarante et un ans, il a atteint le sommet de la hiérarchie médicale, appartient à l'Académie de médecine – l'hôpital militaire de Marseille porte son nom aujourd'hui encore. Une fois parvenu au faîte des honneurs, il épouse l'héritière d'une des plus importantes familles industrielles de Lorraine. C'était, de part et d'autre, un mariage d'amour. Après sa mort, sa fille fit éditer en sept exemplaires les lettres qu'il avait adressées à son épouse pendant la campagne de Crimée. Seules figurent les initiales des personnes citées, lorsque les jugements formulés à leur égard contiennent la moindre réserve. Mon aïeule tenait à ce que cette lecture ne puisse peiner quiconque. Cette histoire me fascinait.

Ma grand-mère me montrait, dans un coin du grand salon rempli de meubles Louis XV et Louis XVI (l'appartement comprenait plusieurs pièces de réception en enfilade), une curieuse petite table en bois peint de style italo-mauresque, œuvre et don des religieuses de l'hôpital militaire d'Alger au docteur Michel Lévy lorsqu'il était médecin-chef de l'armée dans les années 1860.

Très jeune, j'ai su lire. Découvrir la lecture avait été pour moi une récompense. « Si tu es très sage, je t'apprendrai à lire », me promettait ma grand-mère. Je montais sur ses genoux et durant quelques minutes – jamais plus de de cinq minutes par jour – elle m'initiait au b-a ba de l'alphabet. Les deux premiers textes que j'ai connus par cœur : « Le Notre Père qui êtes aux Cieux » et « Les Larmes du Crocodile », une fable, la dernière d'un recueil « Pour les Petits », œuvre d'un « vieil ami », Prix Nobel de médecine, un humaniste. Il m'en avait offert un exemplaire : « À la petite Georgette… (il fait suivre mon prénom d'un patronyme qui, alors, m'est contesté et auquel je n'ai pas droit), son vieil ami. » C'était le premier livre dédicacé que je recevais. Je n'avais pas quatre ans, j'étais éblouie. On m'a conduite chez lui rue de l'Université; dans sa très belle bibliothèque, j'ai récité « Les Larmes du Crocodile ». Il m'a embrassée.

La déclaration de guerre nous surprit durant des vacances dans le Jura; un séjour sur la Côte d'Azur, à Saint-Raphaël, fut annulé. On regagna Paris. De la « drôle de guerre », j'ai gardé le souvenir des masques à gaz dont on se munissait pour sortir, pendant les premières semaines; je me souviens aussi du black-out et des rideaux soigneusement tirés dès que le jour tombait.

Lorsque Paris, en mai-juin, a commencé à se vider, que tous nos amis partaient – quand bien même ils n'avaient pas déjà mis leurs enfants à l'abri dans des régions inaccessibles aux Allemands, tel le Bordelais, ou dans des villes qui ne pouvaient être bombardées, telle Chartres –, ma grand-mère n'envisageait pas de quitter son domicile. En temps de guerre, on reste chez soi. Mais vers le 4 ou 5 juin, l'avocat de ma mère – il appartient encore au gouvernement Reynaud – la reçoit deux minutes au Quai d'Orsay. Il vient d'apprendre la mort de son plus jeune fils, tombé au champ d'honneur. Il adjure ma grand-mère de partir. Les Allemands, il le redoute, vont occuper Paris. La guerre continuera. Tomber entre les mains des nazis peut être effroyable. Nous avons réussi à quitter Paris par un des derniers trains qui s'en est éloigné. Le matin de notre départ, ma grand-mère m'a donné un ravissant bibelot auquel elle tenait : un œuf en malachite translucide qui s'ouvre tel un écrin serti d'or – un des derniers cadeaux de son mari. Elle m'a dit : « Si tu ne le perds pas, il sera à toi. » Je l'avais dans ma petite valise, que je gardais à la main. Je souffrais d'une otite et ce voyage m'a semblé interminable. Il a duré plusieurs jours. À Pau, nous avons couché dans les salons d'un grand hôtel. Le lendemain, le portier nous a procuré un abri aux Eaux-Bonnes.

Nous y avons passé l'été 1940. Les événements me laissaient assez indifférente. J'étais triste de la tristesse familiale, mais je n'y participais pas. Je trouvais épouvantable que les Allemands aient gagné, mais je ne me représentais pas ce que cela pouvait signifier. Un jour, dans le courant d'août, on a parlé devant moi du général de Gaulle. Le nom m'a frappée par sa consonance. C'est tout. Je me promenais, je m'amusais avec des enfants de mon âge et j'apprenais à jouer au bridge avec ma mère, ma sœur et le petit-fils d'un ami de ma grand-mère, un jeune médecin sous-lieutenant qui se trouvait en garnison à Pau et venait très souvent aux Eaux-Bonnes. À son départ de Pau, il m'a donné une boîte à jeux de cartes en bois « ornée » des visages d'un vieux et d'une vieille Basques. C'était affreux, je trouvais cela splendide.

L'idée de ne pas retourner chez elle était intolérable à ma grand-mère. Le retour des réfugiés dans leurs foyers, prévu par le gouvernement de Vichy et les Allemands, s'organisait. L'accès de la zone occupée était interdit par les Allemands aux juifs. Une telle décision de l'occupant ne semblait pas concerner ma famille. On ne soupçonnait pas ce que pourrait être l'occupation nazie. Je ne crois pas que l'idée des persécutions ait effleuré l'esprit de ma grand-mère. Elle était Française, c'est tout.

Comme les voyages en chemin de fer étaient fort aléatoires, on fit l'acquisition d'une voiture d'occasion. À en croire le garagiste, elle présentait toutes les garanties. C'était une Celtaquatre. Ma sœur, qui est ma demi-sœur et qui est mon aînée de près de sept ans, la conduisait. Nous avions perçu l'allocation d'essence réglementaire. À Bergerac, plus une goutte d'essence : le réservoir était crevé. Il fallut le réparer. Ma mère partit dans tous les garages chercher de l'essence supplémentaire, il fallait que les gendarmes renouvellent les bons d'essence. Ma mère m'a raconté plus tard qu'au cours de ces démarches, elle récitait automatiquement son chapelet, ce qui lui paraissait saugrenu. Nous avons eu de l'essence. À Limoges, le pont arrière de la voiture a cassé sur un dos d'âne. Il fallut trouver quelqu'un qui pût y mettre bon ordre. Ces incidents mécaniques m'ont laissé beaucoup plus de souvenirs que le passage même de la ligne de démarcation : les voitures faisaient la queue, il n'y a eu, en ce qui nous concerne, aucun problème. Et je ne me rappelle même pas la présence des uniformes allemands.

À Paris, l'appartement nous attendait intact. Je me précipite dans ma chambre, rouvre les volets fermés depuis plusieurs semaines et je monte sur le balcon, toute à la joie de retrouver mon décor habituel; j'aperçois un Allemand qui descend l'avenue du Président-Wilson. Sa vue à gâché mon plaisir. Je me suis rejetée dans ma chambre avec cette pensée : « Voilà mon premier Allemand! »

Ma mère avait gardé de dix-huit mois d'adolescence vécus en Angleterre une anglophilie tenace. Je l'entends encore prendre envers et contre tout la défense des Anglais, même lorsqu'il était question de Mers el-Kébir. Elle n'a jamais douté de la victoire anglaise. Pour étayer sa conviction, elle citait le mari de ma marraine, un savant qui, dès juin 1940, ne cessa d'annoncer l'écrasement final du nazisme. Ma grand-mère était plus nuancée. De tout cœur certes, elle souhaitait la défaite allemande, mais il lui était difficile de condamner en bloc l'action du Maréchal qu'elle avait connu autrefois.

Dans cet hiver 1940-1941, qu'il faisait froid ! Toute la vie familiale s'était organisée dans une grande pièce d'angle à trois fenêtres, que l'on parvenait à chauffer : onze degrés. Lorsque j'avais trop froid, j'allais faire de rapides incursions dans les salons où il faisait zéro degré ou même moins (trois mètres quatre-vingt-cinq de hauteur de plafond) et après, la chaleur relative de la chambre de Tante Hélène – cette pièce était celle de la sœur aînée de ma mère, plus âgée de quatorze ans, qui ne s'était jamais mariée – me semblait merveilleuse.

Je me rends compte à quel point j'étais protégée, puisque le fait de prendre le métro pour me rendre au cours Hattemer, accompagnée de ma mère ou de la femme de chambre, me semblait, en dépit de la cohue, une merveilleuse aventure. L'année précédente, en effet, comme récompense pour une place de première, j'avais demandé que l'on me conduise une fois dans le métro !

De ce premier hiver de l'Occupation, je n'ai pas gardé de souvenir de peur. J'étais étonnée qu'il fasse nuit le matin à huit heures lorsque je partais pour aller en classe – l'heure allemande appliquée à la France –, je ne comprenais pas pourquoi des livres scolaires étaient vendus amputés de certains textes, des pages étant collées de façon à interdire la lecture. Je ne comprenais pas pourquoi la *Lorelei* figurait dans mon recueil d'allemand comme d'un « *Dichter unbekannt* » (poète inconnu). Je connaissais son auteur, Henri Heine. Le professeur nous expliquait qu'il était juif. Je ne crois pas que je comprenais la signification de tout cela.

De même, je n'ai pas compris ce qu'était le statut des juifs, pourquoi les juifs devaient se déclarer. Je me rappelle des conciliabules entre ma grand-mère, ma mère et un de mes oncles que j'aimais beaucoup. C'était le mari d'une sœur de ma mère. Il disait toujours qu'il avait travaillé pour sortir major de l' « X » – il était inspecteur général des Mines – et que, depuis, il n'avait rien fait. Il exerçait sur moi un prestige presque surnaturel depuis que je l'avais entendu dire, le jour de ses cinquante ans : « Désormais, je porte un demi-siècle. » J'avais quatre ans alors et cela m'avait semblé fabuleux qu'Oncle Paul, à lui tout seul, « porte un demi-siècle »... Lorsque ces discussions, à l'automne 1940, à propos du statut des juifs avaient lieu, on me priait de quitter la pièce. Cela ne regardait pas les enfants. Ma grand-mère et ma mère ont consulté quelques amis, ma marraine et son mari. Ma marraine me semblait parfaite. C'était quelqu'un d'exceptionnel. Elle aussi me choyait – mais je lui en ai un peu voulu, oh ! pas longtemps ! –, car l'année de mes huit ans, elle m'a révélé que le Père Noël n'existait pas. Finalement (et sans nul doute sa décision était-elle prise d'emblée) ma grand-mère a décidé de ne pas se déclarer. Par calcul peut-être mais aussi par principe. Elle appartenait à cette haute société israélite profondément chauvine et xénophobe, à la limite, il me faut bien le constater maintenant, antisémite, tout au moins à l'égard des juifs installés en France depuis peu. En ne se pliant pas à la loi de l'Occupant, elle n'avait pas conscience, d'ailleurs, de courir un grand risque. Que pouvait-il lui arriver ? Tout au plus une amende. Ne pouvait-elle pas justifier de plusieurs générations d'aïeux ayant rendu d'éminents services à la France, selon la formule ? Ne connaissait-elle pas le Maréchal ?

Aujourd'hui que je tente, le plus honnêtement qu'il m'est possible, de recréer cette atmosphère familiale, l'irréalisme de tout cela m'étreint. Mais c'était ainsi, et comment en aurait-il pu être autrement dans ce milieu ?

Les dix-huit premiers mois de l'Occupation se confondent pour moi avec des préoccupations scolaires, des souvenirs normaux – une escapade avec un camarade de classe à Luna-Park ! Tout cela ponctué cependant de quelques rappels brutaux de l'époque. Après la manifestation du 11 Novembre 1940, ma sœur, qui est étudiante en médecine, doit aller, pendant plusieurs semaines, signer régulièrement dans un commissariat. En juin 1941, lors de l'entrée des Allemands en Russie, je me vois dans la chambre de ma grand-mère. Elle est encore couchée, je suis debout contre la cheminée. Elle n'hésite pas : « Cette fois, c'est sûr, Hitler est perdu. » Je l'écoute sans très bien saisir son raisonnement, mais sa certitude s'empare de moi. Au début de 1942, l'inquiétude naît. À la suite d'une bousculade dans le métro, un officier allemand demande ses papiers d'identité à un de mes cousins, Elie, le fils aîné d'Oncle Paul. Elie a dix-sept ans. Comme son père, il veut être polytechnicien. Mon oncle descend d'un marquis polonais établi en France depuis qu'il y avait accompagné Marie Leczinska venue épouser Louis XV. Il porte donc un patronyme polonais. Peu après l'incident du métro, mon oncle reçoit la visite d'un individu qui se prétend polonais, échappé d'un Oflag, il a trouvé le nom de mon oncle dans l'annuaire; il lui demande de le cacher et de l'aider à passer en zone libre. Mon oncle s'indigne d'une telle requête, il éconduit énergiquement le visiteur. Pendant quelques jours, on redoute de nouvelles retombées de cette affaire. Dans ces moments-là, je pensais que mon rêve aurait été « d'être une petite fille d'avant 1914 »... Une ou deux semaines plus tard, le danger « polonais », si je puis écrire, semblait disparu. À Pâques 1942, un des fils de ma marraine disparaît : au bout de quinze jours, on sait qu'il a été arrêté à la suite d'une altercation avec un officier allemand dans les jardins du Luxembourg. Mais c'était encore parfois le temps de la « correction ». Il a eu droit à un avocat et a été condamné par un tribunal militaire à plusieurs mois de prison.

Avec mes camarades de classe, nous parlions peu de politique. Certains, dont j'étais, se disaient gaullistes. La mère de l'un d'eux fut internée : son mari était anglais. Je ne me rendais pas compte de ce que cela pouvait signifier pour mon condisciple. Ma compassion n'allait pas loin; son sérieux nous agaçait. On l'appelait le « grand-père ». J'avais une croix de Lorraine, un écusson en cuir bleu, avec la croix gravée en or ou blanc je ne sais plus. Une de mes compagnes me l'avait rapportée de zone libre. Son père était chirurgien. Sa compétence avait voulu qu'il fût appelé au chevet de Pierre Laval après l'attentat dont celui-ci avait été l'objet. Il avait fait son métier. Le blessé, une fois hors d'affaire, avait obtenu des Allemands le droit, pour le chirurgien et les siens, de se rendre quelques jours auprès de leur famille, à Marseille. Mon amie avait dissimulé cette croix de Lorraine dans sa valise. On ne nous a pas félicitées ! D'autres camarades, dont le grand-père était un ministre de Pétain, se gaussaient gentiment de nous.

J'étais infiniment privilégiée.

Le 13 avril 1942, un de mes cousins germains devait dîner à la maison avec sa fiancée : je reviens du cours Hattemer vers six heures et je croise dans le hall d'entrée deux hommes qui s'en vont. Ma mère les reconduit. Ils lui disent : « Nous vous attendons mercredi prochain à la préfecture de Police. » Ma mère avait été dénoncée comme juive. Deux inspecteurs du service antijuif de la préfecture de Police étaient venus exiger les preuves de son ascendance aryenne. Un délai de huit jours lui était accordé pour les fournir. Maintenant encore j'appréhende toujours le 13 avril... Le 13 avril 1942, en quelques instants, tout a changé. Le dîner s'est déroulé comme il convenait, sans que l'on parle de rien. Mais à peine le jeune couple était-il parti, que l'on a pris des précautions absurdes : cacher en haut d'un placard de très rares et vieux livres de prières hébreux conservés en souvenir d'un lointain trisaïeul qui avait appartenu au Consistoire israélite de France à sa création, sous Napoléon Ier. « Et ta croix de Lorraine ? » m'a demandé ma mère. Avec des ciseaux je l'ai découpée en mille morceaux et on l'a brûlée ; j'avais peur et honte.

Le lendemain, les démarches dans tous les sens ont commencé.

Ma mère est allée voir la fille d'un ministre de Vichy dont les petits-enfants étaient mes amis. Ce professeur de droit était parvenu, avant-guerre, au faîte des honneurs universitaires et autres ; il était de l'Institut. Ce républicain sincère avait toujours souhaité un rôle politique que les électeurs s'étaient obstinés à lui refuser. Il avait accepté les propositions du maréchal Pétain. Il m'avait aperçue un après-midi où je jouais avec ses petits-enfants, dans leur hôtel particulier, rue de Bellechasse. Ma ressemblance avec mes ascendants, qu'il connaissait, l'avait bouleversé. Sa fille s'est montrée aussi gentille que rassurante. Ses prénoms étaient Marguerite-Marie ; elle était brillante et belle ; ses amis l'appelaient « Rara ». Elle n'a pas hésité un instant. « Les mesures antisémites ne sont pas faites pour des Français comme vous ; votre famille est aussi française que la nôtre. » Elle a adressé ma mère au représentant à Paris du commissariat général aux Questions juives, un avocat. Il a tenu des propos analogues. Vous n'avez qu'à trouver n'importe quel acte de baptême, on s'arrangera. Des familles comme la vôtre ne sont pas visées par ces lois. Le Maréchal ne le voudrait pas…

Mon oncle et ma mère ont entrepris de courir les églises de Paris à la recherche d'actes de baptême ou de certificats de mariage dont les bénéficiaires auraient pu, par le patronyme ou la date de naissance, correspondre aux aïeux exigés par les lois antisémites. Un jour, mon oncle est arrivé, très fier du certificat de mariage, d'un Alexandre Léon (nom d'un arrière-grand-père). Malheureusement, l'épouse s'appelait Durand. Nous n'en comptions pas dans la famille : parmi nos ancêtres, il n'y avait que des Dupont. En effet, une partie de la famille de ma grand-mère, originaire de Metz, avait été de riches maîtres de forges. En 1871, ils avaient vendu leurs biens et quitté la Lorraine pour ne pas devenir allemands. Ils s'appelaient Dupont et étaient israélites… Par je ne sais quel hasard, ma mère se procura un acte de naissance d'un Dupont, né à Metz, d'un père garçon de bains. L'idée qu'on puisse attribuer un tel métier à un de ses ancêtres déplaisait fort à ma grand-mère. Elle était choquée et le disait. Mais ce réflexe de classe, aberrant dans le contexte de l'époque, n'était-il pas un moyen de dissimuler une anxiété légitime ? Je ne sais…

Le jour de sa convocation à la préfecture de Police, ma mère m'a dit : « Si, à ton retour du cours, je ne suis pas rentrée, ne reste pas à la maison, va tout de suite chez ta marraine. » Et elle m'a embrassée. Je suis partie en classe, j'étais en quatrième, j'avais ce jour-là deux cours. Je ne sais plus quel était le premier. Le deuxième était d'histoire-géographie. J'éprouvais pour le professeur chargé de cette matière, une sorte de culte. Il était jeune, brillant, et ses leçons remplies d'allusions à la situation actuelle nous réjouissaient. Il ne manquait pas une occasion de souligner, au cours des siècles, les défaites de la Prusse. Cet après-midi-là, il y eut une interrogation écrite sur « Louis XIV et l'Angleterre ». J'étais partagée entre le désir de briller et l'envie d'éclater en sanglots, pour que l'on s'occupe de moi et qu'on me plaigne. Je regardais mes camarades et je leur en voulais d'être si paisibles alors que je me disais : « Est-ce que je reverrai ma mère ? » À la maison on m'avait dit et répété sur tous les tons de ne parler à personne de nos ennuis et je n'en avais dit mot à quiconque, mais j'aurais voulu que tous comprennent.

J'ai gardé un souvenir de cauchemar de cette journée au cours Hattemer. J'avais hâte d'être libre pour rentrer à la maison et tellement peur de ce retour. J'ai tout oublié de Louis XIV et de l'Angleterre sinon que ma copie commençait par l'affirmation catégorique qu'il fallait distinguer deux périodes dans les relations du Roi-Soleil et de cette puissance ; je me souviens aussi que j'ai eu une très bonne note et qu'au cours de la rédaction je m'étais jurée : si tout se passe bien, autrement dit si ma mère n'est pas gardée par la police, plus tard j'écrirais un livre sur ce sujet…

À la fin du cours, je suis allée voir le professeur, l'ai harcelé de questions sans objet, cherchant un prétexte pour ne pas quitter ce havre de sécurité qu'était cette classe. Le désir insensé qu'une grande personne perçoive ce qui m'arrivait, me prenne en charge. Je suis sortie, rue de Londres, j'ai enfourché ma bicyclette. Je n'ai gardé aucun souvenir du parcours, aucun souvenir de mon retour à la maison. Je sais seulement que ma mère était là. Je suis incapable de me rappeler comment s'est manifesté mon soulagement, si le soulagement a duré plus de quelques minutes ou si la peur, à nouveau, s'est emparée de moi.

Ma mère avait bien quitté, libre, la préfecture de Police, mais elle devait y retourner. Il fallait que dans la dernière semaine de mai elle apporte les preuves incontestables que les actes de baptême et certificats de mariage fournis étaient de ses aïeux.

J'ai beau chercher dans ma mémoire, je ne peux pas reconstituer avec précision les trois mois qui ont suivi le 13 avril 1942. À plusieurs reprises, ma mère s'est rendue à la préfecture de Police ; à chaque fois des délais supplémentaires pour établir la filiation inexistante étaient accordés, grâce sans nul doute à l'intervention de la fille du ministre de Vichy et du représentant du commissariat aux Questions juives. Mais l'on savait bien que c'était reculer pour mieux sauter. Un jour, d'ailleurs d'eux-mêmes, les deux inspecteurs de la brigade antijuive, ceux du 13 avril, sont revenus avenue de Tokio. S'il ne tenait qu'à eux, ma mère disposerait de tout le temps qu'elle voudrait pour réunir les documents d'état-civil, mais ils devaient la prévenir : périodiquement la police allemande venait dans leurs bureaux et s'emparait des dossiers en instance. Alors ils ne pouvaient plus répondre de ce qui se passerait. Si seulement vous étiez en zone libre, on ferait suivre le dossier à l'adresse que vous nous indiqueriez.

Ma grand-mère, ses enfants et quelques intimes envisageaient toutes les hypothèses – et l'on ne me tenait plus à l'écart de nos soucis. Reconnaître qu'on ne s'était pas déclaré, contrairement à la loi, c'était, à Paris, la prison et la prison allemande. On discutait aussi de mon problème. De toute évidence, ma sœur ne relevait pas des lois antisémites, son ascendance paternelle étant totalement aryenne. Mon cas était différent. Je n'ai pas connu mon père. Il était d'ailleurs mort bien avant la guerre. Il n'avait certes aucune goutte de sang juif ; ma mère et lui n'étaient pas mariés ; il ne m'avait pas reconnue à ma naissance. Un procès en recherche de paternité commencé de son vivant opposait ma mère et ses enfants. À la veille de la guerre, la Cour de cassation avait donné gain de cause à ma mère. Mais l'affaire devait être plaidée de nouveau en appel ; il était exclu de faire venir le procès dans les circonstances présentes. Admettrait-on alors que tous mes grands-parents n'étaient pas juifs ?

En écrivant ces lignes, je constate combien l'évocation schématise et déforme. Il me semble en effet que j'omets l'essentiel. Les discussions à mon propos, dans la panique constante où je vivais depuis le 13 avril, ne m'ont guère marquée. Je crois qu'au fond, elles m'étaient presque indifférentes. À l'époque, je n'avais pas conscience d'être dans une situation familiale hors du commun. Je ne connaissais pas mon père. C'était ainsi. Ma grand-mère assumait le rôle du chef de famille. Et la protection autour de moi était telle que je ne saisissais pas ce que la vie familiale avait d'anormal.

Le mot panique vient tout naturellement. Il correspond à mon état d'esprit. Il me faut bien dire que, conséquence de l'éducation (« une petite fille bien élevée ne se plaint pas… ») ou réflexe profond, je n'avais pas l'idée de la manifester un seul moment ou de l'exposer à quiconque. Elles se traduisait simplement par l'impossibilité de rester longtemps au même endroit.

La tranquille assurance de l'automne 1940 était loin. Quand bien même on ne connaissait pas les camps d'extermination, les nouvelles mesures antisémites édictées par les Allemands laissaient prévoir le pire. Le port de l'étoile jaune imposé à partir de six ans, l'interdiction pour les juifs de se promener dans les principales artères de la capitale, d'entrer dans les cafés, les musées, les cinémas, l'interdiction même de pénétrer dans les magasins d'alimentation sinon entre quinze et seize heures, autrement dit au moment où il ne restait plus rien à vendre, quand les boutiques n'étaient pas purement et simplement fermées.

Un jour, ce devait être en mai ou en juin, une ancienne camarade de classe de ma sœur est à la maison. Elle porte l'étoile jaune. Son père, un médecin, et sa mère sont tous deux d'origine levantine. Ils ont un fort accent étranger, de même que sa tante qui vit avec eux. Elle dépeint le calvaire de leur vie quotidienne. Ma mère n'hésite pas : « Chaque fois que je pourrai vous être utile, dites-le-moi. » Et depuis lors, très fréquemment, sans se préoccuper de sa fatigue, du poids des sacs à provisions, de ses soucis, maman rapporte du ravitaillement supplémentaire pour cette famille persécutée.

Les murs de Paris se couvraient de plus en plus souvent de ces affiches jaunes et noires annonçant des exécutions, prévoyant qu'en cas d'attentat les représailles s'étendraient à tous les parents des coupables. Je me rappelle qu'à la lecture de ce texte je me suis dit naïvement : Mais alors plus personne n'est à l'abri, les Allemands sont capables de se tromper exprès de coupables pour se débarrasser de quelqu'un… Je nous revois avec quelques camarades lisant dans le métro une affiche promettant aux enfants de moins de quinze ans, dont les parents étaient mis en cause, leur placement dans des institutions spécialisées. Nous avions été très frappés par la disparition d'un surveillant du cours, que nous aimions bien. On le disait en prison pour propagande gaulliste.

À la maison, le départ en zone libre devenait une idée fixe. Là-bas, tout s'arrangerait. Ma grand-mère énumérait les savants, les ingénieurs et membres de l'Institut que sa famille avait comptés et tous ceux qui étaient morts pour la France. Il fallait les Allemands pour ne pas la considérer comme une Française. Elle était Française, un point c'est tout. Et puis, la fille du ministre de Vichy était aussi formelle. Notre famille n'était pas de celles contre lesquelles on prenait des mesures. Mais comment partir ? Ma grand-mère avait plus de soixante-dix ans, elle était habituée au confort le plus raffiné. Un ulcère variqueux rendait ses déplacements difficiles. Même pour sauver sa vie ou celle de sa famille, il n'était pas possible qu'elle franchisse la ligne de démarcation en fraude; qu'elle ait à marcher longtemps, à courir peut-être, était exclu. Il fallait donc des laissez-passer, ces *Ausweis* délivrés par les Allemands. Mais comment les obtenir ?

Et les semaines passaient. Je menais une curieuse existence. Une écolière sans histoire, une enfant privilégiée. À part le froid, je n'avais guère pâti matériellement de l'Occupation. La fortune de ma grand-mère, le courage de ma mère qui partait tous les matins à l'aube faire le ravitaillement, le recours au marché noir, les colis reçus de la campagne m'avaient assuré le nécessaire alors que nombre d'enfants et d'adultes souffraient cruellement de la faim. À certains moments, la vie semblait continuer comme si de rien n'était. Mon cousin germain s'était marié à Saint-Augustin, en grande cérémonie, le cortège se déplaçant dans une quinzaine de fiacres. Il y avait douze demoiselles d'honneur en broderie anglaise... Six étaient des jeunes filles (ce que je n'étais pas) et six n'avaient pas dix ans. J'étais donc exclue. Comme les deux familles possédaient des fermes, elles avaient mis un point d'honneur à ce que le lunch fût digne de l'avant-guerre. Ce fut un effroyable pugilat dans des salons bourgeois du huitième arrondissement, chez la mariée dont le père était avocat; les invités s'arrachaient les sandwiches au jambon. Un couple âgé, tous les deux très respectables, au nom plus que respecté, s'était planté devant le buffet, faisant barrage de leurs corps, et en interdisant presque l'accès à qui n'était de leurs amis. Certaines demoiselles d'honneur eurent leurs robes endommagées dans la bousculade.

Au cours Hattemer nous étions un petit groupe très uni de garçons et de filles avec les préoccupations de notre âge. J'étais à cheval sur deux classes, pour quel motif, je n'en sais plus rien, mais je suivais les cours de latin et de français d'un merveilleux professeur de Lettres, avec les demi-pensionnaires, tous des garçons. J'étais ravie d'être la seule fille et ravie aussi car ni parents ni gouvernantes n'assistaient à ces classes ! Mes amis cependant se trouvaient surtout dans l'autre classe, en A2. Nous nous étions donnés des surnoms d'animaux : il y avait le Papillon – l'amie qui m'avait rapporté la croix de Lorraine –, le Kangourou batailleur, un ami d'enfance, la Belette, la petite-fille du ministre de Vichy, le Corbeau, son frère – je crois bien me souvenir que la Belette et le Corbeau n'étaient plus au cours Hattemer ; ils y étaient restés une année seulement. Qu'importe, nous étions toujours aussi liés.

J'étais la Pie Borgne. Un autre de mes intimes, fils unique, habitait rue Galilée et quand on me conduisait chez lui le jeudi ou un tout autre jour, j'étais fascinée par la queue interminable sous ses fenêtres. « Ce sont des gens qui attendent pour avoir des laissez-passer », m'a-t-il expliqué. « Il y a plus bas dans la rue la Kommandantur qui les donne. » On jouait au ping-pong, au monopoly. On organisait des courses verres à eau en main ; on se déchaînait dans des parties de gendarme-voleur, cachés derrière des rideaux d'Aubusson, que l'on secouait sans vergogne, au risque de les déchirer ! Je détestais les zazous. Nous avions la passion du yo-yo. On avait envisagé la rédaction d'un roman policier collectif qui se serait déroulé dans un collège. On se prêtait en cachette des romans de Delly et de Max du Veuzit. Nous faisions des blagues comme de jeter des bombes à eau sur la tête des passants. Mais un jour où nous nous étions livrés à cette mauvaise plaisanterie, de chez moi, une femme nous repéra, monta et menaça de porter plainte. Après son départ et celui de mes amis, ma mère me fit observer que je risquais de faire arrêter toute ma famille.

Quand j'étais à la maison, je n'avais qu'une idée : m'en aller. Avec mes camarades, que ce soit chez eux ou au cours Hattemer, je me sentais en sécurité. Mais quand j'avais quitté l'appartement depuis un certain temps, je ne pensais qu'à y retourner, tant la crainte que les Allemands fussent venus chercher ma famille en mon absence, m'envahissait. Je redoutais de ne plus retrouver personne. Et je rentrais avenue de Tokio.

C'était le printemps, même l'été. Les salons à nouveau étaient d'une température abordable. À l'étonnement familial, à l'agacement même – pourquoi ne vas-tu pas dans ta chambre ? – je passais des heures dans ces pièces, assise sur un grand canapé Louis XV recouvert d'Aubusson. J'apportais là mes livres de classe. Je ne travaillais guère. Je regardais par la fenêtre. Ce n'était pas le zouave du pont de l'Alma qui me fascinait. Je comptais les voitures allemandes, les seules d'ailleurs à circuler, qui roulaient vite, et je me disais : « S'il y a dix voitures qui ne freinent pas devant la maison – elle jouxtait un passage clouté – il n'arrivera rien aujourd'hui. » À vrai dire, je trichais, car je restais jusqu'à ce que dix voitures fussent passées sans ralentir…

Avec de grandes irrégularités – de la passion pour certaines matières, du dédain pour d'autres –, de la fantaisie, j'avais été une très bonne élève; je l'étais toujours, mais le chahut devenait ma spécialité.

Un jour, le directeur du cours m'a convoquée dans son bureau. Il avait mis sur pied un établissement remarquable.

Une réputation peut-être partiellement justifiée de marchand de soupe ne l'empêchait pas d'être un pédagogue exceptionnel. Il me témoignait sans doute une sollicitude particulière car, je l'ai su bien plus tard, ma mère lui avait exposé ma situation familiale et les procès en cascade provoqués par ma naissance. Elle avait eu raison de le faire, puisqu'un de ses adversaires était venu déplorer que je puisse être élevée avec les enfants d'amis à lui. Il avait été éconduit. Le directeur du cours devait me le raconter des années après, en 1946.

Notre entretien de 1942 a été bref, violent d'abord. Pourquoi me conduisais-je de la sorte ? Je n'ai pas répondu. Avec plus de douceur dans la voix, il m'a demandé si j'avais des ennuis, s'il y avait quelque chose qui n'allait pas chez moi. Je n'ai pas répondu. Il a repris : « Vous savez que si vous avez besoin de moi, vous pouvez toujours venir me voir ou me téléphoner, même chez moi. Dites-le à votre mère. » Je ne crois pas avoir transmis le message. Pourquoi ? je ne sais. Peut-être parce que tout ce qui concernait mon activité scolaire était « mon domaine réservé » et que je voulais le conserver pour moi seule, égoïstement.

Les semaines passaient. Depuis avril, chaque heure, on le sentait, nous rapprochait d'une catastrophe. On ne savait que faire.

Un jour de juin ou au début de juillet, je ne sais, en quelques minutes, le climat s'est transformé. L'issue est apparue. Ma marraine et ma mère se fournissaient – au marché noir ! – chez un pâtissier russe dont la femme était niçoise. Sa boutique, minuscule, logeait au fond d'une impasse dans le septième arrondissement. Par hasard, la gouvernante russe, qui avait élevé les enfants de ma marraine, avait parlé avec la fille de ce pâtissier, que l'on disait fiancée avec un officier autrichien. À la Libération, elle a, je crois bien, épousé un officier américain. Et, au fil de la conversation, cette jeune personne avait indiqué qu'une de ses amies, en relation avec un officier allemand influent, pouvait obtenir des laissez-passer.

Je vois encore le mari de ma marraine arrivant impromptu à la maison, ce qui n'était pas dans ses habitudes, porteur de la nouvelle. Immédiatement, ma mère va chez le pâtissier. L'information se précise. Il s'agit d'une de ses clientes en qui il a toute confiance. Elle a déjà fourni des *Ausweis* à des gens de sa connaissance. Un soir, à la fermeture de sa boutique, il conduit ma mère chez cette Française. Elle est toute jeune, très jolie. Elle habite rue de l'Université, fort près de chez nous, un petit appartement. Ma mère la convainc de nous aider en évoquant Arras, où toutes deux ont vécu. Elle ne donne aucune précision sur l'origine des laissez-passer. Elle pose ses conditions : deux certificats médicaux pour chaque laissez-passer, des cartes d'identité nationales en règle – elle insiste sur ce point. Par la suite, le pâtissier précise que les documents devront être confiés à un intermédiaire qui habite avenue Simon-Bolivar et qui nous transmettra les *Ausweis*. Il convient de remettre aussi à cet intermédiaire vingt-cinq mille francs par laissez-passer. Sûre de la bonne foi du pâtissier, ma mère accepte le marché.

Encore fallait-il pouvoir en remplir les conditions. L'argent – cent mille francs puisqu'il fallait quatre *Ausweis*, un pour ma grand-mère, un pour ma mère et moi (en raison de mon âge, je figurais sur le sien), un pour ma tante et un pour ma sœur – représentait certes une grosse somme, huit millions d'anciens francs environ, mais compte tenu de l'enjeu, cela ne posait pas le moindre problème. Les certificats médicaux non plus. Dans les délais les plus rapides, ils ont été signés par le mari de ma marraine, médecin des hôpitaux de Paris qui appartient à une dynastie de savants, par le médecin de la famille – membre de l'Académie de médecine – un ami merveilleux, et par l'oto-rhino-laryngologiste, encore un médecin des hôpitaux ! qui soigne mes innombrables otites et sinusites.

J'adorais ce praticien. Avant-guerre, il venait faire ses visites la nuit, vers onze heures, minuit, au sortir de quelque dîner dont il racontait avec verve les épisodes avant de soigner mes sinus ou de me percer le tympan. Il avait toujours des bonbons pour ses petits malades. Il m'avait définitivement conquise en m'envoyant des fleurs alors que j'avais onze ans.

Un soir, il téléphona – c'était un dimanche pendant la drôle de guerre – : pouvait-il me voir immédiatement ? Ma mère accepte, inquiète. À sa connaissance je n'étais pas malade. Le médecin arrive, me réveille et m'explique qu'il vient me demander un service. Il avait inventé un masque à gaz destiné aux bébés. Le prototype devait partir le lendemain pour les États-Unis. Toute la journée il avait essayé de trouver une poupée afin que l'objet soit plus démonstratif, mais les boutiques étaient fermées. Alors il avait pensé aux deux poupées – de magnifiques bébés en celluloïd qui roulaient les yeux – qu'il avait souvent vues dans ma chambre. Est-ce que je voulais bien lui en donner une ? Pas une seconde, je n'ai hésité, trop heureuse qu'il ait besoin de moi. Quelques instants, nous avons discuté pour savoir si j'allais me séparer de Dorothée ou de Philippe – je retrouve les noms de mes poupées à l'instant où j'écris –, je choisis de garder Philippe. Le lendemain je reçus, accompagné d'une carte de visite de remerciements comme si j'étais une grande personne, un ravissant bouquet de muguets en verre filé…

Très anglophile, américanophile surtout, cet « oto-rhino » avait adapté son style de vie aux rigueurs de l'Occupation. Il n'avait plus de voiture et se déplaçait comme tout un chacun à bicyclette. Mais à chaque visite avenue de Tokio, il est précédé par son majordome qui roule aussi « en vélo » et qui porte la serviette du maître ; le majordome s'en va, le médecin arrive, part, le majordome revient chercher la sacoche médicale.

Les certificats médicaux, donc, ne soulèvent pas la moindre difficulté. À les en croire, il nous fallait absolument des cures thermales à Eaux-Bonnes dans les Basses-Pyrénées. Que ces documents soient signés par de très grands noms de la Faculté de médecine ne peut que faciliter la suite des événements.

Et les cartes d'identité nationales? Nous n'en avions pas. Ma mère n'hésite pas : elle se rend au commissariat du quartier de Chaillot, demande à voir le commissaire, elle ne le connaissait pas, personne n'était intervenu. Elle lui explique que la santé de sa mère exige de toute urgence un déplacement en zone libre, les médecins sont formels. Il lui est possible d'obtenir les laissez-passer, elle en est certaine, à condition d'avoir des cartes d'identité nationales. Elle a réuni les papiers nécessaires. Ma mère remet au commissaire de police le livret de famille de ma grand-mère. Ayant épousé un de ses cousins éloignés, elle s'était toujours appelée Léon, patronyme, mon Dieu, fort acceptable pour l'époque. Mais le second prénom de son mari était Salomon, il était fils de Moïse... la mère de ma grand-mère était née Marie Michel Lévy. Le commissaire n'a fait aucune remarque. Le lendemain, pour éviter à ma grand-mère de se déplacer, il est venu à la maison prendre ses empreintes digitales. Le surlendemain il est revenu lui-même apporter les quatre cartes d'identité nationales.

Je le répète : il ne nous connaissait pas, on ne lui avait rien donné, aucune pression ne s'était exercée sur lui. Il a été providentiel.

J'ai accompagné, en métro, ma mère avenue Simon-Bolivar lorsqu'elle est allée remettre les cartes d'identité, les certificats médicaux et les cent mille francs à l'homme désigné par la cliente du pâtissier russe. Ma mère n'avait aucune inquiétude, elle était certaine que le marché serait respecté. Un de mes oncles se montrait pessimiste. Il redoutait une escroquerie et se demandait s'il ne fallait pas déclarer la perte des cartes d'identité nationales. Il craignait que ces documents authentiques n'aient été vendus à des malheureux en quête de papiers dépourvus de la mention juif. C'était la semaine de

« la grande rafle » des juifs. Je me souviens d'avoir vu passer des autobus bondés de femmes et d'enfants que l'on emmenait au Vel-d'Hiv' ou à Drancy. Des agents de police français montaient la garde sur les plates-formes.

Au jour dit, ou avec un léger retard, je ne sais, l'homme de l'avenue Simon-Bolivar a rendu à ma mère nos cartes d'identité nationales et remis les quatre laissez-passer. J'ai, par hasard, retrouvé récemment celui sur lequel je figure.

Nous ne savions donc rien de l'origine de ces *Ausweis*. Étaient-ils seulement authentiques ? On les a montrés à quelques amis, hauts fonctionnaires à qui leurs postes avaient valu de tels documents. Ils n'ont pu que les juger conformes à ceux dont ils avaient bénéficié. On se leurrait de l'illusion qu'au cas où les *Ausweis* ne seraient pas bons on en serait quitte pour une amende, peut-être quinze jours de prison (c'était le tarif de l'année pour le passage de la ligne en fraude), et on retrouverait la situation précédente. En fait, on ne se posait pas tellement de questions. On avait la possibilité de gagner la zone libre, il fallait la tenter. Il fut décidé que la famille se scinderait en deux groupes, afin de ne pas attirer l'attention : d'abord ma grand-mère, ma mère et moi, quelques jours plus tard ma tante et ma sœur, celle-ci n'ayant pas le même patronyme que les autres femmes de la famille, puisqu'elle porte le nom de son père. Le but du voyage étant les Eaux-Bonnes, il était normal de passer la ligne de démarcation à Orthez. L'ancien directeur du POM (Paris-Orléans et Midi), un ami intime, avait souvent franchi la ligne en raison de ses fonctions. Il avait observé qu'à Orthez, petite gare frontalière, tous les voyageurs descendaient du train pour faire viser leurs *Ausweis* et fouiller leurs bagages alors qu'à Vierzon ou ailleurs les Allemands montaient dans les wagons. Les formalités lui semblaient plus rapides à Orthez. Un agent des wagons-lits Cook auquel on s'adressait depuis des années retint les places et notre départ fut fixé au 28 juillet.

Hormis la famille, ma marraine et son mari, un autre ménage d'intimes, des domestiques à notre service depuis toujours, personne ne savait la date à laquelle nous devions quitter Paris. Mes camarades de classe s'étaient dispersés. Quelques-uns étaient là. On m'avait à nouveau dit et répété sur tous les tons de ne pas parler de nos projets.

Je sentais bien que ce n'était pas un départ normal, par moments je pensais à la rentrée scolaire et je me désolais de ne pas retourner au cours Hattemer, mais le soulagement de quitter la zone occupée, l'idée aussi qu'en zone libre tout allait s'arranger au point qu'on pourrait peut-être revenir, l'excitation des vacances se succédaient en moi. Je crois que ma panique avait disparu.

Le 28 juillet, ma mère termine les bagages. Ils sont volumineux. En principe, nous partons deux mois – le laissez-passer est valable jusqu'au 30 septembre – et dans le milieu de ma grand-mère on ne se déplace pas pour huit semaines sans de nombreuses valises et malles… L'appartement donc est très vaste, il forme un rectangle autour d'une cour intérieure. Une des salles de bains et les chambres – dont celle de ma sœur – donnent sur un couloir perpendiculaire au hall d'entrée. Les valises sont dans cette salle de bains. Les étiquettes portant notre destination : Eaux-Bonnes, Basses-Pyrénées, sont déjà fixées.

Ma mère s'affaire. Je suis avec elle, elle refuse mon aide : je joue au yo-yo – un yo-yo rouge et bleu, retrouvé récemment avec le laissez-passer. On sonne à la porte d'entrée. C'est la fille du médecin juif dont maman contribue au ravitaillement. Elle est là pour chercher un gâteau du pâtissier russe, que ma mère s'est procuré à leur intention. Il est entendu que ma sœur lui annoncera notre départ demain; la femme de chambre, en tout cas, a reçu des instructions pour, en l'absence de ma mère, continuer les courses demandées par cette famille. La jeune fille passe dans le couloir afin de gagner la chambre de ma sœur; la porte de la salle de bains est ouverte; elle aperçoit les bagages épars, entre. Elle est vêtue d'une robe d'été : dans mon souvenir, mais je n'en jurerais pas, ses couleurs se confondent avec la mosaïque bleu, or et crème de cette salle de bains. Elle porte l'étoile jaune. Elle embrasse ma mère : « Comment, vous partez ? Vous allez aux environs de Paris ? » (l'année précédente nous avions passé quinze jours à Barbizon dans un hôtel où un officier allemand séjournait avec un chien énorme qu'il appelait Churchill). Maman ne répond pas. Ou n'a pas à répondre car la jeune fille aperçoit l'étiquette d'une valise posée sur un grand canapé Napoléon III recouvert de velours rouge (le meuble avait été acheté par Mme Michel Lévy pour le salon Anne d'Autriche de l'hôpital du Val-de-Grâce). Elle saisit l'étiquette : « Vous allez aux Eaux-Bonnes, c'est en zone libre ? Vous avez eu des laisser-passer ? – Naturellement, la santé de ma mère… – Quand partez-vous ? – Ce soir. – Où passez-vous la ligne ? – À Orthez. » Maman est gênée. Elle explique que ma sœur allait la prévenir de notre départ. D'ailleurs ma sœur arrive, emmène son ancienne camarade de classe dans sa chambre. On ferme la porte de la salle de bains et on termine les bagages.

Je ne sais plus comment nous avons gagné la gare d'Austerlitz, le soir, avec toutes ces valises. Sans doute en fiacre.

Pour aller à Pau, car la voie ferrée n'atteint pas les Eaux-Bonnes, on devait changer de train le matin à Dax. Le voyage Paris-Dax ne m'a laissé aucun souvenir. À Dax, nous avons pris un petit chemin de fer régional; il était plein, essentiellement de gens de la région qui disposaient de laissez-passer frontaliers. Au fur et à mesure que l'on approchait d'Orthez, ils parlaient du passage de la ligne, mais sans appréhension, comme d'une formalité agaçante. J'étais debout dans le couloir et j'écoutais avec soulagement deux cultivateurs tant leurs propos semblaient rassurants.

Orthez. Le train s'arrête. Un Allemand, par l'intermédiaire d'un haut-parleur, donne l'ordre aux voyageurs de descendre avec leurs bagages. On nous aide à porter les nôtres. Une queue se forme à la porte du bureau de la douane allemande. Ma grand-mère passe, maman et moi la suivons. Les Allemands examinent nos cartes d'identité nationales, les laissez-passer, fouillent superficiellement les valises, et apposent leurs cachets sur les *Ausweis*.

hauptüberg... [les lettres sont effacées]

Ausgang, 29 juillet 1942.

Nous remontons dans le train. On nous aide à porter les bagages et à les placer dans les filets. Tout le monde remonte dans le train. Cela fait à peine une demi-heure que nous sommes arrivés à Orthez. L'arrêt à Orthez ne dure jamais très longtemps. Sur le quai désert, le chef de gare agite son drapeau. Le train démarre. Oui, le train a démarré. Cela s'est joué en moins d'une minute, en quelques secondes. Ma grand-mère et ma mère sont assises l'une en face de l'autre près des fenêtres, je suis à côté de ma mère. Le train démarre. Maman jette un coup d'œil par la vitre, elle me dit : « Regarde comme cet Allemand est pressé ! » Un soldat arrive à bicyclette sur le quai de la gare, il en saute si rapidement que l'engin en tombe à terre, il se rue sur le haut-parleur, il hurle : « Le train ne part pas ! Le train ne part pas ! » Bruit des freins, petite secousse, le train stoppe. Le haut-parleur : « Que Madame Gustave Léon et sa famille qui viennent de Paris et vont aux Eaux-Bonnes descendent tout de suite du train ! »

Ma mère et ma grand-mère, sans même se concerter, se sont levées immédiatement. Que pouvaient-elles faire d'autre ? Je les ai imitées. Ma seule impression de ce moment est liée aux visages des autres voyageurs. Je voyais s'exprimer sur leurs traits et je sentais presque physiquement leur soulagement et aussi leur compassion. Ils n'étaient pas en cause, ils respiraient d'aise ; en même temps, ils nous plaignaient.

Nous sommes descendues du train. Je ne sais plus si les Allemands sont montés chercher les bagages ou si des personnes qui étaient dans notre compartiment les ont passés par les fenêtres, mais ce dont je suis sûre, c'est qu'à peine étions-nous sur le quai de la gare, avec des cris et de la brutalité, les Allemands nous ont séparées. Ils ont fait entrer ma grand-mère et ma mère dans deux pièces différentes et m'ont ordonné de m'asseoir sur un banc, sur le quai de la gare. Je les ai vus ramasser nos valises ; j'ai surtout vu le train partir.

Il faisait très chaud. Pour le voyage, j'avais mis un deux-pièces en laine (enfin, en tissu avec de la laine !) marron. Il était orné de clous et je le trouvais fort joli. Ma mère me l'avait acheté pour Pâques à Old England. Je regrettai de ne pas avoir sur moi une robe plus légère. J'avais certainement une peur atroce et je devais être désespérée, je n'ai gardé, dans ma mémoire, trace de ces sentiments. Ce qui l'a emporté alors, ce qui a submergé tout le reste, c'est d'abord le choc et puis l'idée fixe de bien me tenir. Je ne voulais pas que les Allemands connaissent ma terreur. Ce n'était pas un calcul, ce n'était pas de la fierté, ce n'était pas du courage, c'était ainsi ; je crois que l'on n'est nullement responsable – surtout à treize ans – de l'attitude que l'on adopte devant une catastrophe. J'aurais éclaté en sanglots, je n'en serais pas aujourd'hui plus gênée.

Je ne sais pas comment les heures ont passé. Je sais que j'ai beaucoup pensé (et je trouvais cela idiot) aux *Mémoires d'un Âne,* je me disais que nous étions dans la même situation que les voleurs de Cadichon, lorsque les gendarmes les séparent afin d'éviter toute communication entre eux. Le rapprochement entre ma grand-mère et un gredin de la comtesse de Ségur me donnait envie de rire. Alors je me raccrochais à Cadichon.

J'ai aussi pensé au révérend père jésuite qui avait fait mon éducation religieuse, et curieusement, plutôt que de réciter des prières, je me suis dit : « Pourvu qu'il prie pour nous. » Son intercession devait me sembler particulièrement efficace, plus qu'un appel direct ! Je ne sais pas combien de temps exactement je suis restée seule sur mon banc. Je me souviens qu'un autre train a passé. Les Allemands s'étaient mis à fouiller sérieusement nos bagages. Je les entendais, à plusieurs reprises, pousser des hurlements. Le fait est que nous étions en pleine démence. Tout l'or, même appartenant aux Aryens, avait dû être déclaré et était confisqué par les autorités d'Occupation. Inutile de préciser qu'emporter de l'or en zone libre était un « délit punissable selon la loi de la guerre ».

Cela posé, il me faut revenir à ma famille. Ma grand-mère et son mari avaient formé un couple très uni, d'amoureux. Des lettres de mon grand-père à son épouse après vingt ans de mariage, au plus effroyable moment de sa carrière professionnelle, lors de la catastrophe de Courrières, me donnent à penser qu'il ne s'agit pas là d'une légende familiale. Mon grand-père était mort subitement à Londres en 1916, où il dirigeait une mission franco-britannique. Depuis lors, ma grand-mère ne s'était jamais séparée du portefeuille que son époux portait sur lui le jour de sa disparition.

Les Allemands l'ouvrirent. Ils trouvèrent quatre pièces d'or, anglaises de surcroît, un passeport diplomatique accréditant mon grand-père auprès du gouvernement de Sa Majesté. Le document avait beau dater de 1916, les Allemands hurlaient, d'horreur et de joie tout à la fois. Rarement ces petits fonctionnaires – alors que la Wehrmacht se battait entre autres en Russie, en Afrique, occupait Paris, être en garnison à Orthez n'avait rien de glorieux – avaient eu aussi belle prise à se mettre sous la dent !

Au bout d'un certain temps, ce devait être en fin de matinée, un Allemand vient me chercher pour m'interroger. On n'avait jamais discuté, avant notre départ, de l'attitude à prendre en pareille éventualité. Tout ce que je savais, c'est qu'il fallait affirmer, envers et contre tout, que ma famille n'était pas juive. Je revois les Allemands d'Orthez qui m'attendent dans le bureau. Je revois alors deux officiers de la douane. L'un me paraît âgé, il n'a pas le physique svelte de la race des seigneurs, il doit avoir une quarantaine d'années, l'autre, beaucoup plus jeune, est resté dans mon esprit comme la caricature du S.S. Etait-il S.S. ? C'est peu vraisemblable. Il était grand, mince, odieux. L'interprète était là, un Allemand.

On m'a d'abord demandé si je parlais allemand. À l'époque, je le parlais. J'avais été élevée par une gouvernante anglaise et j'avais baragouiné l'anglais en même temps que le français. Dès l'âge de huit ans, on m'avait donné des leçons d'allemand et je me débrouillais fort bien dans cette langue, que j'ai depuis totalement et volontairement oubliée. Après Orthez je n'ai plus voulu faire d'allemand en classe et mes connaissances d'allemand se limitent aujourd'hui au début de la *Lorelei :*

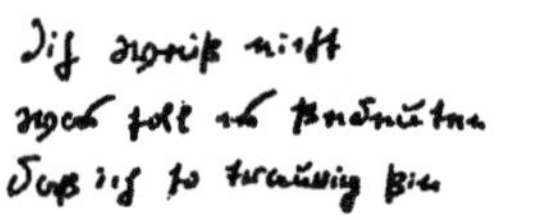

Je ne sais pas
Ce que cela signifie
Que je sois si triste.

Les caractères gothiques en vigueur à l'époque me sont venus tout naturellement.

Mon interrogatoire se déroula donc, moitié en allemand, moitié en français. L'Allemand criait ; il était si sûr de son fait que mes propos, au fond, devaient peu l'intéresser. Il me posa rapidement la question attendue : « Êtes-vous juive ? » Ou plutôt il hurla : « Vous êtes juive ! » Je jurai que j'étais catholique, ce qui était vrai, que personne de ma famille n'était juif, ce qui était faux. L'Allemand constata : « Vous dites que vous n'êtes pas juive, votre grand-mère dit qu'elle n'est pas juive, votre mère dit qu'elle n'est pas juive, vos amis savent bien que vous êtes juifs, les… le savent bien. » Et il me cita le nom du médecin juif dont ma mère contribuait au ravitaillement.

J'ai répondu : « Nous ne sommes pas juives. » L'Allemand m'a demandé : « Où votre mère a-t-elle eu ses laissez-passer ? » Je n'ai pas hésité un instant : « À la Kommandantur de la rue Galilée. » Je ne connaissais pas l'existence d'autre Kommandantur où l'on délivrait les *Ausweis*, la capitale, en fait, en comptait plusieurs. Cette réponse m'est venue automatiquement. Faut-il y voir un effet du hasard, du calcul des probabilités ou une manifestation de la Providence ?, je ne puis en trancher, mais ma mère, à la même question, avait répondu comme moi, sans plus d'hésitation. Or nous ignorions tout de l'origine de ces papiers et depuis que l'on nous avait arrêtées la crainte que ce soient des faux ne pouvait pas ne pas nous avoir envahies. Ma grand-mère n'avait pas eu à répondre à la question car cette maîtresse femme, d'une intelligence assez exceptionnelle et d'une grande vivacité d'esprit, avait décidé, dès l'instant où elle avait été séparée de nous, de tirer parti de son âge. Elle jouait les vieillards séniles, elle ne comprenait rien à ce qu'on lui demandait. Les Allemands ont donc renoncé très vite à l'interroger. Ils ne lui ont pas affirmé comme à ma mère et à moi que certains de nos amis – et ils ont toujours cité un seul et même nom – savaient que nous étions juives.

Si ma grand-mère, en fait, avait refusé de parler, tel n'avait pas été le comportement de ma mère. Avec fureur, elle s'indignait des accusations portées contre nous, elle exigeait que l'on prenne contact avec Paris où l'on aurait la preuve de l'authenticité de nos cartes d'identité.

En ce qui me concerne, il y eut un moment très pénible. Je crois me souvenir que mon interrogatoire était terminé ou sur le point de l'être. Il devait l'être puisque la scène se passe dans la pièce où l'on m'avait interrogée et que l'officier qui avait posé les questions n'était plus assis derrière son bureau. En revanche, le jeune « SS » (qui n'était sans doute pas SS), était là, l'interprète aussi. Une jeune « souris grise » (on appelait ainsi les femmes incorporées dans l'armée allemande) entre. Elle m'a semblé très jeune; elle devait donc l'être puisque, à mon âge, on a tendance à considérer tous les adultes comme très vieux. Dans le souvenir de cette scène, la table joue un rôle. Je ne sais plus si elle était assise dessus ou si c'était moi qui étais installée là. En tout cas, elle était en face de moi, elle s'est mise à m'injurier : sale petite juive, à me cracher à la figure. Je n'avais qu'une idée : faire comme si de rien n'était.

Je n'ai pas été maltraitée physiquement. Il y a seulement eu cet incident violent, bref. Elle me disait qu'on me dresserait en Allemagne, et elle se tournait vers le jeune SS. De toute évidence, elle voulait l'impressionner par ses traits d'esprit. Elle devait être amoureuse de lui. L'interprète ne disait rien. Le SS souriait mais – au fond, peut-être n'était-il pas tellement SS – il a mis fin à cette exhibition en emmenant son admiratrice.

Cet intermède, si je puis dire, m'avait choquée, au sens fort. Et pendant que l'Allemande m'insultait, je me demandais : « Comment peut-on être aussi méchant avec un enfant qui ne vous a rien fait ? » Jusqu'alors, il m'avait toujours semblé que les adultes étaient là pour me protéger. Je ne comprenais pas ce qui m'arrivait. Je crois d'ailleurs que mon impassibilité apparente était due à ma stupeur profonde.

L'interprète m'a fait sortir. Je me suis retrouvée sur mon banc. Je ne me posais pas de questions sur ce qui allait se passer. J'étais sûre que je ne reverrais jamais ma famille, mais ce que serait mon sort, je ne me le demandais même pas. Le manque d'imagination, en certaines occasions, peut être une grâce d'état.

Au bout d'un certain temps, je vois ma mère sur le banc à côté de moi. Ma grand-mère doit avoir été gardée à l'intérieur, ou elle est sur un autre banc, plus loin sur le quai. Nous n'avons pas le droit de parler. Ma mère avait veillé à ce que je reçoive une bonne éducation; je n'avais jamais eu avec elle de conversation sur un sujet général hormis la certitude que les Anglais gagneraient la guerre. Elle me donnait certes souvent des conseils d'ordre moral, toujours à propos d'un cas précis, d'une personne : il fallait se montrer spécialement gentil avec telle vieille amie, parce qu'elle était malade et sans famille. Elle n'énonçait jamais un principe pour lui-même, en dehors d'un contexte déterminé. Or, ce jour-là, à un moment où la sentinelle allemande ne nous regardait pas, ma mère m'a dit : « N'oublie jamais ce que ton grand-père m'a appris : dans la vie, l'essentiel, c'est de faire le moins de mal possible aux autres… » J'ai eu alors la certitude que c'étaient les dernières paroles que j'entendrais de ma mère, d'autant que l'Allemand ayant surpris le murmure m'a envoyée m'asseoir plus loin. J'ai regardé ma grand-mère – elle était donc aussi sur ce quai – et je vois ses mains nues… Mamie, comme ses petits-enfants l'appelaient, portait maints anneaux : sa bague de fiançailles et les bagues reçues pour les naissances de ses enfants. Elle ne les avait plus. J'avais l'habitude, quand j'étais petite, et que je montais sur les genoux de ma grand-mère, de jouer avec ses bagues, comme avec le pendentif – très 1900 – qu'elle ne quittait jamais. La voir dépourvue de ces bijoux me donna envie de pleurer. Je crois que c'est alors que j'ai été le plus près des larmes.

Nous étions toujours sur le quai de la gare. Un cheminot passait de temps à autre, ce devait être le chef de gare; il me souriait gentiment.

On sentait que les Allemands attendaient quelque chose. Cela devait bien faire sept heures que nous étions descendues du train. Il devait être quatre heures trente, cinq heures. Les interrogatoires terminés, les valises fouillées – ils n'avaient heureusement pas eu l'idée de s'attaquer aux vêtements personnels, car ma grand-mère portait dans son manteau quelques dollars en or que ma mère avait cousus un à un… –, notre présence sur ces bancs n'avait pas de sens.

Une voiture est arrivée. Elle s'est arrêtée de l'autre côté des voies, un civil en est descendu, les officiers allemands sont tous allés à sa rencontre, l'un d'eux tenait nos laissez-passer et nos cartes d'identité. Ils ont discuté dehors, à une cinquantaine ou une centaine de mètres de moi. Visiblement, ils n'étaient pas d'accord. Cela a bien duré cinq ou dix minutes. Puis le civil s'est détaché du groupe. Il avait nos laissez-passer à la main. Il s'est approché de moi – sans doute lui avait-on dit que je savais l'allemand, il parlait mal le français – et m'a dit, moitié en français, moitié en allemand : « Je suis officier de la Gestapo. Je sais que vous êtes juive. *Das ist mir ganz egal* (autrement dit, je m'en fous). Je suis sûr que vos laissez-passer sont vrais, je connais le capitaine Hannemann (nos *Ausweis* portaient ce paraphe mais nous ne savions pas, je le répète, s'il y avait un capitaine Hannemann). Je connais sa signature. S'il vous a donné des laissez-passer, il a ses motifs. Je ne veux pas d'histoires avec lui. Vous n'irez pas en prison. »

Je ne sais plus comment se sont déroulées les scènes suivantes. Il me semble, en écrivant ce récit, qu'un film est projeté devant moi, parfois la pellicule doit casser, il y a des blancs.

Je nous revois dans une rue d'Orthez, ma grand-mère est au bras de maman, un capitaine de la Wehrmacht, qui n'avait pas participé aux interrogatoires, les précède, je marche à côté de lui. Il nous conduit dans un hôtel. Il demande l'hôtelier, exige une chambre pour nous. Il lui ordonne de veiller à ce que nous ne quittions pas l'hôtel toutes les trois ensemble ; l'hôtelier répond qu'il n'est pas un gardien de prison. Ma grand-mère dit qu'elle ne veut pas sortir ; l'Allemand s'en va ; l'hôtelier nous conduit dans une grande chambre à deux lits.

Un des phénomènes les plus curieux psychologiquement, me semble-t-il aujourd'hui, de cet épisode se produit alors. Ni ma grand-mère ni ma mère ne sont effondrées. Tout au moins elles ne le montrent pas.

Ma mère décide de faire quelque chose. Elle veut que son avocat soit prévenu. Elle a en lui une confiance totale. Lorsque, treize ans plus tôt, elle l'a prié d'être son conseil il a voulu étudier au préalable le dossier. Il n'acceptait pas une cause s'il n'était convaincu de son bien-fondé. Il a accepté, et depuis son dévouement à son égard, sa sollicitude à mon endroit ne se sont jamais démentis. C'est un homme d'une soixantaine d'années, grand mutilé de la guerre 1914-1918, un des fondateurs de la démocratie chrétienne en France, il a représenté depuis vingt ans le département des Basses-Pyrénées au parlement. Son intégrité est reconnue même de ses adversaires politiques. Antinazi du premier jour, antimunichois ardent, il est un des quatre-vingts parlementaires qui ont voté contre l'octroi des pleins pouvoirs au maréchal Pétain le 10 juillet 1940. Il est un des défenseurs de Paul Reynaud ; il figure sur la liste des « bellicistes » français dont les nazis veulent l'élimination. Il a d'ailleurs été arrêté quinze semaines plus tard, dès l'entrée des Allemands en zone libre. Depuis l'armistice, il vit dans sa propriété de famille, à quelques kilomètres d'Orthez, mais de l'autre côté de la ligne de démarcation.

La logique voudrait que, dans la situation où nous nous trouvons, on dissimule une telle relation. Eh bien non, il n'en est pas question. Ma mère veut à tout prix joindre son avocat. Elle m'emmène. On demande à l'hôtelier où se trouve l'église, et en avant chez le curé. Il n'est pas là. Retour à l'hôtel. Ma mère écrit au commissaire de police du quartier de Chaillot, qu'il certifie d'urgence à la Kommandantur d'Orthez l'authenticité de nos cartes d'identité nationales. Nous repartons chez l'archiprêtre d'Orthez. Maman se présente, lui raconte nos ennuis, lui dit tout, elle lui précise qu'elle ne sait ni l'origine ni la valeur des laissez-passer. Ce qui inquiète le plus le curé, c'est l'intervention en notre faveur de l'homme de la Gestapo. C'est le plus mauvais de tous. Il craint un piège de sa part. Comme ma mère le pensait, l'archiprêtre dispose d'un laissez-passer frontalier. Il promet de prévenir au plus tôt l'avocat. Nous rentrons à l'hôtel et nous nous couchons. Je ne sais plus si les Allemands nous avaient autorisées à retirer du linge et quelques affaires des valises ; je crois que oui. En tout cas, dans la négative, cela ne m'a pas frappée.

En revanche, je n'ai pas oublié les derniers mots échangés. Ma grand-mère avait au plus haut point le sens de la famille. Du moment que nous étions réunies, le pire lui paraissait exclu. Elle me demande : « N'est-ce pas, ma chérie, que tu aimes mieux être avec nous ? » Ma mère, plus lucide, s'agace de cette question. Je crois que, dès ce moment, une idée fixe la guidait : me mettre à l'abri. Et moi qui n'avais qu'un désir : être à mille lieues de tout cela et qui avais honte : l'interrogation de ma grand-mère m'avait fait comprendre que j'aurais mille fois préféré être restée seule dans le train plutôt que d'être descendue sur le quai d'Orthez avec ma grand-mère et ma mère et moi, donc, je n'ai pas voulu faire de peine à ma grand-mère, et puis j'avais été bien élevée. J'ai répondu : « Mais oui, mamie, j'aime mieux être avec vous deux », je me suis endormie.

L'hôtel était agréable, l'hôtelier prévenant. Il n'appréciait pourtant guère l'usage que les Allemands faisaient de son établissement, réquisitionné dans sa totalité, je crois bien. Outre les chambres que les Allemands occupaient eux-mêmes, ils y hébergeaient soit les cas douteux – comme nous – soit les femmes avec des nourrissons. Ils les mettaient là avant de les envoyer directement à la prison de Bordeaux. Ils leur épargnaient celle d'Orthez. Je ne sais pourquoi.

Je revois dans la salle à manger, lors de notre premier déjeuner, à une table voisine de la nôtre, une malheureuse avec un bébé. Elle était jeune. Elle ne parlait pas un mot de français. Comment était-elle parvenue jusqu'à Orthez avec son enfant, alors que ses papiers évidemment portaient la mention juif et que notre langue lui était étrangère ? Les Allemands, à en croire l'hôtelier, l'avaient découverte cachée sous une banquette du train en gare d'Orthez. Vingt-quatre heures après notre arrivée, les Allemands sont venus la chercher. Son souvenir aujourd'hui encore me bouleverse plus que toutes les photographies que j'ai pu voir d'Auschwitz ou autres lieux similaires.

Que nous étions privilégiées ! Je ne sais si c'est le lendemain ou le surlendemain de notre station à Orthez – je crois bien que c'était le lendemain même –, la femme de l'avocat est arrivée. Elle avait à peu de chose près l'âge de son mari. Elle est venue dans une ravissante carriole, traînée par un cheval. La banquette était de cuir rouge.

Lorsque j'ai entrepris ce récit, je me suis surprise en train de réfléchir à la beauté de ce cuir rouge. À un tout autre sujet, une des filles de l'avocat m'a téléphoné. Je lui ai fait part de mes pensées. La carriole existe toujours dans le parc de leur propriété ; elle a servi aux jeux des petits-enfants de l'avocat : son banc était bien recouvert de cuir rouge. En revanche, le cheval était une jument, dénommée Josette.

La venue de la femme de l'avocat m'a laissé un souvenir ébloui. La voir, c'était retrouver mon univers habituel. Elle voulait rester seule avec ma grand-mère et ma mère. Elle m'a embrassée et m'a suggéré d'aller voir « son » lapin.

Dès que l'archiprêtre avait transmis l'appel de ma mère, son mari et elle avaient décidé d'y répondre sur-le-champ.

Lui ne pouvait évidemment pas venir. C'eût été se jeter dans la gueule du loup. La transformation partielle de leur propriété familiale en exploitation agricole avait entraîné l'octroi pour son épouse d'un laissez-passer frontalier. Encore fallait-il qu'elle justifie de la nécessité de se rendre en zone occupée. Prise de court par notre message, elle avait décidé qu'un de ses lapins avait besoin des soins du vétérinaire d'Orthez. Le douanier allemand ne s'en était pas étonné.

En entendant la femme de l'avocat me conseiller de me rendre auprès de « son » lapin enfermé dans une cage d'osier – posée sur le fameux cuir rouge – j'ai pensé à Elsie. Elsie était son fox-terrier. Un de mes regrets, à six ou sept ans, avait tenu au refus d'un chiot d'Elsie, mais les cinq bébés chiens de la portée avaient, quand on me les présenta dans le salon de l'avocat, fait une mare sous eux, sur le tapis. Cela m'avait choquée. J'avais oublié tout le mal que je m'étais donnée pour obtenir de ma grand-mère, hostile aux animaux dans les appartements, le droit d'accepter ce cadeau. Avec timidité j'avais murmuré que je ne voulais plus de chien ! Les grandes personnes avaient souri…

Brusquement, dans cette rue d'Orthez, si loin de tout cela, le souvenir m'est revenu. Au plus haut point il m'a rassurée. Cela n'a pas de sens, mais ce fut ainsi. D'un seul coup, le passé me semblait plus réel que le présent. Et c'était merveilleux.

Tout Orthez connaissait la femme de l'avocat et sa carriole ; tout le monde fut informé qu'elle était venue nous voir ; les Allemands aussi. Le lendemain, elle est revenue. Son mari et elle savaient parfaitement que l'usage abusif de son *Ausweis* pouvait lui valoir quinze jours de prison, un mois, plus peut-être, en raison de leur personnalité. Ni l'un ni l'autre n'ont hésité un instant. Ils étaient atterrés et révoltés de ce qui nous arrivait. Ils pouvaient nous être utiles. Le reste n'importait pas. Elle avait encore un lapin avec elle. Cette fois, il s'agissait de l'échanger contre un de ses congénères d'une autre race, meilleure reproductrice. Le douanier allemand s'abstint de toute réflexion.

Voilà, de nouveau, la carriole, sa jument et la « bestiole » devant notre hôtel. Elle est là. Son mari est formel. Ma grand-mère et ma mère doivent persister dans notre système de défense, qu'il juge le moins mauvais possible : nier jusqu'à l'évidence toute ascendance israélite et se cramponner à l'authenticité de nos cartes d'identité nationales. Elle est aussi là pour un autre motif. Si jamais l'hôtelier apprend que les Allemands s'apprêtent à nous emmener en prison, il faut qu'il cache l'enfant, me fasse passer la ligne en fraude et me conduise dans leur propriété. L'influence de l'avocat est considérable. Sa femme est repartie, laissant ma grand-mère et ma mère rassurées, dans toute la mesure du possible, sur mon sort. Pour elles, c'était l'essentiel.

De nouveau donc, tout Orthez, occupants compris, avait su que la femme de l'avocat était venue nous voir. De tels liens ne pouvaient qu'irriter au plus haut point les Allemands : c'était vraiment la collusion de la « judéo-ploutocratie britannique » (n'oublions pas les pièces d'or anglaises et le passeport diplomatique de mon grand-père) avec la « démocrassouille belliciste ». Les Allemands étaient furieux. On les comprend : ils devaient avoir le sentiment qu'on les narguait. Ils devaient aussi être un peu déconcertés car la sagesse de part et d'autre eût été de s'ignorer. Aujourd'hui, je me demande si notre salut n'a pas été favorisé par une attitude aussi peu raisonnable. Et ce n'était qu'un début.

Mais lorsque, en cette fin d'après-midi, la carriole à la banquette en cuir rouge s'est présentée à la ligne de démarcation, l'Allemand a reconnu le lapin dans sa cage d'osier. Il l'a identifié grâce à une tache (je ne sais de quelle couleur) sur son cou. Il avait raison : c'était le même animal. La femme de l'avocat ne s'était pas souciée de l'échanger contre une autre bête. L'Allemand a déchiré l'*Ausweis* frontalier… et il a laissé sa propriétaire poursuivre sa route… Elle a pu regagner le domaine familial.

Par notre faute, la zone occupée lui était désormais interdite. Comme les Allemands devaient occuper toute la France trois mois plus tard, la suppression de cet *Ausweis* n'a pas posé trop de problèmes à l'avocat et à sa femme.

Les deux visites de cette grande dame ont transformé le climat de notre séjour à Orthez. C'est curieux, mais dans mon esprit la peur n'a pas marqué alors spécialement, sinon en quelques occasions précises. Je n'ai pas non plus le souvenir de discussions avec ma grand-mère et ma mère sur l'avenir. L'une et l'autre disaient : « À chaque jour suffit sa peine. » Ma mère m'emmenait me promener. Nous ne restions pas trop longtemps absentes, afin de ne pas laisser ma grand-mère seule plus d'une heure ou deux. Nos promenades avaient trois buts : manger des glaces : sur une place d'Orthez, un marchand ambulant, presque tous les jours, vendait des glaces extraordinaires : des boules de lait et de crème fraîche nature. Jamais, depuis, des glaces ne m'ont paru aussi succulentes ! Et ce n'était pas du marché noir : c'était au vu et au su de tous, à un prix tout à fait normal, le prix d'un ersatz de glace à Paris. Sans doute le lait ne manquait-il pas dans la région. Nous allions aussi régulièrement sur les hauteurs d'Orthez, à la vieille tour (j'ai oublié son nom), restes d'une forteresse moyenâgeuse d'où la vue était splendide sur la ville et la plaine. Je regardais la zone libre. Je me rends compte que cela a l'air d'un « cliché » ou d'une réminiscence littéraire, mais c'est vrai. La campagne me semblait plus belle de l'autre côté de la ligne. Enfin, nous nous rendions à l'église.

Le curé était toujours disponible pour nous, toujours aussi inquiet de l'intervention de l'homme de la Gestapo en notre faveur, « le plus mauvais de tous », répétait-il. Il nous expliquait la multitude des services allemands. Nous l'avions constaté d'ailleurs. Il y avait Douane, Wehrmacht, Feldgendarmerie, Kommandantur et Gestapo. Leurs querelles internes étaient visibles à l'œil nu, le curé nous le confirmait. Il en revenait toujours au fait que le pire était la Gestapo.

À l'instant, j'ai évoqué le prix des glaces. Comment les payait-on ? Les Allemands avaient pris tout notre argent. Je crois bien que ma mère avait obtenu de garder quelque menue monnaie. Je n'en suis pas sûre. Enfin, on les payait !

Nous étions là depuis quatre ou cinq jours. L'homme de la Gestapo est venu à l'hôtel. Il nous a annoncé : « Vos cartes d'identité sont vraies. » Ma mère a répondu : « Je vous l'ai toujours dit. » L'homme de la Gestapo avait l'air tout content. Cela renforçait sa position ou tout du moins celle qu'il avait semblé prendre le jour de notre arrivée. Si nous ne savions ni l'origine ni la valeur de nos laissez-passer, nous ignorions pourquoi il nous avait évité la prison. Il disait connaître le capitaine Hannemann, il se portait garant de sa signature, mais Hannemann existait-il ?

Quoi qu'il en soit, une fois encore, le commissaire du quartier de Chaillot avait été providentiel. En même temps que la lettre de ma mère, il avait reçu une missive du chef de la Kommandantur d'Orthez, s'informant de l'authenticité de nos cartes d'identité nationales et s'indignant, en termes violents, dans le cas où elles seraient authentiques, que des documents dépourvus de la mention juif aient été délivrés à des juives. Le commissaire aurait pu répondre par des mots plats, alléguer que les papiers fournis étaient en règle, que nous ne figurions pas sur la liste des juifs. Il était sûrement dépourvu de toute illusion à notre sujet. Comment aurait-il ignoré les soupçons dont ma mère était l'objet ? Les inspecteurs du service antijuif ne sont sûrement pas venus interroger ma mère le 13 avril, après qu'elle eût été dénoncée, sans avoir vérifié si elle figurait ou non parmi les juifs de son quartier. Or le commissaire de police du quartier de Chaillot a envoyé à l'officier commandant la Kommandantur d'Orthez une lettre indignée : les cartes d'identité nationales étaient authentiques et conformes à la vérité : ma grand-mère et ma mère étaient aryennes, jamais l'idée n'avait pu venir à quiconque qu'elles fussent juives. Elles n'avaient jamais été l'objet d'aucune enquête. Il était sûr, et l'écrivait, que la Kommandantur d'Orthez se trompait à notre sujet.

Nous étions toujours sans nouvelles de ma tante et de ma sœur. Elles avaient dû quitter Paris le 2 août. Avaient-elles pu le faire ? Les avait-on laissées franchir la ligne ? Par l'intermédiaire du curé et de l'hôtelier, ma mère a essayé de se renseigner. Le chef de gare et un cheminot ont donné des renseignements contradictoires. Selon l'un, aucune arrestation n'avait suivi la nôtre; selon l'autre, une jeune fille et une femme âgée avaient été menées à la prison d'Orthez dès leur descente du train. Je ne crois pas m'être beaucoup inquiétée à leur sujet. Elles n'étaient pas là. Sans doute par un instinct de conservation, par égoïsme aussi, je limitais mes préoccupations à ce que je voyais.

Le 5 août, ma mère et moi, au cours d'une de nos promenades rituelles, croisons dans la rue le capitaine de la Wehrmacht qui nous avait conduites à l'hôtel, au soir de notre arrivée. Il avait été parfaitement correct, presque poli. Il s'approche de ma mère et lui dit : « Votre fille aînée et votre sœur sont à la prison depuis deux jours. »

Ma mère n'hésite pas, elle fonce à la Kommandantur. Je la suis, terrifiée, j'essaie de la retenir, en vain, elle veut que je retourne avec ma grand-mère, mais la peur m'envahit dès que ma mère est absente. Depuis le 13 avril, l'équilibre des forces familiales s'est modifié. Ma mère est devenue le chef de famille; sa mère, qui a en elle une confiance aveugle, s'en remet à ses décisions. Je me dis que maman est folle d'aller à la Kommandantur, elle ne pourra rien pour Tante Hélène et Jacqueline; on va nous envoyer aussi en prison, c'est tout. Ma mère ne m'écoute même pas. Elle a choisi une fois pour toutes sa ligne de conduite, l'approbation de son avocat transmise par la femme de celui-ci l'a définitivement convaincue qu'elle avait raison. Rien ne la fera changer d'avis. Je la suis, furieuse. Je crois que je devais, en ces instants, éprouver à son égard une sorte de haine. Par sa faute, la vie, somme toute paisible, des derniers jours, allait s'effondrer, comme le reste.

Nous entrons à la Kommandantur, dans le bureau du commandant, sans se préoccuper de savoir si cela le dérange ou non. Il était installé à la mairie d'Orthez. Je me rappelle maintenant que nous l'avions vu à la gare le jour de notre arrivée. Sans doute, en raison de l'importance de la prise, avait-il jugé utile de se déranger en personne. C'était un Allemand d'une cinquantaine d'années, assez fort, un peu bedonnant. Il avait été odieux. Ma mère donc fait irruption dans son bureau. Je la suis, tellement terrifiée que j'ai tout oublié, sinon mon idée fixe du moment : qu'elle se taise. Je ne sais pas comment « l'entretien » s'est terminé, s'il nous a mises à la porte ou si nous sommes parties. À peine dehors, ma mère a constaté, très satisfaite : « Je lui ai passé un abattage de première. » On osait déjà la retenir avec sa mère et sa fille, alors que tous leurs papiers étaient authentiques. Et maintenant on se permettait d'arrêter sa sœur et sa fille aînée. Ça ne se passerait pas comme ça ! Elle n'avait pas été la suspecte inquiète, la victime indignée d'une erreur judiciaire, elle était la puissance outragée qui menace de représailles.

C'était proprement fou. Il n'y a pas d'autre mot. Mais la folie dans la démence d'un système totalitaire ne se confond-elle pas avec la raison ?

Trois heures plus tard, ma tante et ma sœur arrivent à l'hôtel.

Succédant à l'intervention de l'homme de la Gestapo, à la lettre du commissaire de police, du quartier de Chaillot, les menaces de ma mère avaient dû étonner, au sens fort, l'Allemand. Il devait commencer à se dire que l'affaire n'était pas si simple, et qu'on ne savait jamais. En écrivant ces mots, la joie monte en moi à l'idée que l'Allemand pouvait, dès ce moment, avoir des problèmes à notre sujet; jusqu'à présent, je n'avais jamais pensé qu'à ceux qu'il nous posait.

Ma tante est pareille à elle-même, sereine et pensant aux autres. Sa vie me navre aujourd'hui encore. Elle avait tout pour elle : la beauté, la famille, la fortune, l'intelligence, la bonté. Des fiançailles manquées l'ont tragiquement marquée. Et puis, comme ses sœurs, à des degrés divers, elle a été plus ou moins victime de la trop forte personnalité de ses parents. Elle n'a pas eu de vie privée; elle ignore l'amertume. Elle est cultivée et calme. En prison, elle a fait preuve d'un calme total. À l'hôtel, elle est calme, d'un calme olympien, trop calme peut-être. Ma sœur est bouleversée; elle a attrapé des poux; durant ses deux ou trois jours de prison, elle s'est atrocement tourmentée pour nous trois. Elle a près de vingt ans, elle les aura dans le mois. Elle prépare le concours de l'externat des Hôpitaux de Paris. Sans nul doute elle est l'élément, sinon le plus raisonnable, tout au moins le plus rationnel de la famille, le plus lucide aussi. Elle n'a aucune illusion; elle est convaincue que nous n'arriverons pas en zone libre et, à juste titre, elle redoute le pire.

Un après-midi, ma mère, ma sœur et moi montons à la tour. Nous pouvons nous absenter plus longtemps, ma tante tient compagnie à ma grand-mère. Ma mère et ma sœur s'asseyent, elles parlent ou lisent. Je crois leur voir des livres entre les mains. Je me promène, je tente l'escalade de quelque pan de ruine. Tout à coup, je pense : « Plus tard, quand je serai vieille, un jour où je serai très heureuse, je reviendrai à Orthez... » Cette pensée me frappe maintenant : j'y vois la preuve que si la peur constante ne marque pas dans ma mémoire ces jours d'Orthez je devais avoir le sentiment de vivre un cauchemar puisqu'il me faudrait retourner sur les lieux pour en effacer les traces. Et en même temps, au fond de moi-même, je ne devais pas douter de son issue, puisque j'envisageais d'atteindre l'âge adulte et de connaître à nouveau le bonheur. Je ne me rendais certainement pas compte que ma vie, comme celle de toute ma famille était physiquement menacée. Une fois encore, le manque d'imagination, en certaines occasions, peut être une grâce d'état.

Le 8 août, un Allemand nous prévient : nous devons, toute la famille au complet, être à quinze heures au tribunal (où siège-t-il, je ne sais plus, est-ce dans une salle de la mairie, y a-t-il un palais de justice, je ne me le rappelle vraiment pas). Le juge venu de Bordeaux doit décider de notre sort. La salle du tribunal, gardée naturellement par des sentinelles allemandes, est pleine de prévenus : hommes et femmes pris alors qu'ils passaient la ligne clandestinement, ou soupçonnés pour leur présence insolite en certains lieux trop proches de la zone libre. Il n'y a pas d'avocat. C'est du flagrant délit. Le juge octroie, au hasard, quinze jours, un mois de prison. Il rend ses sentences en allemand, un interprète traduit. Je me souviens que nous sommes assises. Il prononce notre nom. Ma mère, à l'exaspération commune (je le crois bien) des Allemands, de ma sœur et de moi, commence à s'indigner. Le juge, par le truchement de l'interprète, la prie de se taire. Il parle. L'interprète traduit : « Je ne peux pas vous juger, car on a eu le tort de renvoyer vos laissez-passer à Paris à la Kommandantur de la rue Galilée. Certains services me disent qu'ils sont faux, d'autres me disent qu'ils sont vrais. Il faut que je les aie pour décider. » Il s'adresse à ma mère : « Vous allez partir tout de suite pour Paris rechercher ces laissez-passer et les rapporter ici, comme cela, je vous jugerai dans quinze jours » (il vient deux fois par mois à Orthez). Ma mère proteste : « Je ne vais pas recommencer à faire la queue durant des heures rue Galilée. » Elle n'a jamais pénétré dans cette Kommandantur, je le répète, elle ne sait même pas si nos laissez-passer en viennent, si même ils sont authentiques. Imperturbable, elle « exige » une lettre pour la sentinelle. Elle ne recommencera pas cette queue interminable…

Je ne me rappelle rien des heures qui ont suivi; je ne sais pas quand la lettre a été remise à ma mère : elle était certainement cachetée ou même scellée et puis à quoi cela aurait-il avancé d'en connaître le contenu ? J'avais cette fois le sentiment de l'inéluctable. J'étais convaincue, comme le premier jour, assise sur le banc du quai de la gare d'Orthez, que je ne reverrais plus ma mère. Je me rappelle qu'elle est partie le lendemain matin. Je ne me souviens pas de ce qu'elle m'a dit. Je savais que je ne la reverrais pas. J'étais affolée et désespérée. Le reste de la famille m'exaspérait. Ma grand-mère me disait qu'elle était si fière de mon courage, ce qui n'arrangeait rien, ma tante s'affirmait certaine que ma mère serait arrêtée à Paris; je n'ai guère gardé de souvenir de ma sœur ce 9 août – je crois que nous nous sommes promenées et sommes allées manger des glaces ensemble. Je sais que je me suis rendue auprès du curé sous un prétexte quelconque, en fait pour qu'il me console. Il a été la bonté même; je sentais bien qu'il n'était guère rassuré sur notre sort. C'était l'attente impuissante dans toute son horreur.

Le 10 août, en revanche, il s'est passé quelque chose. J'étais seule dans la salle à manger de l'hôtel. L'homme de la Gestapo est entré. Il m'a dit : « Votre mère n'est pas là, venez vous promener avec moi. » Nous sommes partis. Notre absence n'a pas duré longtemps, car personne de ma famille ne s'en est inquiété. Je ne sais si nous sommes partis à pied ou en voiture. En tout cas, je nous vois marchant dans un chemin entre deux champs. Il me dit : « Ne vous inquiétez pas, votre mère sera là demain matin. » Il le répète à plusieurs reprises. Il me précise : « J'ai une petite fille qui a votre âge. » Il me redit : « Ne vous inquiétez pas, votre mère sera là demain matin. Vous n'avez qu'à aller l'attendre au train, celui par lequel vous êtes arrivées. Après vous pourrez aller n'importe où, où vous voudrez, à Berlin si vous le désirez. » Il se tait. J'ai un cri du cœur : « Ah non ! pas à Berlin. » Immédiatement je me reprends, j'ai peur de ce que j'ai dit : « Plus tard à Berlin, après les vacances, quand nous serons rentrées à Paris. » Il sourit, il recommence : « Ne vous inquiétez pas, votre mère sera là demain matin. » Il m'a raccompagnée à la porte de l'hôtel. Je n'ai pas parlé de cette conversation à ma famille. Pourquoi ? je ne le sais pas. Je n'avais pas envie qu'elle fournisse matière à discussions. Je m'interroge encore sur sa signification. Une chose est certaine : en aucun moment, il n'a essayé de me « tirer les vers du nez ». En une seule occasion – l'allusion au voyage à Berlin – il a fait preuve de sadisme. Cela mis à part, il aurait voulu m'épargner une anxiété que je ne lui manifestais pas, mais qui était évidente, il n'aurait pas tenu d'autres propos. Alors ? Quels pouvaient être ses mobiles, le désir de jouer comme le chat avec la souris, l'intérêt que mon attitude avait provoqué chez lui, la pensée de sa fille, si elle existait vraiment, l'imagination de ce qu'elle ressentirait à ma place, la certitude qu'il avait du dénouement de cette affaire, je ne sais. Le savait-il lui-même ? Les années ayant passé m'ont appris qu'il n'est pas d'être humain d'une seule pièce, exempt de complexités et d'ambiguïtés. Pourquoi serait-il donné à un officier de la Gestapo d'échapper à la règle ?

Le lendemain matin, pour l'arrivée de la correspondance de l'express de Paris, je me trouvais sur le quai de la gare. Je n'ai pas le souvenir que ma sœur ou ma tante aient été avec moi. Ce devait pourtant être le cas. J'avais peur, j'étais sûre que ma mère ne serait pas là. J'avais l'impression que les Allemands me regardaient en ricanant, ce qui était faux : ils ne s'occupaient pas de moi. Je n'étais pas venue sur ce quai depuis le jour de notre arrivée et j'avais peur. Un cheminot (toujours le chef de gare) est venu gentiment me dire bonjour. Tout Orthez était plus ou moins au courant de nos ennuis. Il m'a confié : « Vous savez, j'ai une fille qui a votre âge. » Une pensée biscornue a traversé mon esprit : « Lui aussi, il n'y a que le curé qui n'en ait pas ! »

Le train est arrivé, maman est descendue, plus assurée que jamais. Ma sœur ou ma tante (je ne sais plus) est allée annoncer à ma grand-mère le retour de sa fille. Ma mère n'a pas voulu passer à l'hôtel. Elle devait se rendre immédiatement à la Kommandantur. Je l'ai accompagnée. Pendant le trajet, elle m'a raconté. À son arrivée à Paris la veille au matin, elle avait d'abord, d'un café, téléphoné à mon oncle et à ma tante, à ma marraine aussi. Puis elle s'était dirigée vers la rue Galilée. Elle n'avait même pas songé un instant à rechercher la cliente du pâtissier russe. À quoi bon ? Je ne crois pas qu'elle se posait beaucoup de questions. Elle s'en tenait à sa ligne de conduite. Sa mère, sa sœur et ses filles étaient aux mains des Allemands. Elle n'a certainement pas envisagé un instant de fuir la rue Galilée. Je ne sais même pas si elle avait peur. Je ne le crois pas. Elle devait s'interdire ce sentiment et s'en remettre à la Providence. Elle arrive donc rue Galilée, à neuf heures, à l'ouverture des bureaux. La queue des demandeurs d'*Ausweis* compte déjà, comme chaque matin, plusieurs centaines de personnes. Ma mère s'approche de la sentinelle, lui remet la lettre du juge d'Orthez. Il l'ouvre. Il claque des talons, salue le bras levé : « *Heil Hitler !* Ah ! Madame Léon, enfin, le capitaine Hannemann fait demander toutes les dix minutes si vous êtes là. » Voici ma mère introduite immédiatement dans le bureau du capitaine Hannemann. Il est un des responsables de cette Kommandantur. Il baise la main de ma mère, éclate en incriminations contre le commandant de la Kommandantur d'Orthez qui a osé lui adresser une algarade. On a osé lui reprocher d'avoir délivré des laissez-passer à des juives. Il s'exprime en un français impeccable. Le capitaine Hannemann appelle ses collaborateurs : « Regardez Madame Léon. Il suffit de la regarder pour savoir qu'elle est aryenne. Comment a-t-on pu être assez bête pour l'accuser d'être juive ? » Tous acquiescent. Ma mère à l'époque a quarante et un ans. Elle a dû être très jolie, elle est fine et distinguée, des cheveux châtains, des yeux clairs, mais si le type sémite existe, on peut certainement en trouver des éléments sur son visage. Le capitaine Hannemann ne maîtrise pas son indignation. Le commandant d'Orthez lui a écrit aussi à propos des quatre pièces d'or anglaises. Comment n'a-t-il pas compris que ce sont des souvenirs de famille. Ils nous seront restitués. Il suffit de voir Madame Léon pour être assuré qu'elle n'emporte pas d'or en fraude. Il ouvre son tiroir, sort les laissez-passer, nos laissez-passer, les remet à maman. « Je vais vous donner une lettre pour la Kommandantur d'Orthez. » Il fait venir sa secrétaire : c'est la femme que ma mère est allée voir rue de l'Université, la cliente du pâtissier russe. Ma mère ne la reconnaît évidemment pas; elle non plus. Le capitaine Hannemann dicte une lettre en allemand : « Jamais, me dit ma mère, je n'ai tant regretté de ne pas savoir l'allemand. » Il cacheté la lettre, prie ma mère d'excuser l'erreur monstreuse de subordonnés incapables; il lui baise la main, et lui souhaite un très bon séjour en zone libre.

Mais nous voilà devant la mairie d'Orthez où siège la Kommandantur. Ma mère arrête son récit. Je l'ai écoutée fascinée. Je n'ai pas eu le temps de lui demander – et je ne l'ai jamais fait – comment elle avait occupé son après-midi parisien; je ne lui ai pas demandé non plus ce qu'elle avait ressenti. Ce n'était pas une question que j'aurais eu l'idée de poser à l'époque. En outre, nous ne nous épanchions guère sur les sentiments que la situation provoquait en nous.

Nous entrons dans le bureau du commandant, cet Allemand qui ne devait pas être un nazi triomphant – il aurait été ailleurs – et qui avait été si désagréable. Ma mère lui dit : « J'ai vu le colonel » (oui, j'écris colonel. Il était capitaine, mais j'entends ma mère dire colonel, pourquoi refuser cette promotion au signataire des laissez-passer; il l'a peut-être eue par la suite). Ma mère explique donc : « J'ai vu le colonel Hannemann. Il m'a rendu nos laissez-passer et m'a remis cette lettre pour vous. » Elle lui tend les *Ausweis* et le pli; l'officier le décachète.

Je vois la scène comme si j'y étais, aussi nettement que treize jours plus tôt l'irruption du soldat sur le quai alors que notre train démarrait. Le commandant de la Kommandantur d'Orthez est assis à une table, il commence à lire, il saute en l'air (et ce n'est pas une expression figurée), il se précipite à la fenêtre, l'ouvre, se penche au-dehors comme s'il cherchait de l'air. Nous ne voyons plus que son dos et sa nuque. Il a des bourrelets. Il crie : « *Das ist schön ! Das ist schön !* » [c'est bon !]. Il se retourne vers nous, il est devenu rouge avec des marques livides. Jamais je n'ai vu un visage se transformer ainsi en quelques instants. Il ouvre le tiroir où il a entassé les bijoux de ma grand-mère, l'argent, nos papiers d'identité et les quatre pièces d'or. Il nous jette le tout à la figure, les objets tombent à terre. Il jette les laissez-passer sur la table : « Prenez tout, partez tout de suite en zone libre. Partez tout de suite, je ne veux plus vous voir ! » Je ne sais pas ce que je pense, instinctivement, je calque mon attitude sur celle de ma mère. Avec le plus grand calme, elle rassemble les objets et les papiers épars; elle vérifie que les quatre pièces d'or sont au complet et nous partons...

Nous arrivons à l'hôtel. Ma mère semblait triomphante, mais je ne suis pas sûre qu'au fond d'elle-même son assurance ait été totale. Ma grand-mère n'a manifesté aucun étonnement : sa confiance aveugle en sa fille se trouvait justifiée, ce qui lui semblait normal, et une telle issue était conforme à sa vision de la société, de la place qu'y tenait sa famille. Je crois, en revanche, qu'une panique analogue tenaillait ma tante, ma sœur et moi-même. C'était trop beau pour être vrai. On ne nous laisserait pas partir.

Il y avait un train au début de l'après-midi, celui que j'avais vu passer treize jours auparavant, assise seule sur « mon banc ». Il fallait le prendre. On a fait des adieux émus à l'hôtelier. Je ne sais plus si nos chambres ont été payées par nous ou si cette dépense incombait aux Allemands. En tout cas ma grand-mère a donné de généreux pourboires aux petites bonnes qui avaient été très gentilles. Et nous sommes parties pour la gare. Avons-nous eu le temps de prévenir l'archiprêtre, de le remercier ? Je ne me le rappelle pas.

Le train est arrivé à l'heure dite. Ce n'était pas une correspondance de l'express de Paris. Seuls, ou pratiquement, des frontaliers l'utilisaient; les formalités étaient donc fort rapides. Il ne restait jamais très longtemps en gare d'Orthez. Le 11 août 1942 a marqué une exception. Durant des heures – et seulement à partir du moment où le train est entré en gare – les Allemands de la douane ont fouillé nos bagages qui, à l'exception – oui c'est cela, nous avions pu prendre le sac de voyage de ma grand-mère – d'un seul élément étaient restés sous clef dans les bureaux allemands depuis treize jours. J'ai d'abord écrit que cette fouille s'était prolongée pendant quatre heures; ce chiffre me paraît exagéré. Mais elle a certainement excédé deux heures. Le « SS » (qui n'était sans doute pas SS) était odieux : mes affaires personnelles l'intéressaient particulièrement : une paire de gants en cuir, fourrés, objet fort rare à l'époque, a d'ailleurs disparu au cours de ce déballage. C'est curieux que ce léger larcin me soit resté à l'esprit, si disproportionné avec le cauchemar que je venais de vivre et qui persistait. Les Allemands fouillaient toujours les valises. Ils n'ont pas eu l'idée de s'attaquer aux vêtements personnels. C'est insensé et ce fut miraculeux. Les dollars d'or dans le manteau de ma grand-mère ! Heureusement que je n'en connaissais pas l'existence, je serais morte de terreur. Ma grand-mère et ma mère étaient imperturbables, j'essayais de les imiter. Au bout de deux heures ou plus, les douaniers ont refermé nos bagages, l'officier a pris nos laissez-passer, rayé au crayon d'un trait double la date du 29 juillet 1942, une signature illisible a été griffonnée et le cachet libérateur apposé :

Ausgang, 11 août 1942.

Nous sommes montées dans le train. Le chef de gare lui-même a aidé à porter nos bagages. Il m'a embrassée. Il a agité son drapeau, le train est parti. Il était bondé. Quelqu'un, sur la demande de ma mère, a donné une place à ma grand-mère. Cette fois, il n'y avait pas de compassion sur le visage des voyageurs, mais un peu d'agacement : à cause de nous, ils arriveraient à Pau avec des heures de retard.

Je ne pouvais pas y croire ; j'avais peur que le train fasse machine arrière. Ce qui était absurde. Mais non, nous sommes à Pau. L'extraordinaire impression de délivrance. On voyait le drapeau français, on croisait des officiers et des soldats vêtus de l'uniforme français, on était en France. Je sais bien que la réalité de l'indépendance de la zone libre ne correspond pas à cette vision. Mais je l'ai ressentie ainsi. C'était merveilleux. J'avais envie de sauter au cou des passants, de chanter, de crier de bonheur. C'était incroyable.

Mon euphorie a duré quelques jours. C'était bon de se retrouver aux Eaux-Bonnes où nous avions été si souvent avant la guerre : l'oto-rhino-laryngologiste, devant mes innombrables sinusites et otites, y avait prescrit, un peu en désespoir de cause, des cures. J'aimais les Eaux-Bonnes. Mais rapidement, la peur rétrospective m'a littéralement dévorée. Je ne pouvais plus penser qu'à Orthez. Je ne supportais pas d'ailleurs que l'on évoquât le sujet devant moi. Ma grand-mère et ma mère l'ont compris. On ne parlait jamais d'Orthez. Cela n'atténuait en rien ma terreur. Je crois avoir vécu une semaine ou deux, peut-être moins, dans un état second. Extérieurement, je me trouvais aux Eaux-Bonnes, à l'abri, en vacances. Par la pensée, je ne quittais pas Orthez.

On m'avait loué une bicyclette. Je la prenais pour aller à Laruns, éloigné de six kilomètres des Eaux-Bonnes. Laruns est dans la plaine, la route descendait de six cents ou sept cents mètres, je ne sais plus, j'allais à toute vitesse, j'avais constaté qu'au cours de ces promenades mon obsession me quittait. Je ne pensais plus à Orthez, je profitais de la vitesse, je faisais attention aux virages, je m'amusais. Pour remonter aux Eaux-Bonnes – comme l'effort physique ne m'a jamais spécialement attirée –, j'empruntais le car ; on mettait « le vélo » sur le toit.

Un jour, j'ai été assise en face du curé des Eaux-Bonnes, je le connaissais bien. Je revois sa face rubiconde. Il me dit : « Alors, cette année, vous êtes arrivées comme des escargots avec leurs coquilles. » Je le regarde sans comprendre. Il précise : « Eh oui, avec tous vos bagages. Vous avez amené votre maison entière. » La réflexion n'avait vraiment rien de méchant, ni de menaçant, surtout venant de ce brave prêtre de campagne. Elle a déclenché en moi une panique incoercible, au point que, dès mon retour aux Eaux-Bonnes, j'ai répété le dialogue à ma mère. Avec calme, elle m'a dit : « Et après ? »

Et après ? C'est vrai ; elle avait raison, mais la panique était installée. À voir, j'étais en pleine forme, j'étais cependant malade de peur.

Un matin je suis allée me promener à pied sur la promenade de l'Impératrice – ainsi appelée en souvenir d'Eugénie de Montijo, qui s'était rendue en ces lieux. Je ne sais si cette promenade existe toujours. L'allée en était large, le terrain plat, le panorama sur la vallée beau, souvent dissimulé par des arbres. Je me suis arrêtée à un point de vue. Tout à coup, une pensée m'est venue. Je ne sais ce qui l'a précédée mais je sais qu'elle m'est venue là et que ses termes à jamais sont gravés dans mon esprit : « Quand de Gaulle sera là, je n'aurai plus peur. » Grâce à ma mère et au mari de ma marraine, la défaite allemande, à plus ou moins long terme, était pour moi une vérité d'évangile. Par conséquent, l'arrivée du général de Gaulle (dont j'ai cependant peu le souvenir d'avoir entendu parler) était aussi évidente, puisqu'il était indissolublement lié dans mon esprit à l'anéantissement du nazisme. Il était donc certain que de Gaulle tôt ou tard serait là ; il était donc certain que tôt ou tard je n'aurais plus peur. Comment l'exprimer ? Je me suis brusquement sentie rassérénée. Et durant vingt-quatre mois, cette phrase : « Quand de Gaulle sera là, je n'aurai plus peur » est devenue ma rengaine intérieure, mon exorcisme personnel contre les démons du monde extérieur.

Les vacances ont repris leur cours normal. Ce furent de vraies vacances, balades en montagne, excursions, jeux avec des enfants de mon âge – à cette époque, à treize ans, on était encore un enfant. Mes amis de Paris et moi nous entretenions une correspondance suivie, par cartes interzones avec la plupart, par lettres, avec d'autres. Papillon, la camarade qui m'avait rapporté la croix de Lorraine, était chez ses grands-parents près de Marseille. La Belette et le Corbeau, les petits-enfants du ministre de Vichy, se trouvaient auprès de leurs grands-parents. Ils habitaient le Queen's Hotel. L'idée qu'à Vichy un hôtel porte un nom anglais me paraissait de bon augure. La Belette et le Corbeau me recommandaient de lire *Les Misérables* qu'ils découvraient. J'étais heureuse.

Ma sœur est repartie pour la zone occupée. Il semblait préférable d'éviter Orthez, elle a franchi la ligne de démarcation à Vierzon. Le douanier allemand a regardé avec étonnement les deux dates d'Ausgang qui figuraient sur son laissez-passer. Le fait même qu'elle revenait en zone occupée, son nom, on ne peut moins suspect de « juiverie », plaidaient en sa faveur. Sans aucune difficulté, il a apposé le cachet Eingang. Ce devait être mi-septembre. Elle ne savait pas si elle resterait à Paris afin de poursuivre ses études médicales ou si elle nous rejoindrait en zone libre. Dans la première hypothèse, on envisageait de se fixer à Pau.

L'appartement l'attendait, intact.

C'était invraisemblable. J'avais écrit : miraculeux. L'adjectif me semble déplacé puisqu'il s'agit de biens matériels. Trois semaines environ après notre départ d'Orthez, vers la fin août, début septembre, donc, un camion s'était arrêté devant le 2, avenue de Tokio. Des Allemands en étaient descendus. Ils avaient demandé à la concierge les clefs de l'appartement des juives Léon. Ils venaient en déménager le contenu. La concierge était de la génération de ma grand-mère, à peine plus jeune. Nous habitions là depuis dix ans déjà. Si ma grand-mère exigeait un service impeccable, elle se montrait profondément généreuse. Possédée au plus haut point par le sentiment des droits et des devoirs de « son » milieu – la bourgeoisie du siècle passé –, elle s'intéressait aux problèmes d'autrui. Ma mère aussi. Elles étaient prévenantes, trop parfois, au point que leurs attentions pouvaient sembler envahissantes; leur bonté cependant se manifestait en toute occasion, à l'égard de tous ceux qu'elles approchaient. C'était peut-être du paternalisme, mais agrémenté d'un trait particulier qui tient à l'éducation ou à la générosité profonde : leur comportement était le même quelle que soit la situation sociale de leur interlocuteur. La concierge avait, à sa manière, une égale noblesse. Elle s'indigne, les juives Léon ! Absurde, son mari et elle ont servi aux premières communions des enfants – ce qui était vrai. Le ton monte de part et d'autre. Les Allemands sont une dizaine. La concierge est seule. Le propriétaire arrive. A-t-il été alerté par le bruit ou faut-il voir là effet du hasard ? Je ne sais. C'est, à tous les sens, au propre et au figuré, un grand bourgeois sec, un homme de l'Est, une des plus importantes entreprises de serrurerie et de ferronnerie d'art porte son nom. Entre autres activités, il la dirige. J'avais bien ri, en 1938, lorsque les pompiers, appelés pour un feu de cheminée, avaient demandé la profession du propriétaire et noté serrurier. La concierge en appelle à son témoignage. Il fait chorus avec elle. Les Allemands ne se laissent pas intimider. Avec une violence accrue, ils exigent les clefs. Alors la concierge a un mot fou : « Si c'est comme ça, je vais chercher un agent. » Les Allemands maugréent et s'en vont…

Dès son arrivée à Paris, ma sœur apprend l'affaire. Qui étaient ces Allemands ? Pourquoi sont-ils partis ? Sans nul doute était-ce une initiative de « récupération de biens juifs » menée à des fins personnelles. D'un moment à l'autre, elle pouvait se transformer en une démarche régulière, officielle. Dans ce cas, la concierge ne pourrait plus sauver nos affaires. Tout : meubles, argenterie, objets d'art, tout était resté avenue de Tokio.

Ma sœur, essentiellement avec l'aide de Marie (la femme de chambre), a entrepris de mettre en lieu sûr, chez des amis, quelques objets.

Le rappel des affaires préservées – tout au moins celles dont j'ai souvenir – me paraît ressortir d'une énumération de Prévert : une édition originale d'*Éloge de la Folie* d'Érasme, des ouvrages de Bergson dédicacés à mon arrière-grand-mère : le frère de ma grand-mère avait fondé la *Revue de Métaphysique et de Morale,* et un service entier de verres en cristal de Baccarat (taille diamant) (je me suis toujours demandé comment ma sœur avait réussi à les transporter !) et un certificat de franç-maçon de Moyse Léon, négociant à Lamarche (Vosges) (en date du 1er juin 1820) que ma grand-mère avait conservé, avec le tablier et les insignes enfouis dans un tiroir. Ils avaient appartenu à un lointain aïeul, dont ils étaient sans doute la fierté : ils ont été confiés à des amis catholiques, vichystes et maurrassiens…

Il n'était pas question de retirer le mobilier de l'avenue de Tokio. C'eût été attirer l'attention et les garde-meubles ne présentaient guère de sécurité.

La maison, elle aussi, n'était plus sûre. À chaque instant, les Allemands pouvaient revenir. Ma sœur couchait chez des amis. Il fut entendu que la concierge, matin et soir, ouvrirait et fermerait les volets afin que l'appartement semble habité. En façade, sur l'avenue de Tokio et la rue des Frères-Périer, il y avait douze fenêtres ; la concierge avait plus de soixante ans. Il ne fut pas question d'une rémunération quelconque pour ce travail. Cela l'aurait blessée, au plus profond.

Bien que ma sœur ne fût pas juive aux termes des lois allemandes ou françaises, il lui fallait quitter au plus vite la zone occupée. Des représailles à son encontre n'étaient pas exclues, venant des Allemands d'Orthez qui n'avaient pu retenir la totalité de la famille. Sur une carte interzone que je revois, elle a prévenu sa mère : Jacques pense que le climat des Eaux-Bonnes est indispensable à Georgette. Il est aussi inquiet pour la santé de sa sœur.

Jacques, c'était le prénom de l'avocat représentant le commissariat aux Questions juives à Paris, celui-là même qui avait conseillé à ma mère de se procurer n'importe quel acte de baptême. Ma sœur l'a-t-elle vu ou était-ce un code convenu au préalable avec sa mère, je ne sais.

Quoi qu'il en soit, les engagements pris par cet avocat ont été tenus. Le dossier concernant ma mère fut transmis en zone libre, avec l'adresse convenue : l'Hôtel de France à Pau. Le portier, Ambroise, comptait parmi les fidèles de l'avocat de ma mère. C'était lui aussi un mutilé de la Grande Guerre. Lorsque les inspecteurs du commissariat aux Questions juives de Pau sont venus s'enquérir de ma mère, il répondit qu'elle avait bien séjourné là – nous y avions passé la première nuit de notre arrivée en zone libre – mais était partie sans laisser d'adresse. Le dossier fut classé, à jamais. Sans la fille du ministre de Vichy, la mère de mes amis, ce récit n'eût pas existé.

Avec angoisse, nous avons attendu ma sœur. Elle a franchi la ligne de démarcation en fraude. Il lui fallait poursuivre ses études de médecine. Lyon, après Paris, était en cette matière la meilleure Faculté de France.

Il était exclu que la famille se sépare. Ma mère et ma sœur, en avant-garde, ont gagné Lyon pour préparer l'installation familiale. La population de cette ville avait presque doublé par rapport à 1939, des réfugiés alsaciens et parisiens s'y étaient repliés en masse. Ils étaient là depuis 1940. Ma mère a trouvé, pour ma sœur, je ne sais comment, une pièce dans un appartement. Dans un grand hôtel de Lyon, elle a obtenu une chambre ; on lui en a promis une seconde pour le mois suivant.

Le problème de mes études se posait. Munie d'une lettre de son avocat, ma mère a été reçue dans les plus brefs délais par l'archevêque de Lyon qui lui réserva l'accueil le plus compréhensif. Entré dans les ordres à la trentaine seulement, il avait effectué ses études de Droit avec l'avocat. Ma mère expliqua au cardinal son obsession : ma sécurité, quoi qu'il advienne. Le prélat trouva la solution. Il existait, sur les hauteurs de Lyon, un couvent de dominicaines fréquenté par la meilleure société. Les enfants étaient soit pensionnaires, soit demi-pensionnaires. L'établissement sûrement était plein, mais le cardinal interviendrait. Mon inscription serait acceptée. Au cas où ma famille serait menacée, on me garderait comme pensionnaire. Il tint ses engagements. La supérieure fut fort aimable : ma mère lui exposa la situation, l'évêché l'en avait déjà prévenu. Bien que le pensionnat n'eût plus une place disponible, elle serait heureuse de me compter parmi ses élèves. Elle donna toutes les indications sur l'uniforme et les livres de classe dont il fallait me munir.

À la lecture de la lettre de ma mère, la joie s'empara de moi. La vie avait repris. Nous étions en France. Comme je n'avais plus peur que les Allemands viennent chercher ma famille, j'avais le désir de m'éloigner d'elle. Elle me rappelait Orthez. Au fond de moi-même, je devais éprouver le besoin impérieux de me retremper dans un univers de mon âge, de retrouver des préoccupations normales d'un enfant de treize ans. En outre, mon entrée dans cette institution religieuse prenait, je m'en rends compte maintenant, valeur de symbole. Je la devais à l'avocat de ma mère… Par l'intermédiaire du cardinal, archevêque de Lyon, les protections naturelles de mon enfance m'étaient restituées.

Je n'avais jamais été pensionnaire ou demi-pensionnaire ; je n'avais jamais porté d'uniforme : c'était une merveilleuse revanche sur Orthez que la vie m'offrait une fois encore : j'étais folle de joie.

Le trajet Pau-Lyon était épuisant : plusieurs changements de train, des horaires plus ou moins respectés, des attentes interminables. Pas question que je l'entreprenne seule. Ma mère est donc venue me rechercher.

Nous nous sommes installées à l'hôtel d'Angleterre, ce nom m'enchantait. Dès le lendemain matin – ce devait être dans la deuxième quinzaine d'octobre, la rentrée scolaire avait eu lieu. Ce serait facile de retrouver la date exacte : c'était le dernier jour où la projection de films américains était encore autorisée par le gouvernement de Vichy. Dès le lendemain matin donc, nous avons pris le trolleybus – pour la première fois, je découvrais cet autobus guidé par des fils électriques. Nous avons gagné mon pensionnat, un grand bâtiment dans un parc splendide. J'étais heureuse. Ma mère devait me présenter à la supérieure. Une sœur m'a fait entrer dans un parloir. La révérende mère voulait s'entretenir seule avec ma mère. J'étais étonnée, agacée, inquiète (pas très). Je n'ai pas attendu longtemps. Ma mère est là ; elle me prend par la main : viens, partons d'ici. Elle était visiblement bouleversée.

Je ne sais si elle a décidé de m'informer sur-le-champ, si je l'ai tellement « tannée » qu'elle a cédé à mes instances ou si j'ai surpris, peu après, une conversation entre elle et ma sœur. En tout cas, le matin même, je savais.

L'entretien donc avait été bref. La religieuse s'excusa. Elle ne pouvait tenir ses engagements. Il n'y avait pas de place pour moi. Elle le regrettait, elle avait réfléchi. De nombreux parents d'élèves auraient protesté contre ma présence dans le couvent. Ils n'auraient pas admis que leurs héritières soient élevées avec une enfant naturelle. Ma mère s'était indignée, avait rappelé pour quelles raisons de sécurité le cardinal avait souhaité mon inscription chez les dominicaines. La supérieure le regrettait, elle ne pouvait pas revenir sur sa décision.

Assurément, son respect de la hiérarchie s'effaçait devant les exigences de sa conscience : son devoir n'était-il pas de désobéir à des souhaits par trop extravagants du cardinal-archevêque, primat des Gaules ? Le dialogue se termina par cet échange de répliques :

« Ma mère, vous manquez à la charité chrétienne !

– Je regrette, madame, la province n'est pas Paris ! »

Je sanglotais, moi qui n'avais pas pleuré une seule fois à Orthez. Je sanglotais dans la rue, en marchant à côté de ma mère et de ma sœur. Je sanglotais au restaurant. Ce devait être un spectacle assez ridicule : Si je portais des chaussettes comme il convenait à treize ans et si ma tenue était celle d'une petite fille de bon milieu, j'étais grande – à peu de centimètres près ma taille d'adulte. J'avais conscience du ridicule, il m'indifférait. Je pleurais. Je n'ai pas le souvenir des paroles de ma mère et de ma sœur. Je crois qu'elles ont essayé de faire comme si de rien n'était. Je pleurais, sans pouvoir m'arrêter.

J'aurais été bien incapable d'exprimer ce que je ressentais.

Aujourd'hui, je comprends mon désespoir. J'avais été, je le répète, une petite fille archi-choyée. Jusqu'à dix ans, j'avais peu vécu avec d'autres enfants. Je suivais par correspondance le cours Hattemer, une institutrice venait tous les matins, l'après-midi, ma gouvernante – une Anglaise devenue française par son mariage avec un agent de police – me promenait au Bois de Boulogne, dans le parc de Bagatelle. Un taxi, toujours le même, nous y conduisait et nous en ramenait. Mue par je ne sais quelles obscures raisons, ma grand-mère n'avait jamais voulu d'automobile. Un chauffeur de taxi, le même des années durant, était à sa disposition constante avec sa voiture. Cet artisan faisait partie intégrante de mon univers, comme la femme de chambre, la cuisinière, la lingère – présente une ou deux fois par semaine –, le frotteur, chargé de l'entretien des parquets « de Versailles » avec leurs dessins dans des bois divers, de l'entretien aussi des portes en glace, des miroirs et des vitres, le coiffeur, André (son prénom me revient à l'instant), qui édifie presque chaque matin le chignon de ma grand-mère, les « extra » en cas de réception, le fleuriste à la visite régulière (on aimait beaucoup les fleurs), le boucher qui, tous les jours, vient de la rue du Bac – afin de conserver la clientèle familiale, lorsque ma grand-mère a quitté le boulevard Saint-Germain, il s'est abonné au téléphone –, les petits fours de Poiré-Blanche ou de Rey, que l'on livrait tous les lundis, le « jour » de mamie. Une fois par semaine, ma grand-mère recevait…

Cette évocation aujourd'hui m'amuse et me gêne tout à la fois. Elle me semble irréelle, insolite, presque choquante, tant la fortune affleure à chaque détail. Or je ne crois pas que les qualités humaines assez exceptionnelles des personnages de mon enfance aient été liées à la richesse et à ses apparences extérieures. Mais tel était le milieu social dans lequel j'ai été élevée. Ne pas le décrire simplement, comme il survit dans mon souvenir, ce serait renier mon passé, ce serait trahir la mémoire de l'enfant, ce serait malhonnête.

Il me faut retourner auprès de ma gouvernante anglaise, celle-ci m'aimait profondément, au point, je l'ai su vingt ans plus tard, d'avoir consacré un mois de son salaire à un cadeau pour ma première communion : une ravissante aquarelle du siècle passé représentant quelques élégants et élégantes au Bois. Elle ne me quittait jamais des yeux : ma mère redoutait toujours pour moi un quelconque accident.

Parfois certes, j'assistais à des goûters d'enfants, on en a organisé avenue de Tokio. Parfois, je jouais avec les fils ou les filles d'amies de ma mère. Cela m'ennuyait plutôt. Ils allaient en classe, pas moi. Notre langage n'était pas le même. Un jour, une de mes petites camarades et moi nous cueillions des fleurs sur la pelouse en face de Bagatelle. « À qui les donneras-tu ? – C'est pour moi. » Je suis horrifiée : ma grand-mère m'a toujours appris que les marguerites ou autres pâquerettes ramassées par les enfants étaient la joie de leurs parents ou de leurs amis. On ne les gardait pas pour soi. Parfois ma mère m'emmenait à Versailles, au début du printemps, en quête de perce-neige, de violettes. Et la recherche, dès que l'herbe pousse, des trèfles à quatre feuilles… Non, les autres enfants ne m'intéressaient guère. Plutôt que « m'amuser » en leur compagnie, je préférais me raconter des histoires, en inventer pour mes poupées ou mes compagnons imaginaires. Je préférais me livrer à mes sports favoris : trottinette ou bicyclette dans un long corridor de l'appartement.

Ma sœur avait ses préoccupations scolaires, ses amis, une vie plus classique. Nous étions trop différentes par l'âge, le tempérament, l'hérédité paternelle pour qu'un dialogue puisse, sinon en de rares occasions, naître entre nous. Certains de ses amis : les enfants de ma marraine surtout (l'un de ses fils, de quatorze ans mon aîné, aimait à me rappeler qu'avant ma venue au monde il n'avait jamais vu de nouveau-né le jour de sa naissance) se montraient protecteurs. Il leur arrivait de jouer avec moi. Pour la plupart qui se voulaient raisonnables, je devais être élevée en dépit du bon sens. Au fond, leurs critiques m'indifféraient, les grandes personnes étaient là pour me protéger. Ma grand-mère surtout. Elle éprouvait pour ses sept petits-enfants une affection égale, elle les choyait tous. Des liens privilégiés, il me faut le reconnaître, existaient cependant entre elle et moi. Les affinités particulières d'un adulte avec un enfant ne suffisent pas, seules, à les expliquer. Le culte de la justice habitait ma grand-mère. De tous ses descendants, j'étais la seule à subir un préjudice du fait de ma naissance. Il était de son devoir de rétablir l'équilibre. Sa tendresse, que je trouvais parfois exaspérante, se manifestait en toutes occasions. Un détail me revient : j'adorais les framboises. Quand j'étais malade, j'avais des framboises… Je ne sais de quel pays exotique elles provenaient hors saison, de quel magasin luxueux ; elles sont liées dans mon souvenir à toutes mes otites ou autres maladies d'enfant, quand bien même elles n'ont pas toujours été là. Le pédiatre en mangeait une partie. Cela me choquait, mais je l'aimais beaucoup, moins que « l'oto-rhino » toutefois : ses cadeaux étaient plus classiques : un christ en ivoire, ancien, très beau, toujours dans ma chambre. Ce praticien hors de pair avait une barbe en pointe, des générations de médecins l'ont connu par son surnom : Henri IV. La ressemblance physique était réelle. Quand il m'auscultait, il posait sa tête sur ma poitrine et je l'embrassais.

À onze ans seulement, en octobre 1940, en cinquième, au cours Hattemer, j'ai vraiment pénétré le monde des enfants de mon âge. Et ce fut le bonheur. Le petit agenda de l'année 1941, en maroquin vert à mes initiales gravées en lettres d'or, retrouvé récemment avec le laissez-passer et le yo-yo, témoigne d'une vie heureuse. Au hasard :

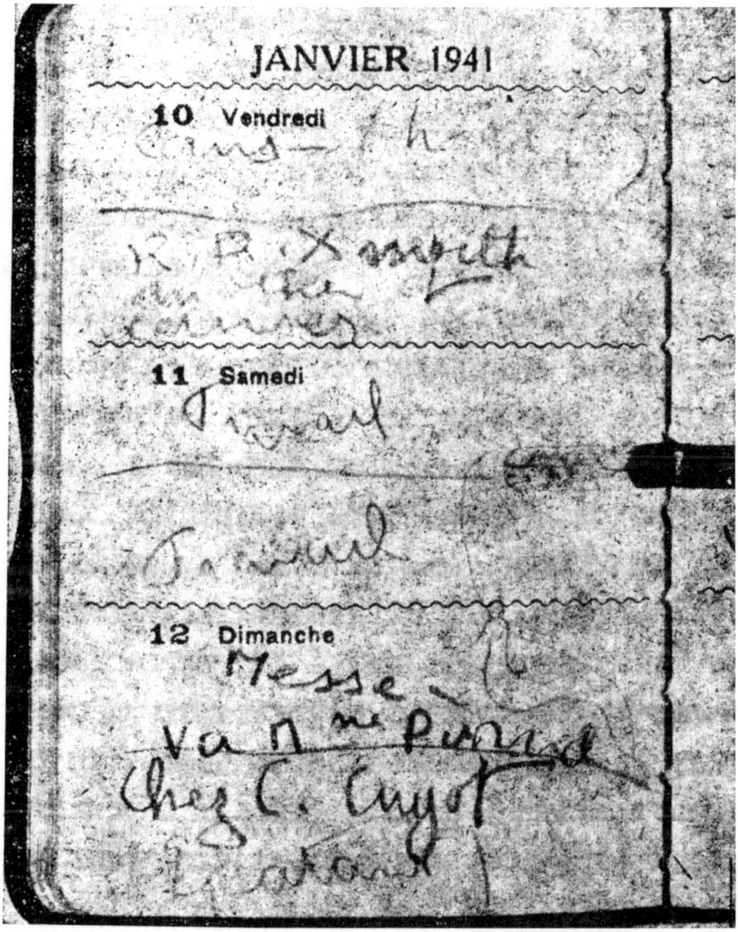

Je tiens à ce que cette page soit reproduite telle quelle avec son curieux vocabulaire, mi-anglais, mi-français. Pour une fois donc, des noms figurent.

Il me faut les expliquer :

R.P.X., c'est le révérend père jésuite qui m'a baptisée et fait mon éducation religieuse.

Mme Pinard, c'est la veuve du professeur Pinard : une maternité de Paris porte son nom. Adolphe Pinard a mis au monde presque tous les enfants de ma grand-mère, il a connu le docteur Michel Lévy. Le jour de ma naissance – comme la signature du père n'est pas sur l'acte de déclaration de la mairie du septième arrondissement – il tient à ce que la sienne y figure : Adolphe Pinard, puériculteur. Dans un même souci, le Prix Nobel de médecine avait accompli, avec lui, cette même démarche. Je l'ai su bien plus tard. L'acte de naissance, « née de père inconnu », porte ainsi les paraphes de deux savants illustres. L'un était un athée militant. L'autre croyait à la métempsychose. Mais pour eux deux, comme pour ma grand-mère et ma mère, toute espérance de vie humaine revêt un caractère sacré. Et puisque la mère était seule, ils étaient là, parmi bien d'autres… À ce détail que j'ai connu plus tard, on comprend comment l'enfant n'avait guère, n'avait pas ressenti – avant l'arrivée à Lyon – l'absence du père. Mon premier souvenir est lié au professeur Pinard : à trois ans, je suis gravement, très gravement malade. Ma grand-mère et ma mère sont affolées. Les médecins, en qui elles ont toute confiance, ne dissimulent pas leur inquiétude. Le professeur Pinard vient à mon chevet. On ne me l'avait jamais raconté. Je me le suis rappelée des années après. Il a quatre-vingt-huit ans. À sa mort survenue deux ans plus tard, une de ses filles donne à ma mère (à mon intention) le magnifique coupe-papier en ivoire et argent à ses initiales, muni d'une loupe, qui ne quittait jamais son bureau. Je l'ai toujours.

C. Guyot, c'est Claude, le petit camarade de la rue Galilée. Ses parents sont mondains; son grand-père, un médecin, féru de théâtre, a fondé *Comœdia,* un journal qui connut, avant-guerre, une vogue certaine.

Je me rappelle alors que j'ai eu une bicyclette, ma mère accepte que je circule seule dans Paris, j'ai appelé ma « bécane » « Désiré ». Je retrouve son numéro d'immatriculation : 1269 RN6. J'ai payé Désiré, le 30 octobre, mille cent quatre-vingt et un francs cinquante. Je crois l'avoir payé de « mes » deniers : en 1939, j'ai gagné dix mille francs de l'époque à la Loterie nationale ! Je vais chercher Désiré le 10 décembre, chez Alcyon. Je la revois : elle est bleue. Le 5 septembre, j'ai noté : « Régine (il s'agit de « Papillon ») me donne la broche. » C'est ma croix de Lorraine. Je ris maintenant en pensant que l'attentat contre Pierre Laval, grâce auquel j'ai eu (indirectement) mon écusson gaulliste, avait eu lieu moins de quinze jours auparavant, le 27 août 1941 ! Le samedi 29 mars 1941, entre l'énumération des médecins à mon chevet (otite et bronchite), je note : « téléphoné à Claude (il s'agit encore de l'ami qui habite rue Galilée). Il a vu photo ! ! ! » Je me rappelle alors que huit jours auparavant ma mère m'avait conduite cours Marigny au marché aux timbres. La philatélie devait être mon caprice de la semaine. Je portais un manteau à chevrons bleu et blanc, avec un chapeau en forme de capote, en même tissu, très petite fille modèle. Sans que nous nous en rendions compte, j'avais été photographiée ; j'étais dans un journal, *Le Petit Parisien,* je crois bien. La concierge l'avait montré à ma mère : je trouvais la photo mauvaise, j'étais ravie. Tout cela est d'une enfant heureuse. Orthez avait été un choc d'autant plus dur. J'avais pu me l'expliquer : on m'avait toujours dit et répété que les nazis étaient des gens affreux, capables de tout. Je sentais bien que notre arrivée en zone libre ressortissait du miracle. Mon univers, un peu magique, s'était recréé. Il s'effondrait encore plus brutalement : j'étais personnellement et seule atteinte : Ni ma mère, que je sentais plus bouleversée qu'à Orthez, ni son avocat, ni même le cardinal-archevêque de Lyon n'avaient pu m'assurer le havre auquel j'aspirais. Le choc était dur : ma situation familiale – guère ressentie jusqu'alors – devenait une réalité qui me privait de la sécurité, me rejetait à Orthez. C'en était beaucoup en un si bref laps de temps. Je pleurais comme un veau, selon l'expression de mon enfance.

À l'issue du déjeuner, ma mère et ma sœur se sont rappelées qu'il importait au plus haut point d'aller au cinéma : c'était, je l'ai indiqué, le dernier jour où l'on pouvait voir des films venus d'outre-Atlantique. L'après-midi et la soirée se sont passées à voir, dans deux ou trois salles, des comédies américaines. J'ai tout oublié de leur sujet. J'ai cessé de pleurer. J'ai même dû rire. Plus jamais il n'a été question entre nous de cette institution religieuse. Quelques jours plus tard, ma grand-mère m'a écrit. Selon ses habitudes, elle m'appelait « ma petite-fille bien-aimée », racontait maints détails de sa vie quotidienne, se réjouissait de venir bientôt nous rejoindre, elle m'apporterait différentes cartes interzones arrivées pour moi de mes camarades – la poste marchait si mal ! –, elle me faisait de nombreux éloges de mes amis « si bien élevés, eux », et elle se félicitait que je ne sois pas allée chez ces dominicaines « sans éducation ». Elle les opposait aux « petites sœurs des pauvres, admirables de dévouement ».

Le problème scolaire restait entier. Le lycée exclu – l'examen de passage avait eu lieu des semaines auparavant –, il n'y avait que les cours privés. Ils étaient, comme les hôtels, pleins à craquer. Dans le second établissement auquel elle s'adressa, ma mère selon toute vraisemblance exposa ma situation familiale, Orthez, le refus des dominicaines. La directrice était pieuse, l'assistance à la messe était obligatoire en certaines occasions, une retraite avait lieu pendant le Carême. Là aussi, il n'y avait plus de place. Sur-le-champ, mon inscription fut acceptée. Il me faut préciser, je l'ai su plus tard, que le cardinal de Lyon, informé et navré de l'attitude des dominicaines, était alors intervenu en ma faveur.

De ma première journée dans cette nouvelle école, j'ai gardé le plus mauvais souvenir. L'institution occupait un étage d'une maison privée : quelle différence avec l'immeuble du cours Hattemer. Les élèves étaient toutes des filles : je ne m'étais jamais trouvée dans un entourage composé exclusivement d'adolescentes. Depuis que j'avais pénétré l'univers des enfants de mon âge, j'avais vécu entourée de garçons. En outre, le professeur d'histoire-géographie donna la première leçon à laquelle j'assistais. Elle lisait son manuel. Quelle différence avec mon maître de Paris. J'étais affolée. Je me disais : « Comment peut-on se dire professeur et être aussi nul ? » Sur-le-champ, je décidai de me désintéresser totalement de l'école : j'irais puisqu'il le fallait, je n'y travaillerais pas. Était-ce de l'orgueil ou du désespoir ? Plus simplement sans doute le résultat d'un choc, un dépaysement, un désarroi.

Je tombai malade. Des oreillons avec de graves complications méningées. Des maux de tête atroces. L'usage de plus en plus fréquent de cet adjectif me surprend. Je ne l'aime pas. Je l'ai déjà rayé à deux reprises, lorsque j'ai évoqué, il y a quelques minutes, les chocs subis. Il me semble disproportionné. Je pense aux déportés, aux morts. J'étais si privilégiée. Mais l'adjectif s'impose encore. Je devais donc ressentir ainsi ma situation. Il me faut le laisser. Le monde extérieur m'était indifférent. J'étais malade, bien soignée certes, mais l'absence du médecin que je connaissais depuis toujours m'était pénible. Le praticien appelé à mon chevet avait beau être un ami du pédiatre de mon enfance, malgré son dévouement certain et sa compétence éclatante, il m'exaspérait. Je l'entends encore : « Que cette enfant est nerveuse ! » C'était le 11 novembre 1942, les Allemands envahissaient la zone libre. Je me suis dit : « Quel idiot ! Et lui, à ma place, comment serait-il ? » Je n'ai pas fait part de cette réflexion à ma famille qu'un tel irrespect aurait choquée. Je sentais l'anxiété de ma mère, de ma grand-mère venue nous rejoindre à Lyon avec ma tante. La famille était réunie. Cela m'était égal. Tout m'était indifférent. Le médecin avait interdit que je pose le pied hors de mon lit. Le débarquement allié en Afrique du Nord le 8 novembre ne m'a laissé aucun souvenir. Autour de moi, on a dû se réjouir et s'inquiéter tout à la fois. Je le pense, je n'en sais rien. Aussi surprenant que cela me paraisse aujourd'hui l'invasion de la zone libre par les Allemands le 11 novembre 1942 n'est pas liée, dans ma mémoire, à un sentiment d'angoisse. En dépit de l'interdiction du médecin, je me suis levée, j'entendais le bruit des bottes, j'ai vu défiler des Allemands. J'étais tellement fatiguée que cela m'était presque indifférent. Je ne crois même pas que j'avais peur. Je ne réagissais plus au monde extérieur. Je sentais ma famille atterrée ; selon toute logique et vraisemblance, ce devait être aussi mon cas. En vérité, je ne me souviens de rien.

Rapidement, l'hôtel d'Angleterre fut réquisitionné à l'usage des troupes allemandes. Quelques heures, pour déguerpir de leurs chambres, étaient accordées à ses clients. Aucun délai supplémentaire n'était possible, les Allemands refusaient d'étudier le moindre cas particulier – la maladie d'une enfant.

De surcroît, l'expérience nous avait appris qu'il était préférable de ne pas attirer leur attention. Je suis toujours couchée, je sens l'effondrement de ma grand-mère, la panique de ma tante, calme en apparence, mais qui tremble. Où aller ? Tous les hôtels de quelque importance sont réquisitionnés, comme le nôtre. J'ai mal à la tête. Je me moque de tout. Mon désespoir est tel que j'ai presque envie de rire. Si les Allemands réquisitionnent l'hôtel d'Angleterre, c'est pour se consoler, parce qu'ils se savent bien incapables de débarquer en Angleterre. J'ai mal à la tête. Ma mère n'est pas là. Une fois encore, il lui faut apporter une solution à un problème sans issue. Comme d'habitude, elle y parvient. Marinette (le prénom lyonnais que j'ignorais quelques semaines auparavant m'a frappée), une jeune réceptionniste de l'hôtel d'Angleterre nous trouve pour la nuit une chambre, ma mère revient. Ma tante ira coucher chez ma sœur, exceptionnellement sa logeuse l'accepte. Ma grand-mère, ma mère et moi, tout endolorie, dans l'abri procuré par Marinette. J'entends ma mère et ma grand-mère parler de maison close. J'ignore l'expression. J'interroge. En temps habituel, on m'aurait « expliqué » : c'est un endroit où l'on ne va pas. Puisque nous y allions, on ne m'a pas répondu. Il y avait un grand lit. Ma grand-mère et moi nous sommes étendues, tout habillées. On m'a dit qu'il n'était pas question de se mettre dans les draps. Ma mère était assise dans un fauteuil. Il faisait très froid. Nous avions gardé nos gants et je regrettais ceux que le « SS » m'avait prélevés à Orthez. J'étais désolée aussi parce qu'en faisant à la hâte nos valises pour quitter l'hôtel d'Angleterre ma mère n'avait pas pu retrouver une de mes robes – la robe de crêpe de chine achetée pour le mariage de mon cousin à Saint-Augustin au printemps. Que de tels souvenirs futiles soient les seuls d'un moment dramatique me semblent le témoignage de mon désespoir et de mon indifférence. Tout pouvait arriver, je m'en moquais.

Le lendemain, toujours par l'intermédiaire de la dénommée Marinette, nous avons pu récupérer un abri.

Saint-Martin-en-Haut, petit village des monts du Lyonnais, à une trentaine de kilomètres de Lyon, fut un havre de paix. Il comptait plusieurs centaines d'habitants, une grande rue, une église, un notaire, un médecin, quelques boutiques, deux hôtels. L'un, à l'orée de la localité, le « palace » du lieu, n'avait pas le moindre lit disponible. Ce fut, je m'en rends compte maintenant, une chance supplémentaire. Cet établissement avait été fréquenté, en fin de semaine, par des Lyonnais aisés ; depuis l'Armistice, il était habité constamment par des réfugiés, pour la plupart des commerçants israélites de Paris. Le village ne leur était pas hostile, il ne les avait pas adoptés. Le second hôtel, l'hôtel de l'Union, était beaucoup plus modeste, sur la place de l'Église, quelques chambres seulement, pas d'eau courante : les paysans y venaient déjeuner ou dîner les jours de marché, des représentants de commerce y passaient parfois la nuit. Il n'y avait guère de pensionnaires. Grâce à Marinette (ses parents tenaient le bureau de tabac de Saint-Martin-en-Haut) nous avons pu nous installer là : deux grandes chambres, les lits de cuivre avaient d'énormes édredons de plume ; je n'en avais jamais vu. Il n'y avait pas le moindre uniforme allemand.

Je me souviens de l'impression de soulagement ressentie le premier soir à Saint-Martin-en-Haut. C'était le calme. Du trajet en voiture, j'ai gardé une seule réminiscence : ma mère parle avec le chauffeur du taxi, elle vitupère « ces cochons qui mangent du beurre à la cuiller ». Naturellement il s'agit des Allemands. Avec fureur, je me dis : elle recommence, elle ne peut pas se taire…

À partir de ce moment mes souvenirs se télescopent. J'ai quelques repères dont je suis sûre : Pâques 1943, le Carême 1944. Cela étant, je suis incapable de reconstituer l'ordre chronologique. Je ne sais à partir de quel moment, par exemple, je me suis prise d'une passion pour le bébé de la pâtissière (Gilles) que j'allais très souvent promener. Je sais que les scènes gravées dans ma mémoire l'ont été alors, je ne peux préciser leur succession dans le temps.

Notre installation à Saint-Martin-en-Haut a été providentielle. Le fait que nous n'étions pas dans le grand hôtel (il ne devait pas être si luxueux que cette expression pourrait donner à penser), notre absence de relations avec les autres « réfugiés », la protection de Marinette, le style particulier de la famille, le mélange de conformisme et de naturel, l'aisance, la fortune aussi peut-être, tout cela fit que le village nous adopta. Nous connaissions les commerçants, le curé me donnait des leçons de latin, la femme du notaire se chargeait des mathématiques, une institutrice de Paris repliée là, veillait au reste. Elles étaient trois sœurs, possédaient un chat et portaient le nom voulu par la chanson. Ma mère et moi nous allions souvent écouter la radio de Londres, le soir, chez le notaire et sa femme. On m'avait loué une bicyclette. La vie reprenait, une certaine sagesse me pénétrait : je vivais au jour le jour. Le raccourci est rapide, trop sans doute, mais il correspond, me semble-t-il, à ce que je ressentais en ces premières semaines de Saint-Martin-en-Haut. Je profitais de l'instant présent. La précarité de notre situation (j'en étais assurément consciente), la peur des Allemands (je ne pouvais oublier leur présence dans toute la France) n'étaient plus une obsession. La panique me quittait.

Ma sœur est à Lyon. Elle doit, si elle veut poursuivre une carrière hospitalière, se présenter au concours de l'externat des Hôpitaux de Lyon. Elle est reçue. Maman s'inquiète de la savoir isolée à Lyon ; mes études aussi la préoccupent. Elle trouve l'introuvable : rue Victor-Hugo, en plein centre de Lyon, une grande chambre dans une pension de famille, en majeure partie réquisitionnée par les Allemands.

Désormais, nous faisons, par un car à gazogène surchargé de voyageurs, le va-et-vient entre Lyon et Saint-Martin-en-Haut. Ma tante reste à Saint-Martin, elle se promène, elle peint. Ma grand-mère soutient que la campagne l'insupporte ; elle a besoin de la ville, elle nous accompagne donc. En fait, je crois que – comme moi – elle supporte mal l'absence de ma mère, devenue sa protection. Dans la pension de famille, j'ai peur. Les Allemands parlent fort et haut. Quand il m'arrive de rentrer de l'école et de ne pas trouver ma mère là, c'est la panique, le désespoir, les crises de larmes. Ma mère se livre à ses extravagances coutumières : son avocat est arrêté, il aime les pâtes de fruits, elle court tout Lyon pour en trouver, réussit à les lui faire parvenir. Récemment, découvrant le journal de captivité de l'avocat, j'ai vu mention de ces pâtes de fruits qui m'avaient tant exaspérée. Un autre jour, ma mère parcourt toute la ville à la recherche de vaseline et autres onguents introuvables destinés à des prisonniers de la Gestapo, dont ma sœur connaissait l'existence. On savait qu'ils avaient été torturés, on s'imaginait que la vaseline pourrait atténuer leurs souffrances. Ce devait donc être en 1944, puisque j'ai parlé de cette quête à une camarade de classe ; elle appartenait à une vieille famille de la bourgeoisie lyonnaise ; le surlendemain, de la part de sa mère, elle m'a remis vaseline et pansements. Je ne sais s'ils sont arrivés à bon port.

J'évoque ma sœur. Sans doute n'avons-nous jamais été aussi proches qu'en cette période. Ses amis et elle venaient assez souvent le dimanche à Saint-Martin-en-Haut. On y ignorait les privations matérielles. À Lyon, on avait faim. Ma sœur n'a pas appartenu à un réseau de Résistance. Ce n'était certes pas de la lâcheté chez elle : elle prenait tout autant de risques que ses amis, presque tous résistants ; elle les hébergeait dans sa chambre, recevait en dépôt leurs papiers compromettants. Ma mère aussi a dissimulé parfois sous son matelas des lots de fausses cartes d'identité. Je me disais : elle est folle ! L'attitude de ma sœur tenait à la certitude que terminer ses études de médecine était plus utile pour la collectivité. C'est tout au moins ce que j'ai retenu d'une conversation entendue par hasard entre elle et le fils de ma marraine, sorti de prison et venu au cours d'une mission de Résistance faire une courte halte à Saint-Martin-en-Haut. C'était en 1943 puisqu'il fut arrêté peu après. Je ne comprenais pas la position de ma sœur. Je rêvais d'aventures héroïques dont naturellement je serais l'héroïne et mes rêves se terminaient toujours par une rencontre avec de Gaulle. « Quand de Gaulle sera là, je n'aurai plus peur » : à vrai dire, au fond de moi-même, j'étais bien contente que mon âge – quatorze ou quinze ans – me donne un prétexte de ne pas participer à une action clandestine. Rien ne me prouve que, plus âgée, j'aurais eu le courage de prendre part à la Résistance. Rien ne me prouve non plus que je ne l'aurais pas eu. En tout cas, les amis et amies et ma sœur me fascinaient et me terrifiaient. Un jour, l'une d'elles, la fille d'un artisan de Voiron, déjeune avec nous dans un restaurant de Lyon. Ma mère l'invite à Saint-Martin-en-Haut. Elle refuse : il lui faut porter des indicatifs de parachutage. Ce doit être en 1944. Un officier allemand, à la table voisine, hausse les épaules. Il trouve visiblement ses propos ridicules. Il ne se doutait pas combien ils étaient ridicules : ils étaient conformes à la vérité. J'étais terrifiée. Une autre amie de ma sœur, la fille de l'ancien directeur du POM, est arrivée à Lyon : elle prépare l'agrégation de philosophie mais elle interrompt ses études pour consacrer tout son temps à la Résistance. Ma sœur lui en a ouvert les portes. La jeune philosophe y rencontre un agent de liaison du Vercors. L'un et l'autre ont couru des risques considérables. Ils ont été épargnés : la vie les a unis.

J'avais donc repris le chemin de mon petit cours au premier trimestre 1943. J'étais perdue. À Paris, au cours

Hattemer, mes amies étaient nombreuses mais je vivais, je le répète, entourée de garçons.

Ma mère chantait les louanges d'une telle formule qui, selon elle, évitait aux filles les dangers de la minauderie. Cela m'amusait de l'entendre. La psychologie ne me semblait pas sa qualité maîtresse. En vérité, des parents sont-ils jamais psychologues quand il s'agit de leurs enfants ? Ce n'était pas si simple. Avec la plupart de mes amis, une camaraderie franche régnait. Avec d'autres, les relations prenaient un tour plus complexe. C'était pur, naïf, attachant, c'est peut-être ce que l'on appelle les amours enfantines. Je disais que je ne flirterais pas avant quinze ans, ce climat m'était précieux... C'était la contrepartie indispensable à l'univers essentiellement féminin de l'avenue de Tokio. Il m'était odieux de me retrouver en classe dans une atmosphère exclusivement féminine.

Tout dans ce collège de filles accentuait mon isolement. D'autres enfants étaient aussi réfugiées ; pour la plupart des Alsaciennes, mais elles se trouvaient à Lyon depuis 1940 : aucune n'habitait l'hôtel. Durant plusieurs mois, nul dialogue ne s'établit entre nous ; le moins que je puisse en dire, c'est que ma compagnie n'était pas recherchée par mes camarades. C'était, je le comprends aujourd'hui, normal : je n'appartenais pas à leur cercle et je ne présentais aucun intérêt. Je semblais ne m'intéresser à rien ; je ne parlais jamais de moi. En toutes matières, j'étais dernière. Cela m'était égal. Je me rendais bien compte que les professeurs n'étaient certes pas nuls comme je l'avais imaginé lors du premier cours. Cela m'était égal. J'avais un talisman : les cartes interzones très gentilles que mes professeurs de Paris et le directeur du cours Hattemer avaient adressées à ma mère ou à moi personnellement. En termes souvent touchants, ils souhaitaient tous mon retour. Pendant des mois, ces cartes n'ont pas quitté mon cartable d'écolière. Elles me consolaient de Lyon. Je regrette de les avoir perdues.

La directrice de ce cours de Lyon a été étonnante de bonté. Ma mère lui avait montré mes bulletins scolaires du cours Hattemer. Elle devait comprendre ce qui se passait en moi. Elle ne me faisait aucun reproche.

À Pâques 1943, ma grand-mère et ma mère (qui elles aussi ne me faisaient aucun reproche) m'ont offert un cadeau merveilleux : Papillon m'avait invitée à la rejoindre chez ses grands-parents, dans leur propriété près de l'étang de Berre, en un village au nom évocateur : La Fare-les-Oliviers.

Papillon m'écrivait : « Ta chambre sera à côté de la mienne ; on pourra danser la sarabande le soir. » Ma mère m'a conduite, en train évidemment, jusqu'à Marseille. Le grand-père de mon amie, un important notaire de la ville, possédait un hôtel particulier rue de Paradis, avec un jardin. Je retrouvais le genre de décor auquel mon enfance avait été habituée. J'ai passé quelques jours merveilleux à La Fare-les-Oliviers. Incidemment la mère de mon amie – elle s'était mariée à seize ans, qu'elle me semblait jeune et jolie ! elle l'était – m'a dit que l'hôpital militaire de Marseille s'appelait toujours l'hôpital Michel-Lévy. Cette coupable négligence de l'occupant m'a fait plaisir. Elle a beaucoup réconforté ma grand-mère, quand je l'en ai informée. Elle prenait valeur de symbole. Malgré tout, nous étions encore en France.

Il m'a semblé préférable qu'à l'exception de mes aïeux, des personnes vues le 12 janvier 1941, aucun nom, à part celui du capitaine Hannemann, ne figure dans ce récit. C'est la mémoire d'un enfant. Ce n'est pas un texte scientifique. En outre, il est des noms qu'il m'a été donné d'oublier. C'est mieux. Il m'a fallu désigner les personnes citées par leurs professions. Et l'énumération m'inquiète. Je crains que tant de personnalités ne donnent une impression erronée. Les défauts, certes, ne me manquaient pas, pas plus qu'ils ne me manquent. On ne m'a toutefois jamais reproché, quand j'étais enfant (et les autres enfants n'épargnent pas un tel travers), d'être « poseuse ». Je trouvais normal qu'académiciens, président de la République, savants, hauts fonctionnaires ou maîtres d'industrie soient les commensaux familiaux. Cela allait de soi. C'était ainsi. Il n'y avait pas de quoi se vanter. Je me rappelle ma stupéfaction en 1946 ou 1947 : Noël à la montagne avec un groupe de jeunes. Comme on me l'a appris, j'adresse des lettres de vœux. Un jeune homme voit les enveloppes : Vous n'écrivez qu'à des gens connus ! Je l'ai regardé, ahurie. Pour moi, ce n'étaient pas des gens connus, c'étaient les amis de ma famille, ma protection. Je suis parvenue à l'âge de quinze ans, persuadée que tout polytechnicien finissait automatiquement sa carrière inspecteur général des Mines ou des Ponts et Chaussées. Ce n'est pas ma faute, si les « X » de la famille – et Dieu sait s'ils étaient nombreux – étaient sortis dans « la botte ». Cela allait de soi. On veillait à m'inculquer l'idée que la première place nous revenait, mais qu'il convenait de n'en tirer aucune fierté. Il me faut citer cette maxime si souvent entendue dans mon enfance : « Au royaume des aveugles, les borgnes sont rois ! »

Dans mon collège lyonnais, chaque trimestre, des « concours » – on y appelle ainsi les compositions – avaient lieu. La place de dernière m'appartenait, je l'ai dit. Or, en mai ou juin 1943, une fois les sujets donnés, un déclic se produit, je regarde mes camarades, je me dis : « Ça suffit. » Je me rappelle une phrase souvent prononcée à la maison : les meilleures plaisanteries sont les plus courtes. À la stupéfaction générale, j'obtiens, dans la quasi-totalité, sinon la totalité, des matières la place de première. Je n'avais pas grand mérite. Le niveau des études était nettement moins élevé dans les écoles lyonnaises que dans mon cours parisien. J'étais redevenue une enfant comme les autres, une écolière normale. La directrice ne cachait pas sa satisfaction. La psychologie n'était pas de mode. Elle avait été bonne, ainsi elle avait été efficace. Le dialogue avec mes condisciples s'est noué. J'avais toujours très peur dans la pension de famille de la rue Victor-Hugo. Les Allemands, le bruit des bottes, leurs rires, les éclats de voix, mais j'avais retrouvé un univers de mon âge, des amies qui m'invitaient chez elles. La sécurité en plusieurs endroits existait, à Saint-Martin-en-Haut, avec mes camarades de classe, que ce soit chez elles ou rue Laffont dans l'immeuble du cours Pontet-Chenevière. Je me suis présentée à l'examen d'entrée en seconde au lycée de Lyon. J'ai été brillamment reçue, sans aucun mérite : la version latine avait été le sujet d'une composition faite une année plus tôt, en quatrième, au cours Hattemer; j'en connaissais une traduction littéraire par cœur. La mémoire ne me manque pas. En dépit de ce succès, j'ai voulu retourner au cours Pontet-Chenevière. Je m'y sentais aussi bien alors que j'y avais été désespérée sept ou huit mois auparavant.

Une fois encore, la vie reprenait.

À l'occasion d'un anniversaire familial (les fêter, dans la mesure du possible, comme avant-guerre, c'était une manière de défi au monde extérieur), ma grand-mère nous emmène déjeuner dans un grand restaurant de Lyon, chez une « mère », je ne sais plus laquelle, la « mère Brazier », je crois bien, je n'en jurerais pas. Oh ! joie. À une table voisine de la nôtre, des visages connus : de passage à Lyon, un académicien et sa femme. La rencontre est due au hasard. Nos familles sont liées depuis toujours, depuis quelques générations. Il appartient à la HSP (Haute société protestante), a enseigné à des générations d'étudiants de la rue Saint-Guillaume que l'Angleterre est une île, a ouvert les arcanes de la géographie électorale...

Ma reconnaissance lui est à jamais acquise : peu après la Libération, il m'a envoyé, à mon nom, deux cartes d'invitation pour la réception de Winston Churchill aux Sciences morales et politiques. La cérémonie intime se déroulait dans la bibliothèque Mazarine. Churchill, visiblement, était ému, un rêve d'enfant peut-être qui se réalisait. Il y avait, outre les académiciens, au maximum une vingtaine de personnes. Papillon était avec moi ; avec l'accord de nos parents et de nos professeurs, nous avions « séché » le cours. Voir Churchill de si près, c'était merveilleux : nous n'avions guère plus de quinze ans. Ce savant est un gourmet. Jusqu'à sa mort survenue une quinzaine d'années plus tard, chaque fois qu'il me reçoit il évoque d'abord le foie gras Demidov dégusté jadis chez ma grand-mère. Excellente maîtresse de maison, ses ressources lui permettaient de satisfaire les goûts de ses amis.

À Lyon, ce jour-là, il ne fut pas question de tels mets. Il parla longuement de la souris et de l'éléphant, je ne sais plus quel était son raisonnement, ma grand-mère et ma mère se réjouissaient, le sens de ses propos était évident : la défaite du Reich était certaine (il n'avait jamais pactisé avec Vichy : seul de toutes les personnalités pressenties, il avait refusé, dès 1941, d'appartenir au Conseil national du Maréchal). Aux tables voisines, des officiers allemands. C'était merveilleux.

Les vacances de l'été 1943, à Saint-Martin-en-Haut, me laissent aussi des souvenirs heureux. Le débarquement allié en Sicile, la chute de Mussolini. On m'avait loué une bicyclette ; j'allais souvent voir une camarade de classe et son frère, en villégiature à quelques kilomètres. Leur nom est celui d'un aéronaute des siècles passés. Ma grand-mère se réjouissait. J'avais retrouvé des amis « bien élevés ».

Au cours d'une mission de Résistance, un des fils de ma marraine a fait une halte à Saint-Martin-en-Haut. Olivier est de sept ans mon aîné. Avec les enfants de ma marraine, j'entretiens des rapports fraternels. Nous parions : si la défaite de Hitler est acquise avant le 1er janvier 1945, il me promet un manteau de fourrure. Je ne sais ce que je devais lui donner dans l'éventualité contraire.

Olivier est là. C'est la « Vogue », la fête du village. Venus de tous les alentours, les jeunes ont envahi Saint-Martin-en-Haut. Sur la place, devant l'église, des manèges, des baraques foraines. Nous allons à la « Vogue ». Les autos-tamponneuses ! Un long moment, nous en accaparons une. Nous rions, nous nous amusons, nous jouons comme des gosses.

Immobile, ma mère nous regarde. Son attitude m'étonne. Elle est toujours si active, trop. Des années plus tard, elle m'a expliqué : le contraste entre notre joie de vivre et la précarité de nos existences (elle connaissait les activités d'Olivier – il lui est aussi cher que ma sœur ou moi –; elle savait ma vie menacée à tout instant) la bouleversait. Nos amusements lui semblaient pathétiques; elle avait envie de pleurer. C'était la « Vogue » à Saint-Martin-en-Haut. On a follement ri, ce jour-là.

Les images se suivent : elles se télescopent même; elles ne se ressemblent pas.

C'est toujours à Saint-Martin-en-Haut. Peu après la « Vogue », un jour de marché. Une voiture allemande s'arrête devant notre hôtel. Des officiers entrent, demandent à déjeuner. J'étais paniquée. Pour la première fois, j'ai senti la peur chez ma mère. Que pourrait-elle faire pour sauver les siens au cas où les Allemands seraient là afin de nous emmener ? La certitude de son impuissance à nous protéger devait l'envahir. Ma grand-mère ne montrait nullement ses sentiments. Je les devinais proches de ma terreur. Comme si de rien n'était, nous avons déjeuné. Les Allemands étaient à une table voisine de la nôtre. Vers trois heures de l'après-midi, ils sont partis. Ce devait être des Allemands à la recherche d'un moment de détente. Ils ne sont jamais revenus. Il n'y avait jamais eu d'Allemands à Saint-Martin-en-Haut. Il n'y en a plus jamais eu. Pareil sans doute à d'autres en France, ce petit village fut un havre de paix.

À Lyon, dès le seuil de la pension de famille de la rue Victor-Hugo, la peur me gagne. Je ne m'habitue pas à croiser des uniformes allemands dans les couloirs ou l'escalier. Ma mère me soutient que cette cohabitation ajoute à notre sécurité. On ne soupçonnera jamais des personnes qui affichent si ouvertement leur présence. Je ne suis pas très convaincue.

Ma sœur tombe malade, une jaunisse si mes souvenirs sont exacts. Elle va se soigner à Saint-Martin-en-Haut. Ma mère reste avec sa fille aînée, ma grand-mère aussi. Elle ne peut plus, je l'ai déjà indiqué, supporter son absence.

Je suis seule avec Tante Hélène à Lyon, dans notre grande chambre. Les Allemands, comme tous les soirs, boivent, chantent, rient. Ils sont chez eux. À coup sûr, l'idée que le bruit puisse importuner autrui les épargne.

Comme d'habitude, je finis par m'endormir. Tante Hélène me réveille : Tu as entendu, ils viennent nous arrêter, ils sont à la porte. Je n'entends rien. J'attends. Ma tante insiste. Je n'entends rien. Tu te trompes. Je me rendors. Moi qui ne rêve jamais, je suis en proie à un cauchemar : je suis sur une balançoire que des Allemands projettent jusqu'au plafond. Je sens la secousse. C'est ma tante qui, la main agrippée à mon épaule, me secoue. Elle veut me réveiller. Il faut t'habiller. Il faut partir. Les Allemands viennent nous arrêter. Tu les entends ? J'écoute. C'est le calme. Les Allemands dorment. Pas un bruit. Viens vite. Viens dehors. C'est le couvre-feu. Écoute, les tuyaux : ils disent que les Allemands arrivent, que nous sommes juives.

Brusquement, je réalise : Tante Hélène (Tatie) « déraille ». La panique me gagne, ne pas le montrer, rester calme. La rassurer. Surtout la persuader de ne pas quitter la chambre, en pleine nuit…

Elle s'est rendormie, la première… Je tremblais de tout mon corps, j'ai fini par m'assoupir. J'ai quatorze ans.

Le choc, je m'en rends compte maintenant, avait été dur, peut-être plus dur même que les chocs précédents, subis depuis le 13 avril 1942. Cette fois, mon existence avait été mise en cause par ma tante, une des grandes personnes qui m'étaient le plus proche. Je savais que si je l'avais suivie, si nous étions sorties en pleine nuit, si les Allemands – nos voisins de chambre – avaient connu les hallucinations de Tatie, c'eût été l'irrémédiable catastrophe. Je crois que la rencontre avec le délire d'un adulte constitue toujours pour un enfant un traumatisme. En ce qui me concerne, il fut profond. On le conçoit, compte tenu des circonstances.

D'un coup, le calme de ma tante avait « craqué ». Je ne suis pas psychiatre (pas un instant je n'ai souhaité l'être), je ne sais si cet effondrement tenait au calme extraordinaire dont elle avait fait preuve jusque-là à travers des épreuves trop pénibles pour elle ou à des causes plus profondes. En tout cas, elle « déraillait ». C'était le terme.

Le lendemain, je la retrouve pareille à elle-même.

Nous regagnons Saint-Martin-en-Haut. Heureusement cette nuit avait été la veille du retour au port qu'était ce petit village des monts du Lyonnais. Je raconte à ma mère ce qui s'est passé. Elle est atterrée, elle n'est pas étonnée. Depuis plusieurs semaines déjà, elle redoutait que sa sœur, qu'elle aime tendrement, ne délire. La maladie s'aggrave. Ma grand-mère surprend sa fille aînée écrivant lettres sur lettres, à des amis, à des personnalités. Toujours la même idée fixe, les Allemands veulent nous arrêter. Les tuyaux d'eau l'ont prévenue. Elle le dit dans le village. Les habitants de Saint-Martin-en-Haut ne nous ont jamais posé de questions sur les motifs de notre présence. Mais enfin… Le médecin, un commerçant, l'hôtelier s'étonnent auprès de ma mère des propos de ma tante. Une fois encore, il faut trouver une solution.

Dès qu'il avait su notre installation à Lyon, le mari de ma marraine avait écrit à ma mère : « Vous pourrez toujours vous adresser au doyen de la Faculté de médecine. C'est mon ami. » Et il l'avait prévenu des liens qui nous unissent.

Or ce doyen est un psychiatre réputé, membre de l'Institut. Il sait qui nous sommes. Dans l'heure, il reçoit ma mère, il comprend la situation, d'urgence il examine ma tante. Son diagnostic vite établi : manie de la persécution, il fait entrer la malade dans une clinique et la soigne comme il est d'usage en ce temps-là, avec des électrochocs.

Ce psychiatre, chez qui j'accompagne ma mère, me rappelle un peu mon oto-rhino-laryngologiste de Paris. Il en a le brio, la verve. Il me fascine par son crâne en pain de sucre. Le charme et le courage de ma mère ne le laissent pas indifférent. Cette sollicitude agace ma grand-mère.

Un après-midi, nous sommes invitées à goûter, ma grand-mère, ma mère et moi, dans la très belle propriété que le psychiatre et sa femme occupent sur les hauteurs de Lyon. L'un et l'autre sont attendrissants de gentillesse pour les déracinées que nous sommes devenues.

Comme toute forte personnalité, ma grand-mère n'avait pas un caractère facile. Au début du siècle, son mari et elle n'ont pas admis les critiques provoquées dans leur entourage familial par la conversion au catholicisme de Tante Hélène. Ce fut la rupture avec la famille. Mais c'est toujours sa famille. Le psychiatre lui en parle en termes qui la touchent, d'autant qu'il connaissait, je crois bien, un de ses cousins, membre de l'Institut, ancien directeur des Beaux-Arts. Une fois encore, je retrouve le climat auquel j'avais été habituée. Le parc de la propriété du psychiatre me rappelait l'institution religieuse dans laquelle je n'avais pu pénétrer. Il me semblait encore plus vaste, plus sûr. Je ne sais plus s'il était entouré de douves ou de murs. L'accueil de ce médecin et de sa femme, la conversation analogue à celle que j'entendais naguère avenue de Tokio me rassurent. C'est une revanche sur les dominicaines. Je peux désormais penser à elle sans m'apitoyer sur moi-même, pauvre victime innocente exclue du paradis terrestre à cause de sa naissance. Je me dis : « Ces religieuses sont trop bêtes. Heureusement que je ne suis pas allée dans leur couvent. »

Le psychiatre ne s'est jamais douté de l'effet magique que sa gentillesse et celle de son épouse avaient opéré.

Ma tante a été guérie. Elle a retrouvé sa douceur, son affabilité, son calme. Par moments, je l'avoue, sa présence me devenait physiquement intolérable. La nuit de Lyon me hantait. La peur irraisonnée de la maladie mentale m'est restée.

Les lettres nous parvenaient nombreuses de Paris et d'ailleurs. La fidélité de nos amis me touche aujourd'hui encore. Mes oncles et tantes écrivaient beaucoup. Tant que les cartes interzones furent les seules missives autorisées – et cela même après l'Occupation totale de la France –, mes oncles indiquaient de faux noms d'expéditeurs. Au cas où notre courrier serait surveillé, il convenait de ne pas attirer l'attention : tous deux étaient aryens, par leur mariage mes tantes étaient protégées, leurs enfants, tout comme ma sœur, à l'abri des lois antisémites. On connaissait la naissance de la fille aînée de mon cousin germain, celui qui s'était marié à Saint-Augustin, ma grand-mère s'en réjouissait mais se désolait de ne pouvoir admirer son premier arrière-petit-enfant. Personnellement, je recevais de fréquents messages de mes amis et amies. Cela m'était précieux.

Les nouvelles étaient loin d'être rassurantes. On apprenait que ma marraine était « en clinique » autrement dit en prison, que mon cher professeur d'histoire avait dû cesser brusquement ses cours, que bien d'autres étaient « hospitalisés » ou avaient dû « partir à la campagne » se reposer. On savait les difficultés d'une vieille journaliste, dont la présence avenue de Tokio m'avait souvent exaspérée. Dans les années trente, elle avait connu son heure de notoriété. Dès la reparution des journaux au lendemain de l'entrée des Allemands à Paris on lui avait fait les offres les plus avantageuses. Sans hésiter, elle les refusa : écrire dans un journal censuré par l'occupant lui paraissait monstrueux. Elle n'avait pas un sou. Elle ne sollicitait rien de personne. Je crois bien que pour subsister elle fit des ménages. Enfant, je n'aimais pas cette personne : j'avais le sentiment informulé qu'elle exploitait la générosité familiale. Maintenant je me demande si elle n'a pas fourni l'exemple d'un héroïsme obscur, le plus méritant et le plus rare. Le mari de ma marraine, à son tour, était arrêté. Son fils, qui était venu à Saint-Martin-en-Haut et qui avait déjà connu la prison dès Pâques 1942, se trouvait à nouveau aux mains des Allemands. On apprit leur déportation. On ne comprenait pas ce dont il s'agissait. Le beau-père de mon cousin germain, celui qui s'était marié à Saint-Augustin, était aussi arrêté, déporté ainsi que son fils. En dépit de la radio de Londres, des témoignages et des journaux clandestins, on ne soupçonnait pas l'atrocité des prisons et des camps. Non, c'est faux, on le soupçonnait. On ne pouvait pas le concevoir. On s'imaginait que les déportés pouvaient recevoir des colis de vivres. Marraine avait été libérée de prison, après l'arrestation de son mari et de son fils. On « connaissait » leurs numéros d'immatriculation à Buchenwald. Le souvenir de mon inconscience m'accable. Dans l'espoir de réconforter le fils de ma marraine, je lui ai écrit en faisant allusion à notre pari. Je voulais lui signifier que l'issue de la guerre nous paraissait proche. Dès son retour, il a déjeuné à la maison. Il peut à peine porter la fourchette à sa bouche. Il m'est intolérable de le regarder. J'ai honte de ma lettre, d'avoir osé plaisanter avec lui alors qu'il vivait l'enfer; il ne parle pas de ses souffrances. Son apparence en témoigne. Je suis heureuse alors que mon message ne lui soit pas parvenu. Réaliser ce qu'est l'inhumain n'est guère possible à qui est épargné.

Une fois encore, que nous étions privilégiées !

Des amis venaient nous voir.

Je me rappelle un dîner un soir dans la pension de famille de la rue Victor-Hugo avec un vieux couple d'amis de ma grand-mère. Pour se rendre auprès d'elle, ils ont fait un détour. Voyager alors – ce doit être fin 1943 – n'est pas une partie de plaisir. Ma grand-mère est ravie. On évite de trop parler des Anglais : si nos visiteurs haïssent les Allemands, appellent de tous leurs vœux l'écrasement du Reich, leur anglophobie est réelle. Qu'importe, ils sont là. Leur fidélité est réconfortante. Bien qu'ils aient largement dépassé la soixantaine, tous deux ont grande allure. Lui m'a toujours impressionnée : disciple de Lyautey, ne fut-il pas commandant en chef au Maroc ?

L'ancien directeur du POM – je l'appelle toujours ainsi, car ces initiales me ravissaient quand j'avais cinq ou six ans ; en fait, il était directeur général adjoint de la SNCF – vient aussi à Lyon.

Son départ m'a laissé un souvenir amusé. Le train était bondé jusque sur les marchepieds au point qu'il a failli ne pas pouvoir s'y hisser. Cela me paraissait comique, eu égard à ses fonctions et à l'usage qu'avant-guerre sa famille faisait du chemin de fer. Il leur était plus aisé de se rendre à Boulogne-sur-Mer qu'au Bois de Boulogne. Effectivement, pour le port de mer comme pour toute autre destination, le train était là, gratuit en première classe. Et je le voyais réduit aux mêmes difficultés ferroviaires que tout un chacun. Cela m'amusait, ce qui ne témoigne pas en ma faveur. Car son voyage à Lyon, dans de telles conditions, était une marque de bonté…

L'ancien directeur du POM fait donc le trajet exprès pour apporter à ma grand-mère des nouvelles de la famille, de l'appartement toujours intact, lui remettre la clef de son coffre-fort, de l'avenue de Tokio : elle la lui avait confiée. Par le plus grand des hasards, il possédait des informations passionnantes sur Orthez. Une de ses parentes, amie de ma grand-mère, habitait rue Scheffer, près du Trocadéro. Sa concierge, la vieille Joséphine – je l'ai toujours entendu appelée ainsi –, appartenait, nous l'ignorions, à la famille de notre hôtelier d'Orthez. Elle avait ainsi connu les suites de notre passage à Orthez et cette version devait nous être confirmée au lendemain de la Libération.

Quinze jours après que, sur l'ordre du capitaine Hannemann, le cachet *Ausgang* eut été apposé sur nos *Ausweis*, la garnison d'Orthez avait été changée. Les nôtres, si j'ose m'exprimer ainsi, expédiés sur le front russe... Ils ne cachaient pas leur fureur. Dans leurs conversations, le nom familial revenait souvent, celui de Hannemann aussi.

L'incroyable tentative de déménagement de l'avenue de Tokio s'éclairait, c'était une vengeance de « nos » Allemands d'Orthez. Leur départ devant les menaces folles de notre concierge, le recours à un agent de police contre des soldats de la Wehrmacht, se comprenait aussi. De toute évidence, Hannemann était plus fort qu'eux. Par son entremise, nous leur avions déjà valu assez d'ennuis. Je revoyais le commandant de la Kommandantur à la lecture de la lettre de Hannemann. J'entendais l'officier de la Gestapo : Je ne veux pas d'histoires. Le capitaine Hannemann a le bras long.

Qui était Hannemann ? Un nazi corrompu pour qui sa secrétaire jouait le rabatteur et qui prélevait sa part sur « le prix » des *Ausweis*, un homme léger, amoureux et manœuvré, un officier allemand qui désapprouvait « la solution finale du problème juif », et facilitait, dans la mesure de ses moyens, certaines évasions, un Allemand complexe qui se donnait à bon prix bonne conscience ? En tout état de cause, les conditions posées pour la délivrance des *Ausweis* lui fournissaient des dossiers en principe inattaquables. Il ne pouvait pas tolérer que ses décisions soient mises en cause. En nous sauvant, il s'était sauvé. Cela me semblait évident, mais je ne comprends toujours pas pourquoi il a signé les *Ausweis*. Le réflexe de classe n'a-t-il pas joué aussi ? Je me le demande maintenant. Si ma mère avait été une pauvre commerçante du Sentier, si les certificats médicaux n'avaient pas été signés par de très grands noms de la Faculté de médecine, si elle n'avait pas justifié d'une adresse prestigieuse, Hannemann l'aurait peut-être sauvée – pour se sauver –, il ne lui aurait pas baisé la main. Je ne comprends pas le comportement de Hannemann, je n'ai jamais vraiment essayé de savoir qui était Hannemann. Il me semble normal que demeure le mystère.

En tout cas, l'influence de Hannemann ne peut faire de doute. Il avait obtenu, en peu de temps, le déplacement d'une garnison. Toute trace de notre passage à Orthez a été supprimée. À la Libération, l'avocat de ma mère, revenu dans les Basses-Pyrénées, veut obtenir le dossier qui nous concerne. Les archives de la Kommandantur, de la Douane et de la Feldgendarmerie d'Orthez ne contiennent rien à notre sujet. Nous ne sommes pas arrivées à Orthez le 29 juillet, nous n'en sommes pas parties le 11 août, nous n'y avons pas été retenues treize jours. Selon les dossiers allemands, notre existence n'est pas réelle. De notre passage à Orthez, il a été impossible à l'avocat de ma mère de retrouver le moindre document.

Un jour de mai 1972, voilà six mois, trente ans après que le 13 avril 1942 ait « tout changé », ma nièce est chez moi. Jolie, brillante, sûre d'elle, un peu trop à mon goût, compte tenu de son âge, vingt-deux ans, elle prépare le concours de l'internat des Hôpitaux de Paris. L'acharnement au travail n'interdit pas chez elle la coquetterie : il est bien qu'il en soit ainsi. Elle déplore que je n'aie pas gardé de vieux vêtements : en ce printemps, les jeunes personnes de sa génération aiment s'en affubler. Je proteste. Nous voici à la cave. Une malle Vuitton que les Allemands ont fouillée à Orthez est fermée. L'ouvrir est difficile, la serrure est rouillée. Des robes 1830, Napoléon III, 1900, 1920 s'entassent, conservées pour leur beauté, un peu au hasard douze ans plus tôt, alors que j'abandonnais définitivement le quai de New York, l'ancienne avenue de Tokio. Physiquement même, l'appartement d'ailleurs n'était plus celui de mon enfance : Peu après la fin de la guerre, le propriétaire avait eu la sagesse de le scinder en deux appartements distincts. Ma nièce et moi sortons de la malle les défroques. Certaines semblent neuves ; d'autres, au toucher, disparaissent : la soie en est brûlée au point de se dissoudre littéralement en poussière. Sous les robes, j'aperçois des papiers en masse, de vieilles cartes postales.

Ma nièce partie, la curiosité me reconduit à la cave.

Je regarde les vieux papiers : je trouve avec eux mon yo-yo bleu et rouge, mon agenda en cuir vert de 1941, le laissez-passer orange sur lequel je figure. Je le saisis… J'apprends son numéro : 654774. Je regarde. Le cachet est là :

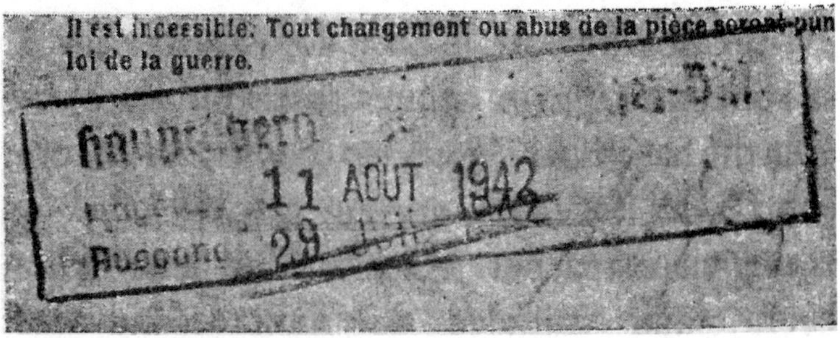
Il est incessible. Tout changement ou abus de la pièce
loi de la guerre.
11 AOUT 1942

La signature aussi est là :

nach Les Eaux Bonnes
à
zu reisen.
Paris, den 22. JULI 1942
Der Generalquartiermeister
J. A.
Hauptmann

Hannemann n'a donc pas réussi à effacer toutes les traces de notre passage à Orthez. Le document qu'il a signé – je ne sais pourquoi et je ne le saurai sans doute jamais –, le document qui m'a sauvée, est à nouveau en ma possession. Je le prends, je ferme comme je le peux la malle Vuitton. Je remonte chez moi. Sur un rayonnage de ma bibliothèque, près de mon bureau, je pose l'*Ausweis* chargé de souvenirs. Je le coince entre un livre – effet du hasard, il s'agit des œuvres de Napoléon III dédicacées au docteur Michel Lévy – et un vieux cachet à sceller les lettres, en argent, aux initiales de mon grand-père maternel GL.

Durant les semaines, les mois qui suivent, je n'y pense guère. Depuis quelques années, il m'est arrivé d'évoquer Orthez, avec de rares intimes ; c'était toujours un récit vu de l'extérieur.

Voici quinze jours, des obligations professionnelles me conduisent à étudier à nouveau l'Occupation. Accessoirement, j'envisage de tenter un essai, une synthèse de ces quatre années. Le vendredi 3 novembre, un de mes amis déjeune chez moi. Mes projets lui semblent aberrants. Ce qui importe, selon lui, c'est que j'écrive mon témoignage. La justice veut que ce récit lui soit dédié. Il insiste tant que je promets d'essayer. Je pose l'*Ausweis* sur la table, près de mon lit, je prends une planchette de bois, du papier. Je commence à écrire. La stupéfaction ! Moi qui d'habitude rature sans cesse, ai tant de peine à couvrir une page de mon écriture (quatre feuillets dactylographiés) par jour, j'écris à toute allure. Le soir, quatre pages existent. Il n'y a pas onze jours de cela. Je pense terminer ce récit dans quelques heures. L'*Ausweis* a trouvé sa place, dans mon sac, dans une enveloppe de mica où s'entassent, pêle-mêle, carte d'identité, permis de conduire, cartes de sécurité sociale, d'entrée dans les biblio thèques… J'ai si peur de le perdre. Une fois encore – je le sens au moment où j'écris – il m'a ouvert les portes d'un monde nouveau. Les souvenirs jaillissent. Je n'écris pas mon témoignage. La mémoire de l'enfant, enfouie à jamais, explose, incoercible. Faire œuvre historique – ou le tenter – n'est pas en ce moment ma préoccupation. J'écris. Les mots viennent et je découvre ce que j'écris. Phénomène de la mémoire. Est-ce cela « l'écriture automatique » ? plutôt le récit intérieur. L'étonnement me saisit. Je ne pense qu'à écrire, le téléphone est aux abonnés absents, les souvenirs et les mots se bousculent. Par moments, j'ai cru que je ne pourrais terminer. La tension était trop forte. Maintenant que j'approche de la fin, je suis détendue. Le plus étonnant de tout, c'est que, depuis onze jours, le sommeil naturel ne m'a jamais fait défaut. D'habitude, quand je me livre à un travail intensif, il me fuit. Je ne sais ce qu'il adviendra de ce texte. Une certitude m'habite désormais : l'existence de ce récit m'étonne.

Dès que je franchissais le seuil de la pension de famille lyonnaise, rue Victor-Hugo, j'avais peur. Les Allemands, le bruit des bottes, leurs voix, leurs rires. Mais que nous étions privilégiées !

À Paris, notre appartement restait intact, tous les matins et tous les soirs la concierge en ouvrait et en fermait les douze volets de façade. Lorsqu'il fut ordonné aux propriétaires de déclarer les appartements vacants, le « serrurier » n'en fit rien. Une telle infraction, qui pouvait entraîner pour lui de graves conséquences en cette troisième année d'Occupation allemande, ne tenait pas au souci de sauver nos meubles, mais de préserver nos personnes. Il ne voulait pas que l'attention soit à nouveau attirée sur nous. Des agents de police firent le tour des loges du quartier afin de vérifier les déclarations. Ils ne demandèrent rien à notre sujet. Le commissaire de police du quartier de Chaillot était toujours à son poste.

Un jour, un officier allemand pénétra chez la concierge : N'y avait-il pas un appartement libre, celui de Madame Léon ? Elle nia ; la santé de Madame Léon, de sa petite-fille expliquait qu'elle s'absente parfois, mais elle était là presque tout le temps. L'Allemand partit sans insister. Encore un mystère. À l'instant où j'écris, une idée saugrenue me vient : et si cet Allemand était Hannemann ?

À la rentrée scolaire de 1943, ma mère obtient, je ne sais comment, une seconde chambre dans la pension de famille de la rue Victor-Hugo. Cette petite pièce, au quatrième ou cinquième étage, m'est destinée. Je suis folle de joie. Cela fait des mois qu'avec inconscience je harcèle ma mère pour avoir un endroit à moi. Ma peur s'aggrave rue Victor-Hugo dès que je quitte la présence maternelle et en même temps je ressens au plus haut point le besoin de m'éloigner de ma famille.

Avec bonheur, je prends possession de mon domaine. Je m'endors ravie. C'est la catastrophe. À quatre heures, je suis réveillée par des coups de pied dans ma porte, des bruits de bottes, je tremble, les pas s'éloignent. Sous un prétexte quelconque, dès que l'heure me semble convenable, je descends rejoindre ma grand-mère et ma mère. Leur tendresse, par moments, m'insupporte ; elle m'est, je le sens aujourd'hui, vitale. Toute la journée, même en classe, la peur ne me quitte pas. Je n'ai pas l'idée d'en parler à ma mère. Je sais bien ce qu'elle me dirait : « Ce n'est pas raisonnable de t'affoler comme ça. Ce sont des Allemands. Tu devrais avoir l'habitude du bruit que font les Allemands en rentrant à n'importe quelle heure. » Elle aurait sûrement raison. La nuit suivante, cela recommence, à quatre heures du matin… Sans doute, les

Allemands logés à mon étage finissaient-ils leur service à cette heure-là. La nuit d'après, le cauchemar – je ne rêve jamais – connu lors du délire de Tante Hélène s'empare de moi : je suis sur une balançoire, des officiers allemands – oui des officiers ! – me projettent jusqu'au plafond. Le bruit des bottes me réveille. Je me dis : Je deviens folle, je « déraille », comme Tatie. J'ai peur. C'est la panique. Va-et-vient dans le couloir ; un Allemand qui, innocemment, se rend aux toilettes. Je ne peux pas supporter qu'il vienne me chercher. Je me sens traquée par ces pas dans le couloir. Ma chambre, il n'y a qu'une porte. Pas d'autre issue. Si, la fenêtre. Je me lève, je l'ouvre. Cela me demande longtemps, quelques secondes. La poignée est dure. Pourvu que j'aie le temps de l'ouvrir avant que les Allemands entrent. Elle est ouverte. Je suis debout. J'ai froid. Le bruit dans le couloir disparaît. Les Allemands dorment, je me rendors rassurée.

J'ai trouvé ma solution. Je n'ai nullement envie de me tuer. Je suis de nouveau une écolière heureuse, somme toute privilégiée. À Saint-Martin-en-Haut ou en classe, je n'ai pas peur. Je sais bien que si je saute de quatre ou cinq étages, la mort m'attend à mon arrivée sur le trottoir. Je n'en ai pas envie. D'ailleurs, je n'ai pas conscience que j'envisage de me suicider. Je sais seulement que si les Allemands entrent, il me faut à tout prix leur échapper. Il n'y a que deux issues : la porte et la fenêtre. Puisque les Allemands prendront la première, la seconde me reste, seule. Je me rends compte aujourd'hui des lacunes de mon raisonnement. Je crois en Dieu, je pourrais m'en remettre à Lui, je pourrais me dire que je suis déjà sortie une fois des mains des Allemands. Ces pensées ne m'effleurent même pas. Il y a deux issues. Il faut que je me garde la seconde. Toute la journée, cette pensée m'occupe : et si je n'ai pas le temps d'ouvrir la fenêtre ? En fin d'après-midi, alors que je plaisante avec des camarades de classe, à mille lieues de mes préoccupations, la solution s'impose, d'une telle évidence : dormir la fenêtre ouverte. Je suis rassérénée.

Désormais ma vie s'organise. Le soir, après m'être déshabillée, avoir fermé la lumière, je vais ouvrir la fenêtre. Du fait de la présence des Allemands dans la pension de famille, l'immeuble est surchauffé. Je n'ai guère froid, blottie dans mon lit. À quatre heures, je suis réveillée par les bottes, j'attends – les yeux tournés vers la fenêtre –, le silence revient. Je m'habille très tôt. Curieusement, il me semble que la journée, en classe évidemment, même dans les rues, je suis à l'abri. La peur alors est liée au bruit des bottes, aux éclats de voix, aux rires de la rue Victor-Hugo. Pour expliquer mon départ matinal, j'ai dit à ma mère que l'assistance à la messe était obligatoire. Elle n'a pas vérifié. La confiance est de rigueur entre nous. Mentir semble si bête. À six heures du matin, je suis dans la rue, j'ai froid. C'est l'automne, l'hiver. Au printemps, je prends le goût des villes endormies à l'aube. Il m'arrive d'aller à l'église. Je me souviens surtout de promenades interminables. J'avais mes points de repère, je comptais mes pas entre la pension de famille et la place Bellecour, je savais combien de fois, entre Bellecour et la rue de mon école, je pouvais me réciter ma rengaine intérieure, mon exorcisme personnel contre les démons du monde extérieur : « Quand de Gaulle sera là, je n'aurai plus peur. » J'arrive au cours en avance, vite cela ne soulève plus le moindre commentaire. Mes camarades rient de mon zèle. Je suis maintenant une des leurs.

Des années plus tard, il m'est arrivé de me promener à travers Lyon. Je retrouvais mes parcours, la pension de famille, l'immeuble du cours Pontet-Chenevière. J'avais peine à imaginer mes courses matinales. Je pensais à mon neveu. Il avait à cette époque cinq à six ans de plus que l'adolescente errante dans les rues. Je me rappelais qu'enfant les récits de Verdun m'exaspéraient. Je comprenais qu'il est des expériences incompréhensibles pour qui ne les a vécues. Il est préférable qu'il en soit ainsi.

Je suis alors, en cette fin de 1943, heureuse au cours Pontet-Chenevière. Un abbé, titulaire d'une chaire à la Faculté catholique de Lyon, est un merveilleux professeur de latin. Avec lui, la langue morte devient vivante. La maîtresse – c'est le terme – qui nous enseigne le français me plaît aussi. Elle doit avoir vingt-cinq ans. Avec des camarades, nous discutons de la nécessité de la marier.

Je suis privilégiée.

La nuit, je dors. Si les Allemands viennent me chercher, ils ne me trouveront pas. Aurais-je sauté par la fenêtre ? Je n'en sais absolument rien. En ma conscience, je puis affirmer que cette fenêtre ouverte et l'idée de la franchir me rassuraient. Aurais-je sauté ? Je n'en sais rien. J'aimais la vie. J'aimais aussi la fenêtre ouverte, issue que la vie m'offrait alors contre les horreurs de l'époque.

En même temps, je redeviens une adolescente gaie, coquette – oh ! cette permanente ratée m'a-t-elle fait souffrir, j'étais frisée, c'était affreux ! Le dimanche, à Saint-Martin-en-Haut, je vais au cinéma. Le curé organise les séances ; il a projeté *L'Assassinat du Père Noël,* sans se douter de son contenu. Je l'ai d'ailleurs oublié ! Je lisais beaucoup. *Les Faux Monnayeurs* de Gide m'ont profondément ennuyée, je l'avoue. Je n'ai rien compris à ses personnages et leurs problèmes me semblaient dérisoires. Je suis passionnée par *Le mort saisit le vif* de Henri Troyat. Sur le moment, je veux voir dans mon intérêt pour cette histoire d'écrivain la preuve de mes dons futurs... En fait, je crois bien, j'adorais ce livre, surtout à cause de son rythme, celui d'un feuilleton, qui me faisait tout oublier.

Avec mes camarades, après les classes, nous nous raccompagnions indéfiniment. J'étais particulièrement liée avec l'une d'elles, au visage dissymétrique, elle était la vie même. Ma grand-mère et ma mère lui portaient beaucoup d'amitié. On la savait dans une situation pénible. Veuf, son père (un hobereau de province) avait épousé la jeune fille au pair qui s'occupait de ses cinq enfants. Trois autres étaient nés. Et la belle-mère de mon amie ne dissimulait guère ses faibles sympathies pour les descendants du premier lit. Cette camarade pâtit physiquement des restrictions. Elle est souvent à Saint-Martin-en-Haut. Que de parties extraordinaires de boules de neige en cet hiver 1944 : on s'enfonçait jusqu'à la taille dans les champs couverts de neige. Un jour, nous sommes place Bellecour. Ma compagne me dit : « Tiens, c'est le bureau de papa. » Elle nous avait indiqué sans précision que son père avait enfin une situation : nous nous en étions réjouies pour elle. « Veux-tu qu'on monte le voir ? – Mais que fait ton père ? – commissaire aux Questions juives. » En fait, il représente cette organisation pour la région de Lyon. « Ce n'est pas possible, maman m'attend. » Je suis rentrée bouleversée. Sur-le-champ, ma grand-mère et ma mère ont décidé d'ignorer l'activité du père de mon amie et m'ont conseillée de ne rien changer à mes relations avec ma condisciple. Le calcul entre peut être dans cette décision, il ne l'explique pas. Maman m'a précisé : « Elle n'est pas responsable de ce que fait son père. » C'était d'autant plus juste que l'inconscience habitait cet homme : il a été arrêté le jour de la Libération de Lyon, alors qu'il sablait en famille le champagne mis de côté depuis des mois pour fêter la victoire alliée et la Libération de la France.

Un matin, à mon retour du cours, j'entre dans la chambre de ma grand-mère et de ma mère. C'est en février. À nouveau, je sens physiquement la catastrophe. Elle est réalité. On m'explique. Ma grand-mère a voulu vendre des titres nominatifs qui avaient figuré dans le contrat de mariage de sa mère. La législation exigeait une attestation de propriété. Ma grand-mère avait prié son notaire de s'en occuper. Tout naturellement, il s'était adressé à l'ancien notaire de la famille, qui lui avait envoyé le certificat demandé. Il avait transmis le document à la banque, de confiance, sans penser à le vérifier. Or le texte du tabellion, un des premiers de Paris, avec lequel ma famille avait jugé utile de rompre en 1917, précisait que les actions en question appartenaient par héritage à Madame Gustave Léon, née Jeanne-Marthe Léon, de nationalité française, de religion israélite. Si, dans un délai de quinze jours après l'envoi de la lettre – ma mère me la montre –, ma grand-mère n'a pas prouvé l'erreur du notaire, le compte est bloqué, le commissariat aux Questions juives saisi. C'est en février 1944. La catastrophe. À ce compte, ma grand-mère perçoit sa pension de veuve d'inspecteur général des Mines ; à ce compte, figure, déclarée valeur par valeur – frauder d'un sou le fisc, c'est se conduire en mauvais Français –, la majeure partie de sa fortune en France. Le reste en Angleterre, également déclaré jusqu'au dernier penny et au dernier centime, est naturellement inaccessible. La catastrophe : le commissariat aux Questions juives en février 1944, cela signifie la Gestapo, la déportation, le pire. Le ministre de Vichy, dont la fille nous a sauvées en 1942, n'appartient plus au gouvernement. Les illusions sur le Maréchal sont mortes…

Ma grand-mère n'hésite pas ; elle écrit à une de ses amies, plus jeune qu'elle de dix ans, veuve depuis une vingtaine d'années d'un président de la banque concernée : « J'ai besoin de vous d'urgence. » Cette vieille dame se trouve dans une de ses propriétés, près de Clermont-Ferrand. Quarante-huit heures plus tard, la voici à Lyon. Dans l'heure, elle reprend le train. Elle croit le président de la banque à Marseille. Elle arrive dans cette ville. Il est parti pour Clermont-Ferrand. Elle prend le premier train, gagne son point de départ. Le banquier vient de quitter l'Auvergne pour la capitale. Elle prend le premier train. Elle arrive à Paris. Elle a soixante-cinq ans, sa fortune est sans commune mesure avec celle de ma grand-mère, c'est dire ses conditions de vie. Elle a passé cinq jours et cinq nuits debout dans les trains non chauffés. C'est en février 1944. À Paris, elle est reçue dès son arrivée par le banquier. Elle reprend le train pour Lyon. Elle peut nous rassurer : la lettre du notaire n'existe plus, le président de la banque a supprimé le certificat par trop précis, à la limite criminel.

Échapper à la toute dernière minute à la catastrophe devenait une habitude ; cela me paraissait normal. La Providence voulait qu'il en fût ainsi. Je ne me rendais pas compte de l'énergie farouche de ma grand-mère et de ma mère, cela aussi me paraissait normal. Je ne me rendais pas compte non plus de la signification sociale de tout cela. Quand bien même j'en bénéficie et quand bien même je suis heureuse d'en bénéficier, l'inégalité devant la souffrance physique m'est pénible. Notre histoire durant ces quatre années de 1940 à 1944 témoigne d'un phénomène dont j'étais inconsciente alors mais qu'il me faut constater maintenant. La période la plus tourmentée ne signifie pas fatalement l'abolition des privilèges. Quel qu'eût été le milieu social de ma grand-mère et de ma mère, leur « bonté pathologique » – le terme n'est pas de moi – leur eût, sans nul doute, valu de précieux appuis.. Mais, issues d'une autre classe sociale, elles n'auraient peut-être pas disposé de relations puissantes, dont le dévouement pouvait s'accompagner d'une telle efficacité. Cela est vrai assurément… En même temps, le courage, la révolte contre l'horreur, le soulèvement contre le totalitarisme ont jailli dans toutes les couches de la société. Que d'amis à nous – bien peu étaient juifs – ont lutté et ont été déportés ! Tous ne sont pas revenus.

Pendant le carême 1944, j'assiste à une messe. Est-ce lors d'une retraite de mon cours ou d'une de mes promenades matinales ? Je ne le sais pas. J'écoute distraitement le prêtre.

« Désespérer de Dieu ressort de l'orgueil, péché mortel. » Je suis incapable de retrouver ses termes; sa pensée, en revanche, était évidente : se donner la mort conduisait droit en enfer. Le prêtre poursuit son sermon. Je ne l'écoute plus, je suis bouleversée. Lorsque, la nuit, je regarde ma fenêtre ouverte, je ne pense pas au suicide, je ne veux qu'échapper aux Allemands. Je sais bien que si je saute par la fenêtre, la mort m'attend. Mais ce n'est pas un suicide. En tout cas, je ne veux pas aller en enfer. Pour une adolescente pieuse, à cette époque, l'enfer est une réalité terrifiante, les flammes, la torture, la Gestapo à jamais. On commençait à connaître, je l'ai déjà indiqué, les procédés d'interrogatoire en vigueur. Le sentiment de l'injustice s'empare de moi : c'est trop fort, si je saute par la fenêtre, ce n'est pas ma faute et j'irai en enfer. Je crois que je suis plus indignée que désespérée. Une telle iniquité n'est pas possible.

À l'issue de l'office religieux, j'entre dans la sacristie. Le prêtre est là. J'ai besoin de lui parler tout de suite. Il accepte. Je me souviens de mes premiers mots : « Mon Père, si je me tue, ce n'est pas ma faute; je ne veux pas aller en enfer. » Il me regarde étonné. De tels propos ne sont pas d'usage dans la bouche d'une pénitente de quinze ans. Il n'a pas le temps de manifester son étonnement. J'explose. C'est le terme. Tout y passe, Orthez, le cardinal, les dominicaines, les Allemands, la nuit avec Tante Hélène. Pendant qu'il m'écoute, je sens, comme j'avais senti à Orthez, à notre descente du train, la compassion et le soulagement parmi les voyageurs. Là, je sens une tristesse infinie envahir le religieux. Sur le moment, elle m'étonne presque. Je n'ai pas conscience de ce que mon récit a de tragique. Je suis heureuse; je me suis organisée mon univers à moi; la fenêtre ouverte me rassure : je ris en classe; je joue avec mes camarades. Il est vrai que mon explosion verbale omet tout cela. J'explique simplement pourquoi je sauterai par la fenêtre; je veux lui faire comprendre qu'il doit m'épargner l'enfer, si jamais je franchis la balustrade.

Le prêtre n'hésite pas. Il ne me répète pas son sermon. Il ne me dit pas que le suicide est un péché mortel. Ce qui compte, c'est l'intention. Il faut s'en remettre à Dieu. Si je saute par la fenêtre, c'est que Dieu l'aura voulu. Ce qui importe, c'est de prier Dieu pour que les Allemands ne pénètrent pas dans ma chambre, de prier pour que cette guerre inhumaine se termine.

Nous avons prié; il m'a bénie, je l'ai quitté, calmée. Je ne l'ai jamais revu, j'ignore son nom.

Je suis apaisée. La peur s'atténue : elle n'est plus panique.

Des derniers mois de l'Occupation, j'ai gardé peu de souvenirs. Il me semble que tout va tellement vite. On suit avec passion les événements en cours. Avec mes camarades, nous discutons sans cesse, on fait des paris sur la date du Débarquement. Les opinions les plus diverses règnent. Certaines ont leur père recherché par les Allemands – je pense à la fille d'un officier d'origine alsacienne. D'autres sont pour le Maréchal. Je ne cite pas l'amie dont le père est commissaire aux Affaires juives. Elle déteste les Allemands. Peu importe. Une sorte d'accord existe, mystérieux, la tolérance règne, quand bien même les discussions sont violentes. À l'indignation du professeur de français, les bombardements me réjouissent. Je n'en ai jamais eu peur. J'y vois la preuve que les Alliés s'occupent de nous. Certaines doivent alors penser de moi ce que j'ai si souvent pensé de ma mère : elle est folle ! On se dispute, on crie, on s'indigne, mutuellement, on s'accepte.

Paradoxalement, alors que les derniers mois de l'Occupation sont les plus dangereux, les plus atroces (Oradour-sur-Glane et tant d'autres noms en témoignent !), la peur s'éloigne. Je me l'explique maintenant : je perçois qu'à leur manière tous participent aux événements, l'isolement s'atténue.

Des faits qui, un an ou même un trimestre plus tôt, m'auraient jetée dans la panique, m'amusent presque. Un jour, dans une rue de Lyon, deux miliciens tirent en l'air, sans motif apparent. Ivresse, désir de puissance ou manifestation usuelle ? Je ne sais. Tout le monde se sauve, moi aussi, j'ai peur, mais d'une bonne peur, saine. Je me dis : « Ils deviennent tout à fait fous. C'est la fin. Ça va bien. »

Je n'ai jamais eu la moindre oreille musicale, au point de ne reconnaître *La Marseillaise* qu'au fait que l'assistance se lève. Eh bien, je chantonne en moi ma rengaine : « Quand de Gaulle sera là, je n'aurai plus peur »... ta, ta, ta, ta ! Tout me réjouit, y compris les facéties de mon oncle. Je ne sais comment nous en avons été informées. Un ingénieur des chemins de fer de Lyon assurait une liaison régulière, bien des amis venaient. Toujours est-il que nous avons connu alors une des distractions de mon oncle. Il s'y livrait avec un complice d'envergure, le président du Comité d'organisation de l'industrie sidérurgique, ex-Comité des Forges. Cette personnalité avait été ingénieur des Mines sous les ordres de mon grand-père maternel ; son dévouement envers ma grand-mère ne s'était jamais démenti ; intime de mon oncle depuis l' « X », il l'avait introduit dans notre famille.

En cette fin d'Occupation, mon oncle et son camarade de promotion, la soixantaine chacun, fréquentent les cabines téléphoniques – appeler de chez soi ou de son bureau présenterait quelques dangers – ; sur le cadran du téléphone, ils forment un numéro, toujours le même, celui de la personne citée par les Allemands d'Orthez (« Les ... savent que vous êtes juives »). Ils ne se nomment évidemment pas. Avec courtoisie, ils lui font part de leurs craintes à son sujet. La Libération est proche, il peut redouter le pire ! Puis ils raccrochent. L'idée qu'Oncle Paul et le président de l'ex-Comité des Forges s'occupent de la sorte me comble d'une joie que les années n'ont pas effacée.

À Saint-Martin-en-Haut, le soir, je regarde les lumières s'allumer dans la campagne. Je décide que ce sont des signaux pour les parachutages. Il y en eut certes, moins que j'en voyais. Je ne me disais pas que ces parachutages, s'ils avaient lieu, pouvaient amener des Allemands dans notre havre de sécurité. J'étais excitée comme une puce, selon l'expression de mon enfance.

À Lyon, ma fenêtre était toujours ouverte – c'était l'été. Je savais bien pourquoi je ne la fermais pas. Ce n'était plus la même chose.

Il ne me semble pas que ma famille ait senti la joie monter en moi. Elle était plus sensible à la crainte que les derniers moments de l'Occupation apportent – à nous et à tant d'autres – l'irrémédiable… Je le ressentais aussi, mais je n'y croyais pas.

Pour la première fois, j'ai été invitée à un « après-midi dansant » chez une camarade, dont le père, avant-guerre, était un filateur de Colmar. En dépit d'une angine carabinée, j'ai voulu m'y rendre.

Je quittais toujours à l'aube la rue Victor-Hugo. Il faisait bon marcher dans les rues.

Le 6 juin 1944, une de mes compagnes de classe, Marie-Louise, la fille d'un opticien de la place Bellecour, de la place des Terreaux ou de la place de la République, se précipite sur moi – je suis naturellement arrivée à l'école avant tout le monde – : « Tu es contente, alors ! – Quoi ? – Ils ont débarqué ! » Je pense que c'est une plaisanterie. Je m'en indigne. La directrice arrive. Elle confirme la nouvelle.

Je me vois, en fin de matinée, près de la place Bellecour, arrêtée devant l'agence Havas où sont affichées les informations. C'est vrai. J'ai envie de hurler de joie, j'ai le sentiment que tout est changé. Oui, en un instant, comme l'affreux 13 avril 1942 avenue de Tokio, là dans cette avenue lyonnaise, tout est changé. Je me dis qu'il ne faut pas manifester mon bonheur, on ne sait jamais.

Ma grand-mère et ma mère sont lucides. Elles redoutent que les Alliés soient repoussés. Pas moi. Au bout de quarante-huit heures, elles sont rassurées.

La sagesse veut que nous regagnions notre havre de paix, Saint-Martin-en-Haut.

On apprend, par les amis de ma sœur, que les Allemands multiplient les expéditions de représailles, les exécutions, les arrestations. J'ai certainement eu peur, je n'en ai pas gardé la mémoire.

Mon dernier souvenir de Lyon : je vais prendre le car pour Saint-Martin-en-Haut. Ce doit être fin juin 1944. Je croise sur le quai de la Saône (je crois bien qu'il était plus proche de l'arrêt du car que les berges du Rhône, je ne veux pas vérifier) un groupe de résistants, menottes au poing, attachés les uns aux autres, encadrés par des Allemands. L'effroi d'être à leur place, la peine, la peur me déchirent. J'ai envie de me détourner. À mon étonnement, je souris à l'un d'eux. Je me rends compte alors que je pense au cheminot qui me souriait assise sur mon banc de la gare d'Orthez.

Tout va de plus en plus vite.

À Saint-Martin-en-Haut, on ne parle plus que de la Libération. Des maquisards vont et viennent.

Le 15 août, débarquement dans le Midi de la France.

Ma sœur est à Lyon. Externe des hôpitaux, ses fonctions lui interdisent de s'en éloigner. La sécurité de Saint-Martin-en-Haut lui est donc refusée. À ma fureur, ma mère part rejoindre sa fille aînée. La voilà qui recommence ! Nous étions si tranquilles… On connaît les bombardements de Lyon, les ponts qui sautent… L'idée de ne plus revoir ma mère s'empare de moi. La peur. La panique. Ma grand-mère partage cette anxiété. Je n'ai pas de souvenir de ma tante. Elle doit pourtant être avec nous.

Ma mère se doute de notre inquiétude. La voici : trente-cinq kilomètres à pied pour rassurer sa mère et sa fille. Je trouve cela normal…

« Quand de Gaulle sera là, je n'aurai plus peur. »

La Libération à Saint-Martin-en-Haut. Trois souvenirs.

Un étonnement : je ne sais plus qui me dit de me méfier. Je serai mal vue si je continue à promener le bébé du pâtissier. Son père serait un milicien caché. Je suis ahurie… À juste titre. Je ne comprends pas que des vengeances personnelles puissent profiter des circonstances exceptionnelles. Ma joie devrait être celle de tous. Je ne crois pas, je le précise, que le pâtissier ait connu des difficultés sérieuses : il s'est absenté quelques jours. En tout cas, s'il avait été milicien – ce que je ne pense pas – il avait bien mal lutté contre « la léproserie juive ».

Un choc : sur la place de l'Église, un attroupement. Je vais voir, une femme, d'un village voisin, agenouillée, tondue. Elle aurait « collaboré », partagé la couche d'un Allemand. On jette des pierres. Je suis horrifiée. Le curé intervient. Je m'éloigne. Au bout d'une heure, la femme a été emmenée. J'ai haï cette scène. Elle a, un temps, gâché mon bonheur.

La joie : un camion de FFI traverse le village. Un instant, il s'arrête sur la place. Les hommes ne descendent même pas. Je suis là. Mon bonheur doit illuminer mon visage. Un FFI sourit, sans rien dire, il me tend une croix de Lorraine, grossière, taillée dans du bois. Le camion part. Un an plus tard, à Paris, sans doute sur le quai de New York, j'ai perdu cette croix de Lorraine. J'ai passé un après-midi à refaire le trajet au cours duquel je pensais l'avoir perdue. Je ne l'ai pas retrouvée. Jamais la perte d'un objet ne m'a été si sensible. Je me suis jurée de ne jamais acheter une croix de Lorraine.

Des années plus tard, au fond d'une commode, dans une boîte de vieux boutons, je découvre une boucle de ceinture – sans nul doute du siècle passé, héritage d'une quelconque aïeule lorraine –, une boucle en fer travaillé, surmontée d'une croix de Lorraine en émail bleu. Elle était restée là pendant toute l'Occupation. Depuis deux ans, elle a trouvé sa place dans ma bibliothèque. Elle s'est posée tout naturellement sur le haut d'un livre bleu, du même bleu que l'émail de la croix : *Charles de Gaulle : Discours et Messages, Pendant la guerre, 1940-1946*. En dehors de toute question personnelle, mes activités professionnelles m'ont valu de m'intéresser particulièrement à cet ouvrage. Je le reçois. Rarement, depuis la dédicace, la première qui m'était adressée, de « Pour les Petits – Fables » (« Les

Larmes du Crocodile » !) un envoi d'auteur ne m'a tant touchée :

> *« Pour Mademoiselle Georgette Elgey,*
> *ce livre pour lequel elle a fait*
> *quelque chose de très bien !*
> *Respectueuse*ment. C. de Gaulle — 6.10.1970. »

1944 – « Quand de Gaulle sera là, je n'aurai plus peur. »

> De Gaulle est là
> Je n'ai plus peur
> Je suis odieuse.
> Je veux rentrer à Paris.

Tout m'est égal. Je veux rentrer à Paris. Le havre de paix qu'est Saint-Martin-en-Haut m'est intolérable. Paris, mon cours, mes amis. Je ne me rends pas compte des miracles de courage et d'énergie que ma mère a déployés pour sauver les siens, me protéger. Je la harcèle. Il faut rentrer à Paris. La vieille amie de ma grand-mère, celle-là même qui nous a évité le pire voici quelques mois, est avec nous. Visiblement, elle me trouve odieuse. Elle a raison. Ça m'est égal. Selon leur habitude, ma grand-mère et ma mère me témoignent leurs trésors d'indulgence. Elles m'ont donné une éducation aberrante. Dans le contexte personnel et général, n'était-ce pas la sagesse ? Je veux rentrer à Paris.

Le courrier ne fonctionne plus. Les voies ferrées sont coupées, les routes, faute d'essence et de voitures, inaccessibles pour les civils. Ça m'est égal. Je veux rentrer à Paris.

Grâce à ma mère, nous obtenons des places dans un des premiers trains qui ne soient réservés exclusivement à l'armée. À l'époque, l'équivalence entre les « hospices » de province et l'Assistance publique de Paris n'existe pas. Il faut donc que ma sœur termine son Externat à Lyon. Nous partons sans elle. De même que j'ai omis tout de notre dernière visite – car elle a certainement eu lieu – à l'archiprêtre d'Orthez, de même j'ai tout oublié de la façon dont nous avons pris congé des habitants de Saint-Martin-en-Haut (Rhône).

Un voyage qui me semble interminable.

La date ne serait pas difficile à retrouver ; je ne veux pas la rechercher ; je veux que ma mémoire seule s'exprime.

La gare de Lyon en pleine nuit. Aucun moyen de transport. Ma grand-mère ne peut aller à pied jusqu'à l'avenue de Tokio. Ma mère reste avec elle. Dès qu'il fera jour, elle trouvera une solution, une fois encore.

On charge les bagages sur une charrette que pousse un homme. Il marche. Ma tante et moi le suivons. Ah ! cette traversée de Paris, la nuit, le long des quais. Je dis à ma tante : « Tu ne trouves pas que la Seine est plus belle que le Rhône ? » Elle me répond : « Ce n'est pas vrai, mais je te comprends. » Pourvu que la maison soit toujours là, et l'appartement, et mes affaires... *Ma* maison...

Nous voici devant l'immeuble. Il n'a pas changé. La face de lion en bronze qui sert de poignée à la porte cochère. On sonne. La concierge. Baisers. Pleurs. Aujourd'hui, comme chaque jour depuis plus de deux années, elle a ouvert et fermé les douze volets des pièces de façade.

Nous montons au premier étage. L'ascenseur, un des plus rapides qui soient. Il a été fabriqué dans une des nombreuses sociétés du « serrurier ».

L'appartement. Ma tante a la clef. Elle ouvre. Il nous attend, intact, comme si nous revenions d'une promenade de quelques heures.

J'oublie ma tante. Je la laisse se débrouiller avec les bagages, l'homme et sa charrette à bras.

Je me précipite dans le salon. Je le regarde éblouie. J'avais oublié combien il était vaste et belle cette enfilade avec la voûte arrondie qui sépare les pièces. Cela me paraît invraisemblable. Je regarde le tapis, sa bordure bleue, ses dessins variés, ses rosaces rouges. Je me rappelle : quand j'étais petite, je sautais, à cloche-pied, de l'une à l'autre. Je me promène dans l'appartement. Je vais dans le petit salon. Je n'ose regarder. Je m'approche. Dans une vitrine Louis XVI en bois de rose, l'œuf en malachite, qui ne m'a pas quittée pendant l'exode, – le dernier cadeau de mon grand-père à ma grand-mère, qu'elle m'a donné – m'attend. La vitrine n'est pas fermée. Je l'ouvre, je saisis le bibelot. Je gagne un cagibi près de la cuisine. Là, sur le mur, un défaut dans le plâtre m'a toujours semblé avoir visage humain. Je l'avais baptisé, selon les jours, mes humeurs, mes caprices, Lisbeth, Lischou, Philippe. Je m'installais là, dans le capharnaüm, et je lui parlais des heures. Il m'attend, lui aussi. Avec attendrissement, amusement et condescendance, je souris à la petite fille que j'ai été. À jamais, elle a disparu. Je suis une jeune fille maintenant, j'ai quinze ans. Je suis chez moi. Je vais dans ma chambre. Mon lit m'attend. Je me glisse entre les draps. Je regarde la fenêtre. Elle est fermée. La joie.

Je m'endors.

Le lendemain matin, ma grand-mère et ma mère sont là. Comment sont-elles parvenues avenue de Tokio ? Je ne sais pas. Coups de téléphone multiples, visites de ma mère à tous ceux qui nous ont sauvées, venue des uns et des autres. Que d'absents ! On sent bien que ce ne sera plus jamais comme avant. Que de difficultés, de souffrances, de malheurs encore ! Mais le cauchemar est fini.

Oncle Paul et Tante Claire arrivent. Le bonheur de les retrouver. Et Elie ? Comme son père et son grand-père, il veut être polytechnicien. En outre, ses dons littéraires sont éclatants. Ma grand-mère voit en lui l'héritier spirituel de son mari, de ses aïeux. En juin, il a quitté sa classe de « taupe » du lycée Buffon pour gagner un maquis. Depuis, ses parents n'ont pas de nouvelles. Le courrier marche encore si mal. À la joie d'étreindre sa mère, Tante Claire veut surmonter son angoisse.

Je me précipite à mon cher cours Hattemer. Bien des camarades sont dispersés, la rentrée a déjà eu lieu, mais je me retrouve chez moi. Avec des amis. Je parle haut et fort dans le hall. Le directeur sort de son bureau : « Je me doutais bien que c'était vous, vous ne pouvez pas faire moins de bruit ! » C'est exactement le genre d'accueil dont je rêvais d'autant que sa satisfaction de me revoir est éclatante.

Je décide de retourner à pied à la maison. J'aime la marche. Ah ! ces rues, ces avenues, qu'elles me paraissent belles maintenant que les uniformes allemands ne les déparent plus ; que c'est bon de se promener sans avoir peur d'être interpellé ; que les trottoirs sont beaux maintenant que les barrières blanches qui parfois en interdisaient l'accès – devant les Kommandantur et autres domaines de l'Occupant – ont disparu.

Je souris, je suis heureuse ; un soldat américain me sourit ; je lui réponds. Oh ! scandale ! J'ai accepté d'entrer dans un café avec lui. Une limonade saccharinée…

La maison. La cage d'escalier somptueuse avec ses dalles noires et blanches, le tapis de l'escalier, l'ascenseur encore.

Ma mémoire d'elle-même a édifié le symbole ; je suis convaincue que c'est le jour même de notre retour ; en fait, ce doit être quarante-huit heures plus tard.

Je ne sais si j'ai une clef ou si je sonne. En tout cas, me voici dans le vestibule : une sorte de galerie des glaces, puisque toutes les portes qui desservent les pièces de réception, la salle à manger, l'office, les couloirs, sont en miroir.

Je m'arrête, saisie. La porte du petit salon est ouverte. Ma grand-mère est assise à son bureau. Un petit bureau plat Louis XVI que j'aime. Elle est physiquement effondrée. Elle a encore son manteau et son chapeau ; je vois la grosse perle baroque qui lui sert d'épingle. Des larmes coulent sur ses joues. Jamais je n'ai vu Mamie pleurer. La terreur. Que se passe-t-il ? Elie…

Sur la montagne Sainte-Geneviève, où ils demeurent depuis des années – ils ont toujours préféré ce quartier à tout autre – mon oncle et ma tante ont reçu la visite du maire du cinquième arrondissement, chargé de leur annoncer que dans un maquis de Dordogne leur fils Elie était mort pour la France.

L'écroulement... Ce n'est pas seulement la disparition de mon cousin. Ce n'est pas seulement la douleur de ma grand-mère. Ce n'est pas seulement la pensée du désespoir de mon oncle et de ma tante.

En un instant, le bonheur presque physique d'avoir retrouvé, préservé le décor de ma vie passée devient dérisoire, absurde. Je sentais bien que notre retour à Paris dans l'appartement intact tenait de la féerie. Tout d'un coup, le rêve devenait odieux. Il n'avait pas de sens devant l'irrémédiable.

Dans ce drame, le monde ouaté et irréel de mon enfance s'effondre. La vie s'impose à moi avec son alternance quasi automatique de joies et de douleurs...

Non : de douleurs et de joies. Joie. Le désespoir m'est interdit. Malgré tout, il me plaît que ce récit s'achève par une note d'espoir.

Depuis 1965 seulement, je peux supporter de dormir la fenêtre ouverte.

Commencé à Paris le 3 novembre 1972,
Terminé à Paris le 14 novembre 1972.

TABLE

Du même auteur

À LA LIBRAIRIE ARTHÈME FAYARD :

La Fenêtre ouverte, récit, 1973.

Histoire de la IVe République :

* *La République des Illusions (1945-1951),* 1965, édition refondue et augmentée, 1993.

** *La République des Contradictions (1951-1954),* 1968, édition revue et augmentée, 1993.

*** *La République des Tourmentes (1954-1959),* tome I, *Métamorphoses et mutations,* 1992.

**** *La République des Tourmentes (1954-1959),* tome II, *Malentendu et passion,* 1997.

***** *La République des Tourmentes (1954-1959),* tome III, *La fin*, 2008.

****** *La République des Tourmentes (1954-1959),* tome IV, *De Gaulle à Matignon*, 2012.

CHEZ D'AUTRES ÉDITEURS :

Anonymes, portraits, Grasset, 1980.

Les « Archives orales », rôle et statut, Les Éditions des Journaux officiels, 2001.

Composition réalisée par Belle Page

PAPIER À BASE DE
FIBRES CERTIFIÉES

Fayard s'engage pour
l'environnement en réduisant
l'empreinte carbone de ses livres.
Celle de cet exemplaire est de :
1,400 kg éq. CO_2
Rendez-vous sur
www.fayard-durable.fr

36-3619-8/01
Dépôt légal : mars 2017
Imprimé en Espagne par Industria Gráfica Cayfosa